Illustrated catalogue of Americana rarissima : from the private library of Francis W. Fabyan, Esq., of Boston, including a remarkable collection of works by Increase and Cotton Mather, to be sold ... February 17th, 1920 ..

American Art Association

SCHWAN-BEHRENS.

GRAMMAIRE DE L'ANCIEN FRANÇAIS.

TRADUCTION FRANÇAISE
D'APRÈS LA QUATRIÈME ÉDITION ALLEMANDE

PAR

OSCAR BLOCH.

AVEC UNE PRÉFACE

DE

F. BRUNOT
MAÎTRE DE CONFÉRENCES A LA FACULTÉ DES LETTRES
DE PARIS.

LEIPZIG.
O. R. REISLAND.
1900.
PARIS: LIBRAIRIE FISCHBACHER, RUE DE SEINE 33

Avant-propos.

Une publication comme celle-ci ne devrait pas avoir de raison d'être. Les travaux que l'Allemagne savante consacre, depuis Diez, à la philologie romane et à la philologie française en particulier, sont en nombre tel et de telle valeur que les étudiants français comme leurs maîtres ne sauraient se passer de les connaître sans se condamner à ignorer des choses essentielles et à refaire du travail fait. Toutefois, malgré les avertissements qui tombent tous les ans de nos chaires, les progrès dans cette voie ne sont que très lents, et ne répondent, il faut bien l'avouer, ni à nos désirs ni aux besoins.

Ce n'est pas ici le lieu d'en marquer les causes. Mais la présente traduction, loin de favoriser la paresse trop générale à apprendre les langues étrangères montrera, j'espère, à quelques uns, aux meilleurs, par le profit que leur apportera ce simple manuel, exposé sommaire de tant d'autres recherches, ce qu'ils auraient à gagner à puiser directement aux sources même.

Ce n'est point que celui-là soit aujourd'hui dénué de ressources qui ne sait que son badaudois. Les temps héroïques, où il fallait extraire de du Cange les renseignements lexicologiques et du seul Diez les données morphologiques dont on pouvait avoir besoin sont passés pour jamais. Les débutants plus favorisés que nous ont, pour ne parler que des grammaires, les précis de M. M. Clédat et Etienne, qui conservent le premier l'honneur d'avoir ouvert la voie, le second d'avoir avant personne tenté un exposé de la syntaxe de l'ancien français.

Mais les besoins ne cessent de s'accroître. Dans les examens même, la place de l'ancien français sans être devenue bien grande, est du moins occupée par une épreuve plus sérieuse, et plus scientifique. Au thême barbare des débuts a succédé un commentaire philologique qui doit avoir pour objet de rendre raison de toutes les particularités phonétiques, morphologiques et syntaxiques du texte, qui suppose par conséquent une connaissance exacte des règles et des faits. D'une façon plus générale, dans les études, la connaissance de l'ancien français apparaît comme une nécessité à qui veut posséder à fond le XVIe siècle, devenu lui, tout-à-fait classique. Par un progrès continu on remontera toujours plus loin vers les origines. Longtemps on s'était arrêté à Marot ou à Villon. Le Moyen-Age en est à peu près au point de considération où en était le XVIe il y a cinquante ans. Nul doute qu'il ne devienne à son tour objet régulier d'études

La grammaire du regretté Schwan — surtout tenue au courant comme elle l'est dans les éditions successives qu'en donne périodiquement M. Behrens — suffit à y conduire très loin. Elle n'a guère qu'un défaut essentiel, celui de s'arrêter en deçà du but, sans fournir de syntaxe. Mais les parties traitées le sont avec une telle sûreté qu'elles condensent sous une forme très courte tous les résultats acquis non seulement au sujet des transformations normales, mais des particularités, soit dialectales, soit savantes, soit analogiques, soit accidentelles. C'est, au sens propre de ce mot, un vrai manuel, assez riche pour qu'on le consulte, assez serré pour qu'on l'apprenne.

Je n'ignore pas que par la forme de l'exposition comme par la terminologie même il déroutera, ou surprendra tout au moins certains lecteurs français. Je conviens même qu'une adaptation où on eût observé nos habitudes, nos formes de langage et jusqu'aux dispositions matérielles auxquelles nous sommes accoutumés eût été préférable à cette traduction. Mais on ne pouvait ici compter sur la collaboration de l'auteur, trop tôt ravi à la science, et on comprend que ses héritiers scientifiques aient tenu à respecter absolument sa pensée, jusque dans la forme qu'il lui avait donnée. C'est là un scrupule auquel M. Bloch n'avait lui aussi, qu'à obéir. La tâche n'en était que plus ingrate et devra par suite lui mériter une gratitude plus grande encore de la part de ceux qui lui devront la connaissance d'un bon livre.

Ferdinand Brunot.

Table des matières[1].

[1]) Les chiffres renvoient aux paragraphes de la grammaire

Exposé des signes phonétiques

employes dans cette grammaire.

L'accent tonique principal est marqué par l'accent aigu, l'accent second par l'accent grave *(vèritáte)*.

La durée (quantité) des voyelles est indiquée par les signes – (longue) et ◡ (brève) *(mōbilem, fĭdem)*.

Pour distinguer le timbre des voyelles (qualité), nous employons le point placé sous la voyelle, pour représenter le son fermé, le crochet ouvert à droite, pour le son ouvert, le crochet ouvert à gauche, pour une prononciation mixte, sourde *(ẹ, ę, ẹ)*

Les voyelles nasales sont représentées par un signe ~ placé au dessus (*ã, ẽ, ĩ, õ* etc.).

i̯, y̯, u̯ sont des semi-voyelles.

u = *u* dans le fr. *mur*, *u* = *ou* dans le fr. *tour*.

Les Consonnes rotacisées sont représentées par un accent aigu placé après elles ou au dessus (*t́, d́, ś, ŕ*, etc.).

Un point sous une consonne indique que cette consonne est sur le point de s'assourdir (*ṭ, ḍ, ṣ*, etc.).

s, š, þ représentent des dentales spirantes sourdes, *z, ž, ð* des dentales spirantes sonores correspondantes:

s = *s* dans le fr. *sel*
š = *ch* dans le fr. *champ*
þ = *th* dans l'anglais moderne *thank*
z = *s* dans le fr. *maison*
ž = *j* dans le fr. *jour*
ð = *th* dans l'anglais moderne *those*.

χ représente la spirante palatale sourde = *ch* dans l'allem. *Aachen*, *y* la spirante palatale sonore = *j* dans l'allem. *ja*.

k, g, y représentent une prononciation vélaire, k^1, g^1, y^1 représentent une prononciation postpalatale, et k^2, g^2, y^2 une prononciation médiopalatale.

ŋ et *ł* représentent *n* et *l* postpalatales ou vélaires = *n* dans l'allem. *Onkel* et *l* dans le russe *palka*.

Un astérisque (*) marque qu'une forme de mot ou un son ne sont que des formes conjecturales. — Pour indiquer qu'à l'intérieur d'un mot un son ou un groupe de sons s'étaient assourdis à l'époque romane, les lettres qui les reproduisent sont enfermées entre parenthèses

Introduction.

Histoire de la langue française. Étendue et division du domaine de la langue.

§ 1. La langue française appartient au groupe des langues romanes, qui, dans chacune des provinces de l'Empire Romain, — dont les populations indigènes mêlées avec des Romains avaient été romanisées — sont sorties du latin populaire. A côté de ces populations romanisées, les Germains qui, au temps de la migration des peuples firent la conquête de l'Empire Romain, ont aussi exercé une influence sur la transformation du latin populaire, au moins en ce qui concerne le lexique.

§ 2. 1) C'est de la langue romaine populaire — (langue de la conversation, *lingua vulgaris, sermo plebeius*) — et non de la langue écrite et littéraire qui nous est connue par les auteurs classiques, que sont sorties les langues romanes. (Cf. les §§ 15 et suiv.) Toutes deux, langue populaire et langue écrite, sont issues du latin archaïque, mais la langue littéraire représente un état de transformation plus ancien, où l'écriture et l'action des grammairiens l'ont maintenue, d'une façon artificielle comme langue de la bonne société.

2) Le latin populaire — (latin vulgaire) — qui était parlé dans les différentes provinces de l'Empire Romain, offre, quant à la grammaire, des divergences que l'on doit imputer plutôt à la différence des époques qu'à des particularités dialectales, en ce sens que le latin popul[illegible] l[illegible] i[illegible] i furent

romanisées les premières, comme la Sardaigne et l'Espagne — s'appuie sur un état de la langue plus ancien que dans celles qui furent soumises plus tard, comme la Gaule septentrionale, la Rhétie et la Dacie. La transformation ultérieure du latin vulgaire en langues romanes s'effectua peu à peu, si bien que «latin vulgaire» et «roman» sont des dénominations qui désignent, purement et simplement, des phases différentes d'une seule et même langue. Pour des raisons de commodité, l'on s'en tient à ces termes depuis longtemps acceptés dans la terminologie linguistique, et c'est ainsi que l'on oppose le «Roman» au «latin vulgaire» à partir de l'époque où celui-ci avait atteint, dans les diverses provinces romaines, un certain degré de divergence dialectale. Or il est bien évident que la destruction de l'unité de l'empire, qui suivit l'invasion des Germains, et la création des nouveaux états, qui s'élevèrent sur les ruines de l'Empire Romain, durent contribuer puissamment à hâter cette différenciation dialectale; aussi est-on pleinement autorisé à fixer, d'après les événements politiques dont on vient de parler, la date qui sépare le latin vulgaire du roman.

Remarque. — Comme sources pour la connaissance du latin populaire, on a: 1) les données des grammairiens, glossographes et commentateurs latins; 2) les monuments de langue latine: a) inscriptions, documents publics et privés, formulaires, recueils de lois, etc.; b) œuvres littéraires, parmi lesquelles, en dehors des œuvres et des manuscrits écrits en bas latin, il faut tenir également compte de certaines œuvres de l'époque classique, où les auteurs ont introduit des éléments de la langue familière; 3) l'étude des langues romanes et des mots empruntés au latin, qui ont pénétré de bonne heure dans le germanique, l'ancien anglais, l'irlandais, etc.

§ 3. On distingue huit langues romanes, à savoir: le sarde, l'espagnol, le portugais, le provençal, le français, le rhétoroman, le roumain, l'italien. Parmi ces langues sont particulièrement apparentés d'une part l'espagnol et le portugais, de l'autre le français et le provençal, auquel se rattachent les dialectes du Nord de l'Italie.

Remarque. — La division des langues romanes, qui vient d'être donnée, et l'ordre dans lequel on les a énumérées sont fondés sur la chronologie de l'époque la plus reculée de la première diffusion du latin populaire, diffusion qui, pour les provinces extérieures à l'Italie, a suivi leur conquête et leur romanisation. Les opinions sont encore en désaccord sur la meilleure division du domaine des langues romanes. Cf. § 7 Remarque et les renseignements bibliographiques à l'appendice.

§ 4. Le français est la langue romane qui s'est développée dans le nord de la Gaule transalpine, conquise par César dans les années 57—51 av J C Les Gaulois vaincus appartenaient au rameau continental du peuple celtique: ils adoptèrent rapidement la civilisation et la langue romaines.

De la région du Rhin inférieur vinrent au 5e siècle les Francs, qui peu à peu conquirent et occupèrent la Gaule du nord; en 486 la victoire de Syagrius mit fin à cette invasion du territoire français. Les Francs s'établirent plus solidement dans le nord de ce territoire que dans le sud — (domaine de Syagrius) — et de nouveaux renforts y raffermirent l'influence germaine pendant plus longtemps. La langue des Francs, bien qu'elle fût la langue des vainqueurs, fut éliminée, grâce à l'action de la civilisation romaine et de l'Église, par la langue gallo-romaine.

§ 5. L'introduction de mots étrangers dans le vocabulaire contribua avant tout à donner au latin populaire un aspect différent dans les diverses provinces de l'Empire Romain.

1) Les auteurs latins nous ont déjà transmis un certain nombre de mots d'origine celtique, qui ont pénétré en français. p. ex. *alauda* (vfr. *aloe*), *bascauda* (fr. *bachoue*), *beccus* (fr. *bec*), *benna* (fr *banne*), *betulla* (vfr. *booul*, fm *bouleau*), *braca* (fr *braie*), *braci-* (fr. *brais*), *bulga* (fr. *bouge*), *cervesia* (fr. *cervoise*), *leuga* (fr. *lieue*), *marg-ila* (vfr. *marle*, fm. *marne*).

Proviennent également du celtique les mots frs.: *breuil*, *claie*, *grève*, *jarret*, *maint* (celt **mantī*), *mègue*, *petit*, *tarière*. *vassal* (celt. *gwas*), le vfrs. *dour(n)*, et, avec plus ou moins de vraisemblance, *chemin*, *jambe*, *jante*, *soc*, *tonne*, etc. Abstraction faite des noms propres, le nombre de ces mots n'est pas important, autant que nous en pouvons juger aujourd'hui. Sont empruntés plus récemment au breton (v. § 6) *baderne*, *bouette*, *darne*, *goeland*, *goemon* entre autres. Il reste à savoir si certains phénomènes de la phonétique romane — (p. ex. la transformation d'*u* en *ü*, de *ct* en *χt*, v. § 70 et § 158) — et de la syntaxe etc. ne sont pas d'origine celtique, et, en ce cas, jusqu'à quel point ils le sont.

2) Bien plus nombreux sont les éléments germaniques, qui se sont introduits dans le latin vulgaire de la Gaule au temps de la grande migration. Ce sont surtout des noms propres, des mots concernant la guerre, l'état et le droit, des noms d'animaux et de plantes, des mots d'économie domestique, des noms servant à désigner le mobilier et les vêtements, etc. Exemples:

Franko (fr. *Franc*), *Alaman* (vfr. *Aleman-t*, fm. *Allemand*), *Hlupawig* (vfr. *Cloevis*), *Karl* (fr. *Charles*), *Ludwig* (vfr. *Loois*, fm. *Louis*), *Fripuric* (fr. *Fréry*, *Ferry*), *Albaric* (vfr. *Auberi*), *Gerhard* (fr. *Gérard*), *Raginhard* (fr. *Renard*), *Berhthari* (fr. *Bertier*), *Walthari* (fr. *Gautier*), *Waltram* (vfr. *Gauteram*), *Wido* (fr. *Guy*), *Widburg* (vfr. *Guiborc*).

werra (fr. *guerre*), *sturm* (vfr. *estour*), *gunp(i)fano* (fr. *gonfanon*), *skara* (vfr. *eschiere*), *gilda* (vfr. *gelde*), *wahta* (vfr. *guaite*), *skarowahta* (*escharguaite*), *skac* (vfr. *eschiec*), *heriberga* (vfr. *herberge*), *helm* (vfr. *helme*, fm. *heaume*), *halsberg* (vfr. *halberg*, fm. *haubert*), *brunja* (vfr. *broigne*), *wamba* (vfr. *guamb-ais*), *brand* (vfr. *brant*), *hilt* (vfr. *helt*, *heut*), *fǫdr-* (vfr. *fuerre*), *speot* (fr. *épieu*), *sporo* (fr. *éperon*). — *marahskalk* (fr. *maréchal*), *siniskalk* (fr. *sénéchal*), *skankjo* (fr. *échanson*), *lepig* (fr. *lige*), *alod* (vfr. *alou*, *aleu*), *marka* (fr. *marche*), *skapin* (fr. *échevin*), *ban* (vfr. *ban*), *wadja* (fr. *gage*), *harmskara* (vfr. *haschiere*), *widarlon* (vfr. *guerredon*).

sparwari (vfr. *esparvier*, *espervier*), *specht* (vfr. *espoist*), *haring* (fr. *hareng*), *wald* (vfr. *gualt*), *hulis* (fr. *houx*), *raus* (fr. *ros-eau*); *hestr* (fr. *hêtre*), *liska* (fr. *laîche*); *burg* (fr. *bourg*), *bergfrid* (fr. *beffroi*), *haim* (fr. *ham-eau*), *gard-* (fr. *jardin*), *haga* (fr. *haie*), *stall* (vfr. *estal*), *first* (fr. *faite*), *balko* (vfr. *bauc*), *happja* (fr. *hache*), *barda* (vfr. *barde*), *hauua* (fr. *houe*), *faldastǫl* (vfr. *faldestoel*, fm. *fauteuil*), *banc* (fr. *banc*), *pot* (fr. *pot*), *haspil* (vfr. *hasple*), *pwahlja* (fr. *touaille*), *hosa* (vfr. *huese*), *want* (fr. *gant*), *hubha* (vfr. *huve*), *gero* (fr. *giron*), *nuska* (vfr. *nouche*).

Au germanique a été également emprunteé une assez grande quantité d'adjectifs et de verbes: p. ex *bald* (vfr *balt*), *snel* (vfr *esnel*), *rīkja-* (fr *riche*), *frisk* (fr *frais*), *gahi* (fr. *gai*), *gram* (vfr. *gram*), *blank* (fr. *blanc*), *brun* (fr. *brun*), *blaw-* (fr *bleu*), *falw-* (fr *fauve*), *gris* (fr. *gris*) — *kausjan* (fr. *choisir*), *werpan* (vfr *guerpir*), *warjan* (fr *guarir*), *hatjan* (fr *hair*). *skirmjan* (vfr. *escremir*), *haunjan* (fr. *honnir*), *waiþanjan* (vfr. *gaagnier*, fm *gagner*), *spehon* (vfr. *espier*). *furbjan* (fr *furbir*), *wenkjan* (vfr *guenchir*), *sparanjan* (fr *épargner*), *þreskan* (fr. *treschier*), *brekan* (fr *broyer*), *kratton* (fr *gratter*).

De ce lot très ancien de mots germaniques, qui a pénétré par le franc ou encore par le burgonde, il faut distinguer les éléments germaniques qui sont passés plus tard en grand nombre du vieux haut-allemand, du vieux norrois (cf § 6), du vieil anglais, du néerlandais etc. dans le vieux français. (Cf. § 30)

3) Un nombre considérable de mots grecs a pénétré dans le latin populaire, à des époques très variées, soit directement, soit par l'intermédiaire de la langue littéraire Jusqu'à présent, on n'a encore fait aucune enquête approfondie sur la chronologie de leur introduction. Voir des exemples § 29.

§ 6. L'étendue primitive du domaine de la langue française, autant que des hypothèses, faites principalement sur un examen des noms de lieux, permettent actuellement de se prononcer, n'est pas très différente de son étendue actuelle, en dépit des changements qui se sont produits dans le cours des siècles.

A l'ouest, de la Gironde jusqu'à la Vilaine au nord, c'est l'Océan qui forme la limite de la langue. La presqu'île, qui se trouve au nord de l'embouchure de la Vilaine, a été de nouveau enlevée au roman durant le cinquième et le sixième siècles: des Celtes insulaires, qui venaient de la Cornouaille, y transplantèrent leur idiome, le breton, qu'ils ont maintenu jusqu'à nos jours avec une grande opiniâtreté. Dans l'ouest de la Bretagne, c'est, encore à l'heure actuelle, la langue maternelle de la population sur un territoire, qu'on peut séparer du français, d'une façon approximative, par une ligne, qui s'étend de l'embouchure de la Vilaine à la baie de St Brieuc au nord. Le français pénètre peu à peu par l'est.

Au nord, c'est la Manche qui forme la limite de la langue. Les îles Jersey, Sercq, Guernesey et Aurigny, qui appartiennent politiquement à l'Angleterre depuis le commencement du XIIIe siècle, dépendent aussi du domaine de la langue française. Les Normands, qui pénétrèrent en conquérants au IXe siècle par l'embouchure de la Seine, bien qu'ils se fussent établis dans le pays en grand nombre et d'une façon durable, et qu'ils eussent reçu, en 911, de Charles III la province française. qui s'étendait sur les deux rives de l'embouchure de la Seine et qui a pris leur nom, abandonnèrent bientôt leur langue maternelle, le Danois Lorsqu'ils conquirent l'Angleterre, en 1066, sous leur duc Guillaume le Conquérant, ils y transportèrent, avec la dynastie normande, la langue française, qui, pendant 300 ans disputa de l'autre côté du détroit la suprématie à l'anglais. — Le domaine du français se prolonge au nord sur la Manche jusqu'à Gravelines. Là commence le flamand, qui recule devant le français dans les territoires de la Flandre, réunis politiquement à la France par Louis XIV, et aujourd'hui ne se parle plus, en France, que dans les arrondissements de Dunkerque et d'Hazebrouck du département du Nord, et dans quelques communes du Pas-de-Calais. Tout près de Ménin, la limite qui sépare le français et le flamand franchit la frontière belge Elle court à peu près tout droit vers l'est, et atteint, près d'Eupen, la frontière prusso-belge, de telle sorte que la partie sud-est du royaume actuel de Belgique appartient au domaine du français

A l'est, la limite de la langue, à partir de la ville allemande d'Eupen, suit, en se dirigeant vers le sud, à peu près la frontière politique de la Belgique Un petit canton de la Prusse rhénane. Malmédy et ses environs les plus proches, est roman. Le Grand-Duché de Luxemburg est presque complètement allemand. La circonscription belge d'Arlon, à l'extrémité sud-est de la Belgique, est également allemande, à l'exception de quelques bourgades. Au sud de Longwy la limite de la langue court longtemps sur le territoire allemand, en enfermant dans le domaine roman Metz et ses environs, Château-Salins, Dieuze Lutzelhausen la vallée supérieure de la Brusche le Bande-la-Roche, etc. Près de Munster, la limite de la langue concorde avec la limite politique actuelle: toutes deux suivent, à partir de là la chaîne des Vosges.

Comme limite de séparation sud entre le français et le provençal, on a l'habitude — en s'appuyant sur quelques caractères phonétiques, parmi lesquels il faut citer en premier lieu les transformations de l'*a* tonique libre latin (cf. § 52 rem. 2) — de tracer une ligne qui part, à l'ouest, de l'Océan Atlantique, suit à peu près la Gironde jusqu'à Villeneuve (au dessous de Blaye), puis prend la direction du sud-est vers Lussac et, de là, celle du nord vers Angoulême et Mansle, passe la Vienne au sud de l'Isle Jourdain, ensuite se dirige vers l'est jusqu'à l'Allier, en se confondant d'abord à peu près avec la limite sud des départements de la Vienne et de l'Indre et, après avoir passé l'Allier, court vers le sud-est du côté de Roanne, dans le département de la Loire C'est là que commence le territoire qui, par opposition au français et au provençal, est appelé généralement franco-provençal (cf. § 52 rem 2), territoire qui renferme une partie du département de la Loire, les départements du Rhône, de l'Isère et de l'Ain et de plus la Savoie, une partie de la Suisse et l'ancienne Franche-Comté.

§ 7. Le français ne présente pas les mêmes caractères dans tous les endroits du domaine. Le latin populaire s'est, au contraire, développé d'une façon différente dans les différentes parties du domaine de la langue française, et les dialectes qui en sont ainsi sortis offrent, des temps anciens jusqu'à nos jours, un développement continu. On distingue en gros les sept dialectes suivants. le normand, le picard, le wallon, le lorrain, le bourguignon, le poitevin et le français proprement dit ou francien C'est ce dernier qui, parlé dans l'Isle de France, a donné naissance à la langue littéraire française Et c'est le dialecte français et la langue littéraire, qui en est sortie, qui, à moins de remarques contraires, sont exclusivement étudiés dans la présente grammaire

Remarque — Le normand a de plus, à l'état d'anglo-normand, atteint en Angleterre (cf. § 6) un développement remarquable. — A l'intérieur de chacun de ces dialectes, on peut distinguer des sous-dialectes qui eux-mêmes présentent, à leur tour, des différences locales. En général on ne peut établir, pour la séparation des dialectes, des limites aussi nettes que les limites politiques. Les diverses modifications phonétiques et particularités de la flexion etc. empiètent les unes sur les autres, et ce ne peut être que pour avoir une vue d'ensemble que l'on réunit, pour y distinguer un dialecte, les particularités linguistiques d'un territoire politiquement homogène. Il serait plus exact de s'en tenir aux limites des diverses modifications phonétiques, morphologiques et syntactiques.

§ 8. Si, parmi les dialectes français, le français proprement dit a pris une place prépondérante et est devenu la *langue littéraire de la France*, cela s'explique par ce fait qu'avec l'avénement d'Hugues Capet en 987, la royauté, chez les Francs de l'ouest, passa aux mains des ducs de France. L'histoire extérieure de la langue littéraire reste étroitement liée à l'affermissement et au développement de la puissance royale.

Dans le domaine de l'ancienne Neustrie s'était formée, déjà de bonne heure, une langue commune écrite, qui présente les traits essentiels du dialecte français proprement dit et par conséquent de la langue littéraire ultérieure.

Remarque. — Le plus ancien témoignage direct, que nous ayons de l'existence d'une langue littéraire française, est un poème de Conon de Béthune, composé vraisemblablement en 1181, où le poete fait entendre les plaintes suivantes:

> La Roine n'a pas fait que cortoise,
> Ki me reprist, ele et ses fius li Rois
> Encore ne soit me parole franchoise,
> Si le puet on bien entendre en franchois;
> Ne chil ne sont bien apris ne cortois,
> S'ils m'ont repris, se j'ai dis mos d'Artois,
> Car je ne fui pas norris à Pontoise.
> (A. Wallenskold, éd. pag. 223.)

§ 9. Le français est divisé par la Renaissance en deux périodes, qu'il ne faut pas séparer d'une façon trop stricte: le *vieux français* et le *français moderne*, qui se distinguent surtout par le vocabulaire, mais aussi par la phonétique, la morphologie et la syntaxe, toutefois de telle sorte qu'on passe de l'un à l'autre par une transition insensible. On peut limiter approximativement la période du vieux français à l'avénement de François I (1515), qui marque le commencement de la Renaissance française.

Remarque. — On distingue aussi le vieux français et le moyen français, en faisant terminer le premier au commencement du XIVe siècle ou à l'avénement des Valois en 1328. En fait il se produit, aux environs de cette date, une série de changements, tant en phonétique qu'en morphologie, qui peuvent autoriser cette délimitation. On entend alors par moyen français la langue, qui s'est parlée jusqu'au XVIIe siècle. Mais l'autre division est plus usuelle

Première Partie.

Phonétique.

Chapitre I.

Considérations préliminaires: variétés des changements phonétiques, mots appartenant au fonds de la langue et mots d'emprunt, orthographe et prononciation, signes phonétiques.

§ 10. L'exposé de la phonétique qui va suivre, doit en première ligne traiter des transformations *mécaniques des sons*, qu'a subies, en évoluant, le vocabulaire du vieux français dans les limites du domaine de la langue données § 7, et réduire les phénomènes particuliers de ces changements mécaniques des sons à des *règles phonétiques* précises (*lois phonétiques*).

Remarque — C'est la grammaire générale — (science des principes) — qui donne des éclaircissements sur l'essence des changements phonétiques et sur les problèmes fondamentaux de la vie des langues. L'étude en est indispensable pour quiconque veut arriver à comprendre le développement historique de n'importe quelle langue

La règle générale est que, dans les changements mécaniques des sons, les mêmes sons, dans les mêmes conditions physiologiques et dans des limites déterminées de temps et de lieux, se transforment d'une façon absolument identique.

Il y a des exceptions apparentes, qui peuvent résulter des causes suivantes.

1) Un changement grammatical peut ne pas être le résultat du développement mécaniques des sons, mais être un de ces phénomènes associatifs, tels qu'ils seront caractérisés d'une façon plus précise au § 11.

2) Des éléments phonétiques, identiques et soumis aux mêmes conditions de transformation, appartiennent à des mots, qui ont été introduits dans la langue populaire à des époques différentes. (Cf. § 12.)

3) Telle transformation appartient à un dialecte, telle autre à un autre. C'est ainsi qu'on explique, d'une façon vraisemblable, que les mots du français littéraire *moins* (*menus*), *foin* (*fenu*), *avoine* (*avena*) à côté de *veine* (*vena*), *peine* (*pena*), *tiers* (*tęrtiu*) à côté de *pert* (*pęrdit*), *ouaille* (*ovecla*) à côté de *nouvel* (*novellu*) sont des importations d'autres dialectes.

4) Les conditions physiologiques, qui ont contribué à transformer un son, n'apparaissent identiques qu'à la suite d'une observation superficielle, mais, en réalité, sont différentes. Ainsi, pour ne donner ici qu'un exemple d'une portée générale, il ne faut pas oublier que le mot, pris à part, n'est pas susceptible de vie et d'évolution comme tel, mais qu'il ne l'est que dans l'ensemble du langage parlé, et que, par conséquent, la transformation phonétique de ce mot peut être différente, suivant la place qu'il occupe et le rôle qu'il joue dans la proposition. Il y a ainsi des doublets appelés syntactiques, pour la formation desquels il faut envisager des éventualités différentes

a) Le mot garde son accent dans la proposition, ou il devient atone, c. a. d qu'il subordonne son accent à celui d'un autre mot plus fortement accentué, qui le précède ou le suit et qui est étroitement lié avec lui par la syntaxe. Ainsi s'explique par exemple le fait que les pronoms personnels *me*, *te*, *se* sont devenus en français, en dehors de *moi*, *toi*, *soi* *mę*, *tę*, *sę* (atones par position). A côté de la forme accentuée par position *mel* (fragments de Jonas v° 25), on trouve la forme atone *mal* (*malu*) dans les composés, entre autres *malfaire*, *maldire*. La particule *quare*, elle aussi, a donné naissance à deux formes: *car* atone et *quer* accentuée (Vie de St. Alexis) Les prépositions sont ordinairement atones par position; c'est pourquoi les mots lat. vulg *sene* (cl. *sĭne*), *en* (cl *in*), *pro*, *per*, *ad* sont devenus en français *sen-s*, *en*, *pur*, *par*, *a*, au lieu de devenir *sein-s*, *ein*, *preu*, *pier*, *e* En position proclitique, *ellu* (*ĭllum*), *ella*, *elli* du lat. vulg. sont devenus, après la chute de la voyelle initiale, *lo*, *la*, *li*. Représentent des formes contractées en position enclitique *nes* (*ne les*), *lem* (*le me*), *quis* (*qui se*), *quem* (*que me*) du vfrs. etc. En outre offrent une transformation atone par position les formes des auxiliaires, entre autres *as* (lat. vulg. *abes*), *a* (lat. vulg. *abet*), *es* (à côté d'*ies*; lat. vulg. *es*), *ere* (à côté d'*iere*; lat. vulg. *era*).

b) La fin d'un mot peut se modifier sous l'influence du commencement d'un mot, qui suit immédiatement dans la proposition, ou, réciproquement, le commencement d'un mot peut se modifier sous l'influence de la fin d'un mot, qui précède immédiatement dans la proposition C'est le premier cas qui se présente le plus fréquemment en français, et il en est ainsi, par exemple quand *je*, *le*, *me*, *te*, *se*, *la*, *ma*, etc., devant un mot commençant par une voyelle, deviennent, par suite de l'élision de leur voyelle, *j'*, *l'*, *m'*, *t'*, *s'*, tandis que, devant un mot commençant par une consonne, ils conservent leur forme pleine; ou encore quand les mots latins *et* et *ad* apparaissent en vieux français, devant un mot commençant par une consonne, sous la forme *e*, *a*, et, devant un mot commençant par une voyelle, avec dentale persistante, sous la forme *et*, *ad* D'un autre côté l'on peut observer l'action de la fin d'un mot sur le commencement du mot suivant, p. ex. dans les mots, qui commencent par *s* + Cons. Ces mots ne prennent tout d'abord un *e* prosthétique (cf. § 28) qu'après un mot finissant par une consonne, tandis que cet *e* n'apparaît pas après un mot précédent, qui se termine par une voyelle. C'est ainsi que naissent les doublets: *la spose* (Alexis) à côté de l'usuel *espose*, *la spede* (Q L. d R.) à côté de l'usuel *espede*. Plus tard les formes avec *e* qui s'employaient plus fréquemment, se sont généralisées aux dépens des autres (V § 11 et 125 Rem.)

Remarque. — La question de savoir, jusqu'à quel point la transformation irrégulière d'un son est conditionnée par la fréquence de l'usage de certaines expressions, a encore besoin d'être approfondie. C'est par la fréquence de l'usage des groupes de mots ou des mots en question qu'on a essayé, entre autres, d'expliquer la syncope d'*avons* en *ons*, d'*avez* en *ez*, d'*aveie* en *eie* dans les formes du futur et du conditionnel *amer-ons*, *amer-ez*, *amer-eie* etc., la chute de l'*n* dans le proclitique *sẹnior* (frs. *sire*), celle de l'*e* dans l'atone par position *or* à côté d'*ore* (*hac hora*), celle de la première syllabe dans les atones par position *ellí*, *ellós*, *icíl* (*ecce illi*), *icist* (*ecce isti*) etc.

§ 11. 1) A côté du changement mécanique des sons — (ordinairement appelé brièvement «changement des sons») — dû essentiellement à des facteurs physiologiques, existent des transformations de sons associatives — (analogies et assimilations) —, qui appartiennent au domaine psychique. Ces phénomènes proviennent de ce que, dans la mémoire de celui qui parle, le souvenir de la forme extérieure de certains mots se confond avec le souvenir de celle d'autres mots, qui leur ressemblent par la signification, la fonction ou le son et qu'il se reproduit phonétiquement conformément à cette confusion. Exemples: le mot lat. vulg. *grẹve* (cl. *gravem*) a subi l'action de *lẹve* (cl. *lĕvem*), parce qu'ils contiennent tous deux la notion de pesanteur; c'est ainsi que s'expliquent: le vfrs. *senẹstre* au lieu de *senestre* (cl. *sinistrum*) d'après *dẹstre* (v. § 41), le lat. vulg. *rendre* (cl. *reddere*) d'après *prendre* (cl. *prehendere*, *prendere*), le vfrs. *jus* (lat. vulg. *djosu*, v. § 24) d'après *sus* (lat. vulg. *susu*, v. § 24), *disme* (lat. vulg. *dẹkimu*) d'après *dis* (*dẹke*), *dis* (lat. vulg. *dẹke*) d'après *sis* (*sex*, v. § 135), *cuisine* au lieu de *coisine* (lat. vulg. *cokina*) d'après *cuire* (lat. vulg. *cokere* v. § 62); peut-être aussi: le lat. vulg. *fregdu* au lieu de *frigdu* (cl. *frigidum*) d'après *regdu* (cl. *rĭgidum*), le lat. vulg. *torkere* au lieu de *torquere* d'après *venkere* (cl. *vĭncere*) etc., le frs. *soif* (*sete*) d'après *boif* (*bebo*), *espeis espois* (*spẹssu*) d'après *espeissier* (*spẹssiare*) et, d'une façon analogue, beaucoup d'autres cas, où la connexité du sens des mots, surtout quand elle était unie à une ressemblance phonétique, a été la cause de transformations de sons associatives. Sont au contraire très rares les exemples, où la simple ressemblance phonétique a produit une assimilation. On trouve des cas d'analogie purement phonétique», p. ex. quand, sous l'influence d'*e* — *et* et d'*a* — *ad* (cf § 10, 4 b), se sont également formés *sed* devant une voyelle à côté de *se* (lat. vulg. *se*, cl. *si*), et *ned* à côté de *ne* (*nec*).

2) Ce sont surtout les systèmes de déclinaison et de conjugaison des classes de mots à flexion qui présentent des séries de mots de signification, de fonction et d'aspect phonétique semblables. Les très nombreux phénomènes d'association qu'on y rencontre seront traités dans la morphologie.

3) C'est encore des faits d'association, qu'ils s'agit dans les phénomènes de permutation de préfixes (a) et de suffixes (b), lesquels sont du ressort de la formation des mots. Exemples:

a) Un préfixe est remplacé par un autre préfixe, dont l'usage est plus fréquent, en dépit du sens étymologique. le lat. vulg. *alluminare* (vfr. *allumer*) pour le cl. *illuminare*, le lat. vulg. *accordare* (vfr. *accorder*) pour le cl. *concordare* le lat. vulg. *abdurare* (vfr. *adurer*) pour *obdurare*, le lat. vulg. *desdegnare* (fr. *desdegnier*) pour *dedignari*.

b) La désinence *-ant* du part. prés. des verbes de la 1ere conjug., déjà à l'époque prélittéraire du français, s'est substituée à la désinence *-ent* du part. prés des autres conjug., qui a le même sens, mais est moins usitée, p ex · *plaisant* au lieu de *plaisent* (*plakente*), *serjant* au lieu de *serjent* (*servente*). Suivirent la désinence *-ent* le suffixe nominal dérivé *-ence* (*-entia*), auquel se substitua, déjà dans le français prélittéraire, l'analogique *-ance*, et le suffixe du gérondif *-ende* (*-enda*) que remplaça *-ande*, p ex.: *contenance* au lieu de *contenence* (*contenentia*), *naissance* au lieu de *naissence* (*naskentia*), *buvande* au lieu de *buvende* (*bebenda*), *viande* au lieu de *viende* (*vivenda*). En outre *-ement* (*-amentu*) s'est substitué à *-ment* (*-imentu*), p ex dans *vestement*; *-eour* (*-atore*), à *-our* (*-itore*) dans *buveour*; *eure* (*-atura*), à *-ure* (*itūra*), entre autres, dans *vesteure*, *-one*, à *-anu* dans le lat. vulg *tabone* (cl. *tabanum*, fr. *taon*); *ice*, à *-ece* et *-ice* (*-ĭce*) dans les lat. vulg. *berbice*, fr. *brebiz*. et *sorice*, fr. *soriz*; *-el* (*-ale*), à *-eil* (*-ele*) dans *cruel*, *-iei*

(*-arịu*), à *-er* (*-are*) dans *bacheler* pour l'antérieur *bacheler* (*baccalare*); *-ier* (*-arịu*), à *-ir* (*-ẹrịu*) dans *mostier* (à côté de *mostir*); probablement *-ime*, à *-enu* dans le lat. vulg. *venime* (cl. *venenum*), fr. *venin*, etc.

4) Tombent dans le domaine de l'étymologie populaire ou interprétation erronée les transformations de sons associatives, qui sont la conséquence d'une méprise, a) sur le sens ou b) sur la fonction d'un mot ou d'une partie de mot, causée par la ressemblance phonétique. Exemples:

a) les mots vfr. *dimenche* (lat. vulg. *domenica*) d'après *di* (*die*), *isnelepas* pour *eneslepas* (*en ipsu ellu passu*) d'après *isnel*, *selonc* (*secundu*) d'après *lonc* (*longu*), *cuillier* (*cọklịarịu*) d'après *cuire* (*cọkere*), *aguille* d'après *aguisier* (*acutịare*), vraisemblablement *Pentecụste* au lieu de *Pentecọste* (gr. πεντηκοστή) d'après *cụste* (lat. vulg *costat* cl *constat*), *tresor* (*thesauru*) d'après *tres*. —

b) Un groupe phonétique est pris pour un substantif précédé de l'article et transformé en conséquence, p. ex. les mots d'emprunt vfr. *l'once* (grec λύγξ, ital. *lonza*), *l'azur* (pers. *lasvard*); le nom propre *La Pouille* au lieu de *l'Apouille* (*Apulia*), *ma mie* pour *m'amie*, d'où *une mie*, présentent la séparation de la voyelle initiale, par suite d'une erreur commise à propos de l'article ou du pronom. En d'autres cas, l'article se fond avec un mot commençant par une voyelle, de telle sorte que la notion de l'article disparaît, p ex.: *le lendemain* pour la forme antérieure *l'endemain* (*en de mane*), *landier* pour *l'andier* (**amitarịu*), *lierre* (*ẹdera*) pour *l'ierre* (le fragment de Jonas donne encore *eedre*), *l'avertin* pour *la vertin* (*vertigine*) Il en est de même notamment dans les noms propres: *Lisle* pour *L'isle* (*isla* cl. *insula*), *Lendit* (*endictu*), *Launoi* (*Alnetu*) etc — On peut aussi, dans cette catégorie, mentionner le phénomène qu'on doit appeler changement apparent de préfixes ou de suffixes, d'après lequel le commencement ou la fin d'un mot est pris, d'une façon erronée, pour un préfixe ou un suffixe et permute avec un vrai préfixe ou un vrai suffixe· cf p. ex. les mots d'emprunt lat. vulg *prebetru* et *probetru* à côté de *présbyter* (vfr. *prevere* et *provere* à côté de *prestre*), vfr.

demeine à côté de ***domeine*** (*dominium*, mot savant), vfr. ***provende*** (lat ***praebenda*** mot savant), vfr. ***confanon*** à côté de ***gonfanon*** (germ. *gunþ(i)fano*), ***devant*** à côté d'***avant*** (*ab-ante*), où l'on a cru voir par erreur le préfixe *a-*(*ad*), qu'on a fait permuter avec le préfixe *de-*; les mots vfr. ***entier*** à côté d'***entir*** (*entegru*), ***faldestueil*** à côté de ***faldestuel*** (germ. *faldastol*).

5) On peut désigner, par formes mixtes venant de **contamination ou croisement**. les formes qui résultent de transformations de sons associatives, quand **un mot** sort de deux mots étymologiquement distincts, mais phonétiquement semblables et d'une signification identique, p. ex. le lat. vulg. *guadu* (fr *gué*) issu de *vadu* et du germ. *wad-*, le lat. vulg. *guastare* de *vastare* et du germ. *wōst-*, le lat. vulg *guolpe* de *volpe* (cl *vulpem*; fr. *goup-il*) et du germ *wulf*, le vfr. **halt* de *altu* et du franc **hauhs*, le vfr. *chascun* de *cesquun* et de *chadun* (*κατὰ unu*) Peut-être aussi: le vfr. *orteil* issu du lat. vulg. *artēclu* (cl. *articulum*) et du celt. *ordag-* (pouce), *crembre* de *tremere* et du celt. *cretm-*, *glaive* de *gladiu* et du celt. *cladeio*, *doins* de **dois* et de *don* (*dono*), le lat vulg. *gravula* (vfr. *grolle*) de *ravu* et de *gracula*.

§ 12. Fonds de la langue et mots d'emprunt.

1) Par fonds de la langue, on entend les mots, qui existaient déjà dans la langue au moment où le français a commencé à sortir du gallo-latin, par mots d'emprunt, tous ceux, qui sont entrés plus tard dans le vocabulaire français, qu'ils viennent du latin littéraire ou des langues étrangères.

Remarque — La division en mots du fonds de la langue et en mots d'emprunt, que nous faisons ici pour le français, est, évidemment, tout aussi admissible pour la période plus reculée du latin populaire, si bien que, parmi les mots français appartenant au fonds héréditaire de la langue, il s'en trouve, qui étaient des mots d'emprunt en latin populaire (Cf. p ex § 29 sq.) Le fonds étranger est introduit ou par **la voie populaire** ou par **la voie savante**. Dans le premier cas l'emprunt se fait oralement, dans le second, surtout littérairement On a l'habitude d'appeler **mots littéraires**, les mots savants qui ont pénétré dans la langue par la littérature — On désigne par **mots étrangers**, pour les distinguer des mots d'emprunt les mots n'appartenant pas au fonds héréditaire, qui n'ont pas encore été reçus d'une façon définitive et sont considérés comme des étrangers par l'instinct linguistique.

2) Le latin, qui, durant tout le moyen âge, fut la langue de l'église et des clercs (clerici), et dont, à différentes époques, sous Charlemagne p. ex., la connaissance prit une nouvelle et grande extension chez les gens cultivés et jamais ne s'éteignit complètement, a fréquemment apporté un surcroît de richesse au vocabulaire de la langue populaire C'est ainsi qu'ont p ex été empruntés à la langue de l'Eglise, en partie à l'époque du latin vulgaire, en partie à l'époque du français, les mots: *Jesus*, *eglise* (langue populaire *mostier*), *crestien*, *diable*, *esprit*, *angele*, *virgene*, *miracle*, *apostre*, *prophete*, *paradis*, *almosne* (*eleemosynam*, gr. *ἐλεημοσύνη*), *humilitet*, *obedir*; ont été introduits par les clercs, p. ex. *epistre*, *titre*, *page* (*pagina*), *seel*, *termine*, *ordre*, *escole*, *fable*, *table*, *matiere*, *mobile*, *digne*. *leal*, *duc*, *rustique*, *aveugle*, *facile*.

3) La signification des mots fournit des points de repère pour la fixation du moment où un mot a pénétré dans la langue, lorsqu'avec le mot a été empruntée la notion qu'il exprime, et que la tradition historique établit à quelle époque cette notion a été connue de ceux qui appartiennent à la langue qui a emprunté le mot. C'est ainsi qu'on peut p ex. établir, d'une façon approximative, à quel moment ont pénétré certains mots introduits avec le christianisme

Mais la forme des mots est, en général, plus importante que leur signification, pour la fixation de l'époque où ils ont été reçus. Il est bien évident en effet que les mots d'emprunt n'ont pas pu subir une modification phonétique, qui était déjà accomplie avant leur pénétration dans la langue populaire, et qu'au contraire ils participent, tout comme les mots du fonds héréditaire, à ceux des changements, qui se sont produits après leur emprunt Si donc, parmi les mots mentionnés plus haut, *cristianus*, *diabolus* n'ont pas subi la transformation de l'*i* en hiatus en *i̯* laquelle a lieu en latin populaire (§ 20, 3), ils ne peuvent, par conséquent, avoir pénétré dans la langue populaire qu'à un moment, où cette loi avait cessé d'agir. *Diabolus*, *fabula* ne présentent pas la transformation du groupe *-abu* en *au* (cf. § 26), *obedire* ne présent pas la chute de la voyelle contrefinale (§ 80); *apostre*, *epistre*, *titre* présentent une transformation anomale de *tl* (cf. § 25); les deux premiers maintiennent, en outre, le *p* intervocalique (cf. § 105). *Jesús*, *esprít*, *termíne*, *habít*, *publíque*, *Afríque*, *mobíle* pèchent même contre la loi de l'accent (cf. § 15). Au contraire, dans la transformation ultérieure de *crestien*, *epistre*, *escole*, l's, devant une consonne, s'est assourdie (cf. § 128); dans celle d'*obedir*, le *d* intervocalique est tombé (cf. § 116) nous avons là un point de repère, pour fixer l'époque de l'entrée de ces mots dans la langue populaire.

4) Le même mot étymologique latin est fréquemment représenté en français à la fois par un mot du fonds héréditaire et par un mot d'emprunt, p ex : *tabula* est représenté par *tole* (cf § 26) et par *table*, *causa*, par *chose* et par *cause*, *computus*, par *contes* et par *compoz*, *mobilem*, par *mueble* et par *mobile*, *hospitalem*, par *hostel* et par *hospital*, *dignitatem*, par *deintie* et par *dignite*, *redemptionem*, par *raançon* et par *redemption*, *germinare*, par *germer* et par *germiner*, *testimonium*, par *tesmoing* et par *testimonie*.

Remarque. — Le même mot peut aussi, à des époques différentes et, par conséquent, sous une forme différente, être introduit de nouveau comme mot d'emprunt dans la langue populaire, comme peut-être *saeculum* sous les formes *siecle*, *seule*, *secretum* sous les formes *secrei*, *secret*, *utilem* sous les formes *utle*, *utile*. Mais pour plusieurs cas, placés dans cette catégorie, il est difficile de juger avec certitude, si l'on est en présence d'une différenciation de la forme phonétique, due à l'époque ou au lieu de l'emprunt.

§ **13.** Orthographe et Prononciation.

Le français a été fixé par écrit, depuis le moment le plus reculé de l'époque littéraire, au moyen de l'alphabet latin

Au temps de l'ancien français, notamment pendant les premiers siècles, on peut distinguer un effort pour rendre compte des modifications phonétiques par une écriture modifiée (orthographe phonétique) Toutefois il n'était pas possible à l'orthographe de suivre complètement ces modifications phonétiques; aussi trouve-t-on déjà, dans les plus anciens monuments de la langue française, des exemples d'écriture traditionnelle (orthographe historique). qui vont en se multipliant, à mesure que la langue s'est éloignée davantage de son origine, et qu'il s'est formé une langue écrite p[illegible] dite. Cf. Phonétique § 36 ss. Cependant, pour donner une idée préliminaire, et qui fasse mieux comprendre les observations précédentes, nous allons citer quelques exemples:

1) d'orthographe traditionnelle avec prononciation nouvelle des signes employés: *c* qui, à l'origine, représente la vélaire sourde devant *e*, *i* (v. § 27, 3), est employé plus tard, pour représenter le son *ts-* puis *s-* (*circ, cent*) qui est sorti de la vélaire sourde.

g devant *e*, *i* représente, à l'origine, la vélaire sonore, puis la spirante palatale, et enfin, en vieux français, le son *dž-*, devenu plus tard *ž-* (*gent, gendre;* cf. § 27, 3).

qu lat. = *kw* représente plus tard le son *k-* qui est sorti de *kw* (*qui, quel, quant;* on trouve plus rarement *c*, p. ex.: *car* = *qua re*). — *gu*, à l'origine = *gw* (franc *w* et latin *gu*), est employé, après la chute de l'élément labial devant *e*, *i*, pour représenter le son *g-* (*guerre, langue*, cf. § 154 sq.). Il était d'autant plus nécessaire de conserver l'orthographe *qu* et *gu* pour représenter les sons *k-* et *g-* devant *e*, *i*, que *c* et *g*, dans la même position, servaient à rendre les sons *ts*, *dž*.

u représente en français le son *ü*, qui est sorti de l'*u* latin (*mur, plus, nul;* cf. § 70)

oi et *ai* se sont maintenus dans l'orthographe, alors même que les sons, qu'ils représentaient à l'origine, étaient devenus *oę* (fin. *ụá*) et *e* (*roi, toile, pais, vair*, cf. §§ 223 et 227).

2) d'orthographe nouvelle avec prononciation nouvelle. *c* devant *e*, *i* étant devenu *ts*, et *g* devant *e*, *i*, étant devenu *dž* ont été ensuite employés, dans des cas où l'étymologie ne l'autorisait pas, pour représenter de mêmes sons nouvellement créés, p. ex.: *g* pour *dž* dans *rouge* (*robịu*), *c* pour *ts* dans *grace* (*graciam*, cf § 193 Rem). D'un autre côté, on cherchait à rendre des sons nouveaux par la combinaison de signes latins, qui répondaient, parfaitement ou d'une façon approximative, aux sons qu'on voulait représenter. C'est ainsi qu'apparurent l'orthographe *ai*, *ei*, l'orthographe *ill* (*il*) pour *l* mouillée, l'orthographe *ign* (*gn*) pour *n* mouillée. *h* après *c* est employé comme signe diacritique. Ainsi *ch* devant *e*, *i* sert à représenter le son *k* (*chi* = *qui* Eulalie), devant *a* il sert à représenter le son *tš* (*š*). Dans ce dernier emploi il est devenu usuel et général dans le français écrit (*chant, chose, cheval, chien*,

sache = *sapia*). Souvent il se passe un long temps, des générations et même des siècles, avant qu'une nouvelle orthographe, conforme à une nouvelle prononciation, devienne d'un usage courant. Ainsi, pour ne donner que quelques exemples, appartenant à l'époque littéraire du vieux français, nous trouvons, dans l'écriture, *t* isolé dans une fin de mot secondaire, des voyelles atones devant une voyelle tonique consécutive, *s* devant une consonne, bien après qu'ils avaient sûrement disparu de la langue parlée; de même *l* devant une consonne était phonétiquement devenue *u*, longtemps avant que cet *u* fût entré dans l'orthographe courante. Au contraire on rencontre, dans des manuscrits d'ancien français, notamment dans ceux de basse époque, des tendances à une orthographe phonétique, sans qu'elle ait jamais réussi à être acceptée généralement, par exemple, quand certains d'entre eux écrivent *e* à la place d'*ai*, s (à l'intérieur des mots, *ss*) à la place de *c* devant *e*, *i*, *an* à la place d'*en* devant une consonne, pour rendre compte, par ce moyen, des changements phonétiques.

3) On voit une tentative savante à revenir de l'orthographe phonétique à l'orthographe historique dans l'orthographe étymologique chère aux latinistes, dont les exemples ne manquent pas, même dès la première époque de l'ancien français (p. ex. *corps*, *regiel* Eulalie), mais qui a pris un grand développement, surtout à partir de la deuxième moitié du XIV siècle, avec l'extension des études humanistes. En suivant comme modèles les mots dont ils sont sortis, on écrit p. ex *congnoistre*, *faict*, *mauldire*, *soubvenir*, *pied*, *soixante* Par analogie on transporte cette orthographe dans d'autres mots C'est ainsi qu'on écrit *craincte* d'après *plaincte*, *ung* peut-être d'après *long*, et par une fausse étymologie *scay* d'après *scio*.

Remarque. — Il faut encore citer les particularités suivantes: *i* et *j*, *u* et *v* ne se distinguent pas dans les manuscrits du vieux français comme aujourd'hui; pour rendre la valeur spirante de l'*u*, on introduit un *c* comme signe diacritique entre l'*u* et l'*i* qui suit (*aucrai* = *avrai*); on trouve à la place d'*-us* l'orthographe *-x* (puis *-ux*: *diex dieux* = *dieus*) Sont inconnus aux copistes de l'ancien français la cédille, l'apostrophe, le tréma actuel, le trait-d'union et les accents, à l'exception de l'accent aigu, qui se trouve, [illegible] la façon du moderne français, pour représenter la prononciation fermée de l'*e*, mais, entre autres, comme signe servant à marquer l'accent tonique et la disjonction des voyelles.

§ 14. Exposé des signes phonétiques employés dans cette grammaire V. en tête du livre

Chapitre II.

Les principales différences entre la phonétique du latin vulgaire et celle du latin littéraire.

a) Vocalisme.

§ 15. L'accent latin est essentiellement énergique et expiratoire Il tombe généralement, dans la langue populaire sur la même syllabe que dans la langue écrite. Les principales différences entre l'accentuation du latin vulgaire et celle du latin littéraire sont les suivantes·

1) Les mots, qui ont une muette + *r* au commencement de la dernière syllabe et qui, ayant la pénultième brève, sont accentuées dans le latin littéraire sur l'antépénultième, ont, dans le latin populaire, l'accent principal sur l'avant-dernière syllabe Exemples *entęgru* (cl *íntĕgrum*), *catędra* (cl. *cáthĕdram*), *colǫbra* (cf. § 17 Rem., cl. *cólŭbram*), *tenębras* (cl *tĕnĕbras*), *alęcre* (cl. *álăcrem*), *tonętru* (cl. *tónĭtrum*).

2) Si l'*i* tonique de l'antépénultième se trouve en hiatus avec un *e* ou un *o* suivant, il se fond avec eux en une diphthongue, et ensuite *e*, *o*, à cause de la sonorité plus grande qui leur est propre, attirent sur eux l'accent principal. Exemples: *pariéte* (cf. § 20, 3 Rem.; cl. *paríetem*), *moliére* (cl *mulíerem*), *filiǫlu* (cl. *filíolum*), *lentęǫlu* (cl. *lintéolum*). Présentent les mêmes transformations *é-a ó-a* dans les formes des pronoms possessifs *méa*, *tóa*, *sóa*, quand ils sont atones par position (v. § 10, 4): lat. vulg. *meá*, *toá*, *soá*, d'où plus tard *ma*, *ta*, *sa*. Cf aussi Morphologie § 327, pour *meus*, *mei*, *tui* etc.

3) Dans les noms de nombre qui marquent les dizaines, l'élément déterminant attirant sur lui l'accent tonique, c'est la syllabe antépénultième qui est accentuée

Exemples *víγınti* (cl *vıgínti*), *tréγınta* (cl *trigínta*), *quadráγınta* (cl. *quadragínta*).

4) Dans un grand nombre d'autres cas, la différence entre l'accentuation du latin populaire et celle du latin littéraire provient d'une assimilation (v. § 11). Ainsi les infinitifs lat. vulg. *cadére* (cl *cádere*), *sapére* (cl. *sápere*), ont été, entre autres, assimilés aux verbes de la II conjugaison D'après le modèle de *véndo* — *véndere*, on a formé, à côté du présent *cóso* (cl *cónsuo*), un infinitif *cósere* (cl *consúere*), à côté de *bátto* (cl *báttuo*) etc., un infinitif *báttere* (cl. *battúere*) Aux 1. et 2 pers plur. prés. des verbes de la III conjugaison *perdímus*, *perdítis* etc (cl *pérdimus*, *pérditis*), l'accent, sous l'influence des formes correspondantes des verbes des autres conjugaisons (*amámus*, *amátis* etc.), s'est déplacé de l'antépénultième à la pénultième. Cf. Morphologie § 339, 2.

Remarque — Ce n'est pas, à proprement parler, à un déplacement de l'accent qu'on a à faire, mais à la formation de nouveaux composés d'après un simple, dont les sons et l'accentuation ne sont pas changés — (recomposition) — quand *retę́net*, *convę́nit*, *emplécat*, *displáket* du lat. vulg etc se substituent à *rétinet*, *cónvenit*, *ímplicat*, *dísplicet* du lat. class etc.

§ 16. Quantité et qualité.

Les différences primitives de la durée — (quantité) — dans le vocalisme de l'ancien latin exercent une telle action sur le timbre — (qualité) — des voyelles que, peu à peu, à l'exception d'*a*, toutes les voyelles longues accentuées prennent une prononciation fermée, toutes les voyelles brèves accentuées une prononciation ouverte Ainsi·

I. *ī ĭ ē ĕ ā ă ŏ ō ŭ ū*,

p ex. *tēctum*, *lĕctus*.

II. *ị̄ ị̆ ẹ̄ ę̆ ā ă ǫ̆ ọ̄ ụ̄ ū*,

p. ex *tēctum*, *lę̆ctus*.

La langue populaire franchit le stade de transformation indiqué II. en ce sens que la qualité des voyelles ne continue plus à y être soumise à ces anciennes différences de la quantité des voyelles. (V. § 35) — Des autres changements, survenus dans le vocalisme du latin vulgaire, qui précèdent l'évolution propre de la langue française, on ne citera dans la suite que les plus remarquables:

§ **17.** D'après le témoignage concordant des inscriptions et des transformations du roman, remontent à une époque très ancienne :

a) le changement du lat. vulg. ị en ẹ. *mẹttere* (cl. *mĭttere*), *fẹde* (cl. *fĭdem*), *bẹbẹre* (cl. *bĭbere*), *vẹrga* (cl. *vĭrga*), *pẹlu* (cl. *pĭlum*), *ẹn* (cl. *ĭn*), *vẹrtute* (cl *vĭrtutem*).

b) le changement du lat. vulg. ụ en ọ: *sọpra* (cl. *sŭpra*), *crọke* (cl. *crŭcem*), *dọbitare* (cl. *dŭbitare*), *sọmma* (cl *sŭmma*), *pọnctu* (cl *pŭnctum*)

Remarque. — Les changements cités a) et b) sont attestés par l'histoire phonétique de toutes les langues romanes, excepté le sarde — Devant une labiale, ǫ du latin populaire, a, dans des conditions encore inconnues dans leur détail, correspondu, en un certain nombre de cas, à ō, ŭ du latin écrit, au lieu d'*o* qui était attendu, p. ex., entre autres, les lat vulg. *ǫvu* (cl *ōvum*), *colǫ́bra* (cl. *cólŭbra*; cf. § 15, 1) *cǫpru* (du grec *κύπρος*; cl. *cўprum*). et plus rarement, *jǫvene* (cl. *jŭvenem*), *plǫvia* (cl. *plŭvia*) à côté de *rǫbur*, *lǫpa* (cl *lŭpa*), *rǫbia* (cl *rŭbea*). — Le lat. vulg. *nǫptias* (cl. *nŭptias*) peut s'expliquer par l'action de *nǫvus* (*nǫvius*, *nǫvia*).

c) la réduction des diphthongues *ae* et *oe* aux monophthongues ę, ẹ: *pęna* (cl *poena*), *fẹdu* (cl. *foedum*), *kwęro* (cl. *quaero*), *lętus* (cl. *laetus*), *kęlu* (cl. *caelum*), *kęcu* (cl. *caecum*).

Remarque. — La diphthongue *ae* présente, d'après l'histoire phonétique du roman, une hésitation encore inexpliquée et déjà attestée par les grammairiens latins. Le plus souvent c'est lat. vulg. ę qui lui correspond, comme dans les exemples donnés. D'autre part on rencontre le lat. vulg *ẹ*, p. ex. dans *saepes* — *sepes* (vfr. *seif*, *soif*), et de même dans le cl. *cēpa* à côté de *caepa*. Le lat vulg *prẹda* (cl. *praeda*) peut provenir d'une assimilation à *presa*.

§ **18.** *au* initial, est devant *u*, *o* tonique de la syllabe suivante, devenu *a*: *agostu* (cl *augustum*), *aguriu* (cl. *augurium*). *ascọlto* (cl. *ausculto*).

Remarque. — Au latin littéraire *cauda* correspond le latin populaire *coda*, dont l'*o* repose sur la phonétique du latin archaïque. Pour le lat vulg *au* issu d'*avi*^{cons}, *abu*^{cons}, v. § 26.

§ **19.** La première des deux voyelles posttoniques, dans les proparoxytons, est, comme cela s'était déjà produit en partie dans le latin classique, tombée dans la plupart des cas, phénomène qui est attesté, pour une époque ancienne, par les inscriptions et l'usages des poètes. Commune aux langues romanes, par conséquent antérieure à leur apparition, cette syncope a lieu entre *l-p*, *l-d*, *l-t*, *l-m*, *r-d*, *r-m*, *s-t*: *colpus*, (cl. *colaphus*), *caldus* (cl. *calidus*), *soldus* (cl. *solidus*), *falta* (cl *fallita*), *calmus* (cl. *calamus*), *verde* (cl. *viridem*), *lardus* (cl. *laridus*), *lordus* (cl. *luridus*), *ermus* (cl. *erĕmus*, *gr.* ἔρημος), *postus* (cl. *positus*). En outre *fregdu* (cl. *frīgidum*), *regdu* (cl *rīgidum*). Cf aussi § 78, 2a ζ.

Remarque. — Pour les formes *domnus*, *lamna*, du lat vulg. qu'on rencontre à côté des formes du latin littéraire *dominus*, *lamina* (et *lamna*), il est incertain si elles sont dues à une syncope ultérieure ou si elles représentent un état de la phonétique plus ancien, plus étymologique que les formes correspondantes du latin littéraire. Cette dernière hypothèse est probablement vraie pour les mots lat vulg. *macla*, *gobernaclu*, *sęclu*, *perclu*, *copla*, et pour un grand nombre d'autres mots qui contiennent la suite de sons ´ cons. *l*-, à côté desquels existent les formes du lat littér., allongées par Svarabhakti, *macula*, *gubernaculum*, *saeculum*, *periculum*, *copula etc.*

§ 20. Sur la façon dont se comportent les voyelles du latin vulgaire quand elles sont en hiatus, il faut remarquer que:

1) La voyelle tonique se fond en une diphthongue avec un *i* ou un *u* consécutif. Exemples: *cui*, *fui*, *tui*, *illui* (cl. *illī*), *amai* (cl. *ama(v)i*), *dęu* (cl. *dĕum*), *męus* (cl *mĕus*). On trouve des formes de ce genre même dans les poètes classiques et, régulièrement, dans les vers satiriques populaires.

2) Deux voyelles identiques, qui forment ou viennent à former hiatus, se contractent. La voyelle contractée est fermée (longue), p. ex. *prendre* (cl. *prehendere* et déjà *prēndere*, v. § 21), *corte* (cl *cohortem*); *coprire* (cl. *cooperīre*), *coperclu* (cl. *cooperculum*), *copertu* (cl. *coopertum*)

Remarque. — *ǫ* dans *cǫpert* (cl *coopert*) s'explique d'après § 17 Rem.

3) *i* et *e* atones, devant une voyelle consécutive deviennent la semi-voyelle *i̯* et perdent ainsi leur valeur syllabique. Peu importe que, dans le groupe *i*, *e* + voyelle, ce soit celle-ci qui porte l'accent tonique ou que les deux éléments soient atones. De même les groupes *ié*, *iu* qui, d'après le § 15, 2, représentent en latin vulgaire les groupes antérieurs *ie*, *éa*,

subissent le même traitement. Exemples: *rați̯óne* (cl. *rationem*), *faki̯ámus* (cl. *faciamus*), *poți̯óne* (cl. *potionem*), *messi̯óne* (cl. *messionem*); *muli̯ére* (v. § 15, 2), *fili̯olu* (v. ib.); *fáki̯o* (cl. *facio*), *fíli̯us* (cl. *filius*), *fóli̯a* (cl. *folia*), *vini̯a* (cl. *vinea*), *mi̯á* (v. § 15, 2).

Remarque. — L'époque, à laquelle s'est produite l'iotacisation de *i*, *e* en hiatus, varie suivant la nature des consonnes qui précédaient *i*, *e*. Parfois leur passage à *i̯* remonte loin, tandis qu'en certains cas il n'appartient qu'à la vie propre des langues romanes, et que là même, après certaines consonnes, ce phénomène a complètement cessé de se produire. Pour le français, v. § 191 sq. *Di̯* a déjà donné *y* à l'époque du lat. vulg. Il faut en outre remarquer qu'*i̯*, à l'époque du lat. vulg., est tombé devant *ẹ́*, p. ex. *parete* (issu de *pari̯ete* v. § 15, 2), *kuetu* (cl. *quietum*) et dans les formes du possessif atones par position *ma*, *mas* etc.

4) *u* atone, devant une voyelle consécutive devient la semi-voyelle *u̯*. Exemples: *anu̯ale* (cl. *annualem*), *Jenu̯ari̯u* (cl. *Januarium*); — *vedu̯a* (cl. *vidua*), *abu̯i* (cl. *habui*). Dans certaines conditions déterminées, ainsi notamment après plusieurs consonnes, *u̯* tombe, p. ex. *mortu* (cl. *mortuum*), *cardu* (cl. *carduum*), *febrari̯u* (cl. *februarium*), *victali̯a* (cl. *victualia*), et en outre après une consonne redoublée dans *batto* (pour *battu̯o*. cl. *batuo*), *battali̯a*, *kwattor* (pour *kwattu̯or*, cl. *quatuor* et *quattuor*). *u̯* a également disparu dans les formes des pronoms possessifs atones par position *sos* (cl. *sŭŭs*), *sa* (cl. *sŭa*), *tos* (cl. *tŭŭs*), *ta* (cl. *tŭa*), *tas* (cl. *tŭas*). Cf. § 15, 2.

Remarque. — L'ancienneté de la consonnantification d'*i*, *e* et *u* en hiatus est attestée par l'usage des poètes, qui ne comptent pas *i*, *e* et *u* en hiatus pour une syllabe. Dans le lat. vulg. *suave* (cl. *suavem*, vfr. *so-ef*, prov. *soau*), l'*u* protonique qui se trouve en hiatus n'a pas subi la consonnantification après *s*. La chute d'*u* en hiatus, dont on a parlé plus haut, est prouvée par les inscriptions et le témoignage des grammairiens. Comme *battu̯o*, *quattu̯or* répondent à des formes plus anciennes, **batu̯o*, **qu̯atuor* peut-être le redoublement même de la consonne a-t-il été amené auparavant par l'*u̯* suivant.

5) La règle, que les poètes classiques latins ont suivie pour la quantité des voyelles toniques en hiatus, — «vocalis ante vocalem brevis est» — ne peut pas servir de base pour la détermination de la qualité des voyelles en hiatus dans le latin vulgaire. De là, p. ex., les lat. vulg. *die*, *fui*, *grue* bien que *dĭem*, *fŭi*, *grŭem* leur répondent en latin classique.

b) Consonnantisme.

§ 21. *H*, dans la langue vulgaire a complètement disparu bien plus tôt que dans la langue littéraire On disait *cors*, *prendere*, *onore*, *abįo*, *oste*, *omo* pour les formes plus anciennes *cohors* (v. § 20, 2), *prehendere* (v § 20, 2), *honorem*, *habeo*, *hostem*, *homo*.

§ 22. *m* finale après une voyelle atone s'est, comme la prosodie de l'ancien latin et les inscriptions archaiques permettent de le voir, assourdie de très bonne heure. Exemples: *onore*, *paḳe*, *patre*, *anima*, *ala*, *domna* à la place des formes du lat. cl. *honorem*, *pacem*, *patrem*, *animam*, *alam*, *dominam*.

R e m a r q u e. — Après la voyelle tonique, *m* a persisté: *rem* (fr. *rien*). Il en a été de même dans *som* (cl *suam*), *quem*, *jam*, quand ces mots étaient accentués par position, tandis que, en position atone, ils sont devenus *so*, *que*, *ja*.

§ 23. De même est très ancienne la chute d'*n* devant *s*, groupe devant lequel les voyelles brèves furent allongées et prirent en conséquence une prononciation fermée: *mẹse* (cl. *mensem*), *isposu* (cl. *sponsum*), *prẹsi* (pour *prensi* — *prehensi*), *tras* (cl. *trans*), *masi* (cl. *mansi*); *pẹsare* (cl. *pensare*), *costare* (cl *constare*), *masįone* (cl *mansionem*), *mostrare* (cl. *monstrare*), *mẹsura* (cl. *mensura*).

R e m a r q u e. — La prononciation fermée — (longue) — de la voyelle s'explique par une nasalisation antérieure, qui est ensuite tombée après la chute de l'*n* devant la consonne orale.

§ 24. *rs*, quand il vient d'un groupe antérieur *rss*, devient *ss*, *s* Exemples: *susu* (cl. *sursum*), *dįosu* (cl. *deorsum*), *extrosu* (cl. *extrorsum*), *dọssu* (cl *dorsum*)

§ 25. A *tl*, *dl* se sont substitués *kl*, *gl*. Exemples: *veclu* (issu de *vetlu*; cl. *vetulum*), *secla* (cl. *sĭtula*); *ascla* (issu d'*astla*, *assla*, cl. *assula* et *astula*); *ragla* à côté de *radla* (cl *radula*) etc.

§ 26. *b*, en position intervocalique, commence, à peu près vers le II. siècle après J C., à se changer en *v*; *abu*, *avu*, *avi* suivis de consonnes ont donné *au*. Exemples: *devere* (*debere*) *fava* (*faba*); *auca* (**avica*), *aucellu* (**avikellu*), *amaut* (*amavit*), *taula* (*tabula*), *paraula* (*parabula*, mot emprunté au grec).

§ 27 Pour les sons palataux il faut remarquer que

1) A *c* et *cr* initiaux se sont substitués, en plusieurs cas, *g*, *gr*, dont on n'a pas encore trouvé d'explication entièrement satisfaisante. Exemples: *gaviola* (de *cavea*), *grassu* (cl *crassum*), *graticla* (cl. *craticula*), *gamella* (cl *camella*), ce même phénomène se présente notamment aussi dans des mots d'origine grecque, comme *gambaru* (gr. κάμμαρος, lat. cl. *cammarus*), *gropta* à côté de *cropta* (gr κρύπτη; *crypta*), *garofulu* (gr. καρυόφυλλον; lat. cl. *caryophyllon*) et de même dans les mots du lat. cl. *gubernare* (κυβερνᾶν), *gobius* (κωβιός) etc.

2) Provient d'une dissimilation *k* pour *kw*, dans *kinkwe* (cl. *quinque*), *kinkwaginta* (cl *quinquaginta*), *kesque* (cl. *quisque*); peut-être d'une assimilation, dans *cokere* (cl. *coquere*), *cokina* (cl. *coquina*), *cocu* (cl. *coquum*), à côté desquels il faut remarquer *laku* (cl. *laqueum*), *torkere* (v. § 11, 1; cl. *torquere*).

3) On a cherché à reculer le commencement de la palatalisation et de la sibilisation des sourdes vélaires *k* et *g* devant *e*, *i* syllabiques, d'après la transformation de ces sons dans les langues romanes, jusque vers l'époque de la colonisation de la Sardaigne: *k*, *g* ont passé de k^2, g^2 à ky^2, gy^2 (c. à d. k^2, g^2 avec tendance fricative): *ky²era* (cl. *cera*), *ky²entu* (cl *centum*), *paky²e* (cl *pacem*). Déjà à l'époque du latin vulgaire, gy^2 est devenu y^2: *yente* (cl. *gentem*), *reye* (cl *regem*), *leye* (cl. *legem*).

Pour les autres changements phonétiques, dont l'accord unanime des langues romanes permet de reculer la date à l'époque qui précède l'apparition de ces langues, mais sans qu'aucun autre témoignage soit encore venu jusqu'ici apporter suffisamment confirmation de cette hypothèse, nous ne nous y arrêterons pas. Il faut encore citer:

§ 28. L'introduction d'un *i* devant *s* + consonne. Pour faciliter la prononciation d's devant une consonne, un *i* (*e*) s'est introduit, déjà à une époque ancienne du latin populaire, devant la sifflante, quand le mot précédent se terminait par une consonne. (V § 10, 4 b) On disait *isposu*, puis *esposu* (cl. *sponsum*), *ęspina* (cl *spina*), *espata* (cl. *spatham*), *estare* (cl. *stare*), *estatu* (cl. *statum*).

Remarque. — Les inscriptions latines prouvent que l'introduction de cet *i* s'est produite pour la première fois au II siècle après J C. (d'après les inscriptions grecques au I. siècle après

J. C.); l'accord unanime des langues romanes rend vraisemblable l'hypothèse que nous en sommes en présence d'un phénomène phonétique, dont les débuts remontent à une époque encore plus reculée. La ressemblance de l'*s* avec le son *i* fait comprendre pourquoi l'orthographe n'a fixé qu'assez tard cette voyelle.

Phonétique des mots d'emprunt grecs et germaniques qui ont pénétré dans la langue populaire.

§ **29.** Les mots du latin populaire, qui sont d'origine grecque (cf. § 5, 3), présentent dans plusieurs cas des sons, qui ne répondent pas à l'état phonétique de ces mots en latin littéraire. On ne citera ici que les différences les plus importantes.

1) *η* apparaît parfois dans le latin vulgaire, conformément à sa valeur originelle, à l'état d'*ẹ*, p. ex *ecclẹsia* (ἐκκλησία). Dans les mots importés plus tard, il se rencontre avec la valeur *i* qu'il a dans le grec ultérieur, p. ex. *tapitu* (ταπήτιον), *Pergaminu* (Περγαμηνός).

2) *υ*, dans un cercle plus étendu que dans la langue littéraire, se rend par *ụ* — *o*, p. ex. *bọxida* (πύξις; lat. cl. *pyxis*), *cropta* (κρύπτη; lat. cl. *crypta*), *torsus* (θύρσος; lat. cl *thyrsus*) D'autre part on trouve des emprunts plus récents, faits en partie par l'intermédiaire du latin littéraire, avec *i* et *ị* — *ẹ*, p. ex. *girus* (lat. cl. *gyrus*; γῦρος), *cima* (lat cl *cyma*; κῦμα), *cicinus* (du lat. cl. *cycnus*, gr. κύκνος) à côté de *cicinus*, *presbẹteru* (cf. § 11, 4; cl. *presbyterum*, gr. πρεσβύτερον).

3) Les aspirées grecques *φ* (= p + h), *ϑ* (= t + h), *χ* (= k + h) sont rendues, dans la langue populaire comme à l'époque archaique, par les simples sourdes, non aspirées, *p*, *t*, *k*, tandis que la langue littéraire, comme le laisse voir l'orthographe *ph th*, *ch*, s'efforçait de rendre plus exactement compte de la prononciation grecque Exemples *colpu* (gr κόλαφος; lat cl. *colaphus*), **pantasiare* (du gr. φαντασία; cl. *phantasia*), *espata* (gr. σπάθη; cl. *spatha*); *bracju* (gr. βραχίων; *brachium*), *cresma* (gr. χρῖσμα; cl. *chrīsma*), *carta* (gr. χάρτης, cl *charta*) Provient de la prononciation du grec ultérieur l'*f*, entre autres, dans les formes du lat vulg. *orfanu* (gr. ὀρφ[illegible] [illegible] *orphanus*) *garofulu* (v. § 27, 1)

4) ζ, dans les emprunts anciens, se rend par *ss*, plus tard par *dz*, *y*, p. ex. *dzelosu* (de ζῆλος; cl. *zelus*), *baptedzare* (βαπτίζειν)

Cf. aussi § 27, 1.

§ 30. Les sons germaniques (cf. § 5, 2), qui existent déjà dans le gallo-latin, persistent; tous les autres sont remplacés par des sons voisins.

a) Vocalisme.

1) franc *a* = lat. vulg. *a*, p. ex. **fanja* — lat. vulg. *fanya* (vfr. *fange*, cf. § 207, Rem.), franc **warjan* — lat. vulg *guarire* (vfr. *guarir*), franc **álina* — lat. vulg. *alna* (vfr *alne*, *aune*), franc **brasa* — lat vulg. *brasa* (vfr. *brese*).

2) franc *ē* = lat. vulg. *e*, p ex. franc **rēd* (vieux haut allemand *rât*) — lat. vulg. *arredu* (vfrs *arrei*, *arroi*).

3) franc *ĭ* = lat. vulg. *e* (comme le lat. cl. *ĭ*, v. § 17 a). p. ex. franc **spit* (vhtall. *spiz*) — lat. vulg. *espetu* (vfr. *espeit espoit*), franc **hilt* (vhtall. *helza*) — lat. vulg *heltu* (vfrs. *helt*, *heut*).

4) franc *ĕ* = lat. vulg *ę*, p. ex franc *medu* — lat vulg. *mędu* — (vfr. *miez*), franc **bera* — lat vulg. *bęra* (vfr. *biere*), franc **brekan* — lat. vulg. *bręcare* (vfr. *brenier*, *broner*) franc **halsberg* — lat. vulg *halbergu* (vfr *halberc*, *hauberc*), franc *werra* — lat. vulg. *guęrra* (fr *guerre*).

5) franc *ī* = lat. vulg. *i*, p ex. franc **Albarīc* — lat. vulg. *Albaricu* (frs. *Auberi*), franc *Wīdo* — lat vulg. *Guidu* (vfr. *Gui*), franc **wīsa* — lat. vulg. *guisa* (vfr. *guise*).

6) franc *ŏ* et *ō* (*ǭ*?) — lat. vulg. *ǫ*, p. ex. franc **hŏsa* — lat. vulg. *hǫsa*, (vfr *huese*), franc *Marhbǫdo* — lat. vulg *Marcbǫdu* (vfr. *Marbue*), franc **faldastǭl* — lat. vulg. *faldastǫlu* (vfr. *faldestuel*), franc **fǭdr* — lat. vulg. *fǫdru* (vfr. *fuerre*), franc **urgǭli* — lat. vulg. *orgǫliu* (vfr *orgueil*).

7) franc *ŭ* = lat. vulg. *o* (comme le lat cl *ŭ*, v. § 17 b). p. ex. franc **hurdi* — lat. vulg. *horda* (vfr. *horde*), franc **bukk* — lat. vulg. *bocca* (vfr. *buc*), franc *Wīdburg* — lat. vulg. *Guidborgu* (vfr *Guiborc*), franc **fŭrbjan* — lat. vulg. *fǫrbire* (vfr. *furbir*), franc *Ludhari* — lat vulg. *Lodarius* (vfr. *Lohiers*)

8) franc *ū* = lat. vulg, *u*, p. ex. franc **brūn* — lat. vulg. *brunu* (vfr *brun*), franc **drūd* — lat. vulg. *drudu* (vfr. *dru*), franc **brūd* — lat. vulg. *brudu* (vfr. *bru*).

9) franc *ai* = lat. vulg. *a*, p. ex. franc **haisti* — lat. vulg. *hasta* (vfr. *haste*), franc **aibhor* — lat vulg. *affru* (vfr. *afre*), franc **waiđanjan* — lat. vulg. *guadanyare* (vfr. *gaaignier*), franc **haim* — lat. vulg. *hamu*.

10) franc *au* = lat. vulg *au*, p. ex. franc **kausjan* — lat. vulg. *causyire* (fr. *choisir*), franc **haumþa* (vhtall. *hônida*) — lat. vulg. *haunita* (frs. *honte*), franc **laubja* — lat. vulg. *laubya* (fr. *loge*).

11) franc *eu* = lat. vulg. *ęo* (disyllabique), p. ex. franc **Theudoric* — lat. vulg. *Thęodoricu* (vfr. *Tierri*), franc **speut* — lat vulg. *espęótu* (vfr. *espieut*), franc **streup* — lat. vulg. *estręopu* (vfrs. *estrieu*), franc **þeudisk* — lat. vulg. *tęodescu* (vfr. *tieis*, *tiois*), franc **Leudgari* — lat. vulg **Lęodgarius* (vfr. *Legiers*)

b) Consonnantisme.

1) franc *þ* = lat vulg *t*, p ex franc **þarrjan* — lat. vulg. *tarrire* (vfrs. *tarir*), franc **þriskan* — lat. vulg. *trescare* (vfr. *treschier*), franc **haumþa* — lat vulg *haunita* (frs *honte*)

2) franc *bh* = lat vulg *v*, franc **hūbha* — lat vulg. *huva* (vfr. *huve*), franc **ribhan* — lat vulg. *rivare* (vfr. *river*), franc *Ebhurhard* — lat vulg. *Evurhardu* (vfr. *Evrart*).

3) franc *w* (bilabial) au commencement d'un mot = lat. vulg *gu*, p ex. franc **warda* — lat. vulg. *guarda* (vfr. *guarde*), franc *warôn* — lat. vulg. *guarare* (vfr *garer*), franc **warnjan* — lat. vulg. *guarnire* (vfr *garnir*) A l'intérieur d'un mot, le germanique *w* est traité différemment d'après les sons voisins, p. ex *Hlussawig* (vfr. *Cloevis*), *sparwari* (vfr *esparvier*), *kawa* (vfr. *choe*, antérieurement **chaue*) etc. A la fin d'un mot, *aw* donne en français *ǫu*: *blaw* — vfr. *blǫu*.

Remarque. — Dans les contrées voisines du domaine des langues germaniques, le *w* germanique s'est maintenu sans transformation au commencement des mots, de là plus tard en wallon, en picard et en lorrain *warde*, [illegible] etc.

4) franc χ (transcrit *h*) = lat. vulg. *k* (χ?), p. ex. *wahta — lat. vulg. *guacta* (vfr *guaite*, *gaite*), franc *skarwahta — lat. vulg. *escarguacta* (vfr. *eschargaite*), franc *faihida — lat. vulg *fahida* (vfr. *faide*; le maintien du *d* intervocalique ne peut s'expliquer que par une palatale + *d*).

5) franc χl, χr dans des mots antérieurs = lat vulg *cl*, *cr, p. ex. franc *Hlūþawīg* — lat. vulg *Clotavīgus* (vfr *Cloevis*, *Clovis*), ou = *fl*, *fr, p. ex *Hlūþawīng* = lat. vulg. *Flotawengu* (vfr. *Flooent*), ou dans des mots postérieurs = lat. vulg *l*. *r*. p. ex. franc *Chlodowig* — lat vulg *Lodovicus* (vfr *Loois*).

6) franc ʽ*h* (esprit rude) = lat. vulg *h* (esprit doux), p. ex. franc *ʽhalberg — lat vulg *halbergu* (vfr. *halberc*, *hauberc*), franc *ʽhappja — lat. vulg *hapya* (vfr *hache*), franc *ʽherda — lat. vulg *herda* (vfr. *herde*), franc *ʽhaga — lat vulg. *haga* (vfr. *haie*), franc *ʽhanka — lat. vulg. *hanca* (fr. *hanche*); franc *jehan — lat. vulg. *jehire* (vfr. *jehir*).

Pour l'accentuation, les mots empruntés au germanique suivent la loi du latin vulgaire, c. à d. que l'accent tonique ne frappe la première syllabe que dans les mots dissyllabiques et trissyllabiques, dont la dernière syllabe était formée par un suffixe casuel, p. ex. *balco* — *balc*, et dans les trissyllabiques, dont la syllabe pénultième était brève, comme *alĭna* — *alne*. Les mots, formés avec un suffixe qui se termine par plusieurs consonnes, sont accentués sur le suffixe, p. ex. *hāring* — vfr *harénc*. Dans d'autres cas, l'analogie cause un déplacement de l'accent vers la fin du mot, ainsi quand, entre autres dans *krebĭz* — vfr. *escrevisse*, des suffixes germaniques ont permuté avec des suffixes romans, identiques ou semblables.

Chapitre III.

Les sons du latin vulgaire et leur transformation dans le vieux français.

§ 31. Nous étudierons ici les transformations phonétiques jusqu'à 1100 environ. Cette première période peut être considérée comme la période prélittéraire du dialecte francien. Tout ce que nous en savons ne repose que sur des inductions, fondées sur l'état phonétique qu'offre le francien à l'époque littéraire postérieure, et sur des déductions analogiques, tirées des transformations des sons que présente un petit nombre de monuments plus anciens, parvenus jusqu'à nous, et qui appartiennent à d'autres dialectes français et au provençal.

I. Vocalisme.

§ **32.** Accent Les voyelles se transforment, en premier lieu, sous l'influence de l'accent D'après l'intensité de l'accent, il faut distinguer les voyelles toniques ou accentuées, les voyelles contre-toniques (v § 79) et les voyelles atones, et, d'après la position de la voyelle accentuée, les post-toniques et les protoniques.

§ **33.** Syllabes ouvertes et fermées. Les voyelles en outre se transforment généralement d'une façon différente, suivant qu'elles se trouvent (1) dans une syllabe ouverte, c. à. d se terminant par une voyelle, ou (2) dans une syllabe fermée, c. à d. se terminant par une consonne. Les premières s'appellent *libres*, les secondes *entravées*.

1) Les voyelles libres se trouvent: a) à la fin d'un mot, comme dernière lettre de ce mot. *me*. *te*, *tu*; b) devant une voyelle commençant une syllabe: *me-u*. *ve-a* (cl *vĭa*), c) devant les consonnes médiales simples *ta-le*. *ma-nu*. *o-ra*. *me-se* (cl. *mense*, v. § 23), *ve-la*, *vi-nu*. *du-ra-re*, *ca-ballu*, d) devant une muette suivie d'une liquide. *ca-pra* *do-plu*, *fę-bre*, *Fe-bra-riu*; *pa-tre*, *vetru* (cl. *vĭtrum*) *la-trone*, *no-trire*; *vę-clu* (v. § 25). *entę-gru*, *fra-grare*.

2) Sont entravées en général toutes les voyelles, suivies d'un groupe de consonnes autres qu'une muette + une liquide: *por-ta*, *par-te*, *al-tu*, *os-te*, *fac-tu*, *tec-tu*, *rop-ta*, *cam-pu*, *trak-si* (*traxi*), *lak-sat* (*laxat*), *seks* (*sex*); *cas-tellu*, *lak-sare*, *vertute*; la consonne redoublée rend également fermée la syllabe précédente. *val-le*, *met-tat*, *gros-su*, *sec-ca*, *boc-ca*, *cap-pa*.

3) Une voyelle, devant une consonne finale simple, est entravée, si le mot se trouve à la pause ou devant un mot commençant par une consonne; libre, s'il se trouve devant un mot commençant par une voyelle p ex.

tres $^{\text{cons ou pause}}$, *tre-s* ^{voy} ; *mel* $^{\text{cons ou pause}}$, *me-l* ^{voy} ; *cor* $^{\text{cons ou pause}}$, *co-r* ^{voy} ; *ámat* $^{\text{cons ou pause}}$, *áma-t* ^{voy}

Remarque. — Les syllabes primitivement fermées peuvent, dans le cours de l'évolution de la langue, devenir ouvertes, les syllabes primitivement ouvertes devenir fermées. Ainsi le premier *e* dans le cl. *men-se* est entravé; dans le lat. vulg. *me-se* (v. § 23) il est libre. Au contraire, aux cl. *a-sinum*, *ca-lidum*, *vi-ridem* etc. correspondent les mots du lat. vulg. (v. § 19) *as-nu*, *cal-du*, *ver-de* etc., aux mots anciens *co-mite*, *ca-mera*, *no-mero* etc. les mots plus récents *con-te*, *cham-bre*, *nom-bre* etc. Quand dans la suite, on parlera de voyelles libres et entravées ou de syllabes ouvertes et fermées tout court, il s'agira toujours de l'état phonétique du latin vulgaire, tandis que, par voyelles secondaires libres ou entravées et par syllabes secondaires ouvertes ou fermées, il faut entendre une transformation postérieure et romane.

§ **34.** Développement connexif des voyelles. La nature des sons environnants — (consonnes et voyelles) — influe également sur le changement phonétique des voyelles. Ainsi, dans le latin populaire, *o* devant une labiale était devenu *ọ* (v. § 16 Rem.), en français, les voyelles orales devant les consonnes nasales deviennent des voyelles nasales (v. § 35, 5), *a* et *e* sont modifiés par une palatale précédente (v. §§ 52, 53 et 39), l'*e* protonique semble, sous l'action simultanée de consonnes labiales précédentes et suivantes, passer au son *u* (v. § 84 Rem.). Les voyelles sont modifiées dans leur transformation par la voyelle — (de provenances diverses) — qui suit, notamment lorsqu'elles forment avec *i* et *u* des diphthongues et des triphthongues, et qu'elles subissent alors un changement qui s'écarte des règles ordinaires, p. ex. *laissier* (*laxare*) — *lęissier* — *lęssier*, *nǫit* (*nocta*) — **nuoit* — **nueit* — *nuit*. Cf. §§ 56, 62, etc.

A. Voyelles toniques.

§ **35.** Aperçu sommaire de leurs transformations. Le français a reçu du latin vulgaire les voyelles toniques simples

ị ẹ ę a ǫ ọ u

et quelques diphthongues (*au* et quelque fois *ęu*, *ui*, *ai*). Cf. § 16 sq.

Les changements ultérieurs, qui ont affecté la qualité de ces sons, sont en partie la conséquence de changements dans leur quantité. D'autre part les transformations de la quantité des voyelles toniques ont été modifiées suivant leur position en syllabe tonique ouverte ou fermée, en ce sens que, d a n s u n e s y l l a b e o u v e r t e, l e s v o y e l l e s p r i m i t i v e m e n t b r è v e s s e s o n t a l l o n g é e s, d a n s u n e s y l l a b e f e r m é e, l e s v o y e l l e s p r i m i t i v e m e n t l o n g u e s s e s o n t a b r é g é e s, tandis que les voyelles primitivement longues sont restées longues dans une syllabe ouverte, et que les voyelles primitivement brèves sont restées brèves dans une syllabe fermée. Il n'est pas possible de se rendre compte jusqu'à quel point ce nouveau traitement de la quantité vocalique appartient exclusivement à l'évolution propre d'une langue à l'époque romane, ou se rattache par ses origines à l'époque du latin vulgaire. *ę*, *ǫ*, *ẹ*, *ọ*, primitivement longs ou allongés postérieurement en syllabe ouverte, sont, d'après une opinion aujourd'hui très répandue, devenus, sous l'influence de l'allongement ultérieur causé par l'accent tonique, *ę́ę̀*, *ǫ́ǫ̀*, *ẹ́è*, *óò* avec accent double, puis leurs éléments, dont la qualité était presque identique, se sont différenciés et ont donné les diphthongues françaises *ie* (*fę-ru* — *fier*, v. § 46), *uo* (*bǫ-ve* — *buof*; v. § 58), *ei* (*ve-la* — *veile*; v. § 39), *ou* (*go-la* — *goule*: v. § 64) Il faut remarquer qu'*o* ne se diphthongue pas, quand la syllabe post-tonique commence par une nasale (v. § 65), et qu'*ǫ*, *ę*, à la différence d'*e*, *o*, subissent la diphthongaison tonique, devant *l'* (v. §§ 60 et 48) et devant *i* épenthétique (v. §§ 62 et 50).

a tonique libre donne en français la diphthongue *ai* devant une nasale (*a-mas* — *aimes*, v. § 63); ailleurs il donne *e* (*pa-tre* — *pedre*; v. § 52) L'histoire de ces transformations est peu éclaircie.

R e m a r q u e. — Dans les m o t s o x y t o n s, *ę*, *ǫ*, *ẹ*, *o*, *a* toniques présentent, devant une consonne finale simple, la même transformation que dans une syllabe o u v e r t e, p. ex. *ręm* — *rien*, *cǫr* — *cuor*, *tres* — *treis*, *vos* — *vóus* (v. § 64 Rem.), *tras* (v. § 23) — *tres*. Il est difficile de savoir jusqu'à quel point il faut chercher la raison de ce phénomème dans la généralisation des formes, qui devaient se présenter devant un mot commençant par une voyelle (v. § 10, 4 b et § 33, 3), ou, d'une façon générale, dans une articulation plus forte qu'aurait causée la nature monosyllabique de ces mots. Pour plus de commodité, nous traiterons, dans la suite, des voyelles toniques, qui se trouvent devant une consonne finale simple, avec les voyelles libres — Dans les paroxytons, la transformation susdite d'ę, ǫ, e, o, a toniques libres s'est produite, avant que les syllabes toniques, primitivement ouvertes, ne soient devenues fermées par la chute des voyelles post-toniques, p. ex *fę́-rit — *fie-ręt — fiert*, *vǫ́-let — *vuo-lęt — vuolt*, *cré-dit — *crei-dęt — *creidt creit*, *sá-nus — *sai-nęs — sains.* — Dans les paroxytons, la transformation d'e, ǫ, a toniques libres n'avait pas encore eu lieu, lorsque les syllabes toniques, primitivement ouvertes, devinrent fermées par la chute de la voyelle de la pénultième de là p. ex *dé-bi-ta — *debte dette*, *dú-bi-tat — *dubtet dutet*, *á-ni-ma — anme ame* *sá-pi-du — *sabde sade* Présentent, dans les mêmes conditions, un traitement différent ę et ǫ toniques libres qui, suivant que la syncope de la voyelle de la pénultième (v. § 76) s'est produite plus tôt ou plus tard, se sont ou ne se sont pas diphthonguées. p. ex *tę́-pi-du — *tie-be-de — *tiebde — tiede*, *jǫ́-ve-ne* (v. § 17 Rem.) — *jue-vę-nę — jueine juene*, à côté de *tę́-ne-re — tendre*, *cǫ́-mi-te — conte.*

1) Ne subissent aucune diphthongaison *i* (v. § 36 et sq.) et *u*. Celui-ci, libre ou entravé, se transforme en *ü* (v. § 70), phénomène où l'on admet une influence celtique.

2) Sous l'influence d'un *i* dans la syllabe post-tonique, ę, libre ou entravé, se transforme en *i* (V. § 43).

3) Un certain nombre de diphthongues et de triphtongues nouvelles naissent de l'union de la voyelle tonique avec l'į appelé épenthétique, qui vient d'une palatale ou d'une consonne palatalisée Les triphthongues ont été, dès l'époque prélittéraire, réduites de nouveau à l'état de diphthongues et même de monophthongues. Cf. *tęctu — teit* (§ 44), *lęctu — *lęit *lieit — lit* (v. § 50), *plaga — plaie* (§ 56), *mǫrio — *mǫir *muoir *mueir — muir* (§ 62), *angǫstia — angoisse* (§ 68), *fructu — fruit* (§ 72), *kera — *kieira — cire* (§ 39, 1 b), *caru — chier* (§ 52, 1 b), *jaket — *džieist — gist* (§ 56, 2). Pour l'origine de l'į, cf le consonnantisme.

4) L'histoire des transformations d'une voyelle + ų présente une suite de difficultés qui ne sont pas résolues notamment en ce qui concerne les formes des parfaits forts en *-ui* Cf à ce sujet la morphologie.

5) Sous l'influence de consonnes nasales qui suivent naissent des voyelles nasales. Que la nasali-

sation se fût déjà produite avant la fin du XI siècle, c'est ce que les assonances des documents écrits en vieux français ne nous permettent de conclure que pour *a*, *e*, *ai*, *ei*. Pour les autres voyelles ou groupes de voyelles, nous manquons d'un critérium sûr; et il faut s'en souvenir dans l'exposé qui va suivre, où, pour l'ensemble des voyelles placées devant des consonnes nasales, une seule et même date a été adoptée pour fixer le moment où a pénétré leur nasalisation.

ị.

§ **36.** *ị*, libre ou entravé devant des consonnes orales, reste *ị*: *ripa* — *rive*, *vivu* — *vif*, -*itu* — -*it*: *finitu* — *finit* etc., *nidu* — *nit*, *fidu* — *fit*, *misi* — *mis*, *visu* — *vis*, *sịc* — *si*; *ira* — *ire*, *venire* — *venir*, *filu* — *fil*, *vile* — *vil*; *libra* — *livre*; *escriptu* — *escrit*, *isla* (v. § 23) — *isle*, *villa* — *ville*, *mille* — *mil*, *tibịa* — *tige*, *filịa* — *fille* (*fịle*).

Remarque. — *ei* dans *leir* vient de l'*e* du lat. vulg. *glei* (à côté de *glire*, cl. *glīrem*), lequel est encore inexpliqué. Pour *se* au lieu de *si*, v. § 81 Rem.

§ **37.** *ị*, libre ou entravé devant une nasale, donne la voyelle nasale *ĩ* (cf. § 35, 5). *espina* — *espine*; *vinu* — *vin*, *pinu* — *pin*, *crine* — *crin*; *kinque* (§ 27, 2) — *cinq*, *quintu* — *quint*, *simịa* — *singe*, *linịa* — *ligne* (*lĩńe*), *vinịa* — *vigne*.

§ **38.** *ị* devant *i* épenthétique se fond avec lui: *mica* — **miịe mie*, *amica* — *amie*, *dikere* — *dire*, *friyere* (cl. *frīgĕre*) — *frire*, *affliyere* (cl. *afflīgĕre*) — *afflire*, *fiyere* (cl. *fīgĕre*) — (*clou*)*fire*, *riyant* (cl. *rideant*) — *rient*. Devant une nasale, il donne *ĩ*. *linịu* — *ling* (*lĩń*).

Remarque. — *Freit* correspond au latin vulgaire *fregdu* qui tient la place de *frigdu* (cl. *frīgĭdum*) V. § 11, 1.

ẹ.

Le lat. vulg. *ẹ* correspond à *ē*, *ĭ*, *oe*, et parfois au lat. cl. *ae*. (V. § 17).

§ **39.** *ẹ* libre, dernière lettre d'un mot, devant une voyelle ou devant des consonnes orales, donne:

1) dans les oxytons et les paroxytons, et dans les proparoxytons dont la syllabe tonique, après la chute de la voyelle de la pénultième., reste ouverte à l'époque romane:

a) *ei* *me* — *mei* (*méi*), *te* — *tei*, *se* — *sei*, *vea* — *veie*, *mea* (cl *mĕa*) — *meie; sepe* — *seif*, *bębant* — *beivent*, *neve* — *neif; seta* — *seide*, *-etis* — *-eiz* (v § 339, 2 Rem 4) · *abetis* — *aveiz*, *credit* — *creit*, *preda* (v § 17 c) — *preide*, *mese* (v. § 23) — *meis*, suffixe *-ese* (v. § 23) — *-eis*: *corteise* — *corteis*, *pera* — *peire*, *veru* — *veir*, *abere* — *aveir*, *vela* — *veile*, *estela* (v. § 173) — *esteile*, *pelu* — *peil*, *eter* (cl. *ĭter*) — *eidre*, *vetru* — *veidre*, *tonetru* (v. § 15, 1) — *toneidre; pep(e)re* — *peivre*, *yenep(e)ru* (v. § 173) — *geneivre*, *presbet(e)ru* (v. § 29, 2) — *proveidre* (v § 11, 4).

Remarque. — Dans certains mots d'emprunt, on trouve ē du lat. cl. rendu par ę, ĭ du lat. cl. rendu par ι, p ex. *prophęte* (cl *prophēta*, gr. προφήτης), *secręt* (cl. *secrētum*). *decręt* (cl *decrētum*), *livre* (cl *lĭbrum*); est probablement à moitié savant le vfr. *trebles*, auquel *triple* (cl. *trĭplus*) se substitue plus tard dans la langue littéraire. Présentent une permutation de suffixes, entre autre, *crudęl*, *fedel* à côté de *fedeil*, *chandelle* à côté de *chandeile* (v § 11, 3). — Pour *me*, *te*, *se*, v § 10, 4 a. — On n'a pas encore suffisamment éclairci le vfr. *estouble*, qui ne correspond pas au latin *stĭpula*, mais plutôt au lat vulg. *stopula* ou *stopla*, et, d'après une autre explication, au germ *stobel* (vhall. *stupfila*).

b) *i* après les palatales (cf. § 34): *kepa* — *cive* (*tsive*), *merkede* — *mercit*, *Bellovakese* — *Belveisis*, *payese* — *pais*, *kera* — *cire*, *plakere* — *plaisir*, *takere* — *taisir*. *yakere* — *gesir*.

Remarque. — D'après l'opinion générale, il s'est produit après la palatale (cf. § 52, 1 b) un *į* qui, avec *ei* sorti d'*e* tonique libre. a donné un *i* en passant par *įei* *kera* — **kįeira* — *tsire* etc. — *Ceilet* (*kelat*), *receivre* (*rekep(e)re*), *receit* (*rekepit*), *diseient* (*dikebant*), *burgeis* (*boryese*) etc sont des formations analogiques. Cf. § 348, 1.

2) Dans les proparoxytons dont la syllabe tonique s'est fermée, à l'époque romane, après la chute de la voyelle de la pénultième, *e* persiste *déb(i)ta* — *dette*, *tréd(e)ke* — *treze*, *séd(e)ke* — *seze*. Cf § 35, 1 Rem. et § 41.

§ 40. *e* libre devant une nasale donne:

1) dans les paroxytons

a) *ẹi*: *plenu* — *plein* (*plẽin*), *fenu* — *fein*, *frenu* — *frein*, *senu* — *sein*, *serenu* — *serein*, *vena* — *veine*, *pena* — *peine*, *catena* — *chadeine*, *avena* — *aveine*, *arena* — *areine*, *menat* — *meinet*.

Remarque. — *Fiens* correspond au lat. vulg. *fẹmus* (cl *fĭmus*), encore inexpliqué. — Pour *en* (lat. vulg. *en* cl *ĭn*), *sen-s* (lat. vulg. *sene*, cl. *sĭne*), v. § 10, 4 a, pour la désinence *-ímes* de la 1 pers. plur. des parfaits forts des classes en *-i* et en *-si*, v. § 342, 3

b) *ī* après une palatale. Exemples: *rakemu* — *raisin*, *pollikinu* — *polcin*

Remarque — Cf. § 39, 1 b la remarque. — Pour *venin*. v. § 11, 3 b. Au grec ultérieur *ι* = *η* du grec classique (v. § 29, 1) correspond *i* dans *parchemin* et probablement dans *saine* (σαγήνη), *Sarrasin* (Σαρακηνός). *I* est encore inexpliqué dans le sfx *chaine* à côté de *chaeine* (*catena*), dans *estrine* à côté d'*estreine* (*strena*) et dans *serin* dont l'étymologie n'est pas connue

2) Dans les proparoxytons dont la syllabe tonique s'est fermée, à l'époque romane, après la chute de la voyelle de la pénultième, *e* est devenu *ã* en passant par *ẽ*: *sem(i)ta* — *sente* (*sẽnte*, d'où *sãnte*), il en est de même après une palatale: *ken(e)re* (cl. *cinerem*) — *cendre*. Cf. § 35, 1 Rem. et § 42.

Remarque. — *Fiente* correspond au lat. vulg *fẹmita* au lieu de *femita* (du lat. vulg *fimus*), qui n'est pas encore suffisamment éclairci. V. § 35, 1 Rem et § 46, 2

§ 41. *e*, entravé devant des consonnes orales, apparaît à l'état d'*e*: *mettere* — *metre* (*mẹtre*), *pescat* — *peschet*, *messa* (cl *mĭssam*) — *messe*, *messu* — *mes*, *spessu* (cl. *spĭssum*) — *espes*, *crespu* (cl *crĭspum*) — *cresp*. *cresta* (cl. *crĭstam*) — *creste*, *erpeke* (cl. *ĭrpicem*) — *erce*, *verga* — *verge*, *verde* (v. § 19) — *vert*, *ella* — *elle*, *capellu* — *chevel*. *sẹccu* — *sec*, *sepia* — *seche* (*sẹtše*), *conseliu* — *conseil* (*conseḷ*, cf. § 200), *aurecla* (v § 19 Rem) — *oreille* (*orele*), *soleclu* — *soleil* (*soleḷ*) Après une palatale *e* persiste de même. *keppu* — *cep*, *kercat* — *cerchet*, *kerkinu* (cl. *cĭrcinum*, κίρκινος) — *cerne*, *kerklu* (cl *cĭrculum*) — *cercle*.

Remarque. — Cf. § 39, 2. — Proviennent d'une permutation de suffixes qui s'est produite en lat vulg. ou en français

-*ęl*, *ęlle* à la place d'-*el*, *elle* dans *aissęlle*, *ancęlle*, *paissęl* etc ; de même -*ile* à la place d'-*ele*, entre autres, dans *lentille*, *gradille* (cl. *cratĭcula*), en dehors desquels -*ile* paraît sortir organiquement d'-*ele* dans les dialectes. Pour *senęstre* (cl. *sinĭstrum*), v. § 11, 1, pour le mot plus récent *espeis espois* (*spessu*), ib., pour les participes *mis*, *pris*, *sis*, § 350, pour les formes de la 3. pers. sing. et plur. parfait, *prist*, *pristrent* etc., § 349, 2, pour la désinence -*istes* de la 2. pers. plur. des parfaits forts des classes en -*i* et en -*si*, § 342, 3. — Ont la forme de mots d'emprunt, entre autres, *virgene virge* (v. § 76 Rem., cl. *virginem*), *epistele*, *saintisme* (cl. *sanctissimum*), *altisme*, *famille* (cl. *famĭlia*), et de plus *tapiz* dont l'*i* s'explique d'après le § 29, 1. On peut se demander, s'il faut également voir des mots d'emprunt dans *cil* (cl. *cĭlium*), *eissil* (*exĭlium*), ou si l'*i* est sorti d'un *ei* antérieur, sous l'influence de la palatale précédente (*kieil* — *cil*, v. § 200 *l̦* et § 44 Rem.). On a voulu voir, dans *medisme* (dialectal?) à côté de *medesme* (*metepsimu*), une assimilation à (*ne*)*is* (*epsī*).

§ 42. *e* entravé devant une nasale s'est transformé en *ẽ*, et même, déjà au cours de la période qui nous occupe, en *ã*, excepté devant *ń*. *e* persiste dans l'orthographe, à peu d'exceptions près, également à l'époque postérieure. Exemples: *fendere* — *fendre* (*fẽndre*, puis *fãndre*), *entro* — *entre*, *sobende* — *suvent*; *vendẹmia* — *vendenge*; il en est de même après une palatale: *kengla* (cl. *cingula*) — *cengle*; devant *ń*: *tenia* (cl. *tĭnea*) — *teigne* (*tẽńe*), *degnat* — *deignet* (*dẽńet*).

Remarque. — Cf. § 40, 2. — La transformation d'*ẽ* devant une nasale entravée en *ã* forme un critérium important pour distinguer les dialectes, en ce sens que les dialectes français du nord et de l'ouest — (en particulier le picard et le normand) — conservent *ẽ*. — Sont des mots d'emprunt *simple*, *benigne*, *maligne*, *digne*.

§ 43. *ẹ* tonique, libre ou entravé, devant des consonnes orales ou nasales se transforme en *i* sous l'influence d'un *i* post-tonique, le rétrécissement plus marqué de l'articulation de l'*i* passant dans l'articulation de la voyelle tonique: *ẹlli* — *il*, *ẹsti* — *ist*, **prẹsi* — *pris*, **sẹsi* — *sis*, *vẹni* — *vin*, **tẹni* — *tin*, la 2 pers. sing. du parfait *dẹdi* et des parfaits forts en-*i* et en-*si* (v. § 342, 2, 3), comme *vẹdesti* (cl. *vīdĭstī*) — *vedis*, *mesesti* — *mesis*, *perd(e)desti* — *perdis*.

Remarque. — Il est incertain si à cette catégorie appartient *i* issu d'*ẹvi* (cl. *ĭbī*), qui, d'après une autre explication, correspond au latin (*h*)*īc*.

§ 44. *ẹ* devant *i̯* épenthétique se joint à cet *i̯* pour donner la diphthongue *ẹi*, qui, devant une nasale, devient *ẽi*: *lẹye* (cl. *lēgem*, cf. § 27, 3) — *lei* (*lẹi*), *rẹye* — *rei*; *vẹke* (cf. § 104 Rem. 1, cl. *vĭcem*) — *feiz*, *pẹke* — *peiz*, *plẹcat* — *pleiet*; *tẹctu* — *teit*, *estrẹctu* (cl. *strĭctum*) — *estreit*, *drẹctu* (cl. *dīrēctum*) — *dreit*, *nẹgru* — *neir*, *dẹscu* — *deis*, *crẹskere* — *creistre*; *fẹria* — *feire*.

fẹnctu — *feint* (*fẽint*), *vẹnkit* — *veint*, *fẹnyit* (cl. *fingit*) — *feint*, *vẹnkis* — *veins*, *vẹnkere* — *veintre*.

Remarque. — Quant à la transformation mécanique des sons *ẹi* et *ẽi* après une palatale, dont il est ici question, nous manquons d'exemples absolument probants, attendu que les formes verbales *kẹnyit* — *ceint*, *kẹnktu* — *ceint* etc., aussi bien que les terminaisons *-eis* et *-ise* dans *frankẹscu* — *franceis*, *frank* + *ẹtia* — *franchise* peuvent avoir subi une influence analogique. *Cirge* (*cẹreum*) est un mot d'emprunt (v. § 201 Rem.) Pour *cil*, *cissil*, v. § 41 Rem. Pour le suffixe *-ẹtia* (cl. *-ĭtia*) cf. § 193, pour la terminaison *-iz* dans *brebiz*, *soriz*, § 11, 3 b, pour *dit* (*dictu*; cl. *dĭctum*), § 350.

§ 45. *ẹ* + *u̯* apparaît à l'état d'*ü* (transcrit *u*), *ẹ* + *u̯i* à l'état d'*ui*; *dẹbu̯(i)t* — *dut* (*düt*), *_crẹvu̯(i)t_ — *crut*, *_crẹdu̯(i)t_ — *crut*, *_rẹkẹpu̯(i)t_ — *recut*, *_bẹbu̯(i)t_ — *but*; *dẹbu̯i* — *dui* (*düi*), *_crẹdu̯i_ — *crui* etc. Cf. § 206, 1 b.

Remarque. — Nous manquons d'un critérium certain pour porter un jugement sur les groupes de voyelles sus-nommés, parce qu'ils se rencontrent exclusivement dans les formes verbales et qu'ils peuvent y avoir subi des transformations associatives. — *rieule* (*riule*), *tiule*, qui n'appartiennent pas au vocabulaire de l'ancien fonds héréditaire, peuvent être ramenés à des formes plus anciennes *rĕ(g)ula*, *tĕ(g)ula* au lieu de *regla* (*rēgula*), *tegla* (*tēgula*), assimilées à *rĕgo*, *tĕgo*. Cf. § 51.

ę.

Le lat. vulg. *ę* correspond à *ĕ* et à *ae* du lat. cl. Cf. § 17 c.

§ 46. *ę* libre devant des consonnes orales se diphthongue.

1) dans les oxytons et les paroxytons, et dans les proparoxytons dont la syllabe tonique reste ouverte, à l'époque romane, après la chute de la voyelle de la pénultième, en *íe* qui, par suite du déplacement de l'accent sur le deuxième membre de la diphthongue, devint *ié*. *męl* — *miel*,

fęl — *fiel; crępat* — *crievet, nępos* (v. § 35 Rem.) — *nies, bręve* — *brief, lętu* — *liet. pęde* — *piet sędit* (v. § 35 Rem) — *siet, ęrit* — *iert, quęrit* — *quiert, fęru* — *fier, yelu* — *giel, kęlu* — *ciel; fębre* — *fievre pętra* — *piedre; éd(e)ra* — *iedre* (frag de Jonas *eedre*), *éb(u)la* — *hieble, perdéd(e)runt* — *perdiedrent* (v. § 342, 2).

2) Dans les proparoxytons dont la syllabe finale s'est fermée à l'époque romane, après la chute de la voyelle pénultième, la diphthongaison s'est produite ou ne s'est pas produite, suivant l'époque plus ou moins ancienne à laquelle a eu lieu la syncope. *tępidu* — *tiede, médicu* (v. § 148, 2) — *miege, pédicu* — *piege;* au contraire *mér(u)la* — *merle, bér(u)la* — *berle* Cf. § 35, 1 Rem. § 76 Rem.

Remarque. — *Et* (lat. *et*) au lieu d'*iet* s'explique d'après le § 10, 4 a — Pour *es* (*es*), *eret*, (*erat*) etc., v ib. pour *par* (*per*), § 10, 4 a et § 84 Rem, pour *mielz, mieldre*, § 48 Rem. — Les mots d'emprunt présentent différents traitements: tandis que le mot *siecle* (*saeculum*), admis de bonne heure, offre la diphthongaison tonique, elle ne s'est pas produite, entre autres, dans les mots *cedre* (cl *cedrus*; gr. κέδρος), *celebre* qui furent admis plus tard

§ 47. *ę* libre devant une nasale se transforme:

1) dans les oxytons et les paroxytons, en la diphthongue nasale *iẽ* (cf. § 35, 5), en passant d'*íe* à *ié* *rem* — *rien* (*riẽn*); *bene* — *bien* (*biẽn*), *tęnet* — *tient, vęnit* — *vient, cręmit* (cl *tremit*) — *crient.*

2) Dans les proparoxytons, *ę*, conformément à la transformation d'*ę* devant les consonnes orales, exposée § 46, 2, s'est diphthongué en *ié* — *iẽ* quand la syncope de la voyelle post-tonique s'est produite tard, tandis qu'il est devenu *ã* en passant par *ẽ* quand la syncope est ancienne *frémita* — *friente, fémita* (v § 40, 2) — *fiente Stéphanu* — *Estienne*, au contraire *yén(e)ru* — *gendre* (*džẽndre*, puis *džãndre*), *trém(u)lo* — *tremble, tęn(e)ru* — *tendre.* Cf. § 35, 1 Rem

§ 48. *ę* entravé devant les consonnes orales reste *ę*. *sępte* — *set* (*sęt*), *tęsta* — *teste, pęrdere* — *perdre, infęrnu* — *enfern, pęrdit* — *pert, fęrru* — *fer, ęrba* — *erbe, bęllu* — *bel, novęlla* — *nuelle, bęllos* — *bels* (cf. § 213), il en est de même quand une palatale précède *kęrvu* — *cerf.*

Remarque. — Devant *l*, *ę* s'est diphthongué en *ie* — *ié* comme dans les cas où il est libre (v § 35, 1): *męlius* — *mielz*, *męlior* — *mieldre*. — *Niece* (*nęptia*) est dû à l'influence de *nies* (*nępos*) *piece* (*pęttia?*) peut-être à celle de *piet* (*pęde*) — On n'a pas encore trouvé d'explication sûre d'*ie* (cf. § 10, 3) dans *tierz* (*tęrtiu*), *fierge* (*fęrria*), *cierge* (*cęrvia*), ni d'*i* (v § 198) dans *espice* (*espękia*) à côté d'*espece*, et dans *Grice* (*Grękia*) à côté de *Grece*, *Galice* (*Gallękia*).

§ 49. *ę* entravé devant une nasale a donné *ẽ*, qui, de même qu'*ẽ* sorti d'*e* devant une nasale (v. § 42), s'est ensuite transformé en *ã* *vęntu* — *vent* (*vãnt*), *dęnte* — *dent*, *addęntes* — *adenz*, *tęmplu* — *temple*, *exęmplu* — *essemple*.

Remarque — Pour la différence d'*ẽ* et d'*ã* dans les dialectes, v. § 42 Rem. — Cf aussi 11, 3 b et § 47, 2

§ 50. *ę* devant un *ị* épenthétique donne avec cet *ị* *i* en passant par **iei*, puis devant une nasale il donne *ĩ* (cf § 35, 5): *pręcat* — **prięiet* **prieiet* — *priet*, *dęke* — *diz* *dis* (cf. § 135, 3 Rem.), *lęgo* — *li*; *lęctu* — **lęịt* — **lieit* — *lit*, *despęctu* — *despit*, *vęcte* — *vit*, *pęctus* — *piz*, *sęks* — *six*, *ęxit* — *ist*, *entęgru* — *entir*; *ębriu* — *ivre*, *prętiu* — *pris*, *męyu* (*mędiu*) — *mi*, **keręsia* (de **kéresus*, cl. *cérasus*, gr κέρασος) — *cerise*, *męriat* — *miret*; *dęc(i)mu* — *dime* *disme* (cf. § 158 Rem.), *ęnyęniu* (cl. *ingenium*) — *enging*, *enyęniet* — *engint*.

Remarque 1. — L'*i* du français du centre, qui sort d'*ę* + *i*, se trouve également dans le picard, le champenois, et le normand de l'est, tandis que dans les dialectes français de l'est apparaît *ęi*, et *ie* dans le nord-ouest du domaine de la langue

Remarque 2. — Proviennent d'une permutation de suffixes -*ier* -*iere*, entre autres, dans *mostier* (*mostęriu*, v. § 80 Rem.), *mestier* (*mestęriu*, v. ib.), et d'une assimilation aux 2. et 3. pers. sing. les formes *vieng* (*vęnio*), *tieng* (*tęnio*) au lieu de *ving*, *ting*.

§ 51. 1) *ę* + *u* donne la triphthongue *ieu*. Exemples: *Dęu* (cf § 20, 1) — *Dieu*. *Andręu* — *Andrieu*, *Mathęu* — *Mathieu*. *sękuo* — *sieu*, *kęcu* (v. § 17 c) — *cieu*, *Gręcu* — *Grieu*, *sevu* — *sieu*. **lęgua* (celt *leuga*) — *lieue*, **tręgua* (germ *treuwa*) — *trieue*.

2) *ę* + *ui* apparaît à l'état d'*ui*: **estętui* — *estui* (*estüi*).

Remarque. — A côté d'*ieu*, on rencontre de bonne heure *eu*, *iu*, phénomène où il faut voir une irrégularité dialectale et, en ce qui concerne *eu*, quand on le rencontre dans les textes franciens, une donnée phonétique savante — *u* dans *estut* (**estętui*)*t*, *esturent* (**estętuerunt*) peut venir de la 1. pers. sing

a.

§ 52. *a* libre devant les consonnes orales donne:

1) dans les oxytons et les paroxytons, et dans les proparoxytons dont la syllabe tonique reste ouverte à l'époque romane, après la chute de la voyelle de la pénultième

a) *ẹ*: *tras* (v § 23 et § 35, 1 Rem) — *tres*, *sal* — *sel*; *sapa* — *seve* (*sẹve*), *faba* — *feve*, *nave* — *nef*; *prata* — *prede*, *pratu* — *pret*, *remasa* (v § 23) — *remese* *nasu* — *nes*, *clara* — *clere*, *enflare* — *enfler*, *avaru* — *aver*, *mare* — *mer*, *paret* (v § 35, 1 Rem.) — *pert* *ala* — *ele*, *tale* — *tel*, le Suffixe -*ale* — -*el*: *mortale* — *mortel*, *ospitale* — *ostel* *labra* — *levre*, *fabru* — *fevre*, *patre* — *pedre*, *matre* — *medre*, *fratre* — *fredre*; *Savara* — *Sevre*, *rad(e)re* — *redre*.

b) *ié* après les consonnes ou groupes de consonnes palataux et palatalisés: *caru* — *chier* (*tšiẹr*), *capu* — *chief*, *escala* — *eschiele*, *capra* — *chievre*, *peccata* — *pechiede*; *pacare* — *paiier*, *secare* — *seiier*, *emplecare* — *empleiier*, *negare* — *neiier*; *appoyare* (*appodiare*) — *appoiier*, *tractare* — *traitier*, *laxare* — *laissier*, *plakitare* — *plaidier*, *bajulare* — *baillier*, *basiare* — *baisier*, *pretiare* — *preisier*, *calkiare* — *chalcier* *chaucier*, *adyenoculare* — *agenuillier*

Remarque 1. — Pour *megre* (*macru*), *egre* (*acre*), cf § 158 Rem. — *Mal* (*malu*) à côté de *mel*, *car* (*quare*) à côté de *quer*, *a* (*ad*), *as* (*habes*), *at* (*habet*) s'expliquent d'après le § 10, 4 a; *chalt* (*calet*) à côté de *chielt*, *valt*, *valent* (*valent*), *salt* (*salit*), *ont* (*habent*), entre autres, d'après le § 11, 2; cf. § 348, 1 Pour la désinence de l'imparfait -*aba* (cl. -*abam*), v. § 341. — Sont des mots d'emprunt *pape* (cl. *papa*), *estat* (cl *statum*), *cave* (cl. *cavam*), *cas* (cl. *casum*); les adjectifs et les subjonctifs en -*al* (cl. -*alem*), comme *leal*, *real* (Eulalie *regiel* = *reiel*), *missal*; et en outre *table* (cl. *tabulam*), *diable* (*diabolum*), *estable* (cl. *stabula*). *fable* (*fabulam*), *abominable* (*abominabilem*) etc.

Remarque 2. — Les transformations d'*a* tonique libre forment le critérium le plus important, qui serve à limiter les domaines de langue du français, du provençal et du franco-provençal. En provençal, *a* persiste sans exception; en franco-provençal, il devient *ié* après les palatales comme en français, mais d'ordinaire il reste *a*, comme en provençal.

2) Dans les proparoxytons dont la syllabe tonique s'est fermée, à l'époque romane, après la chute de la voyelle de la pénultième, *a* persiste: *rapidu* — *rade*, *asinu* — *asne*, *-aticu* — *-age* (v. § 148, 2). Cf § 35 Rem et § 54.

§ 53. *a* libre devant les consonnes nasales donne.

1) dans les paroxytons:

a) *ái*. *amas* — *aimes* (*áimes*), *fame* — *faim*, *ramus* (v. § 35, 1 Rem) — *rains*, *lana* — *laine*, *vana* — *vaine*, *pane* — *pain*, *levame* — *levain*, *manu* — *main*, *mane* — *main*, *vanu* — *vain*, *granu* — *grain*, le suffixe *-anu* — *-ain* · *subitanu* — *sudain*.

b) *iẽ* après les palatales Exemples: *cane* — *chien* (*tšiẽn*), *decanu* — *deien*, *paganu* — *paiien*, *legame* — *leiien*.

2) Dans les proparoxytons dont la syllabe tonique s'est fermée, à l'époque romane, après la chute de la voyelle de la pénultième, *a* est devenu *ã*: *amita* — *ante*, *anima* — *anme* (v. § 187), *manica* — *manche*; il en est de même après une palatale· *camera* — *chambre*. Cf. § 35, 1 Rem et § 55

Remarque. — Pour la désinence verbale *-ons* (*amus*), v. § 339, 2, pour *-ames* (1. pers. plur. parf), § 342, 1.

§ 54. *a* entravé devant les consonnes orales est resté *a*. *drappu* — *drap*, *vacca* — *vache*, *grassu* — *gras*, *passu* — *pas*, *massa* — *masse*, *valle* — *val*; *arma* — *arme*, *parte* — *part*, *lardu* (v § 19) — *lart*, *salvu* — *salf* (v. § 174), *sapiat* — *sachet*, *rabia* (cl. *rabiem*) — *rage*, *brakiu* (*bracchium*) — *braz*, *lakiu* (cl *laqueum*) — *laz*, *aliu* — *ail* (*al* v. § 200), *battalia* — *bataille* (= *batale*), il en est de même après une palatale. *cattu* — *chat*, *carne* — *charn*, *carru* — *char*

Remarque. — Pour *font* (*faciunt*), v. § 348. 4c.

§ 55. *a* entravé devant les consonnes nasales se nasalise (*ã*): *flamma* — *flamme* (*flãme*), *pannu* — *pan*, *annu* — *an*; *amplu* — *ample*, *tantu* — *tant*, *quantu* — *quant*, *enfante* — *enfant*, *Britannia* — *Bretaigne* (= *Bretãñe*, v. § 207); on trouve de même un *ã* après une palatale: *campu* — *champ*, *cantat* — *chantet*, *pacante* — *paiant*, *negante* — *neiant*.

Remarque. — *estont* (*stant*) a été assimilé à *sont* (*sunt*). V. § 348 4b

§ 56. 1) *a* devant un *i* épenthétique se joint à cet *i* pour former la diphthongue *ái* qui, excepté devant une nasale, s'est transformée dans le francien, à peu près vers la fin de la période qui nous occupe, en *ẹi* et ensuite, devant plusieurs consonnes, en *ẹ*. Dans l'orthographe, *ai* persiste. Devant une nasale il se produit la diphthongue nasale *ãi*: *braca* — *braie*, *pacas* — *paies*, *plaga* — *plaie*, *fac* — *fai*, *raȳu* (*radu*) — *rai*, le suffixe *-acu* — *-ai* dans **veracu* (v. § 135, 2 Rem.) — *verai* et dans les noms de lieux comme *Baracu* — *Bavai*, *Duacu* — *Duai*; *laxat* — *laisset*, *factu* — *fait*, *axe* — *ais*, *fragrat* — *flairet* (v. § 103, 2, page 62), *faske* — *fais*, *palatiu* — *palais*, *Sarmatia* — *Sarmaise*, *aria* — *aire*, *variu* — *vair*; *paskere* — *paistre*; *naskere* — *naistre*, *traxerunt* — *traistrent*, *aire* (cl. *āërem*) — *air*.

Sanctam — *sainte*, *planctu* — *plaint*, *anxia* — *ainse*

2) Cette règle souffre une exception avec *a* libre du lat. vulg après une palatale, parce qu'en ce cas d'*a* sort, d'après le § 52, 1 b, la diphthongue *ie*, qui devient, avec l'*i* épenthétique suivant, *i* en passant par **iei*. *jacet* — *džieist* — *gist* (*džist*), *cacat* — *chiet* (*tšiet*), le suffixe *-iacu* — *i*. *Campiniacu* — *Champigni*, *Laniacu* — *Ligni*

Remarque. — D'après une autre opinion, *a* après une palatale est devenu *i* en passant par **iai* — **iei*. — Le suffixe *-ariu* a donné *-ier* (p. ex. *primariu* — *premier*) d'une façon encore insuffisamment éclaircie.

§ 57. 1) *a* + *u̯* est devenu *ǫu*. Exemples *fagu* — *fou* (*fǫu*), *clavu* — *clou*, *Andegavu* — *Anjou*; *abu̯(i)t* — *out*, *sapu̯(i)t* — *sout*, *pávu̯erunt* — *pourent* (*pǫurent*), *plácu̯erunt* — *plourent*, *tácu̯erunt* — *tourent*.

2) *a* + *u̯i* a donné *ǫi*, p. ex : *abu̯i* — *oi* (*ǫi*), *placu̯i* — *ploi*, *sapu̯i* — *soi*

3) Le groupe récent *a* + *u*, qui est sorti d'*al* suivi d'une consonne vers la fin de la période qui nous occupe (v. § 174) reste *áu*. Exemples: *salvu* — *sauf*, *caldu* (v. § 19) — *chaut*, *saltu* — *saut*.

ǫ.

§ 58. *ǫ* libre devant les consonnes orales se diphthongue:

1) dans les **oxytons** et les **paroxytons**, et dans les **proparoxytons** dont la syllabe tonique reste ouverte, à l'époque romane, après la chute de la voyelle de la pénultième, en *ὑo*, qui devient de bonne heure *ué* (*uẹ*) en passant par *ὑe*: *cọr* — *cuer*, *ọpus* (v. § 35 1 Rem.) — *ues*, *prọbat* — *prueve*, *bọve* — *buef*, *nọve* — *nuef*, *nọvu* — *nuef*, *ọvu* (v § 17 b Rem.) — *uef*, *mọvet* (v. § 35, 1 Rem.) — *muet*, **pọtet* — *puet*, *sọror* — *suer*, *fọru* — *fuer*, *filịọlu* — *filluel*, **volet* (cl *vult*) — *vuelt*, *ap[ud h]ọc* — *avuec*, *i-lọco* — *iluec*; *colọ́bra* (cl. *cólŭbra*: v. § 15, 1 et § 17 b Rem) — *culuevre*; *ọpera* — *uevre*.

2) Dans les **proparoxytons** dont la syllabe tonique s'est fermée, à l'époque romane, après la chute de la voyelle de la pénultième, la diphthongaison s'est ou ne s'est pas produite, suivant l'époque plus ou moins ancienne à laquelle a eu lieu la syncope. *jọvene* (v. § 17 b Rem.) — *juevne juene* (v. § 111 b), *mọvita* — *muete;* au contraire *Rhọdanu* — *Rosne.* Cf. § 35, 1 Rem, § 60 et § 120 Rem.

Remarque. — *ue* se rencontre pour la première fois dans le Domesday-Book (1086), p. ex. *Sept mueles* (*mŏlas*). La prononciation de cette diphthongue en francien paraît avoir été *uẹ* (transcrit *ue*, *oe*), tandis que d'autres dialectes connaissent *ue.* — Présentent également la diphthongaison tonique les mots d'emprunt *avuegle* (v. § 159 Rem.), *pueple* (v § 110 Rem) qui ont été admis de bonne heure, *ọ* a persisté dans les mots qui ont pénétré postérieurement, comme *rossignol*, *escole*, *rose*, *jaiole*, et dans les atones par position, entre autres, *ço* (*ecce hoc*), *fors* à côté de *fuers* (*fọris*) (cf. § 10, 4) — *o* (*u*), dans *demoret* à côté de *demueret* (*demọrat*), et dans *devoret* au lieu de *devueret* (*devŏrat*), provient de formes accentuées sur la terminaison.

§ 59. *ọ* **libre devant une nasale** donne:

1) dans les **paroxytons**, *uõ* — *uẽ*. *bọnu* — *buen*, *bọna* — *buene*, *sọnu* — *suen*, *tọnant* — *tuenent*, *cọmes* (v. § 35, 1 Rem) — *cuens*, *ọmo* — *uens*

Remarque — *õ*, dans *bon*, *bone* et dans *om*, usité comme pronom, s'explique par l'emploi qu'on fait de ces mots comme atones par position, dans *om* substantif, par l'influence du cas oblique *omne* (*ọmine*) dans *son*, *tonent* etc., par l'influence de formes de même famille accentuées sur la terminaison. Est un **mot d'emprunt** *trọne* (lat cl. *thrŏnus*, gr θρόνος).

2) Dans les **proparoxytons** dont la syllabe tonique s'est fermée, à l'époque romane, après la chute de la voyelle

de la pénultième. ǫ est devenu la voyelle nasale õ. *cǫmite* — *conte*, *ǫmine* — *homme*. Cf. § 35, 1 Rem. et § 61.

§ 60. ǫ entravé devant les consonnes orales reste ǫ: *fǫssa* — *fosse* (*fǫsse*), *ǫssu* — *os*, *tǫstu* — *tost*, *ǫste* — *ost*, **cǫsta* — *coste*, *pǫrta* — *porte*, *pǫrtu* — *port*, *fǫrte* — *fort*, *fǫrtia* — *force*, *mǫrtu* (v. § 20, 4) — *mort*, *dǫrmit* — *dort*, *cǫrnu* — *corn*, *cǫrpus* — *cors*, *pǫrcu* — *porc*, *ǫrtu* (cl. *hortum*) — *ort*, *mǫlle* — *mol*, *cǫllu* — *col*, *cǫlpu* (v. § 19) — *colp*, *vǫlṷerunt* — *voldrent*, *nǫptia* (v. § 17 b Rem.) — *noce*.

Remarque. — Devant *l*, ǫ se diphthongue en *uo* — *ue* comme dans les cas où il est libre (v. plus haut § 48 la rem. sur ę) *fǫlia* — *fueille* (*fuele*), *vǫlia* — *vueille*, *dǫlịu* — *dueil*, *sǫlịu* — *sueil*, *ǫclu* — *ǫlu* — *ueil*. En outre on trouve *ue* dans *repropịu* — *repruece*, *tǫrquet* — *tuert* et dans quelques autres cas, dans lesquels il faut supposer une transformation dialectale. — *o* (*u*) provient des formes accentuées sur la terminaison, entre autres, dans *aprochet*, *reprochet*, *despoillet* (*despolet*). Pour *pentecuste*, v. § 11, 4.

§ 61. ǫ entravé devant une nasale donne õ: *pǫnte* — *pont* (*põnt*), *cǫntra* — *contre*, *tǫnd(e)re* — *tondre*, *lǫngu* — *lonc*.

§ 62. ǫ devant un ị épenthétique se transforme avec celui-ci en *úi* (transcrit *ui*) en passant par **uoi* — **uei*. Exemples: *dǫket* — *duist* (*duist*), *nǫket* — *nuist*; *nǫcte* — *nuit*, *ǫcto* — *uit*, *cǫctu* — *cuit*, *cǫxa* — *cuisse*, *cǫk(e)re* — *cuire*; *trǫja* — *truie*, *bǫja* — *buie*, *ǫye* (*ǫdịe*) — *hui*, *pǫyu* (*pǫdịu*) — *pui*, *mǫyu* (*mǫdịu*) — *mui*, *cǫpriu* (cf. § 17 b Rem.) — *cuivre*, *ǫstria* — *uistre*, *cǫrịu* — *cuir*, *mǫrịo* — *muir*, *mǫrịant* — *muirent*.

Remarque. — *ui* se rencontre comme représentant d'un *uoi*, *uei* antérieur, en dehors du francien, en picard et dans le normand de l'Est, tandis que la plupart des autres dialectes présentent des transformations différentes.

§ 63. 1) ǫ + *u* devient *óu*, vraisemblablement en passant par **uou*, *ueu*. Exemples: *fǫcu* — *feu* (*fóu*), *lǫcu* — *leu*, *jǫcu* — *jeu*, *cǫcu* — *keu*.

2) ǫ + *ṷi* a donné *úi*: *nǫkṷi* — *nui* (*núi*).

Remarque. — A côté de *jeu*, *leu*, on trouve *gieu*, *giu*, *lieu*, *liu*, qui attendent encore une explication satisfaisante; dans *nut* (*nǫcṷ(i)t*) *nurent* (*nǫcṷerunt*), *u* pourrait être venu de la 1. pers. sing.

ọ.

Le lat. vulg. *o* correspond à *ō*, *ŭ* du lat. cl.

§ 64. *o* libre devant les consonnes orales et devant *a* donne:

1) dans les oxytons et les paroxytons, et dans les proparoxytons dont la syllabe tonique reste ouverte, à l'époque romane, après la chute de la voyelle de la pénultième, la diphthongue *óu: vos* — *vóus; toa* (cl *tŭam*) — *toue* (*tóue*), *sọa* — *soue; nepote* — *nevout*, le suffixe *osu* — *ous: dolerous* etc., *onore* — *onour*, *colore* — *culour*, *flọres* (v § 35, 1 Rem.) — *flours*, *ora* — *oure*, *gola* — *goule*, *cọda* (v. § 18 Rem.) — *coude*; *stọpula* (cf. § 39, 1 a Rem) — *estouble*.

Remarque — *Nus* (lat. vulg. *nos*), *vus* (lat. vulg. *vos*) sont des formes atones par position qui se sont de bonne heure substituées aux formes toniques correspondantes *nóus*, *vóus* Pour *pur* (lat. vulg *por*, cl. *prō*), v. § 10, 4 a. En d'autre cas, comme p ex dans *espus*, *amur*, *u* (au lieu d'*óu*) provient d'une assimilation de la voyelle tonique à la voyelle atone, qui lui correspond dans des mots de même famille accentués sur la terminaison *Tut* vient du lat vulg. *tọttu* (au lieu de *tọtu*, cl *tōtum*, v. § 116 Rem.) Pour *jus* v § 11, 1. Dans les mots d'emprunt *ō* du lat. cl se rend par *ọ* et *u*, *ŭ* du lat cl par *u*, p. ex *devọt*, *nọble* (*nōbilem*), *cuple* (*cōpula*), *rude* (*rŭdem*), *tube* (*tŭba*) Cf pour *duble* § 110 Rem — Dans le normand et les autres dialectes de l'ouest, *o* ne s'est pas diphthongué mais est resté *ọ ụ*.

2) Dans les proparoxytons dont la syllabe tonique s'est fermée, à l'époque romane, après la chute de la voyelle de la pénultième, *o* est devenu *u*. *dobitat* — *dutet*, *d*(*u*)*odeke* — *duze*. Cf. § 35, 1 Rem. et § 66

§ 65. *o* libre devant une nasale devient la voyelle nasale *ō* *donat* — *donet* (*dōnet*), *persona* — *persone*, *poma* — *pome*, *Roma* — *Rome*, *leone* — *lion*, *pavone* — *paon*, *masione* (v. § 23) — *maison*, *donu* — *don*, *polmone* — *pulmon*. Même dans les proparoxytons dont la syllabe tonique s'est fermée, à l'époque romane, après la chute de la voyelle de la pénultième, apparaît un *ō* · *nomeru* — *nombre*, *pọnere* — *pondre*. Cf § 35, 1 Rem. et § 67

Remarque. — Une autre explication veut que ce son n'ait pas passé par le stade *ō*, mais qu'*on* (avec *o* oral) soit devenu directement *ōn* à une époque postérieure de l'ancien français.

§ **66.** *ọ* entravé devant les consonnes orales devient *u*. Dans l'orthographe, *o* et *u* alternent; plus tard c'est *ou* qui est entré en usage (v. § 219). *ropta* — *rute*, *coppa* — *cupe*, *gobịa* — *guge*, *robịa* — *ruge*, *quadrovụu* — *caruge*, *gotta* — *gute*, **tottu* — *tut* (v. § 116 Rem.), *gosta* — *guste*, *cọstat* (v. § 23) — *custet*, *mosca* — *musche*, *rọssu* — *rus*, *corte* (v § 21) — *curt*, *cortu* (cl. *curtum*) — *curt*, *fọrca* — *furche*, *ọrḱịa* — *urce*, *fornu* — *furn*, *ornat* — *urnet*, *ordine* — *urne*, *forma* — *furme*, *torre* — *tur*, *borsa* — *burse*, *polla* — *pule*, *mọltu* — *mult*; *conocla* (v § 103, page 62) — *quenuille* (*kenule*)

Remarque — Présentent la forme de mots d'emprunt, entre autres, *forme* à côté de *furme*, *ọrdre* et *ọrne* à côté d'*urne*, *deluge* (cf. § 64 Rem). Pour *nọces*, v. § 17, 1 Rem. *ọ* est inexpliqué, entre autres, dans *gọrge* (*gurga*), et dans *gọrt* (cl *gurgitem*) à côté de *gurt*.

§ **67.** *o* entravé devant une nasale devient la voyelle nasale *õ*: *onda* (cl *unda*) — *onde* (*õnde*), *ombra* — *ombre*, *somma* — *some*, *ongla* (cl. *ungula*) — *ongle*; *calomnịa* — *chalonge*, *lombụu* — *longe*. Cf. la rem du § 65.

§ **68.** *o* devant un *ị* épenthétique se joint à cet *i* pour donner la diphthongue *ọi*. et *õi* devant une nasale. *roke* — *roiz* (*vóiz*), *croke* — *croiz*, *nọke* — *noiz*, *doctu* — *doite*, *cognoskit* — *conoist*; *angostịa* — *angoisse*; *foskma* (cl. *fuscina*) — *foisne*, *cognoskere* — *connoistre*, *dormitorịu* — *dortoir* *pognu* — *poing* (*põiń*), *conịu* — *coing*, *testimonịu* — *tesmoing*. *ponctu* — *point*, *jonyere* (cl. *jŭngere*) — *joindre*, *ponyere* (cl *pŭngere*) — *poindre*

Remarque — Est irrégulier *ui*, à la place duquel on devait attendre *oi*, dans *puiz* (*potịu*: cl. *pŭteum*), *cuit* (*cogito*, cl. *cōgito*). *huis* (*ostịu*, cl. *ōstium*), *tuit* (*tọti*) et quelques autres mots, dont l'historique des transformations n'est pas suffisamment éclaircie. Pour *glọrie*, v § 201.

§ **69.** *o* + *u* a donné *óu*· *doos* (cl *dŭos*) — *dous* (*dóus*). *lo(p)u* — *lou*.

Remarque — *ui* pourrait représenter la transformation mécanique d'*o* + *ụi* dans **movụi* — *mui* (*mui*), **cognovụi* — *conui* (*conui*), et les 3. pers sing et plur. *mut* (lat vulg. **movụ(i)t*), *murent* (**móvụerunt*), *conut*, *conurent* avoir été formées d'après ce modèle.

ụ.

§ 70. *u*, libre ou entravé, devant les consonnes orales, et *u* libre comme dernière lettre d'un mot et devant une voyelle donnent *u* (v. § 5, 1). Dans l'orthographe *u* persiste (v. § 13, 1). Exemples: *tu* — *tu* (*tü*); *grue* (v. § 20, 5) — *gru*, *cupa* — *cuve*, *escutu* — *escut*; *nuda* — *nude*, *lactuca* — *laitue*, *usu* — *us*, *muru* — *mur*, *puru* — *pur*; *securu* — — *seur*, *mulu* — *mul*; *plus* — *plus*, *fuste* — *fust*, *furtu* — *furt*, *nullu* — *nul*, *nulla* — *nulle*; *pulike* — *pulce*; *lukiu* — *luz*.

§ 71. *u*, libre ou entravé, devant une nasale devient la voyelle nasale *ũ* (cf. § 35, 5) Exemples: *unu* — *un* (*ũn*), *fumu* — *fum fun*, *flume* — *flun*, *alume* — *alun*, *dunu* — *dun*. *Autun Verdun*, *una* — *une*, *pruna* — *prune*, *allum(i)nat* — *allumet*.

§ 72. *u* donne avec un *i̯* épenthétique *üi*, et *ũi* devant une nasale Exemples: *ducat* — *duiet* (*düiet*), *luket* — *luist*, *fructu* — *fruit*, *lucta* — *luite*; *junju* — *juin* (*džũin*) — La diphthongue *ui̯* qui existait dès le latin vulgaire (v. § 20, 1) donne *üi*, p. ex. *cui* (*cüi*). *fui*

au.

§ 73. *au*, libre ou entravé, devant les consonnes orales devient *ǫ*: *audit* — *ot* (*ǫt*), *causa* — *chose*, *pausa* — *pose*, *clausu* — *clos*, *caule* — *chol*. *Paulu* — *Pol*, *auru* — *or*, *claudere* — *clodre*, *paupere* — *povre*; *paraula* — *parole*, *taula* — *tole*; (*il*)*lá ora* — *lore-s*, *áora* (*há[c h]ora*) — *ore*, **faurga* (v. § 109 Rem.) — *forge*.

§ 74. *au* devant un *i̯* épenthétique se transforme avec cet *i̯* en la diphthongue *ǫi* *gauya* (*gaudi̯a*) — *joie* (*dzǫie*), *auyo* (*audi̯o*) — *oi*, *nausi̯a* — *noise*.

Remarque. — Pour *oie* (*auca*), v. § 140 Rem., pour *poi*, § 145, 2

§ 75. *au* + *u* donne *ǫu* *paucu* — *pou* (*pǫu*), *raucu* — *rou*.

B. Voyelles post-toniques.

a) Dans la syllabe pénultième.

§ 76. Quand deux voyelles post-toniques suivent l'accent principal la première (celle qui est la plus proche de la voyelle tonique) — est élidée. Exemples. *manica — manche, comite — conte, fraxinu — fraisne, camera — chambre, numeru — nombre; a* tombe également: *Séquana — Seine, lázaru — lazdre ladre, platanu — plane, cannabe — chanve.*

Remarque. — Déjà dans le latin vulgaire, beaucoup de proparoxytons étaient devenus paroxytons: a) par déplacement de l'accent (v. § 15), b) par l'iotacisation d'*i*, *e* formant hiatus et primitivement syllabiques (*fakio* etc., v. § 20, 3), c) par syncope de la voyelle de la pénultième entre certaines consonnes (*calmu* etc., v. § 19). La loi phonétique du vieux français qui a été formulée au § 76 date également de loin. Son action précède, comme on l'a montré § 35, 1 Rem., sans exception la transformation phonétique d'*e*, *o*, *a* toniques libres, et en partie aussi la diphthongaison d'*ę* et d'*ǫ* toniques libres. Jusqu'à quel point, dans des mots comme *merula — merle, tremulat — tremblet, semita — sente*, l'*a* atone de la dernière syllabe, par suite de sa plus grande sonorité, ou les consonnes environnantes ont hâté la syncope de la voyelle de la pénultième, il est difficile de la décider avec certitude. Après que la loi formulée plus haut, eut exercé son action le français ne posséda plus de proparoxytons, excepté un certain nombre de mots qui, pour la plupart, n'appartiennent pas au fonds héréditaire, comme *angele, imagene, jovene, aneme, apostele, umele, termene, ordene, virgene*, mots dont la prononciation est douteuse, mais qui, dans la littérature transmise, sont constamment traités par les poètes comme des paroxytons. Présentent un traitement différent, entre autres, *ave* (*avidu*) *pare* (*pavidu*), *rance* (*rancidu*), *ane* (*anate*), *t(i)ede* à côté de *tiede* (*tępidu*), *pale* (*pallidu*), *sene* (*synodum*) que nous fournissent des textes plus récents, et dans lesquels il faut supposer une transformation en partie savante, en partie peut-être populaire et dialectale.

b) Dans la dernière syllabe.

§ 77. Quand *i*, *u*, à la fin d'un mot, se trouvent en hiatus avec la voyelle tonique précédente, ils forment avec celle-ci une diphthongue. *potųi — poi, placųi — ploi; focu — fou, jocu — jou, fagu — fou; clavu — clou, Andegavu — Anjou.*

Remarque. — L'histoire de l'origine de ces diphthongues n'est pas, dans le détail, établie avec une clarté parfaite. V. les renseignements bibliographiques à l'appendice et cf. le consonnantisme. — Sur la fusion en diphthongue de la voyelle tonique avec une voyelle atone suivant immédiatement, dans le latin vulgaire, v. § 20, 1.

Dans la suite, les voyelles atones de la dernière syllabe ne sont prises en considération qu'autant qu'elles étaient restées syllabiques en roman.

§ 78. 1) *a*, dernière lettre d'un mot persiste à l'état d'*ę* sourd (qui marque le son musical produit uniquement par les vibrations des cordes vocales). Exemples: *vea — vere, ala — ele, terra — terre, porta — porte, bona — bone, tina — tine, femna — femme, angostịa — angoisse, folịa — fueille.*

2) Les voyelles autres qu'*a*, dernières lettres d'un mot:

a) sont tombées:

α) après les consonnes simples. Exemples. *nave — nef, mese — meis, pare — per, muru — mūr, mortale — mortel, bene — bien, pavone — paon, amo — aim;*

β) après les consonnes redoublées. Exemples: *ceppu — cep, cattu — chat, seccu — sec, passu — pas, ferru — fer, caballu — cheval;*

γ) après les groupes de consonnes primaires — (qui existaient déjà dans le latin vulgaire) —, dont le dernier élément est une explosive ou une spirante. Exemples: *campu — champ, servu — serf salvu — salf, arte — art, perdo — pert, verde* (v. § 19) *— vert, caldu* (v. § 19) *— chalt, ventu — vent, factu — fait, prepostu* (v § 19) *— prevost, tostu — tost, jonctu — joint, septe — set, versu — vers, escripsi — escris, axe — ais; arcu — arc. cresco — creis, pasco — pais, calke — chalz;*

δ) après les groupes de consonnes primaires *kl gr. gn. rm* et *rn*, précédés d'une voyelle. *periclu — peril, soleclu — soleil, vęclu* (v § 25) *— vieil; negru — neir, entęgru — entir; pognu — poing; fermu — ferm, cornu — corn, ibernu — ivern;*

ε) après *tị, sị, kị, lị, rị* (excepté cons. + *rị*), *nị* (excepté *mnị*) Exemples: *prętịu — pris, Martịu — Marz, Yervasịu — Gervais, solakịu — solaz, conselịu — conseil, mallịu — mail, varịu — vair, conịu* (cl. *cŭneum*) *— coing* (au contraire. *coprịu — cuivre, ębrịu — ivre, somnịu — songe*);

ζ) après quelques groupes de consonnes secondaires réduits de bonne heure: *´tid. netidu — net, putidu — put; ´kit, ´git: plakitu — plait, esplikitu — espleit, sollikitu — solleit, degitu — deit, ´gine plantagine — plantain,* *propagine* — *provain*, *vertigine* — *avertin* (v. § 11, 4); peut-être faut-il nommer ici *-gnit-*, *-rgit-*. *adcognitu* — *acoint*, *gorgite* (cl. *gurgitem*) — *gurt*. L'époque, à laquelle tomba la voyelle de la pénultième, ne peut pas être fixée avec précision pour chaque cas particulier Il n'est pas impossible que quelques-uns des groupes donnés ici aient déjà été réduits au temps du latin vulgaire V. § 19

b) Elles ont persisté à l'état d'ę, ou parfois après la chute de la voyelle il s'est produit un nouvel élément vocalique.

α) après les groupes de consonnes primaires, dont le dernier élément est une liquide ou une nasale (à l'exception de ceux qui sont cités 2 a *δ*). lab. + *r*, dent. + *r*, lab + *l*, cons. + palat + *l*, *lm*, *sm*, *ln*, *mn*. Exemples: *fabru* — *fevr* — *fevre*, *octobre* — *oitóuvre*, *febre* — *fievre*, *patre* — *pedre*, *matre* — *medre*, *nostru* — *nostre*, *doplu* — *duble* (v. § 110), *enflo* — *enfle*, *coperclu* — *cuvercle*; *calmu* (v. § 19) — *chalme*, *helmu* — *helme*, *olmu* — *olme* — *orme*; *baptesmu* — *batesme*; *alnu* — *alne*, *somnu* — *somne* *somme* (v § 182), *escamnu* — *eschamne* *eschamme* (v. § 182);

β) après les groupes secondaires (à l'exception de ceux qui sont cités 2 a *ζ*) Exemples: *Legere* - *Leire*, *fakere* — *faire*, *vivere* — *vivre*, *genere* — *gendre*, *molere* — *moldre*, *correre* — *curre*, *paskere* — *paistre*, *metepsimu* — *medesme*, *ordine* — *urne*, *asinu* — *asne*, *jovene* — *juevne*, *omine* — *homme*, *cannabe* — *chanve*, *malabitu* — *malade*, *comite* — *conte*, *ospite* — *oste*, *tepidu* — *tiede*, *pedicu* — *piege*, *ętaticu* — *edage*, *romike* — *ronce*, *pomike* — *ponce*, *pulike* — *pulce*, *erpike* — *erce*, *pantike* — *pance*;

γ) après une labiale + *i̯*. Exemples: *api̯u* — *ache*, *robi̯u* — *ruge*, *quadrovi̯u* — *caruge*, *simi̯u* — *singe* En outre après cons + *ni̯* et *mni̯* (v. 2 a ε).

3) Si une consonne finale ou un groupe de consonnes final suit la voyelle atone de la dernière syllabe, *a* persiste également sans exception à l'état d'*e*, p ex *abbas* — *abes*, *ęnfas* (cl *infans*) — *enfes*, *amas* — *aimes*, *amat* — *aimet*, *amant* — *aiment* Les voyelles autres qu'*a*, quand plusieurs consonnes ou *r*, *l* les suivent, apparaissent à l'état d'*e*: *vendunt* — *vendent*, *ament* — *aiment*, *cantent* —

chantent, *melior* — *meldre*, *minor* — *mendre*, *insimul* — *ensemble* (pour la métathèse d'*r*, *l* finales, cf. § 170 Rem). Si une consonne simple, en dehors d'*r*, *l* finales, les suit, le traitement de la voyelle atone de la dernière syllabe a lieu, comme on l'a exposé dans la subdivision qui précède, suivant la nature des consonnes précédentes, p ex. *sapit* — *set*, *debet* — *deit*, *tempus* — *tems*, *corpus* — *cors*, *comes* — *cuens*, *vermes* — *ver(m)s*, *minus* — *meins*, *amet* — *aint*, *sedet* — *siet*, *laudet* — *lot*, *defendit* — *defent*, *intus* — *enz*, *fortis* — *forz*, *plaket* — *plaist*, *pejus* — *pis*, *melius* — *mielz*, et aussi *soror* — *suer*; au contraire *alinus* — *alnes*, *asinus* — *asnes*, *tepidus* — *tiedes*, *dikimus* — *dimes*, *fakimus* — *faimes*.

Remarque 1. — On a expliqué la différence de traitement que présente la voyelle de la dernière syllabe, suivant qu'un même groupe de consonnes, qui la précède, est primaire ou secondaire, par ce fait que, dans les proparoxytons primitifs, la voyelle en question aurait été originairement frappée d'un accent second, tandis que, dans les paroxytons primitifs, elle aurait été au contraire atone, p. ex. *pùlikè* — *pulce*, mais *cálke* — *chalz* — De ce que, (par opposition à la transformation de *periklu* — *peril*, *nęgru* — *neir*, *pugnu* — *poing*, v. § 78, 2 a δ), *ę* après *ti*, *di*, *mn* etc. n'est pas tombé à l'époque de l'ancien français, même après la réduction de ces groupes, il résulte que la loi formulée § 78, 2 a α et β avait cessé d'exercer son action, quand cette réduction s'est produite. Cf Consonnantisme §§ 118, 182 etc, et, pour la fixation chronologique des changements phonétiques, entre autres, les observations faites § 35, 1 Rem. sur les voyelles toniques dans les paroxytons

Remarque 2 — Présentent un traitement irrégulier un grand nombre de mots d'emprunt comme *honeste*, *chaste*, *celeste* *monde* (à côté duquel on trouve *mont*), *contraire*, *palie* (*pallium*), *nobilie*, *magnes* (*magnus*), *signe* (*signum*) *lange* (*laneum*, v § 203), *linge* (*lineum*), *vice* (*vitium*), *siecle*, *miracle* — Dans d'autres mots, dont la transformation paraît irrégulière, on se trouve en présence de formations analogiques. C'est à cette catégorie qu'appartiennent les infinitifs sans *ę* *coillir* (*colligere*), *beneir* (*benedicere*), qui s'expliquent par ce fait qu'ils ont passé dans la 2 conjugaison de l'ancien français, et en outre un grand nombre de formes verbales avec *ę* non organique, comme *estes* (*estis*), *faites* (*fakitis*) *dites* (*dikitis*), *cremes* (*crimus*), *somes* à côté de *sons* (*sumus*), *-astes* (*-astis*): *amastes*, *chantastes*, *-ames* (*-amus*): *amames*, *chantames* etc. Cf Morphologie passim. V. ib. § 306, 3 b pour les adjectifs masculins *large*, *chauve* etc Proviennent d'une permutation de genres, dans le substantif les formations doubles comme *form* à côté de *forme* (*formica*), *albespin* à côté d'*albespine* (*alba spina*) — S'expliquent par la fréquence de leur emploi en position proclitique les formes pronominales syncopées *noz voz* (v. § 329) au lieu de *nostres*, *vostres*; s'explique vraisemblablement de même *dan* au lieu de *dame*, qui est issu de *domnu* (v. § 19 Rem. et § 190 Rem.). Pour les formes syncopées des pronoms personnels et de l'article quand elles sont proclitiques ou enclitiques, v. §§ 325, 333. Il reste encore à rechercher plus à fond l'origine des formes *encor* à côté d'*encore*, *mar* à côté de *mare* (*mala hora?*), *onc* à côté d'*onques* avec syncope complète de l'*a* post-tonique, entre autres. Cf. § 10, 4 Rem.

C. Voyelles protoniques.

§ 79. Par voyelles protoniques nous entendons dans la suite toutes les voyelles d'un mot, qui précèdent la voyelle tonique

Les mots, dont la tonique est précédée de deux syllabes ou plus, portent un accent second sur la première syllabe, p. ex *sànitáte*, *sòbitánu*, *vèridiáriu*, *àsperitáte* Sont également soumis à cette règle les mots formés par composition, quand leurs éléments de composition ne sont plus sentis comme tels, p. ex *àdjutáre*

Les voyelles qui se trouvent entre la contre-tonique et la tonique — qu'on appellera simplement les contre-finales — suivent, dans leurs transformations, des lois particulières, et doivent par conséquent être traitées à part.

a) Voyelles contre-finales.

§ 80. Les voyelles, qui se trouvent après l'accent second ont eu un sort absolument identique à celui des voyelles qui se trouvent après l'accent principal. Ici comme là, sous l'action d'une syllabe plus fortement accentuée, il s'est produit un affaiblissement de la voyelle de la syllabe atone qui la suivait, et souvent il est résulté de cet affaiblissement la syncope complète de cette voyelle.

1) *a* contre-final persiste à l'état d'*ẹ* syllabique ou, devant un *i* épenthétique, comme premier élément d'une diphthongue Exemples: *bàccaláre* — *bacheler*, *càntatóre* — *chantedóur*,

àratóre — aredóur, pòrtatóre — portedóur, àrmatúra — armedure, àmar(e) ábet — amerat, òratióne — oraison vènatióne — venaison, tànakéta — tanaisde, Bèll(o)vakése — Belvaisis.

2) Le traitement des voyelles contre-finales autres qu'*a* nécessite encore dans le détail, une recherche plus approfondie. En général.

a) la syncope se produit après les consonnes et groupes de consonnes cités § 78, 2 a, quand, au commencement de la syllabe tonique, (α) une consonne simple ou (β) une consonne simple + *i*, excepté *li*, *ni* les suivent Exemples.

α) *sòbitánu — sudain, lèporáriu — levrier, ràdikína — racine, màtutínu — matin, plàkitáre — plaidier, bàjuláre — baillier, kèrebéllu — cervel, vèrecóndia — vergogne, dèlicátu — delgiet, tèner(e) ábet — tendrat, sànitáte — santet, còmitátu — contet, bèllitáte — beltet, àrtemésia — armeise, pesturíre — pestrir, èstimáre — esmer, mòntikéllu — moncel, òspitále — ostel, àdjutáre — aidier, dòrmitóriu — dortoir, sòlicitáte — soistiet, ràtionáre — raisnier.*

β) *pàrtitióne — parçon, com-ènitiáre — comencier, mìnutiáre — mincier, pèrtusiáre — percier, màteriáme — mairrien, empàstoriáre — empaistrier*

b) La syncope n'a pas lieu, ou il s'introduit, après que s'est produite la syncope de la voyelle contre-finale, une voyelle de glissement · (α) après les groupes de consonnes indiqués § 78, 2 b, qui ont une liquide ou une nasale comme second élément, ou encore (β) devant un groupe de consonnes ou *li*, *ni*. Exemples :

α) *dòmenikéllu — dameiselle quàdrifúrcu — carrefur*

β) *mònestare — monester ex-pàrentáre — esparenter, càlomniáre — chalongier, sòspectióne — suspeçon, àngostiáre — angoissier; pàpilióne — pavillon, Sàbiniácu — Savigny, càmpinióne — champignon*

Remarque — Cf, pour la chronologie de ces phénomènes phonétiques, les §§ 122, 137, 143. — Dans **mon(i)steriu — most(ier), men(i)steriu — mest(ier)*, la syncope de la voyelle contrefinale, comme le rend vraisemblable la chute de l'*n* (v. § 23), a eu lieu dès l'époque du latin vulgaire. D'après une autre explication, c'est le vfr. *menestier* qui aurait la forme d'un mot du fonds héréditaire et il faudrait rapporter *mestier* à une influence exercée par *mysterium* — A côté d'*oraison*, *venaison* etc , on trouve, dans les textes vfr., *oreison* (plus tard *oroison*), *veneison* (*venoison*), *Belveisis* (*Belvoisis*), aussi peut-on être hésitant et se demander si c'est *ai* ou *ei* qui représente les sons primitifs, c. à. d. si le changement d'*a* en *e* a précédé ou suivi l'attraction de l'*i*. — Présentent, notamment à l'époque ultérieure du vieux français, des doublets causés par l'accentuation syntactique et la mesure du discours un grand nombre de mots, dont un *r* (plus rarement *l*, *n*, *m*) précédait ou suivait la voyelle contre-finale. Cf § 266 Rem. Les mots lat. *làtrokínu*, *nòtritura* et d'autres mots, dont la syllabe contre-finale commence par une cons + *r*, sont-ils devenus *larrecin*, *nurreture*, en passant par *ladẓein*, *nodẓture* (avec *r* cacuminal), le traitement des consonnes, qui commencent la syllabe tonique, permet peut-être de le supposer, tandis que, d'après une autre explication, on est en présence de mots d'emprunt. — En un très grand nombre de cas, la puissance de l'analogie a empêché la syncope de se produire ou même a fait réapparaître la voyelle syncopée C'est ainsi que les futurs *mentirai*, *partirai*, *dormirai*, etc. sont dus à l'influence des infinitifs correspondants *mentir*, *partir*, *dormir*; que quelques mots, comme *vestement*, *buredóur*, *batedure*, viennent de la généralisation des terminaisons *-amentu*, *-atore*, *-atura*, ou des terminaisons françaises *-ement*, *-edóur*, *-edure* qui leur correspond, que *chevalier*, *bataillon* (*batalōn*), *felonie*, *doloros* et un grand nombre d'autres mots doivent la persistance de leur voyelle contre-finale à d'autres formes, dans lesquelles la même voyelle porte l'accent tonique (*cheval bataille*, *felon*, *dolóur*). Sont des mots d'emprunt, entre autres, *paradis*, *creatóur*, *predechier* (*praedicare*), *empedechier* (*impedicare*), *eremite* (*eremita*), *obedir* (*obedire*), *visiter* (*visitare*, on trouve aussi en vfr *visder*), *lapider* (*lapidare*), *habiter* (*habitare*), *dedicace* (*dedicatio*), *nobilitet* (*nobilitatem*), *penitence* (*poenitentia*), *trinitet* (*trinitatem*), *tribuler* (*tribulare*), et encore *emperedre* (*imperator*), *pelerin* (*peregrinum*), *maledeit* (*maledictum*), *benedeit*, *enemi* (*inimicum*). Cf. Appendice.

En hiatus avec la voyelle tonique suivante, les contre-finales *i*, *e*, *u* étaient déjà devenues en latin vulgaire les semi-voyelles *i̯*, *u̯*, pour le sort ultérieur desquelles il faut voir dans le consonnantisme le § 191 sq. *i*, *u*, devant la voyelle tonique suivant immédiatement, sont restés syllabiques en français dans les mots d'emprunt comme *chrestien*, *ancien*, *patient*, *gloriós*, *passion*; *manuel*. Un grand nombre de nouveaux hiatus ont été créés par la chute des consonnes en position intervocalique.

b) Les voyelles protoniques au commencement des mots.

ị.

§ 81. *i* reste *i* devant les consonnes orales et devant une nasale simple. Exemples *liberare* — *livrer*, *vivente* — *viv(ant)*, *ibernu* — *ivern*, *privare* — *priver*, *mirare* — *mirer*, *filare* — *filer*, *filiọlu* — *filluel*; *villanu* — *villain*; *finire* — *finir*, *limakịu* — *limaz*, *limare* — *limer*.

Remarque. — Parfois, quand la syllabe tonique contient un *i*, *e* apparaît à la place d'*i* dans la syllabe protonique. Exemples: *devin* à côté de *divin*, *fenir* à côté de *finir*; appartiennent peut-être à cette catégorie *mesis* (*misisti*), *desis* (*dixisti*). On trouve déjà en latin vulgaire *vekinu* (fr. *veisin*) au lieu de *vikinu*, *demẹdịu* (fr. *demi*) au lieu de *dimedịu* (cl. *dimidium*). Il faut en outre noter *premier* (*primarịu*), la forme atone par position *se* (*si*), *fubler* (*fibulare*) avec *u* au lieu d'*i* à cause des labiales voisines, et *dreit* (lat. vulg. *directu* ou *drectu*), *drecier* qui ont subi la syncope de la voyelle protonique devant *i*.

§ 82. Devant une nasale entravée, *i* est devenu la voyelle nasale *ĩ*. (Cf. § 35, 5.) Exemples: *primu tempus* — *printens*.

§ 83. *i* se fond avec *ị* épenthétique en un son simple *i*. Exemples: *dikebant* — *disient* (v. § 135), *diker(e) abet* — *dirat*, *dictare* — *ditier* (v. § 158).

e.

Nous ne distinguons pas, dans la suite, les sons antérieurs *e* (cl. *ĭ*, *ē*, *oe*) et *ę* (cl. *ĕ*, *ae*), parce que, dans le développement de ces sons, il n'y a aucune différence appréciable en français. Nous laissons de côté la question de savoir si le latin vulgaire n'a connu qu'*e* = cl. *ĭ*, *ē*, *ĕ*.

§ 84. *e* devant les consonnes orales et devant une nasale simple apparaît à l'état d'*e*, qui pourrait, lorsqu'il était libre, avoir pris de bonne heure la valeur d'*ę*. Exemples: *trebutu* — *treut*, *beber(e) abet* — *bevrat*, *debere* — *deveir*, *crepare* — *crever*, *levare* — *lever*, *leporarịu* — *levrier*; *vedere* — *vedeir*, *sedere* — *sedeir*, *etaticu* — *edage*; *pesare* — *peser*, *felone* — *felon*; *ferire* — *ferir*. — *Seccare* — *sechier*, *cessare* — *cesser*; *fermare* — *fermer*, *sermone* — *sermon*, *vertute* — *vertut*, *merkede* — *mercit*, *bellitate* — *beltet*. — *Menare* — *mener*, *penare* — *pener*, *denariu* — *denier*, *venire* — *venir*.

Remarque. — Dans les dialectes, *e* devant *r* s'est changé en *a*, ce dont la langue littéraire présente quelques traces, p. ex. *mercatante* — *marchedant*, *mercatu* — *marchiet*, la préposition *per* (v. § 10, 4 a) — *par*, également dans les composés comme *parmi*, *pardonner*, *parjurer* à côté de *permettre*, entre autres. — Provient de l'influence de consonnes labiales voisines *u* à la place d'*e* dans *fumier* (*femariu*), et dans *buveiz* (*bebétis*). Pour *buveiz*, cf. aussi la morphologie § 407. V. ib. § 349, 3 a pour *o* dans *dousse*, entre autres. Pour *provende*, *proveire* v. § 11, 4. — **Veracu* (v. § 135 Rem.) a donné *vrai* avec syncope de la voyelle protonique devant *r*. Cf. § 81 Rem. *dreit*. — Pour *(el)lo* etc., v. § 10, 4 a et § 323, 2. On n'a pas encore expliqué de façon satisfaisante *a* et *o* protoniques dans le vfr. *jalus* (*yelosu*, du gr. ζῆλος) et dans *rognon* qui, vraisemblablement, remonte à une forme **ronione* qui tient la place de **renione* (de la racine *ren*), et appartient déjà au lat. vulg.

§ 85. Devant une nasale, *e* entravé devient *ã* en passant par *ẽ* (le plus souvent transcrit *e*). *entrare* — *entrer* (*ãntrer*), *envolare* — *embler*, *prender(e) abet* — *prendrat*, *temperare* — *temprer*, *tender(e) abet* — *tendrat*, *Jenuariu* (cl. *Januarium*) — *Jenvier Janvier*; il en est de même quand *e* ne s'est entravé qu'à l'époque romane: *sem(u)lare* — *sembler*, *trem(u)lare* — *trembler*. — Devant *ñ*, *ẽ* persiste, p. ex. *degnatis* — *deigniez* (*dẽñiez*).

§ 86. *e* se joint à *i* épenthétique pour donner la diphthongue *ei*. Exemples: *lekere* — *leisir*, *plecare* — *pleier*, *meyetate* (*medietate*) — *meitiet*, *pretiare* — *preisier*, *precare* — *preier*, *necare* — *neier*, *negare* — *neier*, *peskione* — *peisson*, *pectorina* — *peitrine*, *vectura* — *veiture*, *exire* — *eissir*, *feskella* — *feisselle*; devant une nasale, il se produit la diphthongue *ẽi*: *kenxisti* — *ceinsis* (*cẽinsis*), *degnitate* — *deintiet*.

Remarque. — *Prison* (*presione*) est une formation analogique d'après *pris* (v. § 350 la morphologie). Sous l'influence des formes accentuées sur le radical (cf. § 348, 1), on forme de bonne heure *prisier* (*pretiare*), *issir* (*exire*), *issue*, *prier* (*precare*), *nier* (*negare*).

a.

§ 87. *a* libre devant les consonnes orales et devant une nasale simple apparaît:

1) à l'état d'*a*: *Aprile* — *avril*, *avaru* — *aver*, *pavone* — *paon*, *abere* — *aveir*, *sapere* — *saveir*, *latrone* — *ladron*, *agostu* (v. § 18) — *aust*, *satollu* — *sadul*, *nativu* — *nadif*, *barone* — *baron*, *parete* — *pareit*, *farina* — *farine*, *valere* — *valeir*, *amare* — *amer*, *clamare* — *clamer*,

2) à l'état d'*e*: a) quand il forme un hiatus secondaire avec *u* tonique. Exemples *sabucu* — *seu*, *acutu* — *eut* (dans le nom propre *Monteut*), **agurıu* — *eur* (v. § 18), *maturu* — *madur meur*. *placutu* — *pleut*; *abutu* — *eut*. *saputu* — *seut*. — b) après les palatales. Exemples: *capriolu* (v § 15, 2) — *chevruel*, *caballu* — *cheval*, *capestru* — *chevestre*, *capellos* — *chevels*; *caminu* — *chemin*, *canale* — *chenel*

Remarque. — Pour *out*, *sout*, *plout* etc., v. la morphologie § 350. — Après une palatale *a* a persisté dans *caligine* — *chaline*, *calamellu* — *chalumel*, *calere* — *chaleir*, *calore* — *chalour*, *calomnia* — *chalonge*; *catena* — *chadeine chaeine*, *catedra* — *chaiere*, *cadere* — *chadeir* (plus tard *cheoir*). L'*l* suivante et la voyelle palatale paraissent, d'après ces exemples, avoir exercé sur *a* une influence conservatrice. — Sont des mots d'emprunt, entre autres, *chameil* (*camelum*), *chapitre* (*capitulum*), *chanoine* (*canonicum*). — On trouve *o* pour *a* dans *nodel* (*natale*) qu'on rencontre à côté de *nadel* et, après les consonnes labiales, dans *poon*. *poóur*, *podelle* (*patella*), lequel ne nous offre que des exemples récents, qu'on rencontre à côté de *paon* (*pavone*), *paóur* et *peóur* (*pavore*), *padelle*, et où l'on pourrait voir des irrégularités dialectales. Appartiennent déjà au latin populaire de la Gaule **notare* = cl. *natare* et *operio* formé d'après *coperio* (v. § 20, 2) = cl. *aperio*. — Pour *avertin*, v § 11, 4.

§ 88. *a* entravé devant les consonnes orales reste *a*. Exemples *lassare* — *lasser*, *battalia* — *bataille*, *baccalare* — *bacheler*, *tardicare* — *targier*, *argente* — *argent*, *salvare* — *salver sauver*; il en est de même après une palatale: *castellu* — *chastel*, *carbone* — *charbon*, *castanea* — *chastaigne*, *captiare* — *chacier*.

Remarque. — *geline* (*gallina*) n'est pas expliqué Pour *chetif*, v. § 90 Rem.

§ 89. *a* entravé devant une nasale prend une prononciation nasale ($\tilde{a}$), et cela, même quand la syllabe ne s'est fermée qu'à l'époque romane. Exemples: *cantare* — *chanter*, *cantione* — *chanson*, *candela* — *chandele*, *mantellu* —

mantel, manducare — mangier, amellu — annel (*ãnel*); *san(i)-tate — santet, van(i)tare — vanter.*

Remarque — ō au lieu d'*ã* dans *dommage* (*damnaticu* du cl. *damnum*) provient peut-être d'une confusion de *damnu* avec *domnu*

§ 90. *a* devant un *į* épenthétique se joint à cet *į* pour donner la diphthongue *ai* — *ẹi* (cf. § 56.). Exemples. *tractare — traitier, laxare — laissier, axella — aisselle, ratįone — raisun, abįatis — aiez, adjutare — aidier, pacare — paier; plakere — plaisir, vaskellu — vaissel.* — Devant une nasale, il donne *ãi*. *planxisti — plainsis* (*plãinsis*). — Après une palatale, *e* s'est de bonne heure substitué à *ai* *jakere — *jaisir — jesir.*

Remarque — Il est incertain si à cette catégorie appartient *chetif*, que l'on a ramené, avec le picard *caitif* et le prov. *caitiu* à une forme de lat. vulg. **cactivu*, venant par contamination de *coactivu* et de *captivu*, tandis que, suivant une autre explication *captivu* aurait donné *chatif* d'après le § 111 a, et celui-ci *chetif*, en conformité avec les mots traités § 87, 2 b.

ọ.

§ 91. *ọ* libre devant les consonnes orales devient *u* en passant par *o*· *bọtellu — budel, pọt(e)r(e) abet — pudrat, fọcakįa — fuace, lọcare — luer, jọcare — juer, ọp(e)rare — uvrer, prọbare — pruer, nọvellu — nuvel, mọvere — muveir, mọlinu — mulin, cọlore — culóur, dọlore — dulóur, vọlere — vuleir, sọlere — suleir, mọrire — murir, cọlọ́bra* (v § 15 1) — *culuevre, corọna — curone.*

Remarque. — Dans l'orthographe, *o* alterne longtemps avec *u* et avec *ou*, qui apparaît ultérieurement (v. § 219). C'est sous l'influence de l'orthographe qu'*o*, dans quelques mots, comme *volontet, oleir*, semble avoir reparu même dans la prononciation, tandis qu'en d'autres cas, comme *Novembre olive, obeir, opinion, colonne, oriental*, on est en présence de mots d'emprunt — Pour *peut, meuț* etc., v. la morphologie § 350.

§ 92. *ọ* entravé devant les consonnes orales reste:

1) *ọ* Exemples *fọrtuna — fortune, pọrtare — porter, dọrmire — dormir, sọrtire — sortir, mọrtale — mortel, cọrnecla —*

corneille, cǫrbecla — *corbeille, ǫspitale* — *ostel, ǫccidere* — *ocidre, ǫccasione* — *ochaisun*

2) Il devient *o* — *u* devant *l̦, p̦*: *despǫl̦are* — *despuillier* (*despulier*), *mǫll̦are* — *muillier*; *apprǫp̦are* — *apruchier, reprǫp̦are* — *repruchier*.

Remarque. — *u* reste inexpliqué dans *pucel* (*pǫllicellu*), et dans *turment* (*tǫrmentu*).

§ 93. Devant une nasale, *ǫ* devient la voyelle nasale *õ*: *cǫmputare* — *conter, cǫmmeatu* — *congiet, cǫmparare* — *comperer, cǫmmune* — *commun, sǫmniare* — *songier; cǫm(i)tatu* — *contet. dǫm(i)tare* — *donter; sǫnare* — *soner, ǫnore* — *onóur, mǫneta* — *moneide*.

Remarque. — *ã* pour *õ* dans *dame* (*dǫmna. d. Maria* — *dame Marie*), *dam dan* (*dǫminu Dǫminu Martinu* — *Dan Martin*), *dans* (*dǫminus· danz Alexis* qui sont employés comme proclitiques, et en outre dans *danter* (*dǫm(i)tare*), *dameiselle, dameisel, dancel, dancelle* qu'on trouve à côté de *doncel doncelle*, et dans *dangier* qu'on trouve à côté de *dongier* (**dominariu*), entre autres, pourrait être originairement étranger au dialecte de l'Ile-de France. — Il faut également remarquer le proclitique *en. an* à côté d'*on* (*ǫmo*). — Pour *dimenche*, v. § 11, 4.

§ 94. Avec *i̦* épenthétique, *ǫ* donne la diphthongue *oi*, et *õi* devant une nasale. *ǫctobre* — *oitouire, fǫcariu* — *foier, lǫcariu* — *loier. mǫyolu* (*mǫdiǫlu*) — *moiuel, nǫkere* — *noisir; cǫgnitamente* — *cointement. acǫgnitare* — *acointier*

Remarque — Pour *cuisine* v § 11, 1.

ọ.

§ 95. *o*, libre ou entravé, devant les consonnes orales devient *u* *sọbende* — *suvent, dọtare* — *duter, nọdare* — *nuder, plọrare* — *plurer, solaki̦u* — *sulaz. nọtrire* (cl. *nūtrire*) — *nudrir, bọrdone* — *burdon, dọb(i)tare* — *duter*, les prépositions (toujours contre-toniques) *pọr* (cl. *prō*) — *pur* (cf. § 169 Rem) et *sọbtus* (cl *sŭbtus*) — *suz sus*, également dans les composés comme *pọrvedére* — *purvedeir, pọrprend(e)re* — *purprendre, sọbtustrag(e)re* — *sustraire;* en outre les formes de pronoms personnels atones par position (v. § 10, 4a)· *nos* — *nus. vos* — *vus*.

Remarque — Pour l'orthographe, v. § 91 rem S'applique également à l'*o* de *oraison. orer, colombe, soleil* l'observation faite à cet endroit à propos de *volontet* et d'*olen* Est savant *pro-*, entre autres, dans *produne*, et dans *profit* *Lauste* provient du lat. vulg. **lacosta* (cl *locusta*), qu'on explique par l'hypothèse d'une influence que *lacus* aurait exercée par suite d'une fausse étymologie populaire (v. § 11, 4) On n'a pas encore éclairci, d'une façon satisfaisante, l'histoire du fr. *pulcelle*.

§ **96.** *o*, libre ou entravé, devant une nasale devient la voyelle nasale õ. Exemples: *donare* — *doner* (*dõner*); *nom(e)rare* — *nombrer*, *com(u)lare* — *combler*, *adombrare* — *adombrer*, *nom(i)nare* — *nommer*, *sommare* — *sommer*.

Remarque — *non* atone par position devint *nen* (plus tard *ne*). — Provient peut-être d'une dissimilation *e* dans *quenuille* (*conocla*). Cf. pour le consonnantisme du mot lat. vulg, § 103 page 67.

§ **97.** *o* se joint à un *i̯* épenthétique suivant pour donner la diphthongue *oi*, d'où sort *õi* devant une nasale Exemples: *potione* — *poison*, *otiosu* — *oisous*, *frostiare* — *froissier*, *oxore* — *oissóur*; *pony(e)r(e)-abet* — *poindrat*, *ponctatu* — *point-iet*

ụ.

§ **98.** *u*, libre ou entravé, devant les consonnes orales, et *u* libre devant une nasale deviennent *ü* (transcrit *u*): *putore* — *pudour* (*pudóur*), *usare* — *user*, *durare* — *durer* (*dürer*), *curatu* — *curet*, *jud(i)care* — *jugier*; *munire* — *munir*, *fumare* — *fumer*, *umanu* — *humain*

Remarque. — On est peut-être en présence d'un phénomène d'assimilation dans le lat vulg. *yenuperu* (cl. *jūnĭpĕrus*), qui a donné régulièrement en vfr *geneivre* (v. § 84.)

§ **99.** *u* entravé devant une nasale est devenu la voyelle nasale *ũ* (transcrit *u*), p ex. *lun(e) die* — *lundi* (*lũndi*). V § 35, 5

§ **100.** Avec *i̯* épenthétique, il se produit la diphthongue *ui*: *bulina* — *buisine*, *lukente* — *luis-ant*, *duxisti* — *duisis*

au.

§ **101.** *au* libre ou entravé devant les consonnes orales devient *ǫ* Exemples: *pausare* — *poser* (*pǫser*), *ausare* — *oser*, *auricla* — *oreille*, *laudare* — *loder*, *audire* —

odir. *gaudire* — *jodir*; *claustura* — *closture* Devant une nasale, il donne *ō*: *haunire* (franc **haunjan*) — *honir* (*hōnir*).

§ **102.** Avec *ị* épenthétique il se produit la diphthongue *ọi*. Exemples: *gauyosu* (*gaudịosu*) — *joious* (*džọióus*), *aukellu* — *oisel*, *causjire* (germ. *kausjan*) — *choisir*, *nausịare* — *noisier*.

II. Consonnantisme.

§ **103.** Aperçu de ses transformations. Le français a reçu, du latin vulgaire, les consonnes suivantes.

	orales					nasales
	explosives		spirantes		liquides	
	sourdes	sonores	sourdes	sonores		
Labiales . .	*p*	*b*	*f*	*v*, *w*		*m*
Dentales . .	*t*	*d*	*s*		*l*, *r*	*n*
Palatales et Vélaires	*k*	*g*		*y*		*ŋ*

Il faut y ajouter l'aspirée *h* dans les mots d'emprunt germaniques, et les semi-voyelles *ị*, *ụ*. Cf. §§ 21—30, et en outre pour les palatales § 133.

Les sons qui entourent les consonnes ont exercé, sur le développement de ces consonnes, une influence particulièrement importante, l'accent une influence beaucoup moindre; car le plus souvent ce n'est qu'indirectement qu'il a modifié leur traitement, en ce sens que, suivant la position qu'il occupait, la syncope des voyelles protoniques ou posttoniques s'est produite à une époque plus ou moins ancienne. En tenant compte de ces observations, il faut distinguer les transformations des consonnes d'après leur position au commencement, à l'intérieur ou à la fin d'un mot

1) Au commencement d'un mot, les consonnes persistent généralement, à l'exception des palatales devant *e*, *i* et *a*, dont l'articulation se déplace vers les dents (*ke*, *ki* — *tse*, *tsi*; *ka* — *tša*; *ga* — *dže*; *ye*, *yi*, *ya* — *dže*, *dži*, *dža*) Devant *o*, *u*, les palatales persistent également, excepté *y*, qui donne ici encore *dž*. Les palatales labialisées *gw*, *kw* perdent la labiale, mais conservent la palatale

2) A l'intérieur d'un mot, les transformations sont différentes suivant que la consonne est en position intervocalique (*ripa*), proconsonnantique (*ropta*), postconsonnantique (*talpa*), ou interconsonnantique (*ampla*).

Souvent aussi la nature de la voyelle suivante plus rarement celle de la voyelle précédente a exercé une action sur les transformations de la consonne (p. ex *debere* — *deveir*, *tabone* — *taon*; *plaga* — *plaie*, *ruga* — *rue*)

Il faut, en outre, considérer si une consonne primitivement médiale ou un groupe de consonnes médial restent médiaux (*nǫva* — *nueve*), ou reculent à la fin du mot en roman par suite de la chute d'une voyelle suivante (*nǫvu* — *nuef*)

Les consonnes identiques, qui sont séparées par des lettres intermédiaires, peuvent agir les unes sur les autres de telle sorte que l'une d'elles tombe ou se transforme en une autre consonne qui lui est apparentée (différenciation). Ainsi s'expliquent, p. ex., *viande* (*vivenda*), *viaz* (*vivaku*), *geole* (*cavęola*, v. § 191), peut-être *pijon* (*pibione* au lieu de *pipione*, v. § 192), puis *palefreid* (*paravredu*), *pelerin* (*peregrinu*). Existent déjà en latin vulgaire *conocla* (au lieu de *colǫcla* du cl *colus*) — vfr. *quenuille*, *flagrare* (au lieu de *fragrare*) — vfr. *flairier*, cf. aussi pour le latin vulgaire § 27, 2 — Rarement une consonne s'assimile à une autre, qui en est séparée par des lettres intermédiaires. C'est ainsi qu'on explique, entre autres, le mot plus récent du fr. litt. *chercher* au lieu de *cerchier* (*cerkare*). Cf. aussi § 27, 2 pour les mots du lat vulg *cokere* (cl. *coquere*), *cokina* (cl. *coquina*).

a) En position intervocalique, les explosives deviennent généralement, par suite de l'affaiblissement de l'énergie articulatrice, des fricatives sonores

p — b — v: *ripa* — *riba* — *rive*
b — v: *faba* — *feve*
k^1 — g^1 — y: *braca* — *braga* — *braye*
g^1 — y: *plaga* — *playe*

vraisemblablement.

t — d — $ð$ *vita* — *vida* — *viðe*
d — $ð$. *nuda* — *nuðe*

enfin, par modification de la place de l'articulation (v. la subdivision 1 qui traite des consonnes en position initiale).

*k*² — *d'z' z'* — *iz* · *rekinu* — *reizin*.

Les nouvelles spirantes ainsi formées coincident ensuite, dans leurs transformations, avec les sons correspondants qui existent déjà antérieurement dans la langue, *v* issu de *b*, comme *v* primaire, quand il était encore intervocalique en français a persisté devant les voyelles palatales, et est tombé devant les labiales (cf. § 106); la spirante interdentale *ð*, à laquelle ne correspond pas de *ð* roman antérieur, s'est assourdie dans tous les cas (v. § 116); *y* partage les destinées de l'*y* du lat. vulg. (v. page 87) quand il est en même position, *z* coincide avec la spirante linguo-dentale sonore, issue de l'*s* intervocalique du latin et, comme elle, a persisté quand elle était intervocalique en français (v. § 126.)

k vélaire (*o*, *u*) s'est, au degré faible, assourdi comme *g* primaire (*o*, *u*). (V. § 145.) Eurent le même sort *g*¹ primaire et *g*¹ secondaire, quand une voyelle labiale les précédait. (V. § 140, 2.)

Les liquides et les nasales persistent en position intervocalique. (V. §§ 166, 172, 180.)

b) L e s g r o u p e s de c o n s o n n e s sont ou p r i m a i r e s, c à d qu'il existent déjà dans le latin vulgaire (*sobtile*), ou s e c o n d a i r e s, c à d qu'ils apparaissent pour la première fois à l'époque romane, par suite de la syncope d'une voyelle (*sobitanu*). Dans ce dernier cas, il reste tout d'abord à établir quelles transformations avaient peut-être déjà subies les différentes consonnes qui forment un groupe, avant que la syncope de la voyelle qui les séparait n'eût eu lieu. Ainsi *t* et *k*¹ commençant la syllabe tonique avaient vraisemblablement passé à *d* et *g*¹, avant que les voyelles contre-finales (excepté *a*) ne tombassent, tandis que, au commencement de la dernière syllabe, dans les proparoxytons, elles persistaient encore au degré fort, lorsque s'est produite la syncope de la voyelle de la pénultième, ainsi *debita* — **debta* (fr. *dette*), *pertica* — **pertca* (fr. *perche*), mais *sobitanu* — *sobdanu* (fr. *sudain*), *delicatu* — *delgatu* (fr. *delgiet*). Les problèmes soulevés ici sont parmi les plus difficiles de la phonétique et attendent encore, pour la plupart, une explicatio[illegible] Cf. § 122 [illegible]

Les groupes de consonnes primaires et secondaires restent en partie invariables (cf. p. ex., § 168), mais le plus grand nombre fut réduit dès l'époque romane grâce à des phénomènes d'assimilation. L'assimilation est complète (p. ex. *adcaptare — acheter*) ou partielle (*sem(i)ta — sente*), et intéresse soit la place de l'articulation (cf. les deux exemples précédents), soit le degré de l'articulation (*capra — chevre*). En général, c'est la première consonne (placée à la fin d'une syllabe, excepté dans le groupe muette + liquide) qui s'assimile à la seconde consonne (placée au commencement d'une syllabe, excepté dans le groupe muette + liquide) (assimilation régressive), p. ex. *labra — levre, escripta — escrite, capsa — chasse, sọbtile — sutil Rotlandu — Rodlant — Rollant, sapidu — *sab(i)du — sade, am(i)ta — ante, as(i)nu — ane, tibịa — tige (tidže), etc.* — Bien plus rarement a eu lieu l'assimilation de la seconde consonne avec la première (assimilation progressive), p. ex. *nit(i)da — nette, escamnu — eschame, fem(i)na — feme* — En outre, il peut se produire une assimilation réciproque, ainsi que le montrent notamment les consonnes mouillées qui proviennent de la transformation des groupes palatale + consonne (V. § 158.)

On est également en présence d'un phénomène d'assimilation, quand une explosive s'introduit entre deux consonnes. En francien une consonne de liaison de ce genre se produit entre *m'r: camera — chambre, m'l. tremulare — trembler, n'r: teneru — tendre, l'r molere — moldre, z'r. cozere — cuzdre, s'r essere — estre, antekéssor — ancestre. š'r. paskere — *paiš're — paistre, ń'r planyere — *plaińre — plaindre, fenyere — feindre, jonyere — joindre,* au contraire *venkere — veintre; lv'r, mv'l* sont devenus *ldr, mbl* en passant par *lr, ml*: *polvere — polre — poldre, emvolare — emler — embler* — Une épenthèse consonnantique s'est, en outre, introduite devant *s* finale après *nn, ń, l*: *annus an^ts* (transcrit *anz*), *pọgnus — poin^ts* (transcrit *poinz*), *genoclos — genl^ts* (*genulz*).

Les consonnes doubles latines sont, à l'exception de *rr*, déjà réduites avant la fin de la période qui nous occupe (v. § 31). Ce phénomène est plus récent que la diphthongaison des voyelles dans la syllabe tonique ouverte et plus récent que les transformations des consonnes primitivement simples en position intervocalique, puisque, devant les géminées réduites, on ne trouve aucune diphthongaison tonique, et qu'elles ne participent pas au changement de degré indiqué, cf. page 67 sq., p. ex *cappa* — *chape* (v. § 108), *mettat* — *metet* (v § 117), *messa* — *messe* (v § 127), *bocca* — *buche* (v § 142, 2), *bella* — *bele* (v § 173), *flamma* — *flame* (v. § 181), etc

3) La fin d'un mot est soumise à des transformations différentes, suivant que, dans la construction du langage parlé, ce mot vient à se trouver devant un mot commençant par une voyelle ou par une consonne, ou à la pause. (Cf. § 10, 4.) C'est par ce point de vue que s'explique une partie au moins des transformations divergentes, que présentent souvent les consonnes en finale latine ou romane, bien qu'aujourd'hui il ne soit pas encore possible de porter un jugement certain sur tous les phénomènes de phonétique syntactique dont il s'agit ici, ni de les circonscrire. Cf., entre autres, § 145, 2, § 113 Rem.

A. Consonnes orales.

1. Explosives et spirantes.

a. Labiales.

1) Initiales

§ 104. Au commencement d'un mot, toutes les labiales persistent devant une voyelle comme devant une liquide (*l*, *r*). Exemples. *bonu* — *bon*. *baro* — *ber*, *pare* — *per*, *ponte* — *pont*, *vivere* — *vivre*, *vedére* — *vedeir*, *vannu* — *van*, *fame* — *faim*, *fede* — *feit*. *breve* — *brief*, *blasfemare* (βλασφημεῖν v. § 29, 3) — *blasmer*, *probare* — *pruver*, *plakere* — *plaisir*, *frenu* — *frein*, *flore* — *flóur*

Remarque 1 — *Brebiz* vient du lat. vulg *berbike* (cl *vervecem*; cf § 11, 3b), *boiste* du lat. vulg. *boxida* (cl *pyxis*, πυξίς), qui n'ont pas encore été expliqués d'une façon satisfaisante Il en est de même du fr. *feiz* = lat. vulg *vike* (cl. *vicem*) et de *feiede* = lat vulg. *vecata*. Pour *gaster*, *gupil*. entre autres, v § 11, 5, pour *hors* (*fors*), § 107 Rem.

Remarque 2. — Les mots d'emprunt venant du grec, qui commencent par *ps*, *pn*, perdent le *p* initial, p ex. *saltier sautier* (*psalterium* gr. ψαλτήριον), *salme saume* (*psalmu* gr. ψαλμα), *neume* (πνεῦμα).

2) Médiales

a) Intervocaliques.

§ 105. Le *p* latin intervocalique est devenu *v* en passant par *b*

1) Ce *v* persiste quand il reste encore intervocalique en français *capellu* — *chevel*, *capistru* — *chevestre*, *crepare* — *crever*. *tripaliu* — *travail*, *ripa* — *rive*, *kepa* — *cive*; *propagine* — *provain*, *coperclu* — *cuvercle*, *copertu* (cf. § 20, 2) — *cuvert*, *cupa* — *cuve* *lopa* — *lóuve*; *nepote* *nevóut*, *sapone* — *savon*, *sapore* — *savóur*

2) Quand il est final en français il apparaît à l'état d'*f* après les voyelles palatales, par suite de la chute de la sonorité vocale, voisin de voyelles labiales, il s'assimile à elles. Exemples: *sepe* — *seif*, *ape* — *ef*, *capu* — *chief*. *napu* — *nef*; *lopu* — *lovu* — *lóu*

Remarque. — Le mot proclitique *apud* est devenu *od* en passant par **a(v)ud* (v § 10 4 a) tandis que, dans *ap(ud) oc* — *avuec* après la chute de la terminaison, *p*, à la limite des deux éléments de composition, a persisté à l'état de *v*. — *Seut* (*saputu*), *receut* (*receputu*) sont des formations analogiques d'après *deut*, *veut*, entre autres V. § 106, 1 b — Sont des mots d'emprunt *chapitre* (*capitulum*), *epistre* (*epistola*). *pape* (*papa*), *vapóur* (*vaporem*). *sepulcre* (*sepulcrum*), *opinion* (*opinionem*).

§ 106 Le *b* latin intervocalique commença de bonne heure (v. § 26) à passer à la fricative sonore *v*, avec laquelle le *v* intervocalique d'origine latine coincide dans ses transformations ultérieures:

1) Quand il était encore intervocalique en français, *v*: (a) a persisté devant les voyelles palatales *a*, *e*, *i*; (b) est tombé devant les voyelles labiales *o* *u*. Exemples a) *debere* — *devere*, *hibernu* — *ivern*, *caballu* — *cheval*. *abante* — *avant*, *taberna* — *taverne* *faba* — *feve*; *levame* — *levain*, *avaru* — *aver*. *grevare* — *grever*. *vivat* — *vivet*, *levat* — *lievet*. Il en est de même quand une voyelle labiale précède *cobare* — *cuver*, *sobende* — *suvent*, *gobernat* — *guvernet*, *probare* — *pruver*, *movere* — *muveir*, *novellu* —

nuvel, bǫvariu — buvier, mǫvent — muevent, yoventa — juvente b) *tabone — taon* (cf. § 11, 3b), *viborna — viorne, trebutu — treut, debutu — deut, sabucu — seu; pavone — paon, pavore — paóur*

Remarque. — On peut se demander si *v* tombe également devant une voyelle labiale protonique. Dans *sonder, sombrer*, si ces mots viennent de *sobǫndare* (*subundare*) et de *sobǫmbrare* (*subumbrare*), il peut y avoir eu assimilation avec les formes accentuées sur le radical. — Dans les dialectes, l'assimilation de la consonne labiale s'est produite même avec la voyelle labiale précédente, et c'est ainsi que les mots postérieurs du français littéraire *oeille ouaille* (*ovicla*), *luette* (issu d'*uva*, v. § 11, 4b) et peut-être également *nue* (*nub[a]*) trouvent leur explication. — Pour *viande, viaz, -eie* (*-ebam*), v. § 103, p. 67, et la morphologie, § 341. — Sont des mots d'emprunt *glebe* (*gleba*), *habile* (*habilem*), *abeille* (= prov. *abelha, apecla*) etc.; en outre *labóur* (*laborem*), *robuste* (*robustum*), *ivoire* (*eboreum*), *ciboire* (*ciboreum, κιβώριον*), *avorter* (*abortare*), *favóur* (*favorem*), etc.

2) Dans les terminaisons *´vu ´vo*, le *v* qui commence la syllabe post-tonique a subi une double transformation encore insuffisamment expliquée, en ce cas, ou (a) la voyelle post-tonique est tombée et *v* final en français est devenu *f* par suite de la chute de la sonorité vocale, ou (b) la consonne labiale est tombée, tandis que la voyelle post-tonique s'est jointe à la voyelle tonique précédente. Exemples a) *vivu — vif, tardivu — tardif, nativu — nadif, prǫbo — pruef, ǫvu — uef, nǫvu — nuef*. b) *clavu — clǫu* (cf. § 57, 1), *Andegavu — Anjou, Pictavu — Peitǫu, sevu — sieu* (v. § 51, 1).

3) Dans la terminaison *´ve, v*, après la chute de la voyelle post-tonique, s'est trouvé en français à la fin d'un mot et est devenu sourd (*f*). Exemples *nave — nef, clave — clef, soave — suef, breve — brief, nive — neif, bove — buef, nove — nuef, bebe* (cl. *bĭbe*) — *beif*

§ 107. L'histoire des transformations de l'*f* intervocalique n'est pas encore suffisamment éclaircie. Il se présente presque exclusivement dans les composés dans lesquels il paraît, quand les éléments de composition ne furent plus sentis comme tels, être tombé devant une voyelle labiale, en conformité avec les transformations du *v* intervocalique. Exemples : *deforis — deors* (transcrit *dehors* avec un *h* muet que l'étymologie n'autorise pas) à côté de *defors*, *refusare* — *reuser*(?)

Remarque. — A *dehors* pourrait être assimilé *hors*, qui se rencontre dans l'ancien français de bonne heure (Alexis LIX c) et fréquemment à côté de *fors*, *fuers* (*foris*). Remarquez encore *escruelle* (*escrofella*, cl. *scrofulae*), avec chute de l'*f* après une voyelle labiale.

b) Devant une consonne

§ 108. Les labiales doubles sont réduites: *cappa* — *chape*, *coppa* — *cupe*, *sappinu* — *sapin*, *abbate* — *abet*; il en est de même à la fin d'un mot français: *drappu* — *drap*, *ceppu* — *cep*. V. § 103, p. 65.

§ 109. Devant r voy. les explosives *b*, *p* deviennent la spirante sonore *v*, la spirante *v* persiste. Exemples. — *br* —: *libra* — *livre*, *labra* — *levre*, *fabru* — *fevre*, *febre* — *fievre*, *colobra* (v. § 17b Rem.) — *culuevre*, *octobre* — *oitouvre*, *febrariu* — *fevrier*. — *b'r* — *robur* — *rouvre*; *liberare* — *livrer*. — *pr* —. *capra* — *chievre*; *aprile* — *avril*. — *p'r* — *pipere* — *peivre*, *opera* — *uevre*, *paupere* — *povre*, *lepore* — *lievre*; *separare* — *sevrer*, *leporariu* — *levrier*, *operariu* — *uvrier*, *operare* — *uvrer*, *piperata* — *peivrede*. — *v'r* —: *vivere* — *vivre*. Subit le même traitement le groupe lab *ri*, p. ex. *ebriu* — *ivre*, *cupriu* — *cuivre*.

Remarque. — *Escrire* et *beire* au lieu des formes *escrivre* (*escribere*) et *beivre* (*bibere*) qui se rapprochent davantage de l'étymologie, sont des formations analogiques ultérieures d'après *dire*, *lire*, *creire*, etc. (V. la morphologie, §§ 392, 397.) — *Fábrica* est devenu *faurga* (*forge*) en passant par **favrega* **favr'ga*, le groupe de sons *vr'g* ayant amené, dans ce mot, une transformation exceptionnelle. Cf. *esculurget* (*excolobricat*), *tenerge* (*tenebricu*). — Les mots atones par position *supra*, *super* apparaissent de bonne heure sous la forme *sor(e)* *sur(e)*. — Sont des mots d'emprunt, entre autres, *libre* (*liberum*), *tenebres* (*tenebras*, v. § 15, 1), *celebre*, *octobre*, *Ebreu*, *chandelabre*, *lepre*, *lepróus* (*leprosus*), de même *avrone* (*abrotonum*, gr. *ἀβρότονον*), et avec un singulier changement de *v'r* en *fr*, *palefreit* (bas.-lat. *paraveredus* = *παρά-v'red*), en outre (v. § 206 Rem.), *propre* (*proprium*), *sobre* (*sobrium*). Attendent encore une explication sûre *abri* *abrier* qui sont ramenés, avec raison semble-t-il, à *apricu*, *apricare*.

§ 110. *Pl*, *p'l* deviennent *bl*; *b'l* ne change pas. Exemples [— *pl* —: *doplu* — *duble*, *treplu* — *treble*], — *p'l* — *pop(u)lu* —

pueble, *stop(u)la* (cf § 39, 1 a Rem.) — *estouble*; — *b'l* — *eb(u)la* — *hieble*, *mob(i)le* — *mueble*, *neb(u)la* — *nieble*, *nub(i)le* — *nuble*, *trib(u)lare* — *tribler*, *sab(u)lone* — *sablon*, *adfib(u)lare* — *affubler*. (Cf. § 81 Rem.)

Remarque. — Sont des mots d'emprunt *cuple* (*copula*), *pueple* (*populum*), *quadruple* (*quadruplum*), *quinduple*; peut-être aussi, mais appartenant à une couche plus ancienne, *duble*, *treble* déjà cités. — Dans les dialectes, au nord et au nord-est du domaine de la langue, *p'l*, *b'l* se sont transformées ultérieurement en *ul* en passant par *rl*, d'où les mots vfr. *truler* (*tribulare*), *neule* (*nebula*), *peule* (*populu*) entre autres. — *Manoil*, *escueil* font supposer des formes antérieures *manoclu*, *escoclu* encore inexpliquées, et qui se seraient substituées à *manoplu* (cl. *manipulus*), et à *escoplu* (cl. *scŏpulus*, gr. σκόπελος) — *sifler*, qui on rencontre à côté de *sibler*, correspond au lat. vulg. *sifilare* (cl. *sibilare*), dans lequel l'on s'accorde à voir l'influence d'un dialecte vieil italique. — Pour *tole*, *parole*, v. § 26.

§ 111. Avec des consonnes autres que *r*, *l*, l'assimilation de la labiale précédente s'est faite complètement:

a) Le groupe labiale + consonne existait déjà en latin: *ropta* — **rotte* — *rute*, *escripta* — *escrite*, *accaptare* — *acheter*, *septembre* — *setembre*, *sept* — *set*, *escriptu* — *escrit*, *roptu* — *rut*, *capsa* — *chasse*, *ne(c) ipsi* — *neis*, *escripsi* — *escris*, *metepsimu* — *medesme*; *sobtile* — *sutil*, *sobtus* — *suz* (*suts*); *absolvere* — *assoldre*, *obscuru* — *oscur*, *abstenere* — *asten-ir*.

b) Groupes secondaires: *captellu* — *chadel*, *tepidu* — *tiede*, *rapidu* — *rade*, *sapidu* — *sade*, *sapit* — *set*; *apis* — *es*, *opus* — *oes*, *sobitanu* — *sudain*, *sobitamente* — *sudement*, *adcobitare* — *acculer*, *debita* — *dette*, *dobitat* — *dutet*, *bebit* — **beivit beit*, *debet* — *deit*; *abes* — *as* (v. § 10, 4 a); (*terra*) *movita* — *muete*, *vivit* — *vit*, *movet* — *muet*; *moves* — *mues*, *vivis* — *vis*, *brevis* — *bries*; *jovene* — *juevne*, *juene* (v. § 188), *Stephanu* — *Estienne* (cf. § 188), *antephona* — *antienne* (cf. § 188).

Remarque. — Pour les transformations des explosives dentales dans le groupe LD, v. § 122. — Pour *chetif*, cf. § 90 Rem. — *Caisse* (*capsa*) est un mot d'emprunt venant du provençal. Dénotent une influence due au latin littéraire, entre autres, *captif*, *sceptre*, *precepte*, *obscur*, *Egypte*, à côté desquels on trouve *scetre*, *Egite* etc. Est inexpliquée la transformation de *navikella* en *nacelle* en français, attendu que ce mot aurait dû donner, d'après le § 26, le lat. vulg. *naukella*, puis, d'après le § 135, 1, le fr. *noiselle*.

c) Après une consonne.

§ 112. Devant une voyelle, les labiales, dans le groupe cons. + labiale qui existait déjà en latin, ne changent pas: *erba — erbe, barba — barbe, torba — turbe, alba — albe aube* (v. § 174), *ambas — ambes, gamba — jambe, tomba — tombe; cọlpa — culpe, talpa — talpe taupe; arva — arve, selva — selve, alva* (cl. *alvus*) — *alve auve. Carbone — charbon, alburnu — alburn auburn. corbecla — corbeille, serpente — serpent, *palpẹtra — palpiere paupiere; cervike — cerviz, servire — servir, salvare — salver sauver; infernu — enfern, infante — enfant.*

Remarque. — En de nombreux cas qui ont encore besoin d'être éclaircis, *v* et *b* alternent. *Corbel, brebiz, cervel* viennent de *corbare* (à côté de *corvare*, cl. *curvare*), de *berbike* (cl. *vervecem*, cf. § 11, 3 b), et de *cervellu* (cl. *cerebellum*) qui existent déjà en lat vulg. Dans les mots fr. *verveine* (*verbena*), *verve* (*verba?*) il peut y avoir une assimilation de la consonne médiale avec le commencement du mot. On en peut dire autant de *vervel* (*vértebellu*. qui est issu du cl. *vertibulum*), à moins que pour ce mot, comme pour *corveis* (*cordubese*) et pour *culvert* (*collibertu*), il ne soit plus vraisemblable d'admettre que *b* en position intervocalique était devenu *v* (v. § 106), avant que la syncope de la voyelle contre-finale ne se fût produite. *Cannabe* a donné le fr. *chanve* en passant par *cannẹvẹ*. (Cf. § 26.) — Remarquez encore *arveire* (*arbitriu*). — Ont la forme de mots d'emprunt, entre autres, *Jaque Jacme* (*Jacobum*), *prince* (*principem*), *evesque* (*episcopum*). Cf § 76 Rem.

§ 113. A la fin d'un mot français *p* persiste; *b* devient *p*; *v*, par la perte de sonorité vocale, devient *f*: *colpu* (v. § 19) — *colp, crespu — cresp, campu — champ; orbu — orp, corbu* (cl. *corvum*, cf § 112 Rem.) — *corp* à côté de *corvu — corf; servu — serf, cervu — cerf, nervu — nerf, salvu — salf sauf, calvu — chalf chauf*

Remarque — Dans *orb, corb* etc. qu'on rencontre à côté d'*orp, corp*, *b* est l'orthographe étymologique, à moins qu'il ne représente la transformation phonétique qui se produit devant un mot commençant par une voyelle. (V § 103, p. 66)

d) En position interconsonnantique.

§ 114. Entre consonnes, (a) les explosives labiales et *f* persistent devant *r* et *l*; dans tous les autres cas, (b) les labiales tombent.

Exemples: a) *asperu* — *aspre*, *semper* — *sempre*, *rompere* — *rompre*, *temperare* — *tempre*, *membru* — *membre*, *ombra* — *ombre*, *arbore* — *arbre*, *amplu* — *ample*, *expletitu* — *espleit* *nespilu* (cl *mespilum*) — *nesple*. *ambulare* — *ambler*; *solfur* — *sulfre*, *enflo* — *enfle*.

b) *envolare* — **env(o)lare* — **enler* — *embler* (v. § 103, p 69), *solvere* — *solve* — *soldre* (cf § 103, p. 69), *polvere* — *polre* — *puldre*; *corpus* — *cors*, *servus* — *sers*, *servit* — *sert* *cervus* — *cers*, *salvet* — *salt* *saut* *ospite* — *oste*, *computu* — *conte*. *presbiter* — *prestre*, *ambidui* — *andui* (v. § 314, 2 Rem.), *computare* — *conter*, *ospitale* — *ostel*, *galbinu* — *jalne* *jaune*. *carpinu* — *charne* (cf. § 188 Rem.), *erpeke* — *(h)erce*, *forfike* — *force*, *cloppicare* — *clochier*, *berbicariu* — *bergier*

Remarque — Sont des mots d'emprunt, entre autres *pampre* (*pampinum*) *assomption* (cf § 188 et § 195), et de même *timbre*, qui vient d'un mot du grec vulgaire *timbno*. emprunté tard Est inexpliqué le mot du fr littéraire ultérieur *nefle* qui tient la place de *ne(s)ple* (Cf § 179 Rem)

b. Dentales.

α) Explosives

1) Initiales.

§ **115.** Au commencement d'un mot, les explosives dentales persistent devant une voyelle comme devant une liquide Exemples: *deke* — *dis*, *duru* — *dur*, *dolere* — *duleir* *tale* — *tel*, *tenere* — *ten(ir)*. *torre* — *tur*; *drappu* — *drap* *druta* (germ.) — *drude*, *tres* — *treis*, *tremulare* — *trembler*

Remarque — Pour *criem* qui vient du lat *tremo* int *criembre* etc., cf. § 11, 5.

2) Médiales

a) Intervocaliques.

§ **116.** En position intervocalique. l'explosive sourde (*t*) devient sonore (*d*): ce *d* de même que le *d* du latin vulgaire, persiste — (vraisemblablement à l'état de *ð*) — jusque vers la fin du XI. siècle, puis ils tombent Exemples: *espata* — *espede*. *presentata* — *presentede*. *vetare* — *veder*. *etate* — *eded*. *rotondu* — *rodond*; *videre* — *vedeir*, *laudare* — *loder*. *sudore* — *sudour*.

Même quand *d* intervocalique, secondaire ou primaire, passe en français à la fin du mot, il est tombé — (après être devenu sourd à la pause et devant les consonnes sourdes) — depuis environ la fin du XI. siècle. Exemples: *nudu* — *nud* et *nut*, *nodu* — *nóud nóut*, *amatu* — *amedu* — *amed amet*, *natu* — *nedu* — *ned net*, *sete* — *seide* — *seid seit*, *virtute* — *vertude* — *vertud vertut*.

Remarque. — L'orthographe *th* des textes français antérieurs et l'orthographe *ð*, *þ* des textes du moyen-anglais font supposer que dans les deux cas exposés 1) et 2), l'explosive dentale était devenue spirante interdentale, avant de tomber. Exemples: Alexis (Mss L) *mustrethe*, *espethe*, *mandethe*, *contrethe* (Str XV), *espusethe* (Str XXI, 2), *dunethe* (Str XXIV. 3), *cariteþ* Orm, *plenteð* Gen. et Exod., *nativiteð* Chron., *feið* Gen et Exod (angl moderne *faith*) etc —

A la place du *d* lat. et du *d* (*ð*) des mots d'emprunt venant du germanique, on rencontre aussi en vfr. *f*, dont on n'a pas encore trouvé d'explication précise, p. ex. *muef* (*modu*). *blef* (*bladu*?), *bief* (germ *bed*), *aluef* (germ. *alod*, *fief* (*feod*), *-buef* (*-bodo*) dans les noms propres comme *Marbuef*, *Elbuef*, etc. — Pour le mot postérieur *soif* (*sete*), v. § 11. 1. — Le français *tut* correspond au lat. vulg. *tottu* qui s'explique par le redoublement **tot-t(ot)u* — Sont des mots savants *prophete*, *paterne*, *metal*, *eremite*, *nature fatal*, *creatóur*, *latin*, *fraude*, *prudent*, *odóur*, *devot dot* et un grand nombre d'autres mots dans lesquels la dentale a persisté. — Dans *redire*, *predire*, *produire*, entre autres, *d* s'est conservé sous l'influence des verbes simples dont ils sortent

b) Devant une consonne.

§ 117. Les dentales doubles sont réduites. Cf § 103, page 69 sq Exemples: a) quand elles sont en position intervocalique en latin et en français: *addentes* — *adenz*, *adddensare* (cl. *ad* + *densare*) — *adeser*, *mettat* — *metet*, le suffixe *-etta* — *-ete*, comme dans *brunetta* — *brunete*, *gotta* — *gute tottu* (v. § 116 Rem) — *tute* Dans l'orthographe étymologique, à côté de *d*, *t*, on rencontre également *dd*, *tt* en position intervocalique. — b) Quand elles sont devenues finales en français: *mitto* — *met*, *cattu* — *chat*, *tottu* (v. § 116 Rem.) — *tut*. — c) devant *r*: *mettere* — *metre*, *battere* (v. § 20, 4) — *batre*.

2) Les groupes secondaires *t'd*, *d't* et *t't* (cf § 78, 2 a 2) donnent *t* au milieu et à la fin d'un mot français Exemples. *net(i)da* — *nette nete*, *put(i)da* — *putte pute*, *cred(i)tate* — *crtet*, *mat(u)tinu* — *matin*; *ped(i)tu* — *pet*, *net(i)du* — *net*, *sedet* — *siet*, *laudet* — *lot*, *ridet* — *rit*.

§ 118. *tr* intervocalique devient *dr* qui, de même que *dr* primitif, s'est transformé, à partir de la fin de la période qui nous occupe, en *rr* et en *r* (vraisemblablement en passant par *ðr*). Exemples *patre — pedre, aratru — aredre, petra — piedre, retro — riedre, putrire — pudrir, latrone — ladron, nutrire — nudrir; catedra* (v. § 15, 1) — *chadiedre, quadratu — quadret*. Il en est de même pour les groupes secondaires *t'r, d'r*: *imperator — empeiedre* (cf. § 80 Rem.), *excotere — escudre, iterare — edrer, credere — creidre, occidere — occidre, claudere — clodre, edera — iedre, considerare — considrer.*

Remarque. — Dans les mots d'emprunt la dentale reste intacte, p. ex *patron* (cl. *patronum*), *cedre* (cl. *cedrus*, gr *κέδρος*), *quadruple* (cl. *quadruplum*), *autre* (cl. *atrium*) — Pour la chronologie phonétique cf. § 78 Rem. 1 et § 130 Rem.

§ 119. A *tl* et *dl* intervocaliques s'étaient déjà substitués en latin vulgaire (v. § 25) *kl* et *gl*, pour les transformations ultérieures desquels il faut comparer le § 159. Dans les mots admis plus tard dans la langue populaire, où *tl* et *dl* n'ont pas suivi ce changement phonétique antérieur, *t'l* est devenu *dl* et celui-ci, comme *dl* primaire, est devenu *ll* et *l*, par assimilation de l'explosive avec la liquide. *corrot(u)lare — crodler — croller, Rodlandu — Rodlant — Rollant, rot(u)lu — rodlu — rolle.*

Remarque. — Présentent une transformation irrégulière, due au lieu ou à l'époque de l'emprunt, *meule* (*metula*), *roulet* (*rotulat*), *espaule* (*spatula*), *moule* (*modulum*) Il semble qu' en ce cas, la dentale soit tombée en position intervocalique, puis qu' un *u* post-tonique ait formé, avec la voyelle tonique précédente, une diphthongue — Dans une série de mots d'emprunt plus récents, *-tr* s'est substitué à *-tl*, p. ex *titre* (cl *titulum*), *chapitre* (cl. *capitulum*), à côté desquels on rencontre *title, capitle*

§ 120. *t* et *d* se sont assimilés à *n* et à *m* suivants: *plat(a)nu* (cl *platanus*, gr *πλάτανος*) — *plane, admirare — ammirer.*

Remarque — L'origine du vfr. *resne*, qu'on ramène au lat vulg. **retina*, nécessite une recherche plus approfondie *Rosne*, qui vient de *Rhodanu*, peut, si l's était prononcée, être dû à une influence du français du sud. La terminaison *-ume* dans *costume, amertume*, etc. ne vient pas du lat. *-udine*, mais vraisemblablement du lat. vulg *-umine*, qui aurait été formé d'après *homine, femina*, etc. — Sont des mots savants, entre autres, *admirer, admonicion.*

§ 121. Quand *d* primaire ou secondaire (venant de *t*, cf. § 116) se trouve, après la syncope d'une voyelle atone, devant *s*, il devient sourd (*t*) Dans l'écriture *ts* est rendu par *z*: *vitis* — **vidis* — *viz*, *latus* — **ledus* — *lez*, *amatis* — **amedis* — *amez*; *audis* — *oz*, *vides* — *veiz*

Remarque — *ds* antérieur était déjà devenu *ss* à l'époque préromane, p. ex. *adsatis* — *assatis* (fr *assez*), *adsalire* — *assalir* (fr *assalir*) Pour le groupe dentale + palatale, v les §§ 137, 143, 148.

c) Après une consonne.

§ 122. Après toutes les consonnes, les explosives dentales restent invariables, en dehors de l'alternance de la sonore et de la sourde.

1) Dans les groupes latins qui restent médiaux en français, la dentale sonore reste sonore, la sourde reste sourde. Exemples *ardere* — *ardeir*, *tardare* — *tarder*, *caldaria* — *chaldiere chaudiere*, *fondare* — *fonder*, *mondare* (cl *mundare*) — *munder*; *Alda* — *Alde*, *Aude*, *onda* — *onde*, *esponda* — *esponde*, *partire* — *partir*, *coltellu* — *cultel*, *mentone* — *menton* *fontana* — *fontaine*, *sobtile* — *sutil*, *octanta* — *oitante*, *adlactare* — *allaitier*, *vestire* — *vestir*, *porta* — *porte*, *alta* — *halte haute*, *menta* — *mente*, *escripta* — *escrite*, *estrecta* — *estreite*, *festa* — *feste*

Remarque. — A propos la fixation chronologique des changements phonétiques, il faut observer que la dentale simple, qui est issue du groupe cons. + dentale, dans *chaudiere*, *sutil*, *oitante* etc., ne participe pas aux transformations de *t* et de *d* quands ils étaient primitivement simples, lesquelles ont été indiquées § 116. — Pour *manjuent* (*manducant*), *responent* (*respondent*), *prenons*, entre autres, v la morphologie

2) Dans les groupes secondaires qui restent médiaux en français, l'explosive dentale sonore et la sourde alternent. Les cas visés ici nécessitent encore une recherche plus approfondie. D'une façon générale il paraît être établi que

a) *d* reste sonore après des consonnes sonores en gallo-roman et qu'il devient sourd (*t*) après des consonnes sourdes; p ex *sapidu* — **sabidu* — *sade*, *tepidu* — **tiebidu* — *tiede*, *tepida* — *tiede*, *rapidu* — **rabidu* — *rade*; *solidare* — *solder*, *Verodunu* — *Verdun*: *flakkidu* — *flaist(r)e* (cf. § 306 b), *mokkidu* — *moiste* (v. ib.), *nitida* — *nette*, *putida* — *pute*.

b) *t* reste sourd quand, dans les proparoxytons, après la chute de la voyelle de la pénultième il se rencontre avec la consonne précédente, p ex *amita — ante, semita — sente, comite — conte* (cf § 78, 2 b), *fremita — friente, debita — dette, (terra)movita — (terre)muete ospite — oste, computu — conte, explekitat — espleitet, fugita — fuite, perdita — perte, vendita — vente.*

c) *t* devient *d* quand, se trouvant au commencement de la syllabe tonique, il se joint, après la chute de la voyelle intermédiaire, à une consonne commençant la syllabe protonique et sonore en gallo-roman, p ex. **capitellat — *cabidellat — chadellet, sobitanu — sudain, adcobitare — accuder, plakitare — *plagidare — plaidier, coyitare* (cl *cogitare*) — *coidier, adyutare — aidier.*

Remarque — Le traitement différent de la dentale dans les cas cités s'explique par leur chronologie phonétique. Dans *sapidu*, etc., *p* était devenu *b*, avant que la voyelle de la pénultième ne tombât, au contraire, dans *nitida, putida*, entre autres, la syncope de la voyelle précède le changement de degré de la consonne (Cf § 78, 2 a 2). Dans les mots cités b), la syncope s'est produite avant le changement du *t* intervocalique en *d*, dans ceux qui sont cités c), elle s'est produite après ce changement. Cf. aussi pour la chronologie phonétique la remarque de la subdivision 1 Un très grand nombre de mots présentent une transformation qui s'écarte de celle qui a été donnée 2 a—c. On peut expliquer comme formations analogiques, entre autres, *dettóur* (*debitóre*, d'après *detre — debitor* et d'après *dette = debita*); *vanter* (*vanitare*, d'après les formes du présent accentuées sur la racine: *vantet = vanitat* etc); de même *duter* (*dubitare*), *accuter* à côté d'*accuder* (*adcobitare*), *donter* (*domitare*), *espleitier* (*explekitare*), *contet* (*comitatu*, d'après *conte = comite*), *sentier* (*semitariu*, d'après *sente = semita*), *lintel* (**limitale*, d'après *linte = limite*), *ostel* (*ospitale*; d'après *oste = ospite*); *beltet* (*bellitate*), *santet* (*sanitate*), *plentet* (*plenitate*), d'après *libertet, volontet*, entres autres; *dortoir* (*dormitoriu*) d'après *cuvertoir*. *Citet* correspond à une forme antérieure *civtate* qui offre une syncope commune à toutes les langues romanes et présente par conséquent la transformation des mots cités § 111 a. Remarquez encore *credutate — crutet, matutinu — matin* (v. § 117, 2) avec syncope également antérieure, puis *maie, deie, cuier* (à côté de *coidier*), qui viennent des formes du lat. vulg. **maida* (de *mayida*, cl. *magida*), **deita* (de *deyita*, cl. *digita*), **coitare* (de *coyitare*, cl. *cogitare*). Pour *are, paie, rance, ane, t(r)eve, pale*, v. § 76 Rem Restent inexpliqués, entre autres, *malade* (*male abitu*) à côté de *malate*, *gurde* (*cocorbita*), *chetel* (*capitale*) *chataigne*

3) Quand les explosives dentales sont à la fin d'un mot en français, la sourde (*t*) reste invariable, la sonore (*d*) devient sourde. Exemples · *fronte* — *front*, *sorte* — *sort*, *(h)ortu* — *ort*, *dente* — *dent*, *quantu* — *quant*, *arte* — *art*, *depostu* (v § 19) — *depost*, *septe* — *set*, *sanctu* — *saint*, *caldu* (v. § 19) — *chalt chaut*, *sordu* — *surt*, *tardu* — *tart*, *lardu* (v. § 19) — *lart*, *verde* (v. § 19) — *vert*, *onde* — *ont*, *quando* — *quant*, *frigdu* (v. § 19) — *freit*; *vokitu* — *vuit* (v. § 78, 2 a 𝛃), *deyitu* — *deit* (v. ib.), *plakidu* — *plait* (v. ib.)

Remarque. — Pour *-as* = *-asti* etc. à la 2. pers. sing. parf., v la morphologie § 342. A côté d'*ent* (*inde*, cl. *inde*), on trouve *en* qui est atone par position.

d) En position interconsonnantique.

§ 123. La dentale (a) persiste devant *r* et *s*, dans les autres cas (b) elle s'est, de bonne heure, assimilée aux sons voisins.

Exemples · a) *fenestra* — *fenestre* *ultra* — *ultre*, *intro* — *entre*; *contrata* — *contrede*, *ostrea* — *uistre* (cf. § 62); *pesturire* — *pestrir*, *pectorina* — *peitrine*; *tondere* — *tondre*, *findere* — *fendre*, *tendere* — *tendre*, *perdere* — *perdre*, *mordere* — *mordre*. *tortur* — *turtre*; *intus* — *enz* (*z* = *ts*), *fontes* — *fonz*, *fortis* — *forz*, *partis* — *parz*, *ostes* — *oz* (v § 128), *ekkistos* (cl. *ecce istos*) — *icez*, *sordus* — *surz*.

b) *tendit* — *tent*, *doctile* — *duille*, *pectine* — *peigne* (*pirie*), *ordine* — *urne* (v. § 66 Rem), *perdita* — *perte*; *estimare* — *esmer*, *testimoniu* — *tesmoin*, *montikellu* — *moncel*, *fortimente* — *forment*, *artemesia* — *armeise*, *septimana* — *semaine*, *ustulare* — *usler*

Remarque. — Pour le lat. vulg *scl* = *stl*. v. § 25 A *ustulare* — *usler* on peut comparer *pesle* (*pest'lu*; cl *pessulum*), et de même *fesle*, s'il faut ramener ce dernier à *festula* (cl. *fistula*). Dans *apostle*, *apostre* (gr ἀπόστολον) qui fut emprunté de bonne heure, l'explosive dentale a persisté. Il en est de même dans le mot vfr. *festle*, *festre* (*festula*). — Le mot vfr. *setme*, qu'on trouve à côté de *seme* (*septimu*), est dû à l'influence de *set* (*septe*)

3) Finales.

§ 124. Quand *d* et *t* étaient à la fin d'un mot en latin ils furent, d'une façon analogue à *d* et *t* en fin de mot secondaire (v. § 116, 2), traités différemment, suivant qu'ils étaient précédés d'une voyelle ou d'une consonne

1) Après une voyelle, *d* et *t* sont tombés depuis la fin du XI siècle (plus tôt dans les mots employés comme proclitiques qui se trouvaient devant un mot commençant par une consonne). Ici également on peut supposer que *ð* et *þ* ont servi de sons intermédiaires Exemples: *ad — ad, qued — qued queḍ, apud — oḍ* (cf. § 105 Rem.), *et — et, amat — amet, clamat — claimet, virat — vivet, perdat — perdet.*

2) Après une consonne, *t* a persisté. La consonne qui précède la dentale finale peut être tombée postérieurement, et le groupe cons + *t* avoir déjà existé en latin ou n'avoir été formé qu'en roman, sans qu'aucune modification en soit résultée: *vedit — *veid(i)t — veit, credit — creit, sapit — set, valet — valt* (v. § 152 Rem 1) *vaut; amet — aint, dormit — dort, perdit — pert, plaket — plaist, fakit — *faist fait* (v. § 135, 3 Rem), *duxit — duist; amant — aiment, perdant — perdent, viderunt — vidrent, amasset — amast.*

Remarque — Dans *at* (*habet*) et dans les formes de la 3. pers sing du futur *amerat* etc, en outre dans les terminaisons de parfait *-it* (*-ivit*), *-at* (*-avit*), *-iet* (*-ẹdit*), *-ut*, p. ex. *finit amat, perdiet* (*perdẹ̄dit*), *dut* (*debuit*), et aussi *fut* (*fuit*) *t* présente un traitement irrégulier ou incertain dont il faut chercher la raison dans les flexions et la syntaxe.

β) Les spirantes

1) Initiales.

§ 125. Au commencement d'un mot, la spirante sourde persiste. Exemples: *sanu — sain, seta — seide, servire — servir. sapere — saveir, securu — seur, sordus — surz.*

Remarque — Pour s + cons, v § 28 et § 10, 4 b Le prosthétique, qui a été examiné à cet endroit, est inconnu du wallon à l'époque historique.

2) Médiales.

a) Intervocaliques.

§ 126. 1) A l'intérieur d'un mot, *s* intervocalique devient sonore (*z*). Dans l'écriture, il reste *s*: *remasa* (cl. *remansa*, v. § 23) — *remese, pausare — poser, rasare — raser, misellu — mesel.*

Remarque. — Quand un *s*, initial à l'origine, n'est devenu médial qu'en français, dans des composés comme *dessure* (*de supra*), *dessuz* (*de suptus*), il est resté sourd

2) Quand il est final en français, *s* est sourd à la pause et devant un mot commençant par une consonne, sonore devant un mot commençant par une voyelle: *risu* — *ris* *remasu* — *remes*, *nasu* — *nes*, *pesu* — *peis*, *usu* — *us*.

b) Devant une consonne

§ 127. *s* redoublé persiste à l'état d'*s* simple sourd (Cf. § 103, page 69). Dans l'orthographe, *ss* (a) persiste quand il est en position intervocalique en français; (b) quand il est final en français, *s* s'y substitue. Exemples. a) *messa* (cl. *missa*) — *messe*, *fossa* — *fosse*, *massa* — *masse*, *pressare* — *presser*. b) *passu* — *pas*, *grassu* — *gras*, *ossu* — *os*, *pressu* — *pres*, *lassu* — *las*, *bassu* — *bas*, *rossu* — *rus*, *tosse* (cl. *tussim*) — *tus*.

§ 128. Devant les explosives sourdes, *s* persiste durant la période qui nous occupe, excepté dans le groupe *sts*. Exemples: *crespu* — *cresp*, *asperu* — *aspre*, *respondere* — *respondre*, *oste* — *ost*, *festa* — *feste*, *prestu* — *prest*, *poste* — *post*, *crosta* — *cruste*, *espina* (cl. *spina*, v. § 28) — *espine*. — *sts* fut réduit de bonne heure à *ts* (transcrit *z*, v. § 123 a) à cause de la perte de l'*s* proconsonnantique p. ex. *ostes* — *oz*, *ekkestos* (cl. *ecce* — *istos*) — *icez*.

§ 129. 1) *s*, suivi d'*l*, *n*, *m*, après être devenu sonore, est tombé avant la fin du XI siècle. Dans l'orthographe, il a le plus souvent persisté, même à une époque plus avancée de la période du vieux français. Exemples. *as(i)nu* — *asne* (*ane*), *eleemos(y)na* (gr ἐλεημοσύνη) — *almosne*, *pes(i)le* (cl. *pensile*, cf. § 23) — *pesle*, *is(o)la* (cl. *insula*, cf. § 23) — *isle*. A subi le même traitement *s* en même position, quand primitivement une autre consonne le précédait ou le suivait. p. ex. *meteps(i)mu* — *medesme*, *masclu* — *masle*, *frax(i)nu* — *fraisne*, *blasph(e)mo* (gr βλασφημέω) — *blasme*, *balsamu* — *bausme*, *Ax(o)na* — *Aisne*; en outre *s* dans *maisnede* (*masionata*, v. § 23), et *s* secondaire dans *araisnier* (*adrationare*, v. § 193), *assaisnier* (*adsationare*, v. ib.).

2) *s*, devant les spirantes *j*, *v*, *f* et devant les explosives sonores *b*, *d*, *g*, a été vraisemblablement traité de la même manière que devant *l*, *n*, *m*, p. ex. dans *desjejunare* — *desjeuner*, *exfortiare* — *esforcier*, *desdegnare* — *desdeignier*, *exgrumare* — *esgrumer*.

§ 130. Quand *r* suit, l'explosive dentale sourde apparaît comme lettre de liaison après *s* sourd, l'explosive sonore après *s* sonore (*z*). Dans les groupes *str* et *zdr* (lequel est transcrit *sdr*) ainsi formés, *s* et *z* sont traités comme devant *t* et *d* primaires (v. § 128 et § 129, 2). Exemples: *ess(e)re* — *estre*, *cos(e)re* (cl. *consuere*) — *cusdre*, *mis(e)runt* — *misdrent*, *diks(e)runt* — *distrent*, *duks(e)runt* — *duistrent*.

Remarque. — Les transformations de *cusdre* nous apprennent que, lorsque *s* devant *d* s'était assourdi, *d*, dans le groupe intervocalique *dr* (v. § 118), ne pouvait plus tomber. — Pour les formes analogiques *mistrent*, *mirent*, *dirent* etc., v. la morphologie § 349, 2. — C'est à la prononciation enfantine que *cusin* (*cos[r]inu*; cl. *consobrinum*) doit sa transformation irrégulière. — Sont savants ou dialectaux *passere passe* (cl. *passerem*, lat. vulg. *passare*), *Esere Eise* (plus tard *Oise*; *Isara*). Cf. § 76 Rem., pour *ave*, *pave* etc.

c) Après une consonne.

§ 131. 1) A l'intérieur d'un mot, *s* sourd après une consonne est resté sourd, même quand il est devenu plus tard intervocalique. Il est rendu par *s*, quand la consonne a persisté, par *ss*, en position intervocalique. Exemples: *falsa* — *false fausse*, *versare* — *verser*, *laksare* — *laissier*, *oksore* — *oissóur*, *capsa* — *chasse*, *planksesti* — *plainsis*.

Remarque. — Pour *ns*, v. § 23, pour *rs*, § 24. Les formes de parfait *duisis* (*dulsesti*), *desis* (*dixésti*) etc. ont conservé l's sonore par analogie avec *mesis* (*mesésti*), *presis* (*presésti*), entre autres. Cf. la morphologie § 349, 3.

2) *s* final secondaire est resté sourd à la pause et devant une consonne, il est devenu sonore devant un mot commençant par une voyelle. Exemples: *orsu* — *urs*, *escripsi* — *escris*, *jonxi* — *joins*, *falsu* — *fals faus*, *akse* — *ais*, *duxi* — *duis*.

3) Finales.

§ 132. *s* final primaire est traité comme *s* final secondaire (v. § 131, 2, § 126, 2). Exemples: a) *es* — *ies es* (v. § 10, 4a), *amas* — *aimes*, *tres* — *treis*, *tras* (v. § 23) — *tres*, *plus* — *plus*. b) *sapis* — *ses*, *sex* — *sis*, *adsatis* — *assez* (*z* = *ts*, v. § 123 a), *vedes* — *veiz*, *amatis* — *amez*, *latus* — *lez*, *murus* — *murs*; *dormis* — *dors*, *fortes* — *forz*, *grandes* — *granz*.

Remarque. — Pour *ls*, *nns*, *ńs*, v. § 103, page 69.

c. Palatales. Les palatales devant une voyelle

§ 133. Les explosives palatales présentent des transformations différentes suivant la place du palais, contre lequel elles s'articulent. Il faut ainsi distinguer : 1) la médiopalatale k^2 devant *e*, *i* (articulée au milieu du palais dur); 2) les postpalatales g^1 k^1 devant *a* et *au* (articulées à l'extrémité du palais dur); 3) les vélaires *g* *k* devant *u* et *o* (articulées contre le palais mou).

Remarque. — La médiopalatale *g* (g^2) était, déjà au temps du latin vulgaire, devenue la spirante *y*, dont les transformations ont coïncidé avec celles d'*y* primaire et d'*y* issu d'un *di* antérieur, etc. (V. page 87.)

k².

1) Initial.

§ 134. k^2 initial devient *ts* (transcrit *c*). *kentu* — *cent* (*tsãnt;* cf. § 49) —, *kelare* — *celer*, *kessare* — *cesser*, *kervu* — *cerf*, *kenere* (cl. *cinerem*) — *cendre*, *keppu* — *cep*, *kerkat* — *cerchet*, *kera* — *cire*, *kepa* — *cive*, *kęlu* — *ciel*, *kivtate* (v. § 122, 2 Rem.) — *citet*, *kinna* — *cime*, *kinque* (cf. § 27, 2) — *cinc*.

Remarque. — Cf. § 103, 1. Pour *i* issu d'*ę* tonique libre sous l'influence de la palatale précédente, v. § 39, 1 b Rem. — Dans le picard et dans une partie du domaine du dialecte wallon, à la place de *ts* apparaît *tš* (transcrit *ch*), qui, d'après l'opinion courante, représente un stade phonétique plus récent que le son qui lui correspond en francien. — Dans les mots d'origine germanique, k^2 est également devenu en francien *tš*: vhtall. *skinu* — *eschine*, v. franc du nord *skitan* — *eschiter* etc.; dans les mots empruntés plus récemment au germanique la palatale reste invariable, entre autres vhtall. *kegil* — *quille*, vieux norrois *skipa* — *eskiper*.

2) Médial.

a) Intervocalique.

§ 135. k^2 intervocalique devient *d'z'*, d'où sort, par la chute du mouillement et l'adjonction d'un *i* épenthétique à la voyelle précédente: 1) *z* (transcrit *s*), quand k^2 est encore intervocalique en français. Exemples: *vekinu* — **ved'z'in* — *veisin*, **cokina* — *cuisine* (cf. § 11, 1), *bucina* — *buisine*, *aukellu*

(v. § 26) — *oisel*, *domnikellu* — *dameisel*, *rekente* — *reisent*, *fokile* — *foisil*; *plakent* — *plaisent*, *lukent* — *luisent*.

Remarque. — Cf. § 103, 2 a. — Pour *i* issu d'*ẹ* tonique libre dans *noisir* (*nokere*), *taisir* (*takere*), v. § 39, 1 b — Pour *larrecin* issu de *latrokiniu*, v. § 80 Rem. — Dans les composés comme *rekepit* — *receit*, *dekepit* — *deceit*, k^2 a été traité comme au commencement d'un mot. (Cf. en outre § 39, 1 b Rem.) — Pour *feis* (*fekisti*) etc., v. la morphologie § 349, 2. — *Decembre*, *difficile*, *Sarrazin*, *precepte*, *docile*, entre autres, ont la forme de mots d'emprunt.

2) Quand k^2 est final en français, le son *ts* (transcrit *z*) s'est formé devant un mot commençant par une consonne et à la pause, par suite de la chute de la sonorité, tandis que, devant un mot commençant par une voyelle, le son *dz* (transcrit *z*) paraît avoir donné de bonne heure, comme à l'intérieur d'un mot, la spirante sonore simple *z* (transcrit *s*). Exemples: *noke* (cl. *nucem*) — *noiz*, *voke* — *voiz*, *crọke* (cl. *crucem*) — *croiz*, *peke* (cl. *picem*) — *peiz*, *veke* — *feiz* (v. § 104 Rem. 1), *kervike* — **cerviiz* — *cerviz*, *radike* — *radiz* (cf. § 11, 3 b), *perdike* — *perdiz*.

3) Devant *t*, *d'z'* est passé à *is* dès l'époque prélittéraire. Exemples: *plaket* — *plaist*, *dọket* — *duist* (v. § 62), *nọket* — *nuist*, *kọkit* (v. § 27, 2) — *cuist*.

Remarque. — *Fait* (*fakit*), *dit* (*dikit*), *duit* (*dukit*), au lieu de **faist* etc., sont des formes analogiques. — *Pais*, qui se rencontre de bonne heure et presque exclusivement à la place de *paiz*, paraît venu du nominatif latin *pax*. On trouve également, à côté de *voiz*, une ancienne forme *vois*. *Dis* (*dẹke*) a été assimilé à *sis* (*sex*). D'après une autre explication, *pais*, *vois*, *dis* représenteraient les formes qui se sont produites devant un mot commençant par une voyelle. — *Duc* (*ducem*) est un mot d'emprunt. — Pour *v(e)rai*, il faut admettre, comme racine, *veraku* (et non *verake*). — Pour k^2 post-tonique dans les proparoxytons, v. § 158, 1 b et ib. Rem.

b) Après une consonne.

§ 136. Le groupe *sk*² donne, à l'intérieur d'un mot, devant et après l'accent tonique, la sourde *ś*, d'où sort, par la perte du mouillement et l'adjonction d'un *i* à la voyelle précédente, *s* sourd simple (transcrit *s* à la fin du mot et devant une consonne, *ss* entre voyelles): *faske* — *fais*, *paskit* — *paist*, *creskit* — *creist*, *connoskis* — *conois*; *feskella* — *feissele*, *caskellu* — *caissel*, *creskente* — *creiss-ant*, *naskentia* — *naiss-ance*.

Remarque. — *Rossignol* (*lusciniola*) est un mot d'emprunt. — Font également exception les composés comme *descendre* (*descendere*).

§ 137. Après des consonnes autres que *s*, k^2 donne dans les groupes primaires et secondaires devant et après l'accent tonique, *ts* (transcrit *c*, *z*): *ekkellu* — *icel* (*itsel*), *ekkestu* — *icest*, *bakkinu* — *bacin*, *okkidere* — *ocidre*, *ekke* — *ez*, *ankella* — *ancelle* (v. § 41 Rem.), *cankellariu* — *chancelier*, *romike* — *ronce*, *pomike* — *ponce*, *merkede* — *merci* (v. § 39, 1 b), *forkella* — *furcelle*, *porkellu* — *porcel* (v. § 92 Rem.); *dolke* (cl. *dulcem*) — *dolz*, *falke* — *falz fauz*, *pollike* — *poll'ke* *polce* *pulike* — *pulce* *puce*; *pantike* — *pant'ke* — *pance* *erpike* (cl. *hirpicem*) — (*h*)*erce*.

Remarque. — Est irrégulier *dz* sonore post-tonique (transcrit *z*) dans *duze* (*dodeke*, cl. *duodecim*), *treze* (*tredeke*, cl. *tredecim*), *onze* (*ondeke*) etc., à côté de *ts* protonique (transcrit *c*) dans *racine* (*radicina*), *mecine* (*medikina*), *nacelle* (*navikella*, cf. § 111 rem.) On n'a pas non plus suffisamment éclairci l'histoire des transformations de *cusin*, où il est bien difficile de voir la transformation directe du lat. *cudikinu* dans la France du nord. *Juge* ne correspond pas à *judike* mais plutôt à *judicu* à moins qu'il ne soit le substantif verbal de *jugier* (*judicare*). Les subjonctifs *juge*, *venge* doivent s'expliquer par une assimilation du radical. V. § 348, 3 b. — En picard et dans une partie du domaine du dialecte wallon, *tš* correspond au *ts* du francien ici comme au commencement du mot (V. § 134 Rem.)

k^1 g^1.

1) Initial.

§ 138. g^1 initial devient *dž* (transcrit *j*, rarement *g*), p. ex. *gallu* — *jal*, *gamba* (cf. § 27, 1) — *jambe*, *gaviola* (ib.) — *jaiole* *geole* (demi — savant), *galbinu* — *jalne* *jaune*. g^1, dans les mots empruntés au germanique, subit le même traitement, p. ex. *gardinu* — *jardin*.

Remarque. — Cette transformation phonétique est antérieure à la réduction de *au* en la monophthongue *ǫ* (v. § 73), d'où *gauya* (*gaudia*) — *joie*. Des mots comme *gab*, *gaber* (vieux norrois *gabb*), *gabelle* (du vieil anglais *gafol*) n'ont pénétré en francien qu'après la sibilisation de g^1 directement ou par l'intermédiaire du dialecte normand (v. § 139 Rem.); pour d'autres, comme *galoper galer*, une recherche plus approfondie de leur origine reste encore à faire.

§ 139. k^1 initial devient *tš* (transcrit *ch*), qui est la sourde correspondant à *dž*: *camera* — *chambre* (*tšãmbre*), *campu* — *champ*; *capu* — *chief* (v. § 52, 1 b), *caru* — *chier*, *capra* — *chievre*, *cane* — *chien* (cf. § 53, 1 b); *cantare* — *chanter*, *carbone* — *charbon*, *caballu* — *cheval*, *cavare* — *chever*.

Remarque. — Ici également la sibilisation est antérieure au passage de *au* à *ǫ* (cf. § 138 Rem), d'où *causa* — *chose*, *caule* — *chol*. — Sont des mots d'emprunt, entre autres, *cas* (*casum*) *cause* (*causa*) Pour *coude* (*coda*), *cud* (*-art*), v § 18 Rem, pour *cage* (*cavea*), v. page 67 (différenciation) — En picard et en normand du nord, *k* et *g* lat., initiaux et médiaux sont restés intacts partout où, en francien, *tš* et *dž* ont pris leur place · *Cambrai*, *cambre*, *cheval*, etc.

2) Médial

a) Intervocalique.

§ 140. k^1 intervocalique devient g^1, dont les transformations ultérieures coincident avec celles de g^1 primitif.

1) Après *a*, *e*, *i*, g^1 est devenu la spirante *y*, qui s'est assimilée à l'*i* précédent et a persisté dans les autres cas, par suite de l'adjonction d'un *i* épenthétique à la voyelle précédente et même à la voyelle suivante devant *a* tonique libre (v. § 52, 1 b et § 53, 1 b), *exmagare* (du germ. *magan*) — *esmaiyier* (transcrit *esmaiier* ou *esmaier*), *paganu* — *paiien*, *legame* — *leiien*, *legare* — *leier*, *negare* — *neiier*, *regale* — *reiel*, *vagante* — *vaiant*, *gegante* — *jaiant*; *plaga* — *plaie*, *saga* — *saie*, *nęgas* — **nieies* — *nies* (cf § 50), *legat* (cl. *ligat*) — *leiet*.

Pacare — *paier*, *decanu* — *deiien*. *necare* — *neiier*, *plecare* — *pleier*, *frecare* — *freiier*; *braca* — *braie*, *baca* — *baie*. *pacat* — *paiet*, *cacat* — *chiet* (v. § 56, 2), *necat* — **nieiet niet* (cf. § 50), *Trecas(es)* — *Treies*, *amica* — *amie* (cf § 38), *ortica* — *ortie*, *mica* — *mie*, *vessica* (cl *vesica*) — *vessie*, *espica* — *espie*, *pica* — *pie*

2) Après les voyelles labiales *u*, *o*, g^1 a disparu sans laisser de traces: *nogalius* — *nualz*, *ruga* — *rue*, *advocatus* — *avuez*, *focalia* — *fuace*, *inraucare* — *enroer*, *locare* — *luer*, *jocare* — *juer* *exsucare* — *essuier* · *auca* — *óe* *locant* —

juent, locant — luent, carruca — charrue, verruca — verrue, eruca — erue, lactuca — laitue, manducas — manjues (cf § 122, 1 Rem.)

Remarque. — Sont des mots d'emprunt, entre autres *Afrique* (*Africa*) et *miche* (*mica*), qui semble avoir pénétré plus tôt dans la langue populaire. — Dans les cas qui ne sont pas d'une rareté absolue où k^1 et g^1, même après des voyelles labiales, sont remplacés par *i*, il faut voir des transformations associatives. C'est ainsi que *voiel* est formé d'après l'analogie de *voiz* (v. § 135, 2), *noiel* d'après *noiz* (v. § 135, 2), *oie* d'après *oisel* (v. § 135, 1), *fuie* d'après *fuite* etc., *conduiet* (*conducat*), *essuiet* (*essucat*) d'après d'autres formes de ces verbes. Suivant une autre explication (cf § 211), les nomin. *voieus* (*vocalis*), *noieus* (*nocalis*) se seraient formés organiquement à côté des cas obliq. *voel* (*vocale*), *noel* (*nocale*), puis ces dernières formes seraient devenues *voiel*, *noiel* d'après les nominatifs correspondants. Est irrégulier *v* dans *duve* (*doga*; gr. *δοχή*) et dans *rover*, *rovoison*, s'il faut y voir des formes issues directement du lat *rogare*, *rogatione*.

b) Après une consonne.

§ 141. g^1 postconsonnantique, dans les groupes primaires et secondaires, devient *dž* (transcrit *g*, *j*) par suite de la formation d'un *i* épenthétique devant *e* issu d'*a* tonique libre. (Cf. § 52, 1 b). Exemples: *arrengare* (du germ. *hring*) — *arrengier*, *rom(i)gare* (lat vulg, à côté de *rumigare*) — *rongier*, *And(e)gavu* — *Anjou*; *verga* — *verge*, *heriberga* — *herberge*, *larga* — *large*, *renga* (germ *ringa*) — *renge*, *longa* — *longe*.

Remarques. — Les formes verbales *plaigne*, *feigne*, *ceigne*, etc. s'expliquent par une assimilation du radical. V la morphologie § 348, 3 b

§ 142. 1) k^1 postconsonnantique, dans les groupes primaires, devient *tš* (transcrit *ch*) par suite de la formation d'un *i* devant *e* issu d'*a* tonique libre (Cf. § 52, 1 b) Exemples. *mercata* — *marchied*, *marcare* — *marchier*, *piscare* — *peschier*, *escala* — *eschiele*; *hanca* — *hanche*, *blanca* (franc **blank*) — *blanche*, *planca* — *planche*, *forca* — *furche*, *mosca* — *musche*, *fresca* (franc **frisk*) — *fresche*, *esca* — *esche*, *tenca* — *tenche*, *lambrusca* (cl *labrusca*) — *lambrusche*.

2) Présente la même transformation, par suite de la chute du redoublement (cf. § 103, 2 page 67), k^1 dans le groupe kk^1 Exemples *peccatu* — *pechiet*, *peccator* — *pechiedre*, *toccare* (germ. *tukkôn*) — *tuchier*, *maccare* — *machier*, *buccare* —

vachier, *secca* — *seche*, *vacca* — *vache*, *bocca* — *buche*, *peccat* — *pechet*; *peccatore* — *pechedóur*

§ 143. 1) Dans les groupes secondaires (français), k^1 postconsonnantique s'est également transformé en *tš*, quand il se trouvait dans un proparoxyton en tête de la dernière syllabe et que, à la suite de la syncope très ancienne de la voyelle de la pénultième, il était resté invariable après les consonnes: *man(i)ca* — *manche*, *domen(i)ca* — *dimanche* (cf. § 11, 4), *pess(i)ca* (cl. *persica*) — *pesche*, *pertica* — *perche*, *caballicat* — *chevalchet chevauchet*, *abradicat* — *arrachet*, *collocat* — *culchet*.

2) k^1 paraît au contraire à l'état de *dž*, quand il se trouvait en tête de la syllabe tonique et que, la syncope s'étant produite tard, il est devenu g^1, avant de se rencontrer avec une consonne sonore commençant la syllabe précédente. *berbicariu* — *bergier*, *delicatu* — *delgiet*, *filicaria* — *felgiere*, *vendicare* — *vengier*, *manducare* — *mangier*, *judicare* — *jugier*, *sedicare* — *segier*, *carricare* — *chargier*, *tardicare* — *targier*. Après des consonnes sourdes, *dž*, par suite de la chute de la sonorité, est devenu *tš*: *cloppicare* — *clochier*, *masticare* — *maschier*.

Remarque. — Les raisons, pour lesquelles la syncope des voyelles atones s'est produite à une époque plus ancienne ou plus récente, ne sont pas encore dans le détail éclaircies d'une façon suffisante. Même dans les proparoxytons, la chute de la voyelle de la pénultième pourrait n'avoir eu lieu qu'après le changement de *k* intervocalique en *g*, quand la syllabe post-tonique commençait par une cons. + *r* ou encore par un simple *r*, p. ex. *tenebrica* — *tenerge*, *fabrica* — *forge* (cf. § 109 Rem.), *serica* — *serge*. *dž* dans *juget* (*judicat*), *venget* (*vendicat*), vient d'une assimilation aux formes accentuées sur la terminaison, tandis que *tš*, dans *chevalchier* (*caballicare*), *culchier* (*collocare*), entre autres, est venu de formes accentuées sur la racine. — N'appartiennent pas à l'ancien fonds héréditaire du francien *grammaire* (*grammatica*), *dalmaire* (*dalmatica*), *artimaire* (*arte mathematica*), *surge* (**sudica*, au lieu de *sucida*), *vetoine* (*vettonica*), entre autres. Cf. § 148, 2 Rem.

k g.

1) Initial

§ 144. Au commencement d'un mot, *g* et *k* persistent. Exemples: *gutta* (cl. *gutta*) — *gute*, *gula* — *gule*, *gustu* (cl.

gŭstum) — *gust*, *gŏbernare* — *guverner*; *collu* — *col*, *corsu* — *curs*, *cornu* — *corn*, *cor* — *cuer*, *cokere* (cf § 27, 2) — *cuire*, *coxa* — *cuisse*, *cọda* (cf § 18 Rem.) — *coude*, *cura* — *cure*.

2) Médial.

a) Intervocalique.

§ 145. *g* et *k* intervocaliques tombent

1) Au commencement de la syllabe tonique. Exemples. *legume* — *leun*, *agurgu* — *eur* (cf. § 201 Rem.), *agostu* — *aust*, *Hugone* — *Huon*, *segusju* — *seüs* (cf. § 201 Rem.); *securu* — *seur*, *cecuta* — *ceude*, *acutu* — *eut* (dans le nom propre *Monteut*), *lacosta* (cf § 95 Rem.) — *lauste*, *lucore* (du cl *lucere*) — *luóur*, *Sacona* — *Saone*, *placutu* — *pleut*, *tacutu* — *teut*, *ceconja* — *ceoigne*.

Remarque — Sont des mots d'emprunt, entre autres, *cigogne* (*ciconia*), *dragon* (*draconem*), *figure* (*figura*); *gugurde* (*cucurbita*, cf § 122, 2 Rem.), *secont* (*secundum*), *fegonditet* (*fecunditatem*), *negoce* (*negotium*), et aussi *agu* *aigu* (*acutum*), *agulle* *aigulle* (cf § 11, 4) — Pour *selonc*, v. § 11, 4.

2) Après l'accent tonique dans les paroxytons. Exemples. *fagu* — *fọu* (cf. § 57), *paucu* — *pọu*, *raucu* — *rọu*, *traugu* — *trọu*, *kęcu* — *cieu*, *Gręcu* — *Grieu*, *fọcu* — *fueu*, *cọcu* — *cueu*. Cf. §§ 51, 63 et 75. On trouve, d'autre part, la palatale réduite à *i*, lequel forme, avec la voyelle tonique, une diphthongue ou une triphthongue ou, lorsque la voyelle tonique est un *i*, se fond avec elle, p. ex. **veracu* — *verai* (v. § 135 Rem.), *-acu* — *-ai* dans les noms de lieux comme *Bavacu* — *Bavai*, *Cameracu* — *Cambrai* (v. § 139 Rem.), *Campiniacu* — *Champigni* (cf. § 56, 2), et en outre *paucu* — *poi*, *vagu* — *vai*, *amicu* — *ami*, *espicu* — *espi*, *paco* — *pai*, *dico* — *dii*, *pręco* — **priei* *pri* (v § 50), *lęgo* — **liei* *li*, etc Il est difficile de décider, jusqu'à quel point la phonétique syntactique et les flexions ont amené cette différenciation ou jusqu'à quel point la nature variée de la voyelle tonique a influé sur le traitement de la palatale, ou encore si nous sommes en partie en présence de déviations dialectales Sont des mots d'emprunt, entre autres, *lac* (*lacum*), *pŭblic* (*publicum*), *suc* (*sucum*) et *ju* *jug* (cl *jŭgum*), dont nous avons des exemples depuis le XII. siècle Remarquez encore la persistance de la palatale dans *iluec* (*illóco*), *aluec*, *luec*. Pour *large-s*. v. § 306, 3 b.

b) Après une consonne.

§ 146. *sk* est devenu *is* [en passant par *ks?*]. Exemples: *frescu* — *freis*, *dẹscu* (cl. *dĭscum*) — *deis*, *lọscu* (cl. *lŭscum*) — *lois*, *frankẹscu* — *franceis* (cf. § 44 Rem.), *nasco* — *nais*, *pasco* — *pais*, *crẹsco* — *creis*, *crẹscunt* — *creissent*.

§ 147. 1) Dans tous les groupes primaires autres que *sk*, *k* post-consonnantique a persisté; *g* persiste à l'intérieur d'un mot français, final, il devient, par la perte de la sonorité *k*. Exemples: *falcone* — *falcon faucon*, *arcu* — *arc*, *porcu* — *porc*, *falco* — *falc fauc*, *yọncu* (cl. *jŭncum*) — *jonc*, *troncu* — *tronc*, *blancu* — *blanc*; *Borgondịa* — *Burgogne*, *largu* — *larc*, *bọrgu* — *burc*, *longu* — *lonc*.

Remarque — Les formes verbales *plaing* (*plango*), *feing* (*fẹngo*), *ceing* (*kẹngo*) doivent être expliquées par une assimilation du radical. V. la morphologie § 348, 3b.

2) *kk* persiste à l'état de *k* simple. Exemples: *saccu* — *sac*, *sẹccu* (cl. *sĭccum*) — *sec*, *beccu* — *bec*, *floccu* — *floc*, *accusant* — *acusent*.

§ 148. Dans les groupes secondaires, la palatale s'est transformée différemment, suivant l'époque à laquelle s'est produite la syncope de la voyelle intermédiaire.

1) Au commencement de la syllabe tonique, *k* est devenu *g*, avant que la syncope des voyelles contrefinales précédentes se soit produite (v. § 80). Exemple: *verecundịa* — *vergogne*.

2) Dans les proparoxytons, *c*, au commencement de la dernière syllabe dans le groupe phonétique cons. + *icu*, est devenu, avant que la syncope ait eu lieu, *y* en passant par *g*, et cet *y* s'est ensuite transformé, devant les consonnes sonores en *dž* (transcrit *g*), devant les sourdes en *tš* (transcrit *ch*). Exemples: *mẹdicu* — *miedẹyẹ* — *miege*, *judico* — *juge*, *vendico* — *venge*, *canonicu* — *chanonge*, le suffixe *-aticu* — *-adẹyẹ* — *-adže*: *ẹtaticu* — *edage*, *coraticu* — *curage*, *selvaticu* — *selvage*; *porticu* — *porche*, *domesticu* — *domesche*, *levẹsticu* (cl. *ligusticum*) — *levesche*.

Remarque — N'appartiennent pas à l'ancien fonds héréditaire du francien, entre autres, *mire* (*medicum*), *fie* (*fīticum* au lieu de *ficatum*), *monie moine* (*monachum*), *chanoine* (*canonicum*), *apostoile* (*apostolicum*), *clerc* (*clericum*). Cf § 143 Rem et § 151 Rem

3) Final.

§ **149.** *k* final en latin (a) a persisté dans *ap(ud) ǫc* — *avuec, por ǫc* — *poruec;* (b) il est tombé, entre autres, dans *illac* — *la, ecce oc* — *ço, ecce ic* — *ici, ecce ac* — *ça, sic* — *si*, *poro* (à côté de *poruec*), dans l'élément de jonction du composé *oc anno* — *uan;* (c) il est remplacé par *i* dans *fac* — *fai.* Cf. § 103, 3

La spirante y.

Le lat. vulg. *y* correspond au lat. cl. *j*, *g* devant *e* et *i* (v. § 27, 3), à *gi* voy., à *di* voy. (v. § 20, 3 Rem) et au grec ζ (v. § 29, 4).

1) Initiale

§ **150.** La spirante initiale devient *dž* (transcrit *j* et *g*). Exemples. *yam* (cl *jam*) — *ja* (prononcé *dža*), *yectare* (cl. *jactare*) — *getier* (pron. *džetier*, v. § 158 Rem.), *yǫvene* (cl. *jŭvenem*) — *juene; yęlu* (cl. *gĕlu*) — *giel* (pron. *džiel*), *yente* (cl. *gentem*) — *gent*, *yęmere* (cl. *gĕmere*) — *gembre*, *yeneru* (cl. *generu*) — *gendre*, *yelare* (cl. *gelare*) — *geler; Yoryu* (cl. *Georgium*) — *Jorge; yornu* (cl. *diurnum*) — *jurn*, *yosu* (cl *deorsum*) — *jus* (v § 11, 1); *yelosu* (du gr. ζῆλος) — *jalus* (demi-savant).

Remarque — Sont savants *diable* (*diabolum*), *diacre* (*diaconum*) Pour *jusque*, v. § 153 Rem

2) Médiale.

a) Intervocalique.

§ **151.** Après l'accent tonique, *y* intervocalique, par l'adjonction d'un *i* épenthétique à la voyelle précédente, (a) persiste, quand il est encore intervocalique en français, excepté après *i*, (b) il est tombé à la fin d'un mot français. Exemples: a) *trǫya* — *truie* (pron. *trúiye*, cf § 62), *bǫya* — *büie; nęyent* (cl *nĕgent*) — **neient* — *nient* (cf. § 50); *correya* (cl *corrĭgia*) — *curreie; raya* (*radia*) — *raie, gauya* (cl. *gaudia*) — *joie*, *auyat* (cl *audiat*) — *oiet*, *ęnviya* (sav , cl. *invĭdia*) — *envie* (cf. § 38), *riyant* (cl. *rideant*) — *rient* — b) *Mayu* — *Mai; rẹye* (cl. *rēge*) — *rei*, *lẹye* (cl. *lēge*) — *lei*, *nęye* (cl. *nĕgem*) — **niei ni* (cf. § 50), *navẹyu* (cl. *navĭgium*) — *navei*, *exayu* (cl *exagium*) — *essai; glayu* (cl *gladium*) — *glai*, *rayu* (cl.

radium) — *rai*, *pọyu* (cl. *pŏdium*) — *pui* (cf. § 62), *ọye* (cl. *hŏdie*) — (*h*)*ui*, *mọyu* (cl *mŏdium*) — *mui*, *mẹyu* (cl. *mĕdium*) — **miei mi*, *bayu* (cl. *badium*) — *bai*.

Remarque. — N'appartiennent pas à l'ancien fonds héréditaire de la langue, entre autres, *refuge* (*refugium*), *prodige* (*prodigium*), *navige* (*navigium*), *guage* (du germ. **wadjan*); *envidie* (*invidia*), *estudie* (*studia*), *remedier* (*remediari*), *envire* (*envidia*), *remire* (*remedium*), *homecire* (*homicidium*) — Pour *glaive*, v. § 11, 5. — *Siege* est le substantif verbal de *segier* (lat. vulg. *sedicare*).

§ 152. *y* intervocalique protonique s'est assimilé à *i* et *u* suivants; devant les autres voyelles, il a persisté (transcrit *j*, *i*), en développant, après la voyelle protonique, un *i* épenthétique et, quand il se trouvait avec *e* (v. § 39, 1 b) ou *a* tonique libre (v. § 52, 1 b), un second *i* épenthétique devant ces voyelles. Exemples. *reyina* (cl. *regina*) — *reine*, *fuyire* (cl *fugere*) — *fuir*, *fayina* (*fag-ína*) — *faine*, *sayime* (cl *sagina*) — *sain*, *yeyunu* (cl. *jejunum*) — *jeun*; *sayetta* (cl. *sagĭtta*) — *saiette*, *flayellu* (cl. *flagellu*) — *flaiel*, *neyellu* (cl. *nigellu*) — *neiel*, *payese* (cl. *pagensem*) — **pa'y'eis* — *pa'yis* (*pais*), *reyone* (cl *regionem*) — *reion* *appoyare* (du cl. *podium*, gr. *πόδιον*) — *apoiier*, *meyanu* (du cl. *medius*) — *meiin* *moyọlu* (cl. *modiŏlum*) — *moiuel*, *auyatis* (cl *audiatis*) — *oiez*, *Cauyacu* (*Caudiacu*) — *Choui* (v. § 56, 2), *mayore* (cl. *majorem*) — *maióur*, *peyore* (cl. *pejorem*) — *peióur*.

Remarque — Sont savants, entre autres, *fragil*, *legende*, *Egite*, *registre*; *region*, *prodigióus*, *odióus*, *obedience*. De même pourraient ne pas appartenir à l'ancien fonds héréditaire de la langue ou présenter en partie une irrégularité dialectale, entre autres, *seel* (cl. *sigillum*), *saete* (cl. *sagitta*), *flael* (cl. *flagellum*), *neel* (cl. *negellum*), *peor* (cl. *pejor*), à côté desquels existent des formations avec *y* intervocalique.

b) Après une consonne.

§ 153. 1) Après *r*, *y* devient *dž* (transcrit *g*, *j*) Exemples: *aryente* — *argent*, *soryente* — *surj-ant*, *boryese* — *burgeis* (v. § 39, 1 b Rem), *veriyariu* (*viridiarium*) — *vergier*; *oryu* (cl. *hordeum*) — *orge*, *Yoryu* (*Georgium*) — *Jorge*.

2) *ny* devient *ñ*, dont les transformations ultérieures coincident avec celles des mots traités § 160 et § 203. Exemples. *lonye* — *loing* (*lōñ*), *planye* — *plaing* (*plãñ*); *Borgonya* (*Burgundia*) — *Burgogne* (*Burgõñe*), *vereconya* (*verecundia*) — *ver-*

yogne, *retonyare* (*rotundiare*) — *redongnier*, *planyéu* (*plange-bam*) — *plaignere* (*plańeic*), *longitanu* — *lointain*

Remarque — *Esponge* vient du lat. vulg. *esponga* (cl *spongia*) Dans *en-yenyu* (*ingenium*), qui a été pris pour un composé, *y* a été traité comme *y* initial (fr *engin*) Au latin *endeusque* correspond le vfr. *enjusque*, d'où est peut-être sorti *jusque*, avec aphérèse de la syllabe initiale présumée prépositionnelle — *Adjutat* a donné en francien *ajudet*, *aiudet* (*adžudet*), à côté desquels on trouve, dans la deuxième période du vieux français, des nombreuses formes comme *aie*, *aide*, *aiue*, *aieue* qui viennent d'une assimilation aux formes accentuées sur la terminaison ou encore d'une transformation dialectale

Les vélaires labialisées kw et gw.

1) Initiales.

§ 154. Les vélaires labialisées *gw* et *kw* perdent, au commencement du mot, l'élément labial, tandis que le son palatal persiste (transcrit *g* et *qu*; *qu*, *c*, etc): *gwardare* (franc **wardon*) — *garder*, *gwastare* (cf § 11, 5) — *gaster*, *guarire* (franc **warjan*) — *garir*, *gwadanyare* (franc **waidanjan*) — *gadaignier*; *qwando* — *kant* (transcrit *quant*). *qware* — *quer* et *car* (v. § 52 Rem. 1), *quale* — *quel*, *qwetu* (cl *quiětum*) — *queit*, *qwed* (cl *quid*) — *queit*.

Remarque. — Cf. § 27, 2 pour le lat. vulg. *k* = *kw* dans *kinkue* — *kinkwaginta*.

2) Médiales.

§ 155. A l'intérieur d'un mot, *gw* et *kw*, en position intervocalique, deviennent, par la chute de la palatale *u* qui tantôt s'est vocalisé en *u*, tantôt s'est changé en *v* Exemples: *akwa* — *ewe* *eaue* — *eaue* et *eve*, **lęgwa* (celt *leuga*) — *liewe* — *lieue*, *ękwa* — *iwe* — *ive*, **trigwa* (germ. *treuwa*) — *triewe* — *trieue* et *trieve*, *antikwa* — *antive*. *sekwunt* — *siewent* — *sieuent* *suivent* (*suivent*), etc

Remarque — Il reste beaucoup d'obscurité dans le détail des transformations des sons traités ici. Les différences que l'on rencontre dans les transformations ultérieures du son *w* qui s'est substitué à *kw*, *gw* doivent être rapportées à une différenciation dialectale — Le masc *antif* (*anticu*) est une reformation d'après le féminin *antive* (*antiqua*) — Présentent la forme de mots d'emprunt *aigue* (*aqua*) et *egal* (*aequalem*). — Pour le lat. vulg *cokere* (cl. *coquere*), *cokina* (*coquina*), v. § 27, 2.

§ 156 Dans les groupes cons + *gw* + voy. et cons. + *kw* + voy, la palatale persiste, tandis que la labiale tombe. Dans l'orthographe, *gu*, *qu* lat se sont conservés particulièrement devant *e*, *i*. Si *g* issu de *gw* se trouve à la fin d'un mot français, il devient sourd (*k*). Exemples: *lengwaticu* (issu de *lingua*) — *lengage*, *ǫngwentu* (cl. *unguentum*) — *onguent*, *sangwinu* — *sanguin*, *lengwa* — *langue*, *onkwa* (cl. *unquam*) — *onque-s*, **kinkwanta* (*quinquaginta*) — *cinquante; donkwe* — *donc*, *sangwe* — *sanc*

Les palatales devant une consonne.

1) Initiales

§ 157. Au commencement d'un mot, les palatales devant une consonne restent invariables. Exemples: *crẹta* — *creide*, *crine* — *crin*, *claru* — *cler*, *clave* — *clef*, *claudere* — *clodre; grande* — *grant*, *granu* — *grain*, *grossu* — *gros.*

Remarque. — Pour *gras* (*grassu*, cl. *crassum*), *gradaille*, etc, v § 27, 1. Remarquez également *gratter* (prov. *gratar*) issu du germ *krattôn.* La chute de *g* dans *leir* (*glere;* cf. § 36 Rem.) reste inexpliquée.

2) Médiales.

a) Après une voyelle.

§ 158. 1) Dans la majorité des cas, *g* et *k* proconsonnantiques deviennent la spirante *y*, qui mouille (palatalise) la consonne suivante. Toutes les consonnes, excepté *l* (v. § 159) et *n* (v. § 160), perdent ce mouillement après la formation d'un *i* épenthétique et même de deux *i* épenthétiques devant *a* tonique libre (v. § 52) Exemples. (a) groupes primitifs (existant en latin vulgaire): *kt: facta* — **faχta* (v § 5, 1) **fayta *fayťa* (ou *faχta faχťa fayta?*) — *faite*, *tractat* — *traitet*, *frụctu* — *fruit*, *lụcta* — *luite*, *nọcte* — *nuit*, *lẹctu* — *lit*, *dịctu* — *dit: tractare* — *traitier*, *allactare* — *allaitier*, *lactuca* — *laitue*, *octaua* — *oitieve*, *dictare* — *ditier*, *Pictavu* — *Peitou.* — *gd: frẹgda* (v. § 11, 1) — *freide*, *rẹgdu* — *reit.* — *ks. laxat* — *laisset*, *coxa* — *cuisse* (v. § 62), *traxi* — *trais*. *sex* — *sis* (v. § 50), *exit* — *ist*, *despexit* — *despist*, *axe* — *ais*, *fraxinu* — *fraisne*, *Saxone* — *Saisne*, *Axona* — *Aisne*, *texere* — *tistre*, *proximu* — *praisme* (v. § 62);

laxare — *laissier*, *axellu* — *aissel*, *paxellu* — *paissel*, *oxore* — *oissóur*, *exire* — *eissir*. — *kr*: *lacrima* — *lairme*; *sacramentu* — *sairement*. — *gr*: *negru* — *neir*. *entegru* — *entir* (v. § 50), *fragrat* — *flairet* (v § 103, page 67) — b) Groupes secondaires: *plakitu* — *plait*, *explikitu* — *espleit*. *sollekitu* — *solleit*, *fakitis* — *faites* (v § 78 Rem 2), *plakitare* — *plaidier* (v § 122, 2 c), **vokitare* — *voidier*, *makerat* — *mairet*. *fakere* — *faire*, *dikere* — *dire*, *dukere* — *duire*, *cokere* (v § 27, 2) — *cuire*; *fakimus* — *faimes*. *dikimus* — *dimes*, *dekimu* — *dime*; *mayor* — *maire*, *peyor* — **peire* — *pire*, *affliyere* (cl. *affligere*) — *afflire*, *peyus* — **peis* — *pis*

2) Il s'est produit une assimilation complète de la palatale à la consonne suivante dans le groupe *kty* (cf. § 195) et dans le groupe *ks* ^cons^ en position protonique. Exemples: *tractiat* — *tracet*, *directiare* — *drecier*; *sextariu* — *sestier*, *dextrariu* — *destrier*. **tax(i)tare* — *taster*, *entox(i)care* — *entoschier*, *extendere* — *estendre*, *extorquere* — *estordre*, les mots atones par position *extra* — *estre* et *joxta* — *juste*.

Remarque. — Pour *caitif* cf. § 90 Rem. — Pour fixer la chronologie des changements phonétiques, des exemples comme *faite*, *fait*, *Peitou*, *freide* montrent que le processus de la vocalisation devant une palatale proconsonnantique ne fut accompli qu'à une époque, où une dentale isolée ne pouvait plus tomber à l'intérieur ou à la fin d'un mot (v § 116). Dans les exemples donnés 1 b), k^2 était vraisemblablement devenu g^2, avant que la syncope de la voyelle atone se fût produite, ainsi *plakitu* — **plagitu* — **playtu* **playtu* — *plait* — Vient d'une assimilation aux mots qui commencent par *ex* ^cons^ et qui sont traités 2), *es-*, qui se substitue à *ex-* devant une voyelle, entre autres, dans *examen* — *essaim*, *exaltiare* — *essalcier essaucier*, *exayu* — *essai*, *exsucare* — *essuer* *Destre* (v § 11, 1) peut avoir subi l'action de *senestre*. N'appartiennent pas à l'ancien fonds héréditaire de la langue, entre autres, *tassel* (*taxillum* et *lessiu* (*lixivum*) (dont on n'a que des exemples récents), en outre *letrin* (du cl. *lector*; lat. médiév. *lectorinum*), *Madeleine* (*Magdalena*), *pelerin* (*peregrinum*), *perece* (*pigritia*), *enterin* (*integrinum*), *roter* (*ructare*), *sujet* (*subjectum*), *flot* (*fluctum*), *contrat* (*contractum*) *Jetier* (*yectare*, cl *jectare*) reste choquant. On est, en outre, en présence de mots d'emprunt, dans les cas où l'explosive palatale a persisté, p. ex. *sacrer* (*sacrare*), *saerarie*, *sacrefier*, *victorie*, *octobre*, *afliction*, *tigre*, *dogme*, *fragment*, et, avec changement de la forte en douce, *egre*, *megre* (transcrits postérieurement *aigre*, *maigre*;

cl. *acrem, macrum*), *segret* (*secretum*), entre autres, qui ont pénétré plus tôt dans la langue populaire. Dans quelques emprunts faits à des langues étrangères, *g* est devenu *l*, *u*, d'où *esmeralde esmeraude* (*smaragdum*; gr. σμάραγδος), *Baldas Baudas* (*Bagdad*), lat. vulg. *salma sauma* (gr. σάγμα) — *somme*. — Dans *amikitate* — *amistiet*, *mendikitate* — *mendistiet*, la sibilisation de la palatale s'est produite, avant que la voyelle de la syllabe protonique soit tombée. — Pour *disme* (*dekimu*), *fisdrent* (*fekerunt*), *fisdret* (*fekerat*), *vesqui* (cl. *vixi*) v. la morphologie §§ 317, 349, 2, 338, 2 Rem.

§ 159. Une palatale + *l* devient, en passant par *il*, *l̗* (transcrite *ill*, *li*, *ll*, *l* [après *i*], *il*, et dans les dialectes *lh*).

1) Cette *l̗* persiste à l'intérieur d'un mot entre voyelles et quand elle est finale. Exemples: *adgenoculare* — *agenuillier*, *fodiculare* — *fuillier*, *vegilare* (cl. *vigilare*) — *veillier*, *coagulare* — *caillier*; *bajulare* — *baillier*; — *macla* — *maille*, *auricla* — *oreille*, *conocla* — *quenuille*, *gracla* — *graille*, *facla* — *faille*, *tenacla* — *tenaille*; *estrigla* — *estrille*, *regla* — *reille*, *tragla* — *traille*; *pareclu* — *pareil*, *vermeclu* — *vermeil*, *veclu* (cf. § 25) — *vieil*.

2) Devant une consonne, par suite de la perte du mouillement, elle devient *l*. Exemples: *veclus* — *vielz*, *vermeclus* — *vermelz*, *soleclus* — *solelz*, *genoclos* — *genulz*.

Remarque. — Cf. § 200 *l̗* qui se transforme de même. En normand et dans les dialectes français de l'Est, l'*i* du groupe *il* s'est, sur une étendue, dont il faut encore fixer les limites, joint à la voyelle précédente pour former une diphthongue, en opposition avec la transformation de ce son en francien: *consei + l*, *vermei + l*, etc. Pour *z* (*ts*) au lieu d'*s* après *l̗*, v. page 69, pour les destinées postérieures d'*l* issue d'*l̗* devant une consonne, v. § 281 sq.; pour *ie* issu d'*a* tonique libre sous l'influence de consonnes palatalisées précédentes, v. § 52, 1 b, pour *ui* dans *cuillier* (*cul̗ier*) et dans *aguille* (*agul̗e*, postérieurement *agüile*), v. § 11, 4. — Ont la forme de mots d'emprunt, entre autres: a) *miracle* (*miraculum*), *spectacle* (*spectaculum*), *abitacle* (*habitaculum*), *novacle* (*novaculum*), *siecle* (*saeculum*), *riegle* et *regle* (*regula*), b) *avuegle* (*ab + oculum*), *seigle* (*secale*), *jogledre* (*joculator*); c) vraisemblablement *graisle* (*gracilem*), *fraile* (*fragilem*; par analogie avec *graisle*, on trouve aussi *fraisle*). Pour *reule* (*regula*), *seule* (*saeculum*), v. § 12, 4 Rem.

§ 160. Une palatale + *n* devient *ń*:

1) Cette *ń* persiste quand elle est finale en français (transcrite *ing*, *ign*, *in*). Exemples: *pognu* — *poing* (*pōiń*),

estagnu — *estaing*, *sẹgnu* — *seing*, *plantayine* (cl. *plantaginem*) — *plantain*, *propayine* — *provain*, *vertiyine* — *avertin* (cf. § 11, 4), *endayine* — *andain*;

2) devant une consonne, elle donne *in* (transcrit *in*). Exemples: *pọgnus* — *poinz* (*pōints*), *dẹgnet* — *deint*, *ensẹgnet* — *enseint*, *cọgnita* — *cointe*;

3) quand elle est intervocalique en français, elle donne *ń* (transcrit *ign*, *gn*). Exemples: *lẹgnu* — *leigne* (*leńe*), *pọgna* — *poigne*, *ensẹgnat* — *enseignet*, *dẹgnat* — *deignet*, *sẹgnare* — *seignier*, *dẹgnare* — *deignier*, *agnellu* — *aignel*.

Remarque. — Cf. § 203 *nį*, *nnį*, *gnį* qui se transforment de même. Pour *z* (*ts*) au lieu d'*s* après *ń*, v. page 69, pour *ie* issu d'*a* tonique libre sous l'influence de consonnes palatalisées précédentes v. § 52, 1 b. — N'appartiennent pas à l'ancien fonds héréditaire de la langue, entre autres, *digne* (*dignum*), *signe* (*signum*), *regne* (*regnum*), *Charlemagne* (*magnum*), *benigne* (à côté de *benin*, v. § 306 Rem.; *benignum*), *cigne* (*cycnum*, ou dialectal = *cicinum*?); *diacre* (*diaconum*), en outre, n'y appartiennent problablement pas *aisne* (*acinum*), *cisne* (*cicinum*, v. § 29, 2) avec sibilisation de k^2 avant la chute de la voyelle de la pénultième (cf. *graisle*, § 159 Rem.); et encore *image* (antérieurement *imagene*, v. § 76 Rem.), *Cartage* (*Cartaginem*), entre autres. — *Assener* (*adsẹgnare*), *anel* (*agnellu*), *prenant* (*praegnant*) etc. présentent, dans les mots de l'ancien fonds héréditaire et dans les mots d'emprunt, une transformation d'*ń* intervocalique en *n* qui est particulière aux dialectes.

b) Après une consonne.

§ 161. La palatale persiste dans les groupes primaires et secondaires *ngl*, *ngn*, *ncl*, *ncr* et *rcl*. Exemples: *anglu* (cl. *angulum*) — *angle*, *ongla* (cl. *ungula*) — *ongle*, *senglu* (cl. *singulum*) — *sengle*, *cengla* (cl. *cingula*) — *cengle*, *Lengones* — *Langres*, *avonculu* — *oncle*, *ancora* — *ancre*, *kerclu* (cl. *circulum*) — *cercle*, *coperclu* (*coperculum*) — *cuvercle*; *senglare* (*singularem*) — *sengler*, *sarclare* — *sarcler*.

Remarque. — *Tọrclu* (*tŏrculum*) est devenu *trueil* en passant par *tọrclu*.

§ 162. La palatale a disparu sans laisser de traces, dans les groupes *scl*, *rcn*, *ryl*, *rys* et *ryt*. Exemples: *mesculare* — *mesler*, *moscla* (cl. *muscula*) — *musle*; *masclu* (*masculu*) — *masle*; *kerkinu* (cl. *circinus*; gr. *κίρκινος*) — *cerne*, *kerkinare* — *cerner*; *maryila* (**margila*) — *marle*, *soryis* (cl. *sŭrgis*) — *surs*, *teryis* (*tergis*) — *ters*. *soryit* — *surt*, *teryit* — *tert*, *goryite* (*gŭrgite*) — *gurt*.

Remarque. — Sont savants *oscle* (*osculum*) et *muscle* (*musculum*).

§ 163. Dans tous les groupes autres que les groupes *ngl*, *ncl*, *scl*, qui ont été traités §§ 161 et 162, la palatale précédée de *n* ou de *s* a causé le mouillement de ces sons. Après avoir développé un *i* épenthétique, qui se joint à la voyelle de la syllabe précédente pour former une diphthongue, et développé, dans les groupes *ny'r*, *nk'r*, *sk'r*, une des consonnes de liaison *d* ou *t*, le mouillement a postérieurement disparu. Exemples: a) *jonctu* — *joint*, *ponctu* — *point*, *fenctu* — *feint*, *tenctu* — *teint*, *enkencta* — *enceinte*, *sanctu* — *saint*, *planctu* — *plaint*, *onctu* — *oint*, *fenksit* — *feinst*, *planxit* — *plainst*; *planctivu* — *plaintif*. — b) *venkit* — *veint*, *paskit* — *paist*, *creskit* — *creist*, *faskinare* — *faisnier*, *foskinu* — *foisne*, *creskis* — *creis*; *planyis* (*plangis*) — *plains*, *fenyit* (*fĭngit*) — *feint*, *lonyitanu* (*longitanu*) — *lointain*. — c) *paskere* — **paiśśere* — *paistre*, *naskere* — *naistre*, *creskere* — *creistre*, *cognoskere* — *connoistre*. *venkere* — *veintre*, *planyere* (*plangere*) — *plaindre*, *fenyere* (*fingere*) — *feindre* *jonyere* (*jŭngere*) — *joindre*, *ponyere* (*pŭngere*) — *poindre*, *tenyere* (*tĭngere*) — *teindre*, *estrenyere* (*strĭngere*) — *estreindre*.

Remarque. — Pour *angle ange* (*angelum*), v. § 76 Rem.

§ 164. Les groupes *ry'r*, *lg'r*, *rk²'r* donnent *r^d^r*, *l^d^r*, *r^t^r* les palatales interconsonnantiques s'assimilant en ce cas aux dentales voisines Exemples *soryere* (*surgere*) — *surdre*, *esparyere* — *espardre*, *teryere* (*tergere*) — *terdre*, *folgura* (*fŭlgura*) — *fuldre*; *carkere* — *chartre*

Remarque. — Il est douteux qu'ici la palatale ait, en passant, causé le mouillement de la consonne précédente. *Foildres*, Roland d'Oxford et ailleurs, pourrait, comme on l'admet, venir du lat. vulg. *fōlyere*. *Torkere* (cl. *torquere*, v § 27, 2) a donné *tortre*, que *tordre* a remplacé, par la dissimilation des sons identiques qui commençaient les syllabes, (cf page 67). — Sont savants *sepulcre* (*sepulcrum*) et *bugre* (*Bulgarum*).

2. Les liquides.

r.

1) Initial.

§ 165. Au commencement d'un mot *r* persiste *rabi̯a* (cl. *rabiem*) — *rage*, *rati̯one* — *raison*, *reyma* — *reine*, *rem* — *rien*, *risu* — *ris*. Il en est de même quand il est précédé d'une consonne: *braca* — *braie*, *probare* — *pruver*, *cresta* — *creste* *gratu* — *gret*.

2) Médial.

a) Intervocalique.

§ 166. *r* intervocalique persiste, même quand il est final en français. Exemples: *aratru* — *aredre*, *arena* — *areine*, *farina* — *farine*, *arani̯a* — *araigne*, *parare* — *parer*, *durare* — *durer*, *amara* — *amere*; *duru* — *dur*, *pare* — *per*, *caru* — *chier* *seru* — *seir*, *onore* — *onóur*, *amare* — *amer*.

Remarque — On est en présence d'une permutation de suffixes dans *altel*, *autel* (*altare*). Pour *l* issue de *r* dans d'autres mots, cf. page 67

b) Devant une consonne.

§ 167. *rr* double persiste, a) quand il est encore intervocalique en français, et b) se réduit quand il est final en français et devant une consonne. Exemples: a) *terra* — *terre*, *guerra* (germ. *uerra*) — *guerre*; *quęr(e)re* — *querre*, *mor(i)r(e) ab(e)t* — *murrat*; b) *carru* — *char*, *ferru* — *fer*, *tǫrre* — *tur*; *cǫrr(i)t* — *curt*.

§ 168. En dehors du cas indiqué § 167 b, *r* proconsonnantique demeure invariable dans l'ancien français. Exemples: *arma* — *arme*, *arb(o)re* — *arbre*, *corpus* — *cors*, *arcu* — *arc*, *porta* — *porte* *forte* — *fort*, *arsa* — *arse*, *ǫrsu* — *urs*, *versu* — *vers*, *mer(u)la* — *merle*, *ber(u)la* — *berle*; *portare* — *porter*, *dormire* — *dormir*, *carbone* — *charbon*

Remarque. — Du groupe cons + voy. + *r* + cons est parfois sorti, par métathèse, un groupe cons + *r* + voy + cons., en passant par cons. + *ŗ* + cons. (*r* ayant une sonorité forte). Ordinairement ce déplacement s'est produit dans la syllabe protonique, p. ex. *brebiz* (*berbice*), *fromage* (*formaticu*), *escremir* (germ. *skirmjan*), mais aussi *trueil* (*torclu*). — Pour *rs* — *s* dans le lat vulg., v § 24.

c) Après une consonne

§ 169. *r* persiste après toutes les consonnes. Exemples: *lib(e)rare* — *livrer*, *labra* — *levre*, *lep(o)re* — *levre*, *capra* — *chievre*, *rid(e)re* — *ridre*, *perd(e)re* — *perdre*, *latrone* — *ladron*, *patre* — *pedre*, *capestru* — *chevestre*, *negru* — *neir*, *sacramentu* — *sairement*; *toll(e)re* — *toldre*, *ess(e)re* — *estre*.

Remarque — Pour les lettres de liaison *t*, *d* formées entre *r* et la consonne précédente, cf page 69 — Le mot atone par position *pro* est devenu *pur* par métathèse de l'*r* (v § 168 Rem.) — Pour *noz* (*nostros*), *voz* (*vostros*), etc., v. la morphologie § 328 sq.

3) Final.

§ 170. *r* en finale primaire est demeuré invariable dans *per* — *per par* (v. § 10, 4a).

Remarque. — Dans *semper*, *quattor* (v. § 20, 4), *soper*, entre autres, *r* était, déjà à l'époque qui précède le français, devenu médial: *semper* — *sempr* — *sempre* (v. § 168 Rem.). — Cf. § 78, 3.

l.

1) Initiale.

§ 171. Au commencement d'un mot, *l* persiste. Exemples: *latrone* — *ladron*, *lavare* — *laver*, *lepore* — *lievre*, *linga* — *ligne*, *luna* — *lune*

Remarque. — Pour *nivel* (*libellu*), v. § 67 (différenciation).

2) Médiale.

a) Intervocalique.

§ 172. *l* intervocalique persiste, même quand elle est finale en français. Exemples. *ala* — *ele*, *tela* — *teile*, *palatiu* — *palais*, *volere* — *vuleir*, *olere* — *oleir*, *escala* — *eschiele*, *filare* — *filer*, *pelu* — *peil*, *kelu* — *ciel*, *tale* — *tel*, *vile* — *vil*.

Remarque. — Est due à une analogie *l* pour *l* dans les formes postérieures *saillir* (*salire*), *vaillant*, etc. Cf. la morphologie § 348, 2c

b) Devant une consonne.

§ 173. *ll* latin se réduit à *l* simple. Cf. § 103, page 69. Dans l'orthographe, *ll* subsiste à côté de *l*, quand elle est encore intervocalique en français; quand elle est finale en français et devant une consonne, on trouve *l*. Exemples: *bella* — *belle* *bele, ella — elle ele, follone — fullon fulon, appellare — apeler, nulla — nule, villa — vile; collu — col, folle — fol, agnellu — aignel, mille — mil; follis — fols, agnellos — aignels*

R e m a r q u e. — Quelques mots comme *stella — estela*, dans lesquels la réduction de *ll* à *l* s'était déjà produite à l'époque gallo-romane n'ont pas été encore expliqués d'une façon sûre. Est due à une analogie *ł* pour *l* dans les formes postérieures *faillir* (*fallire*), *bullir* (*bollire*), etc. V. la morphologie § 348, 2 c.

§ 174. 1) A l'exception du groupe *ll* examiné § 173, *l* proconsonnantique est restée le plus souvent invariable dans le dialecte francien jusque vers la fin du XI. siècle Après *a*, la vocalisation de *l* (même de *l* issue par réduction de *ll*) en *u*, en passant par *ł*, qui s'est produite plus tard sur une étendue plus grande, pourrait avoir commencé un peu plus tôt. Exemples: *falsu — fals faus, caldu — chalt chaut, palma — palme paume, calmu — chalme chaume Alda — Alde Aude, falke — falz fauz, falcone — falcon faucon, al(i)na* (germ. *alina*) *— alne aune; pulike — pulce, culus — culs, gentilis — gentils; dọlke — dolz, moltu — mult; soldos — solz; caulis — chọls; bellos — bels, selva — selve.*

R e m a r q u e. — *Balneum* était déjà devenu, dans le lat. vulg., *bangu* (fr. *bain*), avec changement du groupe phonétique *lnị* en *nị*. — Pour fixer la c h r o n o l o g i e p h o n é t i q u e, *faucon, Aude, fauz*, entre autres, montrent que, même après *a*, la vocalisation de *l* s'est produite plus tard que l'assourdissement de *k* (v. § 145) et de *d* intervocaliques (v. § 116), et plus tard que le changement de k^2 post-tonique et intervocalique en *iz* (v. § 135).

2) Quand *l* est suivie de *r*, il se forme, après *l* (primaire ou secondaire), l'explosive dentale sonore. Exemples: *fallere — faldre faudre, molere — moldre, tollere — toldre.* Cf. § 103, page 69.

c) A p r è s u n e c o n s o n n e.

§ 175. A p r è s l e s l a b i a l e s e t l e s d e n t a l e s, *l* reste invariable. Exemples: *doplu — duble* (v. § 110 Rem.), *pop(u)lu — pueble, Car(o)lu — Charle, com(u)lare — combler.*

R e m a r q u e. — Sont des m o t s e m p r u n t é s u l t é r i e u r e m e n t *titre* (*titulum*), *apostre* (*apostolum*), *chapitre* (*capitulum*), *chartre* (*chartula*), etc. — Sur les destinées du groupe palat + *l*, v. § 159.

3) Finale

§ 176. *l* finale en latin persiste. Exemples: *mel* — *miel*, *fel* — *fiel*. Pour *ensemble* (*ensemul*), v. § 78, 3.

3. Aspirées.

§ 177. L'esprit doux du latin classique (*h* latin), au commencement et à l'intérieur d'un mot entre des voyelles, était déjà étranger au latin vulgaire (v. § 21); quant à l'esprit dur (*'h*) des mots empruntés au germanique, il est devenu doux et a persisté comme tel en ancien français. Exemples, v. § 30 b, 6. — Dans l'orthographe, *h* persiste souvent même dans des mots d'origine latine, mais l'élision se produit devant cet *h*, ce qui est une preuve que *h* ne se prononçait plus. Exemples, v. § 21.

B. Consonnes nasales.

§ 178. Le latin populaire connaît trois nasales: la labiale *m*, la dentale *n* et la palatale *ŋ*. (V § 187.)

1) Initiales

§ 179. Au commencement d'un mot, les nasales latines persistent. Exemples *manu* — *main*, *mayis* — *mais*, *mettere* — *metre*, *muru* — *mur*; *nasu* — *nes*, *naskit* — *naist*, *nive* (cl. *nĭvem*) — *neif*, *nome* — *non*, *nudu* — *nut*.

Remarque. — On n'a pas encore expliqué la présence de *n* à la place de *m* dans *nesple* (v. § 114 Rem.), *natte*, *nappe* qui viennent des mots lat vulg. *nespila*, *natta* et de *nappa*, lequel existait peut-être déjà aussi en lat. vulg. (à côté de *mappa*).

2) Médiales.

a) Intervocaliques

§ 180. 1) Les nasales, qui sont encore intervocaliques en français, persistent. Exemples: *amaru* — *amer*, *clamare* — *clamer*, *umanu* — *umain*, *amante* — *amant*, *cima* — *cime*, *amat* — *aimet*, *planare* — *planer*, *penare* — *pener*, *menare* — *mener*, *plenariu* — *plenier*, *una* — *une*

Remarque — *Dame* (lat vulg. *domna*) a été reformé d'après le masc *dam* (*damu*). (V. § 181, 2)

2) Quand elle est finale en français, *m*, à peu près vers la fin de la période qui nous occupe, devient *n* (transcrite *m* et *n*); *n* persiste. Exemples: *legame* — *leien, amo* — *aim ain*, *flume* — *flum flun*, *nome* — *nom non*, *exame* — *essaim essain*, *rakemu* — *raisim raisin*, *omo* (cl *homo*) — *om on*, *fumu* — *fum fun*, *alume* — *alum alun*, *damu daim dam*; *plenu* — *plein*, *bene* — *bien*, *senu* (cl. *sinum*) — *sein*, *vinu* — *vin*.

b) Devant une consonne.

§ **181.** Les nasales doubles *mm* et *nn* se réduisent. Dans l'orthographe, *mm*, *nn*, intervocaliques en français, persistent encore plus tard à côté de *m* et de *n*. Exemples *flamma* — *flamme flame*, *somma* — *somme*, *yemma* — *gemme geme*, *yemmatu* — *gemmet gemet* (Roland d'Oxford), *penna* — *penne*, *annellu* — *annel anel*.

2) En finale secondaire, *mm* est, comme le lat. vulg *m* (v. § 180, 2), devenue *n*; *nn* a persisté à l'état de *n*. Exemples. *sommu* — *som son; annu* — *an*, *pannu* — *pan*, *vannu* — *van*.

Remarque. — Pour *nns* — *nz* (*nts*), v. § 103 page 69.

§ **182.** Les groupes *mn*, *m'n*, quand ils sont intervocaliques à l'intérieur d'un mot en français, deviennent *m* (transcrite également *mm*), en passant par *mm* Exemples. *damnaticu* — *dammage damage sommu* — *somme*, *escamnu* — *eschamme eschame; seminare* — *semer*, *entaminare* — *entamer*, *nominare* — *nommer nomer*, *ruminare* — *rumer*, *alluminare* — *allumer*, *domina* — *damme dame*, *femina* — *femme feme*, *lamina* (cf. § 19 Rem) — *lame*, *-umine* (v. § 120 Rem.) — *-ume*.

Remarque. — Pour la chronologie phonétique, cf. § 78, 1 b. — Dans les mots savants, le groupe *mn* a d'abord persisté, plus tard il est devenu *n* en passant par *nn*, p. ex. *colomne* (et aussi *colompne*) *colonne* (cl. *columna*), *damner* (et aussi *dampner*) *danner* (Steph. 25, cl. *damnare*), *solemnitet solennitet* (cl. *solemnitatem*), *automne autonne* (cl. *autumnum*), *omnipotent onipotent* (*omnipotentem*). Dans d'autres cas comme dans le vfr. *runer* à côté de *rumer* (*ruminare*), il semble que l'on soit en présence d'une différenciation dialectale. Il reste encore à rechercher d'une façon approfondie les raisons pour lesquelles *minu*, *-mnu* apparaît, en dehors de *-mme*, *-me*, sans *-e* d'appui, sous la forme *-m*, *-n*, p. ex *damnu* — *dame* et *dam dan*, *domnu* — *dame* et *dam dom don*

§ 183. *n'm*, *nm* ont également donné *m*. Exemples: *anima* — *anme ame*, *Yeronimu* (*Hieronimu*) — *Jerome;* à la limite d'un mot *en minare* — *enmener emmener*, *gran[di]mente* — *granment gramment.*

Remarque. — On peut se demander, jusqu'à quel point *nm* qui, dans l'orthographe, subsiste longtemps à côté de *mm*, *m*, représente encore dans ce cas le son primitif ou simplement une orthographe historique. *Aneme* (*anima;* Alex, Roland d'Oxford et ailleurs) est savant (dissyllabique en métrique; cf. § 76 Rem.). Par dissimilation, *n'm* a encore donné *lm* et *rm*, dans lesquels il faut voir des transformations originairement étrangères au dialecte francien, p. ex. *animalia* — *almaille aumaille*, *anima* — *alme aume* et *arme*, *menimu* — *merme*

§ 184. Devant les explosives labiales ou les spirantes, *m* persiste, *n* devient *m* Exemples: *gamba* — *jambe*, *ambulare* — *ambler*, *amplu* — *ample*, *templu* — *temple;* *envolare* — **emv(o)lare* — **emler embler*, *enfas* (cl *infans*) — *emfes*, *en(de)portare* — *emporter*

Remarque. — Le changement de *n* en *m* fait-il supposer partout, comme on l'admet, une prononciation bilabiale de la labiale suivante, c'est une question qu'il est difficile de résoudre. Dans *enfant*, *enfern*, etc, on explique le maintien de *n* par ce fait, qu'*en* a été senti comme élément de composition

§ 185. Devant les explosives dentales et les spirantes, *n* persiste, *m* devient *n*, même quand elle ne se trouve devant une dentale que par transformation secondaire. Exemples: *vendere* — *vendre* *ventu* — *vent*, *insemul* — *ensemble*, *consiliu* — *conseil;* *prim(u) temp(u)s* — *printens*, *sem(i)ta* — *sente*, *am(i)ta* — *ante*, *dom(i)tare* — *donter danter* (cf. § 93 Rem.), *comp(u)tu* — *conte*, *comp(u)tare* — *conter*, *amb(e)doos* — *andóus;* *vendemiu* — *vendenge* (*vãndãndže*), *commeatu* — *congiet* (*cõndžiet*)

Remarque. — Le français *ns* — lat. *ns* ne se rencontre que dans des composés et des mots d'emprunt Cf. § 23

§ 186. Devant les liquides *l*, *r*, il se forme après la nasale une lettre de liaison orale. Ainsi *ml* devient *mbl*, *mr* devient *mbr*, *nr* devient *ndr*. Exemples: *insem(u)l* — *en-*

semble, um(i)le — umble, trem(u)lare — trembler, sim(i)lare — sembler, com(u)lare — combler; num(e)ru — nombre, cam(e)ra — chambre, Samara — Sambre, rememorare — remembrer, gem(e)re — gembre, prem(e)re — prembre, pon(e)re — pondre, ten(e)ru — tendre, ken(e)re — cendre, ten(e)r(e) abes — tendrus, Veneris die — vendresdi, engen(e)rare — engendrer.

Remarque. — Cf. page 69. Pour *ndl* qu'on s'attendrait à voir sortir de *nl*, nous manquons d'exemple. *Espingle*, qu'on explique par *espinula*, peut avoir subi l'influence de *cingle, angle*, etc. A la limite des éléments de composition, *n* disparaît devant *l* dans les mots atones par position *el (en lo) es (en les)*. *Preindre (premere), geindre (gemere), creindre (tremere*, v. § 11, 5), etc., sont des formations analogiques d'après *feindre, plaindre*, entre autres. — En picard et en wallon, il ne s'est pas introduit de lettre de liaison entre la nasale et la liquide.

§ 187. Devant une palatale, on trouve, en latin, *n* avec la valeur *ŋ*, qui persiste en français, quand la palatale persiste. Exemples: *loŋgu — lonc (lõŋc), oŋkua — onque-s (õŋkes), joŋcu — jonc (džõŋc).*

Remarque. — Pour les destinées de *ŋ* devant *y* et devant le groupe palat. + cons., v. §§ 153, 2, 161, 163.

c) Après une consonne.

§ 188. Après les labiales et les dentales, les nasales (excepté *n* après *m*) restent invariables: *blasph(e)mare — blasmer, est(i)mare — esmer, sep(ti)mana — semaine, tes(ti)moniu — tesmoing, lacr(i)ma — lairme, arma — arme, ermu* (v. § 19) — *erm, verme — verm, firmu — ferm; jovene — juevne, juene, galbinu — jalne, jaune, as(i)nu — asne, al(i)na — alne, aune, alnu — alne, aune, ibernu — ivern, infernu — enfern, cornu — corn, fornu — forn, alburnu — alburn, auburn.*

Remarque. — Pour *mn*, v. § 182. — Dans le groupe *rmn, mn* est également devenu *m*, p. ex. *term(i)nu — terme, carm(i)nare — charmer.* — *carpinu* a donné, en conformité avec la règle formulée ici, *charne* à côté duquel il reste à expliquer *charme.* — Dans les mots savants, *n*, dans les proparoxytons au commencement de la syllabe post-tonique, s'est changée en *r*, p. ex. *ordre (ordinem), cofre (cophinum), timbre* (v. § 114 Rem.), *pampre (pampinum)*, et aussi (cf. § 111) *juevre (juvenem), Estevre (Stephanum), antievre (antephona*, gr. ἀντίφωνος). — Sur les destinées du groupe palat. + nasale cf. § 160.

d) En position interconsonnantique.

§ **189.** 1) Dans les groupes *rm's*, *rn's*, *rm't*, *rn't*, les nasales tombent. Exemples: les nominatifs *vers* (*vermis*), *estors*, *enfers*, *jurs*, *cors*, *ivers*; *dorm(i)t* — *dort*; *dorm(i)tori̯u* — *dortoir* (cf. § 122, 2 Rem.), *torn(e)t* — *turt* (subj. prés.). *enferm(i)tate* — *enfertet*.

2) *rm'r* devient *rbr*, la nasale labiale (sonore) devenant, entre les deux consonnes orales, une labiale orale. Exemple: *marm(o)re* — *marbre*.

3) Finales.

§ **190.** Quand *m* se trouvait à la fin d'un mot en latin, elle est déjà devenue *n* à l'époque prélittéraire du français; *n* a persisté. Exemples: *rem* — *rien*, *tom* (cl. *tŭum*) — *ton*, *som* (cl. *sŭum*) — *son*, *en* — *en*, *non* — *non*.

Remarque. — Pour *ja*, *que*, *so*, v. § 22 Rem., pour *nen ne* § 96 Rem.

C. Appendice: Les consonnes en relation avec i̯ et u̯ suivants.

1. Les consonnes devant i̯[1]).

a. Consonnes orales.

Explosives et spirantes

bi̯ vi̯.

§ **191.** Les labiales sonores palatalisées *b*, *v* donnent *dž* (transcrit *g*, *j*), qu'elles se trouvent en position intervocalique (a) ou post-consonnantique (b). Exemples: a) *cavi̯a* — *cage* (*cadže*; cf. § 139 Rem.), *dilŭvi̯u* — *deluge* (cf. § 66 Rem.), *vedovi̯u* — *veduge*, *quadrovi̯u* — *cadruge*; *gobi̯a* — *guge*, *robi̯u* — *ruge*, *tibi̯a* — *tige*, *laubi̯a* — *loge*, *rabi̯a* — *rage*; *abbrevi̯are* —

[1]) On ne tient pas compte, dans l'exposé suivant, de l'influence des consonnes palatalisées sur les transformations d'un *a* tonique libre qui suit. Cf. § 52, 1 b et § 53, 2. Pour les formes verbales formées avec la voyelle thématique *i̯*, cf. la morphologie § 318, 2.

abregier, grevi̯are — gregier, levi̯ari̯u — legier; Sabi̯acu — Sagy, gobi̯one — gujon. — b) *Salvi̯a — salge sauge, alvi̯a — alge auge, cervi̯a — cierge* (cf. § 48 Rem.); *lombi̯a — longe; servi̯ente — serjant, cambi̯are — changier.*

Remarque. — On trouve un traitement irrégulier des groupes *bi̯, vi̯* dans les noms de parenté *aiuel* (*a̬velu*), *taie* (*atavi̯a*), *taion* (*atavi̯one*), qui doivent leur forme phonétique à la prononciation enfantine. *Pluie* est ramené au lat. vulg. *ploia*, qui serait venu de *plovi̯a* d'après *pluere*. Pour *gcole* (*cavi̯ŏla*), v. § 103, page 67, pour *ai* (*habeo*), *dei* (*debeo*) et la forme plus récente *aiant* (part prés. de *aveir*), v. l'étude des flexions §§ 348, 4 d, 348, 2 c. Ne présentent pas une formation populaire, entre autres, *flueve, deluvie, Arabie.*

pi̯ fi̯.

§ 192. 1) La labiale sourde palatalisée *p* devient la chuintante sourde *tš* (transcrite *ch*). Exemples: *sapi̯a — sache* (*satše*), *api̯a — ache, sepi̯a — seche, hapi̯a — hache; api̯ari̯u — achier, appropi̯are — aprochier, repropi̯are — reprochier, Clipi̯acu — Clichi, sapi̯atis — sachiez.*

Remarque. — *Saye* vient du roman **sabi̯u* (pour **sabidu = sapidu?* avec permutation de la désinence). Le vfr. *saive*, qui se rencontre à côté du premier, présente une forme dialectale. — Pour la 1 pers. sing. prés. ind. de *saveir, receivre, deceivre*, etc.: *sai, receif, deceif*, v. la morphologie §§ 348, 4 d, 348, 2 b, 348, 1; pour *pigeon*, cf. page 67.

2) *fi̯* n'existe pas dans les mots d'origine latine. Cf. *cŏfi̯a* (germ. *kuppja*) — *coiffe*, et peut-être encore *grafi̯a* (gr. *γραφίον*) — *graiffe greffe.*

ti̯.

§ 193. *ti̯* intervocalique donne *ž*, puis, un *i* épenthétique s'étant formé, de ce *ž* sort *iz* (transcrit *is*), qui devient, à la fin d'un mot en français, par suite de la chute de la sonorité, *is*. Exemples: *poti̯one — poison, oti̯osu — oisdus, titi̯one — *tiison tison, sati̯one — saison, rati̯one — raison, buti̯one — büison; preti̯are — preisier, adsati̯are — assaisier; Sarmati̯a — Sarmaise, menuti̯a — menuise, preti̯at — *prieiset priset, preti̯u — *prieis pris, palati̯u — palais.*

Remarque 1. — Pour *raison*, entre autres, cf. § 80 Rem. — Sont savants, entre autres *absolution, devotion, discretion,* *accusation*, *acquisition*, *admonition*, *cogitation*, *abitation*, *patience*, *preciós*, *graciós*, et en outre, avec transformation irrégulière de *ti̯* post-tonique, entre autres: *grace* (c à. d *gratse*; *gratia*), *espace* (*spatium*), *negoce* (*negotium*), *ostruce* (*avis struthio*), *generace*, *astuce* (*astutia*), dont on n'a que des exemples récents On ramène *piece* qui est d'une étymologie obscure, à **petti̯a* ou à **pęti̯a* (cf. §§ 48, 199), *mace* à **matti̯a* (cf. § 196), *place* à **platti̯a* (formé d'après **plattus* el *plateu*, gr πλατεῖα). *Puiz* (cl *pŭteus*) reste choquant à côté de *pris*, *palais*; peut-être faut-il y voir une transformation due à la phonétique syntactique. Cf. § 135, 2 Rem. — Pour *arraisnier* (*adrati̯onare*), *asaisnier* (*adsati̯onare*), cf § 129.

Remarque 2. — Le suffixe *-eti̯a* (cl *-ĭti̯a*) a donné régulièrement *-eise*. *prodeti̯a* — *prodeise*, et après une palatale peut-être (cf. § 44 1) *-ise*. *franchise*, *richise* (Poema Morale), à côté desquels *richeise*, *justise*, etc , viennent d'une permutation de suffixes, et d'autre part *-ece* dans *richece*, *parece* etc., et *-ice* dans *avarice*, *letice*, *justice*, *premices* *immondices* etc. représentent des formations plus récentes et non populaires On ne trouve pas d'exemples d'*-eis* (ou *-is*) = *ęti̯u*, à la place duquel on rencontre *-ise*, *-ice* (*servise*, *service*), qui est analogique et savant

§ 194. *sti̯* devient en passant par *š*, *is* (transcrit *iss* en position médiale *is* à la fin d'un mot). Exemples *frosti̯are* — *froissier*, *osti̯u* — (cf. § 68 Rem. — *uis*. *posti̯ voy* — *puis*, *besti̯a* — **bieisse bisse* (cf. § 50), *angosti̯a* — *angoisse*.

Remarque. — N'appartiennent pas à l'ancien fonds héréditaire, entre autres, *oiste* (*hostia*). *bestial* (*bestialem*). *Crestiien* (*Christianum*), *question*. Le fr. *beste* vient du lat vulg. *besta* (à côté de *bestia*)

§ 195. Après des consonnes autres que *s*, *ti̯* devient *ts* (transcrit *c*, *z*). Exemples · *capti̯are* — *chacier* (*tšatsier*), *corrupti̯are* — *corrucier*, *sucti̯are* — *sucier*. *tructi̯are* — *trucier*, *directi̯are* — *drecier*. *estricti̯are* — *estrecier* *esforti̯are* — *esforcier*, *enterti̯are* — *entercier*, *sorti̯ariu* — *sorcier*, *alti̯ore* — *alzóur auzóur*, *exalti̯are* — *esalcier esaucier*, *cominti̯are* — *comencier*, *canti̯one* — *chancon* (*tšãntsõn*), *nonti̯are* — *noncier*, *Quinti̯acu* — *Quinci*; *min(u)ti̯are* — *mincier*; *nopti̯as* (cf. § 17 Rem) — *noces*, *nepti̯a* — *niece* (cf. § 48 Rem), *capti̯at* — *chacet*, *matti̯a* (v § 193 Rem. 1) — *mace*, *platti̯a* (v ib.) — *place*, *Escotti̯a* — *Escoce*, *tracti̯at* — *tracet*, *escorti̯a* — *escorce*, *forti̯a* — *force*, *Marti̯u* — *Marz*, *abanti̯at* — *avancet*, lé suffixe *-antįa* — *ance* comme dans *infantįa* — *enfance*, *cadentįa* — *ched-ance* (cf § 11, 3 b).

Remarque — *Ainz* présente des difficultés; ce mot, s'il vient d'**antįus*, fait supposer pour *'ntįu* une autre transformation que pour *'ntįa*. Cf. *nontįu* — *noinz* *Doiz* (*doctįo*) peut avoir subi l'influence de *doit* (*doctu*, cf. § 158). — *Cuisson* (*coctįone*) a été formé d'après l'analogie de *cuire*. — Sont savants, entre autres, *affliction*, *entencion*, *redemption*. — Le dialecte picard présente *tš* (transcrit le plus souvent *ch*) à la place du francien *ts*: *cachier*, *canchon*, *march*, etc. Cf. § 198 Rem

si̯.

§ 196. *si̯* intervocalique devient *iz* (transcrit *is*) en passant par *z'* et, quand il est final en français, *is* Exemples: *masįone* (cf. § 23) — *maison* (*maizon*), *tosįone* — *toison*, *basįare* — *baisier*, *nausįare* — *noisier*, *clausįone* — *cloison*, *advisįone* — **aviison* *avison*; *kervesįa* — *cerveise*, *basįat* — *baiset*, *nausįa* — *noise*, *artemesįa* — *armeise*, *ecclesįa* (cf. § 29, 1) — **egliese* *eglise*; — *pertusįu* — *pertuis*, *Dionysįu* — *Denis* (demi-savant), *Yervasįu* — *Gervais*

Remarque. — Pour *seus* issu de la forme antérieure *seus* (*segusįu*), v. § 201 Rem. (*cui*) — Sont savants *Denise*, *Ambroise* (*Ambrosius*), etc., et les mots *Denisie*, *vision*, *confusion*, *avision* etc, qui se rapprochent encore davantage de leurs racines

§ 197. *ssi̯* a donné *is* (transcrit *iss* en position médiale, et *is* à la fin d'un mot), *nksi̯* a donné *ins*. Exemples: *bassįare* — *baissier*, *messįone* — *meisson*; *grassįa* (issu de *crassus*; cf. § 27, 1) — *graisse*, *espessįat* — *espeisset*, *grossįa* — *groisse*; *espessįo* — *espeis*.

anksįu (*anxia*) — *ainse*

Remarque — *Passion*, *procession*, *confession* sont savants

ki̯.

§ 198. *ki̯* intervocalique devient *ts* (transcrit *c*, *z*). Exemples: *akįarįu* (issu du cl. *acies*) — *acier* (*atsier*), *Bukįacu* — *Buci*, *Pakįacu* — *Paci*; *fakįa* (cl *faciem*) — *face*. *fakįat* — *facet*, *glakįa* (cl. *glaciem*) — *glace*, *menakįa* — *menace*, *vekįa* — *vece*, *focakįa* — *fuace*, *lukįu* — *luz*, *solukįu* — *sulaz*, *setakįu* — *sedaz*, *brakįu* — (cf. § 29, 3) — *braz*, *lakįu* (cl. *laqueus*) — *laz*, *factikįu* — *faitiz*.

R e m a r q u e. *croisier* et *apaisier* sont des dérivés français de *crois*, *pais* (v. § 135, 2 Rem.). *Oison* (lat. vulg *auk̯one*, Glossaire de Cassel 84) a été formé sur *oisel* (*aukellu*, v. § 26). — Sont dues, en outre, à une analogie les formes verbales plus récentes *fais*, *plais*, *gis*, les subj. *gise*, *plaise*, *luise*, etc. (v. l'étude des flexions) et les terminaisons *-is*, *-ise* dans le mot demi-savant *judis judise* (*judĭcium*). Pour *espice*, *Galice*, *Grice*, cf. § 68 Rem. — Le p i c a r d présente *tš* (transcrit le plus souvent *ch*) à la place du francien *ts*: *fache*, *brach*, etc. Cf. § 195 Rem.

§ 199. A p r è s u n e c o n s o n n e, *k̯* devient également *ts* (transcrit *c*), excepté dans le groupe *sk̯* qui donne *is*: a) *calk̯are* — *chalcier chaucier*, *Colk̯acu* — *Colci*, *lank̯are* — *lancier*, *arcione* (issu d'*arcus*) — *arcon* (*atson*); *lank̯a* — *lance*, *Frank̯a* — *France*, *ǫnk̯a* — *once*, *ork̯a* — *urce*, *calk̯a* — *chalce chauce*, b) *pisk̯one* — *peisson*, *fask̯a* — *faisse*.

R e m a r q u e. — On n'a pas encore complètement éclairci le fr. *nice* qui, s'il vient du lat. *nescius*, est une formation demi-savante issue de *nęsk̯u*, ou correspond au fém *nęsk̯a*. — En p i c a r d, ici encore *tš* correspond au francien *ts*: *lanchier*, *archon*, *Franche*, etc. Cf. § 198 Rem.

Liquides.

l̯.

§ 200. *l̯*, *ll̯* deviennent *l̯*, en passant par *il̯*.

1) Cette *l̯* persiste, quand elle est m é d i a l e entre des v o y e l l e s, et quand elle est f i n a l e (transcrite *ill*, *li*, *ll*, *l* [devant *i*], *il*). Exemples *al̯iorsu* — *ailliurs* (*aliurs*), *mol̯ére* (v. § 15, 2) — *moillier*, *tal̯iare* — *taillier*, *col̯one* — *cuillon*, *moll̯are* — *muillier*; *fil̯a* — *filie*, *mil̯a* — *milie*, *battal̯a* — *bataille*, *pal̯a* — *paille*, *tel̯a* — *teille*, *fǫl̯a* — *fueille*, *dǫl̯u* — *dueil*, *dol̯u* — *duil*, *col̯u* — *cuil*, *jul̯u* — *juil*, *al̯u* — *ail*, *consil̯u* — *conseil*; *mall̯u* — *mail*; *metall̯a* — *medaille*;

2) D e v a n t u n e c o n s o n n e *l̯*, par suite de la chute du mouillement, donne *l*. Exemples *travail* + *s* — *travalz travalz travauz*, *fil̯us* — *filz*, *mel̯ius* — *mielz*, *mel̯or* — *mieldre*. *consel̯et* — *conselt*

R e m a r q u e. — Cf. § 159. — Ont la f o r m e d e m o t s d' e m p r u n t, entre autres, *concire* (*concilium*), *navire* (*navilium*), *Basire* (*Basilium*) (v. § 148, 2 Rem.), *palie pai-le* (*pall̯ium*), *huile* (*ŏleum*). Pour *z* (*ts*) qui se trouve à la place de *s* après *l*, v. page 69; pour les destinées postérieures de *l* issu de *l* § 282.

rị.

§ 201. *rị* intervocalique devient *ŕ*, puis *ir* en est sorti grâce au développement d'un *i* épenthétique Exemples: *varịu* — *vair*, *mestẹrịu* (v. § 80 Rem.) — **mestieir mestir* (v § 50), *cọrịu* — **cueir cuir* (v. § 62), *mọrịo* — *muir*, *dormitorịu* — *dortoir*, *arịa* — *aire*, *parịa* — *paire*, *ferịa* — *feire*, *ferịat* — **fieiret firet*, *mọrịat* — **mueiret muiret*; *varịọla* — *vairol* (demi-savant).

Remarque. — Présentent un traitement irrégulier de nombreux mots d'emprunt, qui offrent des formes différentes suivant l'époque de leur pénétration, p. ex *ivoire* (*ebŏreum*), *empire* (*impĕrium*), *adversaire* (*adversarium*), *ciroire* (v. § 106, 1 Rem.), *contraire* (*contrarium*), *seroige* (*sororium*), *cirge* (*cereum*); *glorióus* (*gloriosum*), *furióus* (*furiosum*), *baptistẹ́rie* (*baptisterium*), *glọ́rịe* (*glōrium*), *memọ́rịe* (*memōriam*) — Dans *eur* (*agurịu*, cl. *augŭrium*) qui tient la place de **euir*, le groupe de voyelles *eui* apparaît, de bonne heure, réduit à *eu* — Pour *-arịu* — *-ier*, v. § 56, 2 Rem., pour les formes verbales *fieret* (*ferịat*), *fier* (*ferio*), etc dues à une assimilation, v. la morphologie § 347.

§ 202. *Rị* postconsonnantique devient de même *ŕ*, puis *r* par l'introduction d'un *i* dans la syllabe précédente. Exemples. *cọprịu* — **cueivre cuivre*, *ẹbrịu* — **ieivre ivre*, *arbétrịu* — *arveire* (cf. § 112 Rem.), *ọstrịa* — *uistre*; *repatrịare* — *repaidrier*, *materịame* — *maidrien*, *empastorịare* — *empaistrier*.

Remarque. — Pour *propre*, *sobre*, v. § 109 Rem., pour *aitre*, v § 118 Rem.

b. Consonnes nasales.

nị.

§ 203. *nị*, *nnị*, *gnị*, intervocaliques en latin vulgaire, donnent *ń*. Cet *ń*

1) a persisté, quand il est final en français (transcrit *ing*, *ign*, et dans certains dialectes *ingh*, *inh*, *ing*) *companio* — *compaing* (*cōmpāń*), *manịo* — *maing*, *testimonịu* — *tesmoing*, *junịu* — *juing*, *banịu* (v § 174 Rem.) — *baing*, *cọnịu* — *coing*, *enyẹnịu* — **engieing enging* (cf. § 153 Rem.), *lineu* — **liń ling*.

2) Devant une consonne, par suite de la chute du mouillement, il est devenu *in* (transcrit *in*): *compaing* + *s* — *compainz* (*cõmpãints*), *junius* — *juinz*, *testimoni̯et* — *tesmoint*, *engini̯et* — **engieint engint*.

3) Quand il est encore intervocalique en français, il est devenu, par la perte de l'*i* épenthétique, *ń* (transcrit *ign*, *gn*, et dans certains dialectes *ngh*): *testimoni̯are* — *tesmoignier*, *besoni̯are* (lat. vulg. *soni̯u*) — *besoignier*, *gwadani̯are* (franc **waidanjan*) — *gadaignier*, *bani̯are* — *baignier*, *ọni̯one* (cl. *unionem*) — *oignon*, *seni̯ore* — *seignóur*; *mani̯at* — *maignet*, *vini̯a* — *vigne*, *Brettani̯a* — *Bretaigne*, *Campani̯a* — *Champaigne*, *tẹni̯a* (cl. *tĭnea*) — *teigne*, *arani̯a* — *araigne*, *castani̯a* — *chastaigne*, *Saxoni̯a* — *Saissoigne*, *Wasconi̯a* — *Guascoigne*, *carọni̯a* — *charoigne*, *grọnni̯at* — *groignet*, *ensẹgni̯a* — *enseigne*.

Remarque. — Présentent la forme de mots d'emprunt, entre autres, *demeigne* (*dominium*), *Antoine Antoine* (*Antonium*), *estrange* (*extraneum*), *lange* (*laneum*), *linge* (*lineum*), *grange* (*granea*) — Pour *sẹni̯or* — *sire*, cf. § 10, 4 Rem., pour *z* (*ts*) qui se trouve à la place de *s* après *ń*, page 69.

§ **204.** *mni̯* a donné *ndž* et, en outre, mais plus rarement et dans des conditions qui n'ont pas encore été éclaircies, *ń*. Exemples: *somni̯are* — *songier* (*sõndžier*) *songnier* (*sõńier*), *dom(i)ni̯one* — *donjon* (*dõndžon*) *dognon* (*dõńon*); *calọmni̯a* — *chalonge caloigne*, *somni̯u* — *songe*.

mi̯.

§ **205.** *mi̯* et *mmi̯* deviennent *ndž* (transcrit *ng*) Exemples. *vendemi̯a* — *vendenge*, *simi̯u* — *singe*; *commi̯atu* — *congiet*.

2. Consonnes devant u̯.

§ **206.** Les groupes du lat vulg. formés d'une cons. + *u̯*, qui n'ont pas été, dès l'époque du latin vulgaire, réduits de nouveau par la chute de leur deuxième élément labial (v. § 20, 4), se sont, en vieux français, transformés de la façon suivante:

1) Dans les groupes formés d'une explosive simple ou de *v* + *u̯*, le premier élément consonnantique s'est assimilé à l'*u̯* suivant:

a) Puis si cet *u̯* reste intervocalique, il devient, après l'accent tonique, la dento-labiale *v*; devant l'accent tonique, il persiste après *a*, *e* comme spirante labiale et donne *w*, tandis que, dans la même position, il s'assimile aux voyelles labiales (*u*, *o*) qui précèdent. Exemples *vedu̯a* (cl. *vidua*) — *veve; abu̯isti — awis, plaku̯isti — plawis, credu̯isti — crewis, crevu̯isti — creüis, cognovu̯isti — conuis, potu̯isti — pois.*

b) Devant une consonne ou devant *i*, *u̯* post-tonique s'est vocalisé en *u*, lequel s'unit à la voyelle précédente de manières différentes. Exemples: *abu̯it — au(i)t — óut, plaku̯it — plout, debu̯it — dut, abu̯erunt — óurent; sapu̯i* voy — *soi, abu̯i* voy — *oi, potu̯i* voy — *poi*

2) Dans les groupes *lu̯* et *nu̯*, *l* et *n* ont persisté, *u̯*, en position posttonique ou protonique, (a) est devenu, devant une voyelle, la spirante labiale *v*, et (b) est tombé devant une consonne et devant *i*. Exemples: *anu̯ale* (cl. *annualem*) — *anvel, yenu̯aru̯u — janvier, tenu̯e — tenve, tenu̯isti — *tenvis, volu̯isti — *volvis, volu̯isse — *volvisse* b) *volu̯it — volt, tenu̯it — tint, ténu̯erunt — tindrent, volu̯i* voy — *voil, tenu̯i — *tini*

Remarque. — Cf., pour les formes de parfaits forts de la classe *-ui*, qui se trouvent dans ce paragraphe, la morphologie §§ 342, 3, 349, 3.

Chapitre IV.

Les sons en vieux français et leurs transformations ultérieures.

I. Vocalisme.

A. Voyelles toniques.

Dans la suite nous allons donner les sources principales des voyelles toniques qui se trouvent dans le dialecte francien au commencement de l'époque littéraire, et esquisser leurs transformations ultérieures jusque vers la fin de l'époque du vieux français.

§ 207. Vers l'an 1100, le francien possédait dans la syllabe frappée de l'accent tonique, 1) les monophthongues orales *ị e ẹ a ọ ụ* (o) *ü*, 2) les diphthongues et triphthongues orales *ẹ́i* (*ai*) *éi ọ́i ói üi áu ọ́u óu óu éu ié ué iéu* (*ẹ́au*), 3) les monophthongues nasales *ĩ ẽ ã ọ̃ ũ*, 4) les diphthongues nasales *ãi ẽi õi ũi iẽ uẽ*.

1. Monophthongues orales.

i.

§ 208. *ị* vient

1) du lat. vulg. *i*, libre ou entravé, p. ex *qui, rire, vis; ville*. V. § 36;

2) du lat. vulg *i* + *ị* épenthétique, p. ex. *mie, dire*. V. § 38;

3) du lat. *i* et du grec ultérieur *ί* = *η* dans les mots d'emprunt, p. ex. *livre, reliques, epistre; tapis*. V. § 39, 1 a Rem., § 40, 1 b Rem, § 41 Rem.;

4) du lat. vulg. *ẹ* + *ị* épenthétique, p. ex. *mi, diz, lit, pri, piz*. V. § 50,

5) du lat vulg. *e* libre après une palatale, p. ex. *cire, cire, plaisir*. V. § 39, 1 b;

6) du lat. vulg. *a* + *ị* épenthétique, quand *a* est précédé d'une palatale, p. ex. *gist, Champigni*. V. 56, 2,

7) d'*e*, libre ou entravé, sous l'influence d'un *i* contenu dans la syllabe suivante, p. ex. *fis, cist*. V. § 43.

§ 209. *i* persiste en français.

Remarque. — A *virge* (v. § 41 Rem.) et à *cirge* (v § 44 Rem.) se sont substitués, dans la langue écrite, d'une façon encore insuffisamment éclaircie, *vierge* et *cierge* avec *ie* à la place de l'*i* qui s'y trouvait antérieurement

e.

§ 210. Il y avait, vers la fin du XIII. siècle, trois *e* différents qui ne riment pas ensemble dans les assonances et, par conséquent, ont eu une prononciation différente. Ce sont *é*, *ẹ* et *ę*.

§ 211. 1) *ẹ* correspond à *e* entravé du lat. vulg. et du rom. (excepté quand la syllabe suivante contient un *i*, v. § 43), p. ex. *metre, espes; dette*. V. § 41 et § 39, 2

2) *ẹ* vient d'*a* libre du lat vulg. et du rom. (excepté après une palatale, v. § 52, 1 b), p. ex. *pẹrt* (*paret*), *nẹs*, *fẹve*, *frẹdre rẹdre*. V. § 52, 1 a

D'après ce que nous enseignent les rimes, *ẹ* devant une consonne s'est changé en francien, depuis environ le milieu du XIII siècle, en *ę*

Avant qu'en francien *ẹ* ne fût devenu *ę*, il a donné, avec un *u* suivant issu de *l* ^{cons}, la diphthongue *ẹu* (v § 281), qui s'est transformée, depuis le XIII. siècle, en *o* en passant par *öu*. Ce son reste représenté par *eu*, p ex *eus* (antérieurement *ẹls*, cl *illos*), *ceus* (*cẹls*), *cheveus* (*chevẹls*). L'histoire des transformations d'*ẹu* issu d'*ẹl* ^{cons} est moins éclaircie D'après de récentes explications, il faudrait admettre que le francien *ẹu* s'est changé en *ieu*, phénomène que l'on signale dans le frm *pieu* (*pẹl-s* — *palus*) et dans des formes fréquentes au moyen-âge dans les textes franciens, comme *tieus* (*talis*), *osticus* (*ospitalis*)

A la fin d'un mot, *ẹ* fermé persiste, p. ex. *amẹ* (*amatu*) *prẹ* (*pratu*).

Remarque. — Dans les auteurs anglo-normands, on trouve *ẹ* rimant avec *ę* dès le XII siècle *ẹl* ^{cons} en dehors de *eu* ^{cons}, est ici devenu *eau* ^{cons} en passant par *ęl* ^{cons} (cf. § 213). — En picard et en champenois, *ẹl* ^{cons} s'est changé en *ęl* ^{cons} et celui-ci, comme *ęl* ^{cons} primitif, en *iau* (à la place du francien *eau*, v § 213).

§ 212. *ę* correspond:

1) à *ę* entravé du lat. vulg ou du roman, p. ex. *pęrt* (*perdit*), *sęt*, *bęl*, *fęr*; *merle*, *berle*. V. § 48 et § 46, 2:

2) à *e* libre dans les mots savants, p. ex *secret*, *prophete*. V. § 39, 1 a Rem,

3) au français *ęi*, issu d'*ai* devant plusieurs consonnes, p. ex *męstre*, *pęstre* V. § 56

§ 213. Devant *l* entravé ou l'*u* qui en est sorti, *ę* est devenu *ęa*, puis *eá* Ce changement phonétique remonte par ses origines peut-être déjà au XI. siècle et avait, en francien, atteint son terme, avant qu'*ẹ* devant une consonne n'y coincidât avec *ę* (v § 211) Exemples *bęals* — *beáus* (*bellos*), *hęalme* — *heáume* (germ. *helm*) *pęals* — *peáus* (*pęllis*) Dans tous les autres cas, *ę*, en francien, est resté invariable devant une consonne

Remarque. — Les mots avec *ę* s'accroissent, dans le cours de la deuxième période, d'une façon considérable, en effet, peu à peu tous les *ęi*, qui n'étaient pas encore contractés, se contractent (v. § 223), et *e* primitivement fermé prend, quand il se trouve devant une consonne, une prononciation ouverte (v. § 211).

Devant *r* (et *rr*) entravé, on rencontre parfois, à la place d'*ę* primaire et secondaire, dans les auteurs franciens *a*, p. ex. *large*: *sarge* (*serica*) Ruteb., *haubert*: *pluspart* Villon, *part* (*parte*): *part* (*perdit*) ibid., *charge*: *verge* (*virga*) Marot, *alarmes*: *fermes* ibid.; on le rencontre aussi à la place d'*e* issu d'*ai*: *armes*: *larmes* (*lacrimas*) Ruteb. Ces formes n'appartiennent probablement pas au francien, mais trahissent une influence des dialectes sur la langue écrite. — En picard et en wallon, *ie* apparaît pour *e* en syllabe fermée: *fieste*, *iver* etc.

a.

§ 214. *a* vient:

1) d'*a* entravé du lat. vulg. et du rom., p. ex. *vache*, *pas*, *cal*, *bataille*, *asne*. V. §§ 54, 52, 2;

2) d'*a* dans les mots d'emprunt, p. ex. *pape*, *cave*, *leal*, *missal*. V. § 52 Rem. 1.

§ 215. *a* persiste en français. Pour *al* ^{cons}, v. § 57 3.

ǫ.

§ 216. *ǫ* correspond:

1) à *ǫ* entravé du lat. vulg. ou du roman, p. ex. *pǫrte*, *fǫl*, *cǫrn*, *dǫs*, *tǫst*; *Rǫsne*. V. §§ 60, 58, 2;

2) au lat. vulg. *au*, libre ou entravé, p. ex. *ǫr*, *chǫse*, *fǫrge*, *tǫle*. V. § 73;

3) aux sons lat. ō et ŏ dans les mots d'emprunt, p. ex. *nǫble*, *devǫt*, *escǫle*, *rǫse*. V. § 64 Rem., § 58 Rem.

§ 217. En passant dans le français moderne, *ǫ* est devenu *o*, quand il se trouvait à la fin d'un mot et quand il se trouvait devant *s* intervocalique ou devant *s* assourdi dans le groupe *s* + cons., p. ex. *do(s)*, *devo(t)*, *hôte*, *côte*, *chose*, *rose*; au contraire *pǫrte*, *fǫrge*, *fǫl*, *écǫle*, *rǫle*. La question de savoir, si cette différenciation qui existe en français moderne remonte à l'époque du vieux français, nécessite encore des recherches approfondies.

Avec un *u* suivant, issu de *l* cons, *ǫ* a donné la diphthongue *óu* (v. § 281 sq.), qui, au XIII siècle, est devenu *u* en passant par *óu* Ce son reste représenté par *ou* qui, vers la même époque, est également employé dans les textes franciens, pour représenter un *u* antérieur (v. § 219) Exemples: *fous* (*fols*), *chous* (*chǫls*, *caulis*)

Remarque. — Il faut voir l'influence d'autres dialectes dans les cas, où, au lieu d'*ǫ* devant cons., les textes franciens présentent *ou* (p. ex. *chouse*, *repouse*). Dans *lou* (*laudo*), *loues* etc., *ou* (phonétiquement *u*) est, au contraire, venu des formes accentuées sur la terminaison, dans lesquelles *u* était, devant une voyelle, sorti de bonne heure de l *ǫ* primitif en passant par *o*.

ụ.

§ 218. *ụ* vient d'*o* entravé du lat. vulg. et du rom., p ex *cụrt*, *gụte*, *jụrn*; *dụtet*, *duze*. V. § 66 et § 64, 2. Cf. aussi § 64, 1 Rem.

§ 219. Avec un *u* suivant, issu de *l* cons, *ụ* a donné la diphthongue *óu* (v § 281 sq), qui, depuis le XIII siècle, s'est réduite à *u* Ce son reste représenté par *ou*, même après que s'est produite la réduction en monophthongue (cf. § 217). Exemples: *póudre* — *poudre* (*polvere*), *móut* — *mout* (*moltu*).

Dans tous les autres cas, *ụ*, excepté quand il est passé au son fermé correspondant, phénomène dont la chronologie n'est pas suffisamment établie, est resté invariable. Dans l'orthographe, on rencontre longtemps *o* à côté d'*u*, qui était incommode parce qu'il représentait également le son *ü* qui vient du lat. *u* (v. § 70). L'emploi d'*ou* pour rendre ce son se manifeste dans les manuscrits écrits en francien à partir du XIII. siècle, mais ce n'est que dans le cours du français moderne que cet usage a pénétré partout.

Remarque. — Les mots avec *u* s'accroissent dans des proportions notables à partir du XIII. siècle, par la réduction en monophthongue de la diphthongue *óu* issue d'*ǫu* (V. § 235.) — Remarquez aussi § 237 Rem.

ü.

§ 220. *u* correspond:

1) au lat. vulg. *u*, libre ou entravé, p. ex. *cure, us, nül, fust.* V § 70;

2) au lat. vulg. *é* + *u*, p. ex. *düt, crut.* V. § 45. Cf. aussi § 51 Rem., § 63 Rem, § 69 Rem.·

3) à *ū* dans les mots d'emprunt, p. ex *rude, estüde* V. § 64 Rem

§ 221. Le son *ü* est resté en français et a toujours été représenté par le signe *u*

2. Diphthongues et triphthongues orales.

ái-ẹ́i.

§ 222. La diphthongue *ẹi* vient.

1) du lat. vulg. *ai*, p ex *amai, chantai.* V. § 20,

2) du fr. *ai* = *a* + *i* épenthétique (excepté quand *a* est précédé d'une palatale), p. ex *faire, fait, vair, braie, fai* V. § 56,

§ 223. *ẹi* est devenu *ẹ*, à la place duquel, à la fin d'un mot, comme pour tout autre *ẹ* en même position, *e* est également attesté depuis environ le milieu du XIII. siècle Devant plusieurs consonnes, la réduction en monophthongue pourrait, comme on l'a admis § 56, s'être produite dès la fin du XI. siècle. Au commencement du XII. siècle, Ph. de Thaun fait rimer *Silvestre. maistre* Comp 485, *beste· paistre* ib. 1427, 1775. En d'autres cas on trouve *ẹi* devant une consonne terminant la syllabe, p. ex. *mais· apres* dans le chant des Croisés de l'année 1146. C'est à la fin d'un mot et devant une voyelle que la prononciation s'est maintenue le plus longtemps. Il reste encore à faire des recherches approfondies, notamment en ce qui concerne les dialectes — Pour *ai* dans *aigre maigre*, v. § 158 Rem. pour *ẹa* dans *ẹaue* (*akua*), v. § 155.

ẹi.

§ 224. *ẹi* vient:

1) d'*ẹ* libre du lat. vulg et du rom. (excepté quand une palatale précède, v. § 39 b), p. ex. *mẹi*, *mẹis*, *vẹit* V. § 39;

2) du lat. vulg. *ẹ* + *i̯* épenthétique, p. ex. *lẹit*, *nẹir*. V. § 44.

§ 225. *ẹi* est devenu, probablement en passant par *ói*, *ọ́i* qui, dans la syllabe tonique, est établi par des exemples remontant au milieu du XII. siècle et qui ne s'est peut-être produit d'abord qu'après les consonnes labiales. Exemples: *meis* — *mọ́is*, *veit* — *vọ́it*, *teit* — *tọ́it*, *neir* — *nọ́ir*. Pour les transformations ultérieures d'*ọ́i*, v. § 227

Remarque — Dans les dialectes normands et dans d'autres dialectes français de l'ouest, *ẹ́i* a donné non pas *ọ́i*, mais *ẹ́i* *ẹ́*. Une délimitation exacte du domaine d'*ei* dans le français de l'ouest manque encore. D'après le fait que la langue littéraire, à côté de la transformation habituelle d'*ẹ́i* en *ọ́i*, présente souvent celle d'*ẹ́i* en *ẹi* *ẹ* (transcrit *ai*), il paraît possible que la limite du domaine d'*ei* dans le français de l'ouest et celle d'*oi* dans celui de l'est aient touché la capitale, de telle sorte que, dans les mots du français écrit *monnaie* (*moneta*), *saie* (*seta*), *craie* (*creta*), *raide* (*regda*) etc., à côté de *moi*, *mois* etc., il faudrait voir des formes également autorisées du dialecte francien Cf aussi la morphologie § 365 pour les transformation des désinences de l'imparfait *-eie*, *-eies*, *-eit*, *-eient*. — Pour la réduction dialectale d'*oi* en *o* v. § 229 Rem.

ọ́i.

§ 226. *ọi* vient:

1) du lat. vulg *au* + *i̯* épenthétique, p ex. *jọ́ie* (*džọ́ie*), *nọ́ise*. V. § 74;

2) du lat vulg. *a* + *u̯i* dans les formes du parfait *ọ́i*, *sọ́i*, *plọ́i*, *pọ́i*. V § 57, 2.

§ 227. *ọ́i* issu d'*au* + *i̯* et *ọ́i* issu plus récemment d'*ẹ́i* (v. § 225) sont devenus, devant une consonne, depuis environ le commencement du XIII. siècle, *ọẹ́*, puis *ọẹ́* *u̯ẹ́*, en passant par *ọ́ẹ*. Ce son reste représenté par *oi*, à côté duquel on trouve isolément à partir du XIII. siècle, l'orthographe *oe*.

A la fin d'un mot et devant une voyelle, la même transformation s'est produite plus tard et en ce cas n'a pas atteint son terme avant le XVI. siècle.

Remarque. — Pour les formes de parfaits forts *ọi*, *sọi* etc., cf. la morphologie § 104. — V. § 229 Rem.

ọ́i.

§ 228. *oi* correspond au lat. vulg. *o* + *i̯* épenthétique, p. ex. *vóiz*, *connóis*, *angóisse*. V. § 68.

§ 229. Depuis la première moitié du XIII. siècle, on trouve *ói* dans les textes franciens rimant avec *ọ́i* antérieur (v. § 226) et avec *ọ́i* issu plus récemment d'*ei* (v. § 225), auxquels il s'est identifié en atteignant le degré phonétique *oẹ*.

En picard et dans les dialectes français de l'est, on rencontre *o* au lieu d'*oi*, quelle qu'en soit la provenance et dans une étendue de territoire qui n'a pas encore été délimitée avec précision.

ǘi.

§ 230. *ui* vient:

1) du lat. vulg. *ui*, p. ex. *cui*, *lui*, *fui*. V. § 72;

2) du lat. vulg. *u* + *i̯* épenthétique, p. ex. *früit*, *luist*. V. § 72;

3) du lat. vulg. *ọ* + *i̯* épenthétique, p. ex. *cuit*, *nüit*. V. § 62;

4) des lat. vulg. *ẹ* + *u̯i*, *ę* + *u̯i*, *ọ* + *u̯i* (*ǫ* + *u̯i*), p. ex. *estui*, *düi*, *nüi*, (*mui*). Cf. les §§ 45, 51, 63, 69 Rem.

V., en outre, § 68 Rem.

§ 231. *ui*, comme les rimes et les assonances d'*ui* : *i* permettent de la voir, est devenu, dans le cours du XII. siècle, *uí*. Ce son reste représenté par *ui*. Dans les dialectes *üi* a été réduit à *i* et à *u*.

áu.

§ 232. *áu* vient d'*al* + cons., p. ex. *háut*, *fáut*, *fáus*. V. § 57, 3 et § 174.

§ 233. *áu*, dans le francien, est resté, durant l'époque du vieu[illegible] l'accent tonique. Encore au XVI. siècle, les grammairiens nous attestent la prononciation *au*, *ao* à côté de la monophthongue *o*. Dans l'orthographe, on rencontre, à la place d'*au*, *al* étymologique, et dans des manuscrits récents, *aul*, p. ex. *altre*, *aultre* à côté d'*autre*.

Remarque. — *áu* s'est accru dans la deuxième période du vieux français par l'introduction de mots d'emprunt avec la diphthongue *au*, p. ex. *ráuc*, *cáut*.

ǫu.

§ **234.** *ǫ́u* vient:

1) du lat vulg. *a* + *ṷ*, p. ex. *fǫ́u*, *clǫ́u*, *ǫ́ut*, *pǫ́urent*. V. § 57;

2) du lat. vulg *au* + *ṷ*, p. ex. *pǫ́u*, *trǫ́u* V. § 75.

§ **235.** *ǫ́u* est, depuis environ le XIII. siècle, devenu *u* en passant par *óu* Ce son reste représenté par *ou* qui, à ce moment même, est également employé pour représenter orthographiquement l'*ụ* du vieux français (lat. vulg. *o*; v. § 219) Exemples: *trǫ́u* — *trou*, *clǫ́u* — *clou*, *Anjǫ́u* — *Anjou*

Remarque. — On pourrait être en présence d'une différenciation dialectale lorsque, dans *peu*, *bleu* (germ *blaw*) et ailleurs, *óu* issu d'*ǫ́u* est devenu *óu o* (transcrit *eu*) d'une façon identique à *óu* antérieur. (V. § 227.) Pour les formes de parfait des verbes en *ui*, qui sont accentuées sur la racine cf. la morphologie § 404. — *ǫ́u* (—*óu*—*u*) s'est beaucoup accru par la vocalisation de *l* dans le groupe *ǫl* ^{cons} (v § 217). Les transformations d'*ụl* ^{cons} (v § 219) aboutissent également au stade *óu*.

ọu.

§ **236.** *óu* vient·

1) du lat. vulg. *o* + *ṷ*, p. ex. *dóus*, *lóu*. V. § 69:

2) du lat vulg *o* libre, p. ex. *(h)onóur*, *góule*. V § 64.

§ **237.** *óu*, depuis le XII. siècle, s'est changé en *óu*, d'où est sortie, depuis environ le XIII siècle, la monophthongue *o*. Le nouveau son issu d'*óu* est représenté par *eu*, p. ex. *deus*, *oneur*. *neveu*, *seul*, *queule*.

Remarque. — A côté d'*eu*, on rencontre, dans les textes franciens encore à l'époque du français moderne, *o*, *u*, en quoi l'on peut reconnaître l'influence du français de l'ouest et spécialement normande. (V. § 64 Rem.) Cf. les observations faites sur *ei* § 225 Rem. — Sur un *óu* plus récent qui n'est pas devenu *óu*, mais s'est réduit à la monophthongue *o*, v. § 235.

ö́u.

§ **238.** *óu* vient du lat. vulg. *ǫ* + *u̯*, p. ex. *fóu*, *jóu*, *kóu* V. § 63.

§ **239.** Dans ses transformations ultérieures, *óu*, comme *óu* issu plus récemment d'*óu* (v. § 237), d'*uel* cons (v. § 245) et d'*el* cons (v. § 211), est devenu *o*. Ce son est représenté, avant et après que s'est produite la réduction en monophthongue, par *eu*, p. ex. *feu*, *jeu*, *queu*.

ẹ́u.

§ **240.** *ẹ́u*, dans les textes franciens, correspond à *eu* latin dans les mots savants, où il permute avec *ieu* populaire (v. § 51 Rem.), p. ex. *Déu*, *Ebréu* (v. § 109 Rem.), *Andréu*.

§ **241.** Quand *éu* n'avait pas cédé la place devant *ieu* (cf. pour celui-ci § 246 sq.), il a été réduit, depuis le XIII. siècle, à la monophthongue *o*. Ce son reste représenté par *eu* (*Ebreu*).

Remarque. — Pour *éu* issu plus récemment d'*el* cons et d'*ẹl* cons, v. § 211.

ié.

§ **242.** *ié* vient:

1) d'*ẹ* libre du lat. vulg. et du rom., p. ex. *briéf*, *liévre*. V. § 46;

2) d'*a* libre en lat. vulg. et en rom., après une palatale, ou après une consonne ou un groupe de consonnes palatalisées p. ex. *chiér*, *traitiér*. V. § 52 b.

Cf., en outre, § 56, 2 Rem.

§ **243.** Après les sifflantes *tš* (transcrit *ch*) et *dž* (transcrit *j*, *g*) *ié*, depuis la fin du XIII. siècle, s'est réduit à *e*, p. ex. *chier* — *cher*, *chievre* — *chevre*, *apruchier* — *aprucher*, *legier* — *leger*, *vengier* — *venger*. — Avec un *u* suivant, issu de *l* cons, *ié* a produit la triphthongue *iéu* qui, au XIII. siècle environ, est devenue *iö* (transcrit *ieu*), en passant par *ióu*, p. ex *mielz* (*mẹlius*) — *mieus*, *ciels* (*kẹlos*) — *cieus* — Dans les autres cas, *ié* en francien n'a pas subi de changements phonétiques, en dehors de la permutation d'*ié* et d'*ię* qui n'a pas encore été étudiée dans le détail.

Remarque 1. — Par suite de l'assimilation des formes des verbes de la 1. conjugaison où *ie* était sorti d'*a* dans les conditions exposées, aux formes correspondantes des verbes plus nombreux en *-er*, *ie* a été peu à peu réduit à *e*, quand un *tš* ou un *dž* précédent n'avait pas déjà amené une réduction par des moyens physiologiques. Ainsi s'expliquent, p ex., *traiter* pour *traitier*, *traitez* pour *traitiez*, *traiterent* pour *traitierent*, *traite* pour *traitie* Cf. la morphologie. D'autres cas de substitution phonétique qui appartiennent à cette catégorie, trouvent leur explication dans l'étude de la formation des mots.

Remarque 2. — En picard et dans les dialectes français de l'est, *-iee* (*-ata*) a été réduit à *-ie*, et dans un domaine plus restreint, *ie* à *i* En anglo-normand, depuis le milieu du XII. siècle (isolément plus tôt) tout *ié* a été réduit à *e*

ué.

§ 244. *ué* vient d'*ọ* libre en lat. vulg. et en rom., p ex. *pruévet*, *buéf*, *nuéf*. V. § 58 Cf. aussi § 60 Rem.

§ 245. *ué*, au XIII. siècle, est devenu *o* en passant par *uó* et a abouti au même son *óu* (v. § 239), *óu* (v. § 237) et *ĕl* ^{cons} (v. § 211). Dans l'orthographe, on rencontre fréquemment alors, à la place d'*ue* et d'*oe*, *eu* (cf § 237), à côté duquel l'orthographe *ueu*, *oeu* est en usage — *ẹ* issu d'*ué* existe, dans la langue littéraire, devant une forte palatale à la fin d'un mot, dans *avec* (issu d'*avuéc; ap[ud]ọc*), *ilec* (issu d'*iluéc; illo lọco*).

Avec un *u* suivant, issu de *l* ^{cons}, *ué* a donné la triphthongue *uéu* qui s'est réduite à *óu* (transcrit *eu*), puis, au XIII. siècle, à *o*. Ce son reste représenté, même après que s'est produite la réduction en monophthongue, par *eu*, p. ex. *vuelt* (**vọlet*) — *veut*, *duelt* (*dọlet*) — *deut*, *filluels* (*filịọlus*) — *filleus* Cf. § 63.

Remarque. — Dans les dialectes, *uel* $^{cons.}$ est devenu, probablement en passant par *uéu*, *ieu* (plus tard *ió* et *iu*), p. ex. *diéut* (issu de *duelt; dọlet*), *chevriéus* (issu de *chevruels; caprịọlus*), *ieus* (issu d'*uelz*, *uelz; ọculos*). Ce mode de formation subsiste encore aujourd'hui dans *yeux* (*oculos*) dans la langue écrite, mais semble ne pas avoir appartenu originairement au francien. Cf. § 63 Rem. *gieu*, *lieu*, dont il faut peut-être expliquer, d'une façon analogue, *iéu* par *uéu*. — D'après une autre explication *iéu* — *ió* dans *dieut*, *ieus* etc. représente la transformation régulière du francien si bien que *veut*, *filleus* etc seraient dues à une assimilation.

ieu.

§ **246.** La triphthongue *ieu* vient du lat. vulg. *ę* + *u*, p. ex. *Dęu* — *Dieu*, *Andręu* — *Andrieu*. V. § 51.

§ **247.** *ieu*, dans la langue écrite, s'est transformé en *ió* (transcrit *ieu*) en passant par *ióu*

Remarque. — Pour *iéu* issu plus récemment d'*ié* + *l* ^cons^, v. § 243, d'*ēl* ^cons^ § 211, 2, d'*uel* ^cons^ § 245 Rem ; pour *lieu*, *gieu*, v. § 63 Rem. — A côté d'*io*, on rencontre *iu* (transcrit *iu*), et *ui* (transcrit *ui*) qui en est la transposition ; les vraies causes de leur pénétration ici n'ont pas encore été établies p ex. *rieule*, *riule*, *ruile*, *lieue*, *liue*, *cieu*, *ciu*, *Andrieu Andriu*, *sieut* (**sequit*) — *siut suit*.

eau.

§ **248.** La triphthongue *eau* est sortie, vers la fin de la première période ou au commencement de la seconde, d'*e* + *l* ^cons^, p. ex. *bęls* — *beaus*, *aignęls* — *aigneaus*, *chapęls* — *chapeaus*. V. §§ 213, 281. — *eau* est devenu *óu* et, dans sa transformation ultérieure, s'est identifié à *óu* antérieur (v. § 233). Pour *eaue* (*akwa*), cf. § 155.

3. Monophthongues et diphthongues nasales.

§ **249.** Considérations préliminaires. L'histoire des transformations des voyelles nasales est, dans le détail, peu éclaircie. Excepté *a*, *e*, *ai*, *ei* (v. § 35, 5), les voyelles qui se trouvent devant une nasale riment dans les assonnances, même dans la deuxième période du vieux français, avec les voyelles correspondantes qui ne sont pas suivies d'une consonne nasale, si bien que les assonnances ne permettent pas de conclure à quelle époque s'est produite la nasalisation On trouve unis *in* et *i*, *on* et *o*, *un* et *u*, *om* et *o*, *um* et *u*. *ien* et *ie*, *uen* et *ue*. Dans les documents plus récents qui sont écrits en assonnances, on voit se dessiner un effort pour séparer l'*o* qui se trouve devant une nasale de l'*o* usuel.

Après la voyelle nasalisée, la consonne nasale se prononce encore en vieux français. Plus tard la consonne nasale a disparu quand elle était la dernière lettre du mot et quand elle se trouvait à l'intérieur d'un mot devant une consonne. En conséquence aux formes plus récentes, p. ex. *ã* (transcrit *an*) et *mãšẹ* (transcrit *manche*) correspondent les formes antérieures *ãn* (*annu*) et *mãntše* (*manica*).

Dans le vieux français, la nasalisation de la voyelle s'était produite même devant une nasale simple commençant une syllabe (incl. *ń*). On disait *bõne*, *põme*, *fãme*, comme permettent de le conclure la qualité de la voyelle en français moderne et le redoublement de la consonne nasale dans l'orthographe (*bonne*, *pomme*, *femme*). Quelle a été, dans ces mots, l'étendue de cette nasalisation en vieux français et quand la dénasalisation postérieure se produit-elle en chaque cas, c'est un point qui reste douteux.

ĩ.

§ 250. ĩ vient.

1) du lat. vulg. ị, libre ou entravé devant une nasale, p. ex. *espine*, *pin*; *cinq*; *ligne*. V. § 37. Cf. aussi § 40 Rem.;

2) du lat. vulg. ị + i̯ devant une nasale, p. ex. *ling*. V. § 38;

3) du lat. vulg. ẹ devant une nasale, quand une palatale précède, p. ex. *raisin*, *polcin*. V. § 40, 1 b;

4) du lat. ĭ devant une nasale, dans les mots d'emprunt, p. ex. *simple*, *digne*. V. § 42 Rem.;

5) du lat. vulg. ẹ devant une nasale, quand la syllabe post-tonique contient un i̯, p. ex. *vin*, *tin*. V. § 43,

6) du lat. vulg. ẹ + i̯ devant une nasale, p. ex. *engin*, *engint*. V. § 43.

ẽ.

§ **251.** *ẽ* vient du lat vulg. *e* devant *ń*, p. ex *teigne, deigne*. V. § 42.

ã.

§ **252.** *ã* vient

1) d'*a* entravé devant une nasale en lat. vulg. et en rom., p. ex. *ample, tant; ante, anme* V. §§ 55, 53, 2;

2) d'*ẹ* entravé devant une nasale en lat. vulg et en rom, p. ex. *prendre, fendre; sente.* V. §§ 42, 40, 2;

3) d'*ę* entravé devant une nasale en lat. vulg. et en rom., p. ex. *temple; gendre.* V. §§ 49. 47, 2.

Cf, en outre, § 11, 3b et § 93 Rem

Remarque. — Dans l'orthographe, *en* et *an* restent dans la langue écrite complètement séparés. — En anglo-normand, on rencontre à la place d'*an*, depuis le commencement du XIII siècle, *aun* qui se prononçait probablement *ãun*.

ọ̃.

§ **253.** *ọ̃* vient:

1) du lat vulg. *ọ*, libre ou entravé devant une nasale, p. ex. *persone maison, lion; nombre, pondre; mont, onde.* V. § 65 et § 67;

2) d'*ǫ* entravé devant une nasale en lat. vulg. et en rom., p ex. *pont, contre; conte.* V. §§ 61, 59, 2

Cf. aussi § 53 Rem., § 54 Rem., § 55 Rem., § 59 Rem.

§ **254.** *õ*, dans ses transformations ultérieures a donné *ǭ* qui ne s'est complètement répandu qu'à l'époque du français moderne. Pour le fim. *ǫ* dans *personne, bonne, pomme, consonne* etc, v. § 249.

ü̃.

§ **255.** *ũ* vient du lat. vulg. *u* devant une nasale simple ou entravée, p ex. *un, prune, allume.* V. § 71.

Cf. § 66 Rem

ãi.

§ 256. *ãi* vient:

1) d'*a* libre devant une nasale en lat vulg et en rom., excepté quand une palatale précède, p. ex. *pain, main; aimes, lame.* V. § 53,

2) du lat. vulg. *a* + *i̯* devant une nasale, p ex *plaint, fraindre.* V. § 56

§ 257. *ãi*, dans ses transformations ultérieures, s'est identifié avec *ẽi*. Le son général était, dans les dialectes, sur une étendue de territoire qu'il reste encore à fixer plus exactement, *ãi* et, dans la langue écrite depuis le XII siècle *ẽi*, à la place duquel apparaît de bonne heure la monophthongue *ẽ* qui, cependant, ne se généralise que dans le français moderne. (A côté de cet *ẽ*, on trouve alors, devant une nasale simple médiale, *ę* avec dénasalisation.)

ẽi

§ 258. *ẽi* vient

1) d'*e* libre devant une nasale en lat. vulg. et en rom. excepté quand une palatale précède, p. ex. *frein, sein; pleine.* V. § 40;

2) de *e* + *i̯* devant une nasale, p. ex. *peint, feint* V. § 44.

Remarque. — Pour les transformations ultérieures de ce son, v. § 257. — C'est par l'influence des dialectes de l'Est sur la langue écrite que s'explique vraisemblablement *õi* — *oẽ* (v. § 260) après une labiale dans *moins* (*menus*), *foin* (*fenu*), *avoine* (*avena*). Cf. § 10, 3

õi.

§ 259. *õi* vient de *o* + *i̯* devant une nasale, p ex *poing, point* V. § 68. Cf. § 258 Rem.

§ 260. *õi* est devenu *oẽ*, en passant par *ọ̃i*, transformation qui, d'après le témoignage de grammairiens français, comme Palsgrave, n'avait pas encore atteint son terme au XVI. siècle dans la langue écrite

ũi.

§ 261. *ũi* vient du lat. vulg. *u* + *i* devant une nasale, p. ex. *jũin.* V § 72.

iẽ.

§ 262. *iẽ* vient.

1) d'*ę* libre devant une nasale en lat vulg. et en rom., p. ex. *bien, vient, tient· tiede* V. § 46,

2) d'*a* libre devant une nasale en lat. vulg. et en rom., quand une palatale précède *a*, p. ex. *chien*, *paien.* V. § 53, 1 b.

Cf. aussi § 40, 1 a Rem et § 50 Rem 2

uẽ.

§ 263. *uẽ* vient d'*ǫ* libre devant une nasale en lat. vulg. et en rom., p. ex. *buen, cuens. tuenent* V. § 59

B. Voyelles post-toniques.

§ 264. Les rares proparoxytons (v. § 76 Rem.), qui existent encore d'une façon réelle ou apparente dans la langue au commencement du XII siècle, comme *angele, imagene, virgene, aneme, apostele,* apparaissent, dans la deuxième période du vieux français. sous la forme *ange*, *image, virge. anme. ame. apostle* etc.

§ 265. A la fin d'un mot, il ne restait, d'après l'action de la loi des finales esquissée § 77, comme voyelle post-tonique syllabique, que *ę*. Cette dernière a persisté sans exception après les consonnes dans le vieux français ultérieur, p ex *terre. porte, leire, omme, tiede, ache, aimes.* En hiatus avec la voyelle tonique, elle commence au contraire à partir du XV. siècle (quelquefois auparavant) à perdre sa valeur syllabique. surtout d'abord après une voyelle simple, comme dans *vie*, *mie*, *venue*, et d'une manière plus restreinte après une diphthongue, comme dans *voie. joie. pluie.*

Remarque. — Pour les désinences verbales *-oie, -oies, -oient*, v. la morphologie § 365. — En anglo-normand *ę* atone finale commence déjà dans la seconde moitié du XII. siècle à s'assourdir après une consonne et après une voyelle.

C. Voyelles protoniques.

a) Voyelles contre-finales.

§ 266. En position interconsonnantique, les voyelles contre-finales restent en général invariables, p. ex. *bachęler, amęra, pavillon*. — *ai-ei* devient *ę* (transcrit *ai*) *oręson, venęson*; *ei* devient *oi* — *oę* *damoiselle*. Cf. § 80. Pour *oroison, venoison*, v. § 80 Rem.

Remarque. — La suppression d'un *ę* contre-final se produit notamment quand la consonne précédente ou suivante est un *r*, p. ex. *serment, corcier, larcin* (cf. § 80 Rem.). *Merveille*, qui se rencontre déjà dans le poème de St. Alexis et dans le Roland, permet de supposer que, dans le groupe *-ręi'*, *ę* est tombé dès la première période du vieux français, à moins que le mot ne vienne, comme on l'admet, d'une forme antérieure *meribelia* formée par analogie à la place de *merabelia*. — En picard, en wallon et dans une partie du domaine français de l'est, la monophthongue *i* s'est substituée, sur une étendue de territoire qu'il reste encore à limiter d'une façon précise, à *ei* (même celui qui est issu d'*ai*) *oi*, notamment devant *s*, p. ex. *orison* (*oratione*), *ochison* (*occasione*), *conissiez* (2. plur. prés. ind. de *conoistre*, lat. *cognoscere*).

§ 267. En hiatus avec la voyelle tonique, *ę* commence dans la langue écrite à s'assourdir depuis environ le XIV. siècle, p. ex. *marcheant* (**mercatante*) — *marchant*. *-eiz* (*-aticiu*) — *-is*: *leveiz* — *levis*, *-eoir* (*-atoriu*) — *-oir*: *mireoir* — *miroir*. *-eüre* (*-atura*) — *-ure*: *armeüre* — *armure*, *-eör*, *-eeur* (*-atore*) — *-eur*: *empereör*, *empereeur* — *empereur*, *beneoit* (*benedictum*, cf. § 80 Rem.) — *benoit*, *maleoit* (cf. ib.) — *maloit*. Cf. § 271, 2.

2) *i*, *u* (*ou*) et *ü* syllabiques en vieux français, qui se rencontrent dans la même position surtout dans des mots savants et dans des dérivés, présentent, vers la fin de la période du vieux français, une tendance à former avec la voyelle tonique des diphthongues en perdant leur valeur syllabique, mais en général elles restent invariables, p. ex. *mendïer*, *ublïer*, *charïot*.

pati|ent, glori|eus, furi|eus, chresti|en, gardi|en, passi|on, questi|on; alou|ette, manu|el, vertu|eus.

Remarque. — Pour les désinences des 1. et 2. pers. plur. impaif. ind. et condition. *-ions, -iez*, v. la morphologie § 365.

§ 268. En hiatus avec une voyelle contretonique ou contre-finale précédente, *ẹ* commence, depuis environ le XIV. siècle, à perdre sa valeur syllabique ou même à s'assourdir complètement, surtout d'abord après une voyelle simple, et d'une manière plus restreinte après une diphthongue, p. ex. *crierie* et *cririe* à la place de *cri|erie, priera* et *prira* à la place de *pri|era*, *hardiement* et *hardiment* à la place de *hardi|ement*, *emploierai* et *emploirai* à la place d'*emploi|erai*. Cf. les destinées semblables d'*ẹ* post-tonique en hiatus avec la voyelle tonique, § 265.

b) Voyelles protoniques au commencement du mot.

§ 269. Dans la première syllabe du mot, le français possédait, vers 1100, les voyelles orales simples atones *i e ẹ a ọ o u u*, les diphthongues orales *ei ẹi oi ọi ui*, les voyelles et les diphthongues nasales *ĩ ẽ ã ọ̃ ũ ẽi ãi õi*. Cf. §§ 81—102.

§ 270. Devant une consonne, les voyelles orales simples n'ont pas en général subi, dans la langue écrite, de changements importants dans leur qualité. Parmi les diphthongues orales, *ẹi* (issu d'*ai*) est réduit à la monophthongue *ẹ* (transcrit *ai*); *ei oi ọi* donnent, d'une façon identique, le son *ǫe* (transcrit *oi*), p. ex. *maison* (*mẹzõn*), *raison, traitier, laissier: loisir* (*lọẹzír*), *poison, noisir, choisir*. Après la vocalisation de *l* devant une consonne, il se produit une série de nouvelles diphthongues avec *u* comme deuxième élément, qui se sont ensuite transformées, en général comme les sons toniques correspondants. Est également vrai des voyelles et des diphthongues nasales protoniques ce qui a été remarqué sur les sons toniques correspondants. (V. § 249 sqq.)

§ 271. En hiatus avec une voyelle suivante,

1) *i, ü, u* (*ou*) ou une diphthongue, et de même *o*, quand il se trouve devant une voyelle aigue (*e i*), sont restés syllabiques: *fi|er* (*fidare*), *cri|er, vi|ande, ri|ant, fi|acre, vi|olet, fu|ir, tu|er, mu|et, su|er, ru|ine, Hu|on, vu|er* (*vouer*), *loe|ier* (*loyer*),

noe'ier (*noyer*), *pei'ier* (*payer*), *po,ete*, *po'este*. On rencontre des exemples de la fusion de ces sons avec la voyelle suivante en diphthongues à l'époque du vieux français (p. ex. *diable* à côté de *di'able*); toutefois le plus souvent ils ne se présentent pas avant le XV. siècle.

2) *ẹ* a conservé, jusqu'au XIV. siècle environ, sa valeur syllabique. Il commence alors à s'assourdir. Cf., pour les destinées semblables d'*ẹ* contre-final en hiatus avec la voyelle tonique, § 267. Exemples: *e|age* (*ẹtaticu*; avec assimilation d'*ẹ* avec *a* on trouve également *a age*) — *age*, *me'aille ma aille* (*metallia*) — *maille*, *Jehan* — *Jan*, *che,(-ance)* (*cadentia*) — *chance*, *me|esme* (*metipsimu*) — *meme*, *ve is* (*vidisti*) — *vis*, *ve|imes* — *vimes*, *ro'onde re'onde* (*rotụnda*) — *ronde*, *che'oir* (*cadẹre*) — *choir*, *se'oir* (*sedere*) — *soir*, *ve'oir* (*vịdẹre*) — *voir*, *me|ur* (*maturu*) — *mur*, *se'ur* (*securu*) — *sur*.

3) *a* se fond, au commencement du XV. siècle, avec un *i* suivant et donne la diphthongue *ái* qui se réduit à la monophthongue *ẹ* (transcrit *ai*). Exemples: *traitre* (issu en formation demi-savante de *traditor*) — *tráitre* — *traitre*, *ga ine* — *gaine*, *ha ine* (de *hair*) — *haine*, *fa ine* (*fag-ina*) — *faine*, *sa in* (*sagime*) — *sain*, *tra|iner* (**traginare*) et le substantif qui s'y rattache: *tra'in* — *train*.

aō se rencontre, depuis le XIV. siècle, contracté en *ā*, à côté duquel on trouve *ō* (auparavant *oō*). Exemples: *pa,on* (*pavone*) — *pān* (transcrit *paon*), *ta'on* (v. § 11, 3b) — *tān* (transcrit *taon*), *fe'on fa'on* (*fetone*) — *fān* (transcrit *faon*), *La on* (*Laudunu*) — *Lān* (transcrit *Laon*).

Devant des voyelles autres que *i* et que *ō*, *a* subit la destinée d'*ẹ* protonique dans les mots traités 2), c. à. d. qu'il perd sa valeur syllabique et s'absorbe dans la voyelle suivante. Exemples: *sa'oul* (*ou* = *u*; *satollu*) — *soul*, *a'oust* (*agostu*; cf. § 18) — *oust*, *Sa|one* (*Sacona*) — *Sone*, *ga'aignier* (§ 30 a, 9) — *gaignier*.

Remarque. — Les formations qui s'écartent des règles formulées précédemment s'expliquent en partie par l'analogie. C'est ainsi que, dans *hair*, *haissons*, *trahir*, *trahissons* etc., les autres verbes appartenant à la même classe, comme *finir*, ont empêché la suppression de l'hiatus, que dans *preau*, sous l'influence du simple *ẹ* protonique a persisté, que les formes de verbes primaires tirées du radical du parfait et accentuées sur la terminaison (*rece|u*, *ve|imes*) ont été dans certains cas, de bonne heure, assimilées aux formes accentuées sur le radical (*recut*, *vit* etc.). — C'est par la nature nonpopulaire des mots en question que s'explique le maintien de l'*e* dans *se|ance*, *cre|ateur*, *fe|al*, entre autres — Le frm. *fléau*, au lieu duquel on rencontre, au XVI siècle, dans la langue écrite *flau*, qui est monosyllabique conformément à la règle n'a pas encore été expliqué de façon satisfaisante. Il en est de même du changement du vfrs. *e|u* en frm. *o* au lieu de *u* dans *feu* (**fatutu*) et dans *bon*(*mal*)*heur* (*aguru*).

En anglo-normand, on rencontre la suppression de l'hiatus par contraction ou par chute des voyelles protoniques dès le XII siècle. Cf. § 265 Rem. Parmi les dialectes continentaux, le picard-wallon et le lorrain-bourguignon ont, en ce qui concerne la suppression d'*e* protonique devant une voyelle, précédé le francien

II. Consonnantisme.

§ 272. Vers l'année 1100 le français possédait les consonnes suivantes

	orales					nasales
	explosives		spirantes		liquides	
	sourdes	sonores	sourdes	sonores		
Labiales .	*p*	*b*	*f*	*v*, *w*		*m*
Dentales	*t*	*d*	*s* (*þ*) *š*	*z* (*ð*) *ž*	*l r*	*n*
Palatales et Vélaires	*k*	*g*		*y*	*l ł*	*ń ŋ*

Il faut y ajouter l'aspirée *h* et les semi-voyelles *i̯*, *u̯*, *ü̯*. Cf § 103. *ž* et *š* se rencontrent exclusivement dans les groupes *tš*, *dž*.

Parmi les changements qui se sont produits dans le domaine du consonnantisme pendant la deuxième période du vieux français, les plus importants sont les suivants:

1. Consonnes simples.

a) En position intervocalique.

§ 273. Les explosives dentales, qui étaient intervocaliques en latin vulgaire, et qui commencèrent à s'assourdir vers la fin du XI. siècle, après avoir vraisemblablement donné auparavant la spirante interdentale *ð*, ont complètement disparu dans la première moitié du XII siècle, p. ex *amee* (*amata*), *vie* (*vita*), *veeir* (*videre*). Ce que prouvent les rimes *vie* : *signifie* Comp. 405 etc., *partie* : *Marie* ib 869, *mue* : *mangue* Best, et l'orthographe des mss. — Cf. § 116, 1.

b) A la fin d'un mot.

§ 274. Les explosives dentales, intervocaliques en latin vulgaire, ont disparu, quand elles se trouvaient, en français, en finale primaire ou secondaire, après avoir vraisemblablement donné auparavant *þ ð* à peu près en même temps que les explosives dentales restées intervocaliques (v. § 273), p. ex. *apele* (*appellatu*), *ne* (*natu*); *aime* (*amat*), *perde* (*perdat*). Cf § 116, 2 et § 124.

Remarque. — En picard et en wallon, la dentale finale isolée s'est maintenue plus longtemps.

§ 275. *t* post-consonnantique (appelé ferme) reste intact même après la chute de la consonne précédente jusque vers le milieu du XIII. siècle. Il commence alors à s'assourdir devant la consonne initiale d'un mot suivant Exemples *doit* (*debet*), *haut* (auparavant *halt*, v § 11, 5), *dit* (auparavant *dist*; lat. vulg. *diksit*), *plet* (auparavant *plaist*, lat. vulg. *plaket*). Cf § 122, 3 et § 124, 2.

§ 276. *ń* final commence, dans la langue écrite, à devenir *n* vers le milieu du XIII. siècle, d'après ce que nous apprennent les rimes, p ex. *estain* (auparavant *estaiń*, lat vulg *estagnu*), *plantain* (auparavant *plantaiń*, lat vulg. *plantagine*), *coin* (auparavant *coiń*, lat. vulg *coniu*). Cf § 160, 1 et § 203

Dans ses transformations ultérieures, *n* final qu'il vienne d'un *ń* antérieur ou qu'il soit primitif, s'est peu à peu assourdi devant la consonne initiale d'un mot suivant. Cf. § 249.

Remarque. — Des auteurs étrangers au francien offrent des exemples du changement de *ń* en *n* à une époque antérieure, p. ex *plein* : *desdeign* Brandan 235, *estain* : *arain* (*aerame*) M. Brut 16. — C'est par une analogie (assimilation de -*ń* avec *n*) ou par une transformation dialectale que s'explique *n*, quand en vieux français il apparaît à la place de *ń* médial, p ex. *enseigne* : *Seine* Rutebuef (Nav. 1), *baine* : *saine* (*signat*) ib Moustier 85, *Saignes* : *signes* : *echines* : *poitrines* ib. Const 169. Cf. § 160 Rem.

§ **277.** De même que *n* et que *t* post-consonnantique, les autres consonnes finales, devant la consonne initiale d'un mot suivant, ont disparu dans le cours de la période du vieux français ou au commencement de celle du français moderne; il faut y voir exactement la répétition des phénomènes linguistiques qui, à une époque précédente, ont causé à l'intérieur d'un mot la chute de la première de deux consonnes qui se suivaient. Une enquête décisive sur l'époque à laquelle se sont assourdies les consonnes finales manque encore.

2. Groupes de consonnes.

§ **278.** Le groupe *dr* (lat. vulg. *tr*, *dr*, *t'r*, *d'r*) est généralement devenu, au commencement du XII. siècle, *rr* — *r*, p. ex. *pere* (*patre*), *creire* (*credere*), *chantere* (*cantator*), *pierre* (*petra*). V. § 118.

§ **279.** Dans les groupes *ts*, *dz*, *tš*, *dž*, les explosives dentales commencent, dans le francien, vers le milieu du XIII. siècle, à s'assimiler aux spirantes suivantes.

1) *ts* (transcrit à la fin d'un mot *z*, et au commencement ou au milieu d'un mot le plus souvent *c*) vient

a) du lat. vulg. *t* ou *d* + *s*, p. ex. *piez* (*pedes*), *nez* (*natus*), *oz* (*ostis*), *granz* (*grandis*). V. §§ 121, 123;

b) de *tị* après une consonne (excepté *s*) et, dans les mots savants, également de *tị* après une voyelle, p. ex. *Marz* (*Martịu*), *chacier* (*captịare*); *grace* (*gratịa*), *letice* (*laetitịa*), *devotion* (*devotịonem*). V. §§ 193, 195;

c) de *kị* (excepté dans le groupe *skị*), p. ex. *place* (*plakịa*; cl. *placeam*), *face* (*fakịa*), *laz* (*lakịu*; cl. *laqueum*), *chaucier* (*calkịare*), *France* (*Frankịa*). V. §§ 198, 199;

d) de *t*, quand il sert de consonne de liaison, après *nn*, *ń*, *l* + *s*, p. ex. *anz* (*annus*), *poinz* (*pognus*), *compainz* (*companí* + *s*), *genolz* (*genoclos*). V. pag. 64;

e) de *k*[2] dans les conditions indiquées §§ 134—137, p. ex. *cent* (*kentu*), *cerf* (*cervu*), *cire* (*kera*), *noiz* (*noke*), *icel* (*ekkellu*), *fauz* (*falke*).

La réduction du groupe *ts* à *s* dans la seconde moitié du XIII. siècle nous est présentée par l'orthographe *s* et par les rimes de Rutebuef et d'autres poètes de ce temps, comme *deslas*, *prelaz*, *solaz*, *laz*, *chaus* (*caldos*), *senechaus* (germ. *senescalc*), *mors* (*mortos*), *cors* (*corpus*), *esperance*, *pense*. *ts* initial, comme le prouve parfois l'orthographe des mss., est devenu de même *s* à peu près à la même époque.

Remarque. — Dans le dialecte picard, on rencontre, à la place de *t* + *s* final, *s* dès le XII. siècle.

2) *dz* (transcrit *z*) vient de $\acute{}d^1k^2$, p. ex. *trezc* (*tredeke*), *onzc* (*ondeke*). V. § 137 Rem.

3) Les sources de *tš* (transcrit *ch*) en lat. vulg. sont:

a) k^1 au commencement d'un mot et au commencement d'une syllabe après une consonne, p. ex. *chanter* (*cantare*), *chier* (*caru*), *chien* (*cane*), *chose* (*causa*), *pesche* (*pescat*), *vache* (*vacca*); il en est de même quand la palatale ne s'est trouvée après une consonne qu'à l'époque française, après qu'une voyelle intermédiaire s'est de bonne heure syncopée: *perche* (*pertica*), *manche* (*manica*). V. §§ 139, 142, 143.

b) La vélaire *k* dans le groupe $\acute{}$ Cons. + *icu*, dans les conditions données § 148, 2, p. ex. *porche* (*porticu*).

4) Les sources de *dž* (transcrit *g*, *j*) en lat. vulg. sont:

a) *y* au commencement d'un mot et au commencement d'une syllabe après *r*, p. ex. *gent* (*yente*), *giel* (*yelu*), *juene* (*yovene*), *argent* (*aryente*), *vergier* (*veryariu*). V. §§ 150, 151 Rem., 152 Rem., 153.

b) La vélaire *k* dans le groupe $\acute{}$ Cons. + *icu*, dans les conditions indiquées § 148, 2, p. ex. *miege* (*medicu*), *selvage* (*selvaticu*).

c) g^1 au commencement d'un mot et au commencement d'une syllabe après une consonne, p. ex. *jal* (*gallu*), *joie* (*gaudia*), *jardin* (germ. *gard-in*), *longe* (*longa*), *herberge* (*heriberga*), *Anjou* (*Andegavu*). V. §§ 138, 141.

d) k^1, quand, au commencement de la syllabe tonique il était devenu *g*, avant de s'être rencontré avec une consonne sonore commençant la syllabe précédente, p. ex. *jugier* (*judicare*), *vengier* (*vendicare*). V. § 143, 2.

e) *bi̯*, *vi̯*, p. ex. *tige* (*tibi̯a*), *rage* (*rabi̯a*), *legier* (*levi̯ariu*), *sauge* (*salvi̯a*). V. § 191.

§ 280. *s* devant les muettes sourdes s'est en général assourdi dans la langue écrite dans le XIII. siècle environ, alors que, dans le groupe *sts*, il était tombé depuis longtemps déjà. V. §§ 128. 130.

Remarque. — *s* devant les muettes sourdes s'est assourdi plus tard que devant les consonnes sonores; c'est ce que montre, entre autres, le traitement des mots d'emprunt français en anglais, où, dans des mots comme *haste*, *coast*, *rest*, l's a persisté jusqu'aujourd'hui, tandis qu'il ne se trouve pas dans *isle*, *dine*. *blame* Il semble que devant les muettes sourdes l'aspirée gutturale *h* (spiritus asper) ait tout d'abord pris la place de *s*, comme permettent de le supposer les données de l'Orthographia gallica, et en outre les rimes mhall. comme *forcht: sleht* (Parz. 601, 10) et l'orthographe mhall. comme *tschahtel* (vfr. *chastel*) Mais il est possible que ce soit une transformation dialectale, de même que la compensation accidentelle de *s* devant *l*, *n* par *d* (degré intermédiaire *ð*) paraît être particulière à l'anglo-normand, p. ex. *medler* (*mesler*), angm. *meddle* — En wallon, *s* devant les muettes se prononce encore aujourd'hui Dans les mots savants, comme *esprit*, *justice*, *s* devant une consonne est également resté dans la langue écrite.

§ 281. *l* devant une consonne, après avoir vraisemblablement pris auparavant une prononciation vélaire (au lieu de la prononciation alvéolaire précédente), s'est transformée en *u*. La vocalisation paraît s'être produite dans les différents dialectes du Nord à des époques différentes, mais dans le francien, excepté peut-être après *a* (v. § 174, 1), pas avant le XII. siècle

L'*u* issu de *l* s'est uni avec la voyelle précédente de manières différentes; on trouvera des éclaircissements sur ce point aux §§ 211, 213, 217, 219, 232, 243, 245. A cela il faut ajouter que *u* s'est assimilé à *u* et *ou* précédents, et qu'après *i*, en francien, *l* ne paraît pas s'être vocalisé, mais plutôt avoir disparu.

Exemples: 1) *il* ^{cons} = *i* ^{cons}, p. ex. *gentils* — *gentis*, *seignorils* — *seignoris*.

2) *ęl* ^{cons} = *eau* ^{cons}, p ex *bęls* — *beaus*, *bęlte* — *beaute* V. § 213.

3) *ēl* ^{cons} = *ieu* ^{cons}, p. ex *pēls* — *pieus*. V § 211.

4) *ẹl* ^{cons} = *eu* ^{cons}, p. ex *ẹls* — *eus*, *felicaria* (du cl. *filix*) — *fe*[illegible] la forme inexpliquée *fogiere*,

fougiere, qui survit seule aujourd'hui dans la langue écrite), *delicatu* — *deugie dugie* (et à côté *dougie*). V. § 211

5) *al* ^{cons} = *au* ^{cons}, p. ex. *loials* — *loiaus*, *falcon* — *faucon*. V. § 212.

6) *ọl* ^{cons} = *ou* ^{cons}, p. ex. *fọls* — *fous*, *cọls* — *cous*, *cọlp* — *coup*. V. § 217

7) *ụl* ^{cons} = *ou* ^{cons}, p. ex. *mụlt* — *mout*, *escụlter* — *escouter*.

8) *ul* ^{cons} = *u* ^{cons}, p. ex. *nuls* — *nus* (rime avec *plus*), *pulce* — *puce*.

9) *iel* ^{cons} = *ieu* ^{cons}, p. ex. *ciels* — *cieus*. V. § 243

10) *uel* ^{cons} = *ueu* ^{cons} — *eu* ^{cons}, p. ex. *vuelt* — *veut*, *duelt* — *deut* V. § 245 (et la Rem.).

11) *oul* ^{cons} = *ou* ^{cons} : *souls* (*solus*) — *sous*.

Remarque. — Dans les dialectes, *l* s'est vocalisée en *u* même après *i*, p. ex. picard *vius* (*vils*, lat. vulg. *vilis*), *fiuz* (*filz*; lat. vulg. *filius*). En wallon et dans une partie du domaine français de l'Est, même après d'autres voyelles que *i*, *l* devant une consonne est tombée sans laisser de traces, p. ex. *beas*, *atres*, *acuns*. — Pour *du* (issu de *del*, *de le*), *as* (*a les*), *des* (*de les*) et *es* (*en les*), v. la morphologie § 333, 2, pour l'orthographe *-x* (postérieurement *-ux*) qui se rencontre souvent depuis le XIII siècle à la place d'*us* final (p. ex. *chevax*, *chevaux*, *miex*, *mieux*), v. § 13 (page 20).

§ 282. *l* issue de *l̃* devant une consonne a été traitée de la même façon que *l* primitive. Exemples: *filz* (antérieurement *fil̃z* — *fiz*, *solẹlz* (antérieurement *sölẹl̃z*) — *soleuz*, *travalz* (antérieurement *traval̃z*) — *travauz*, *genụlz* (antérieurement *genụl̃z*) — *genouz*, *mielz* (antérieurement *miel̃z*) — *mieuz*, *cuelt* (antérieurement *cuel̃t*) — *queut*.

Pour *n*, *m* devant cons., cf. § 249.

Deuxième Partie.

Morphologie.

Chapitre I.

Déclinaison.

I. Noms.

A. Substantif.

1. Déclinaison des substantifs dans le latin vulgaire et dans la première periode du vieux français (jusqu'en 1100).

§ 283. Perte du neutre. 1) Le vieux français, à part quelques exceptions (v. 4), ne distingue plus que des substantifs masculins et des substantifs féminins; quant aux neutres, ils se sont répandus dans ces deux catégories. Ce phénomène remonte, par ses origines, loin dans l'époque du latin. Il repose sur l'analogie et il est, en première ligne, causé par la forme extérieure et en outre, par la signification des mots et formes de mots que nous allons étudier.

Le phénomène, que l'on constate le premier, est le passage progressif de nombreux noms neutres de la deuxième déclinaison latine en *-um* (lat. vulg. *-u*) dans lex masculins correspondants, qui n'en diffèrent qu'au nomin sing., et au nom. et à l'acc plur. On forma, au nom. sing., *castellus* (vfr. *chastels*), *pratus* (vfr. *prez*), *vinus* (vfr *vins*), puis, au nom. plur., *castelli* (vfr. *chastel*) et à l'acc. plur. *castellos* (vfr. *chastels*) etc.

Aux neutres de la deuxième déclinaison latine se rattachent les quelques neutres de la quatrième déclinaison latine. A cette catégorie appartient le lat. vulg. *cornus* (vfr. *cors*)

Beaucoup plus tard, les neutres de la troisième déclinaison, comme *peper* (cl *piper*), *cor*, *fel*, *flume* (cl. *flumen*), *nome* (cl. *nomen*), *pectus*, *tempus*, prirent la flexion masculine

Remarque. — Cf. § 284. Pour les radicaux neutres en *-s*, v § 290 *Mare* est devenu féminin, sans doute sous l'influence de *terra*.

2) Un certain nombre de neutres pluriels, fréquemment employés avec une signification souvent collective, comme *folia*, *vela*, *animalia*, *battalia* (cf § 20, 4), *festa*, *labra*, *poma*, *pira* *ensegnia*, *corna* (cf. § 20, 4), pris pour des singuliers, se joignent aux féminins en *-a*, qui concordaient avec eux par la terminaison du nom. sing., et par celle aussi de l'acc. sing., après l'assourdissement de l'*m* final (v. § 22) C'est ainsi que *folia*, le feuillage, *vela*, la voilure, *labra*, les lèvres, prennent la signification de feuille, voile, lèvre, et qu'ensuite fut formé, d'après les formes en *-a* prises pour des singuliers, un nouveau pluriel en *-as*. Ici encore les origines de cette transformation remontent à une époque ancienne du latin.

3) En de nombreux cas, la forme du singulier et la forme du pluriel d'un neutre latin ont amené la formation de deux mots indépendants, dont l'un est entré dans la classe masculine et l'autre dans la classe féminine, p ex. *velu* — *veil* à côté de *vela* — *veile*, *brakiu* — *braz* à côté de *brakia* — *brace* *cornu* — *corn* à côté de *corna* (v. § 20, 4) — *corne*, *granu* — *grain* à côté de *grana* — *graine*, *pratu* — *pret* à côté de *prata* — *prede*; et en outre les mots vfr *fueil* à côté de *fueille*, *dei* à côté de *deie*. *cervel* à côté de *cervelle* etc.

4) La transformation linguistique, esquissée précédemment de 1) à 3), se trouve en général achevée à l'époque la plus reculée de la période littéraire du français. On peut toutefois noter dans les textes du vieux français, comme restes d'un usage antérieur, quelques formations de pluriel, qui viennent directement de pluriels neutres latins Rol. 33 *cinquante carre* (*carra*), et même, à une époque postérieure, *deus doie*, *cent paire*. *tuit aumaille* etc

§ **284.** Le nombre des déclinaisons a été, en latin vulgaire, réduit peu à peu à trois, qui correspondent sommairement à la première, à la deuxième et à la troisième déclinaison du latin littéraire. Les deux autres sont comprises dans celles-ci, la quatrième déclinaison, à peu d'exceptions près, dans la deuxième, la cinquième dans la première et la troisième. Quelquefois aussi il s'est produit d'autres combinaisons dans les changements de déclinaison.

La première déclinaison du latin vulgaire ne comprend que des féminins, à l'exception de quelques mots d'emprunt masculins en *-a*, qui désignent des personnes (*propheta*, *eremita*, entre autres) et qui ont pénétré en français commes mots savants. Ceux-ci correspondent: a) aux féminins lat cl. de la première déclinaison, p. ex. *corona*, *filia*, *causa*, *femina*; b) en quelques cas, à des neut plur lat. cl. de la deuxième déclinaison, p ex. *folia*, *gauya* (cl *gaudia*), *labra*, v. § 283, c) à des féminins lat cl. de la quatrième déclinaison. *socra* (cl *socrus*), *nora* (cl *nurus*); d) des féminins lat. cl. de la cinquième déclinaison en *-ies*, p. ex. *glacies* — lat. vulg *glakia*, *facies* — lat. vulg. *fakia*, *rabies* — lat vulg. *rabia*, *dies* — lat. vulg. *dia* et *dies*; à ce propos il faut remarquer qu'un certain nombre de substantifs, comme *materies* — *materia*, *luxuries* — *luxuria*, ont, déjà dans le latin classique, hésité entre les deux déclinaisons; e) hésitent entre la troisième et la première déclinaison *tempestas*, *potestas*, *paupertas*, *joventas*, à côté desquels on trouve *tempesta*, *potesta*, *pauperta* et *joventa* (également lat. cl.); peut-être aussi *civ(i)ta* à côté de *civ(i)tas* (cf § 294 Rem.).

La deuxième déclinaison du latin vulgaire ne comprend, à l'exception de *manus* venu de la quatrième déclinaison comme féminin, que des masculins Ceux-ci correspondent. a) à des masc. et des neut. lat cl. de la deuxième déclinaison, p ex. *murus*, *filius*, *servus*, *annus*; *gener*, *patraster*; *diurnu-s*, *ferru-s* *auru-s* *castellu-s*; b) à des masc. et des neut lat. cl. de la quatrième déclinaison, p ex *cantus*, *fructus*, *portus*, *cornu-s*.

La troisième déclinaison du latin vulgaire comprend des masculins et des féminins A cette catégorie appartiennent, à part quelques exceptions les substantifs masculins et féminins, qui appartiennent, en latin classique, à la troisième déclinaison, et en outre ceux de la cinquième déclinaison qui, comme *fides*, *res* et en partie *dies*, ne sont pas passés dans la première Pour les neutres de la troisième, cf § 283, pour un nouveau type de substantifs féminins avec les flexions: nom *-a* — obl *-āne*, formé en latin vulgaire, v. § 288, 3.

Remarque. — Le genre des substantifs germaniques a exercé une influence notable pour leur classification dans le système de la déclinaison du latin-vulgaire C'est ainsi que les féminins de la déclinaison en *i* comme le german *bank*, passent dans la I. déclinaison du lat. vulg. (vfr. *banche*, prov *banca*) D'ordinaire les masculins et les neutres de la déclinaison en *o*, *i*, *u* vont dans la II. déclinaison du lat vulg., les féminins de la déclinaison en *-ō* et en *-ōn* sont admis dans la I. déclinaison du lat vulg et les masculins de la déclinaison consonnantique en *-on* sont assimilés aux masculins latins-vulgaires en *-o*, *-onis*, p ex. germ. *burg* — lat. vulg *borgu* (vfr. *burc*), germ. *marca* — lat. vulg. *marca* (vfr. *marche*), germ. *Hugo* — lat. vulg *Hugo Hugone* (cf. pour le fr. § 289, 2).

§ 285. Les deux nombres du latin, le singulier et le pluriel, ont persisté.

§ 286. 1) Le nombre des formes casuelles fut réduit à l'époque du latin vulgaire: il était limité, en gallo-roman, à deux formes, la forme du nominatif et celle de l'accusatif La fonction des autres cas est transmise à ces deux derniers ou exprimée par une périphrase Le nominatif reçoit, en dehors de sa fonction primitive, également celle du vocatif L'accusatif en dehors de la désignation du complément direct, est, en général, également employé pour la désignation du complément prépositionnel. Le génitif, le datif et l'ablatif sont rendus par une périphrase syntactique à l'aide de prépositions. Ainsi le génitif s'exprime le plus souvent par *de*, le datif le plus souvent par *ad*, l'ablatif par différentes prépositions En certains cas (vfr. *li rei gonfaloniers*, *li filz sainte Marie*, *ne placet Dieu* etc.), l'accusatif est également employé pour rendre le rapport marqué par le génitif et par le datif

Remarque. — On doit chercher la raison de l'emploi de la périphrase syntactique pour rendre la flexion nominale, dans l'effort que faisait la langue pour donner le plus de clarté et de précision possible à l'expression La tendance vers de telles périphrases se manifeste déjà dans de latin classique, où certains rapports sont rendus aussi bien par la flexion que par les prépositions, p. ex *cedere urbe* et *ex urbe*, *arcere tectis* et *ab tectis* En latin populaire, cette transformation fut hâtée par la chute phonétique des formes casuelles transmises.

2) Des cas latins, autres que le nominatif et l'accusatif, on peut encore noter en français, dans le substantif, quelques rares débris dans des locutions stéréotypées et dans quelques formes de mots:

a) Le génitif pluriel se rencontre dans un certain nombre de formules et de formes de mots figées, comme *tens ancienur*, *gent paienur*, *geste Francur*, *Francurville*, (*cheval, destrier*) *milsoldur*, *vavassur* De ces formations, quelques-unes peuvent appartenir à l'antique patrimoine de la langue et dater ainsi d'une époque, où le génitif pluriel latin était encore vivant; la plus grande partie d'entre eux est constituée d'imitations savantes et provient d'une époque ultérieure.

b) Des débris du génitif singulier latin se sont conservés, entre autres, dans les noms des jours de la semaine, formés par composition: *lundi* (*lunę die*), *marzdi* (*Martis die*), *mercredi* (*Mercuri die*), *vendresdi* (*Veneris die*) et *diuendres*

c) Ce sont des ablatifs qu'il faut voir dans les noms de lieux comme *Ais* (*Aquis*), *Reims* (*Remis*) dans *-ment* (*mente*, v. § 311) devenu suffixe adverbial, et dans les formations adverbiales comme *iluec* (*i-lóco*), *ore* (v. § 313).

Flexions des deux cas.

§ 287. La flexion des deux cas (v. § 286) a, de bonne heure, à la suite de phénomènes organiques et associatifs, subi une série de transformations qui sont, d'une part, la chute progressive des flexions, et, d'autre part, la création de nouvelles flexions. Dans le processus de ces changements, la différence de genre des substantifs joue un rôle si important, qu'il paraît utile de traiter les féminins et les masculins séparément. Parmi les féminins figurent également, dans la suite, les substantifs primitivement masculins, qui sont devenus de bonne heure féminins et, parmi les masculins, les substantifs primitivement féminins, qui sont devenus de bonne heure masculins, sans que l'époque de ce passage puisse être fixée d'une façon sûre. Pour les neutres primitifs, cf. § 283.

§ 288. 1) Les féminins de la première déclinaison du lat. vulg. ont perdu leur flexion au singulier, la chute de l'*m* final (v. § 22), qui s'était produite de bonne heure dans le latin vulgaire, ayant amené l'identité de forme du cas oblique (*filiam*) avec le nominatif (*filia*).

Au pluriel des féminins de la première déclinaison du lat. vulg., la différence casuelle a commencé de même à disparaître, à l'époque du latin vulgaire, par le passage de la forme oblique (*filias*) au nominatif (*filię*). A notamment contribué à cette unification, en dehors du manque de flexion de ces mots au singulier, le fait que.

2) les féminins de la troisième déclinaison du lat. vulg. ne possédaient originairement au pluriel, pour le nominatif et l'oblique, qu'une seule forme (*flores*, *fines* etc.)

Au singulier, les féminins de la troisième déclinaison du lat. vulg., à part une exception, ont aussi perdu leurs flexions dès l'époque prélittéraire du français, par suite de leur développement organique (*mater*, *matre* — *medre*), ou, si, d'après la forme latine, ils devaient avoir un *s* au nominatif, par l'assimilation de la forme du nominatif à celle du cas oblique. La permutation des formes, qui a été en ce cas principalement favorisée par l'absence de flexion casuelle dans les substantifs de la première déclinaison au singulier, et aussi par le manque de flexion de tous les féminins au pluriel, peut s'être effectuée tout d'abord dans les substantifs latins à accent fixe (Nom. *finis* — Obl. *fine*), et plus tard dans les substantifs à accent mobile (Nom. *sánitas* — Obl. *sanitáte*). Exemples: Nom. et Obl. vfr. *fin* (*fine*), *feit* (*fede*), *flóur* (*flore*); *santet* (*sanitate*), *citet* (*kivtate*), *merceit* (*merkede*), *maison* (*masione*), *vertut* (*vertute*). D'après une autre explication qui trouve un appui dans la tradition la plus ancienne du provençal, ces substantifs ont toujours eu, en français, au nominatif singulier, d'une façon analogue aux masculins de la troisième déclinaison latine (v. § 289), un *-s* flexionnel, lequel serait tombé de bonne heure en normand et en anglo-normand. d'après ce que nous enseignent les plus anciens monuments de ce dialecte, mais qui, dans le français du centre, serait resté intact jusqu'au XIII siècle (v. § 294)

Parmi les mots à accent mobile, le nom de personne *soror* a conservé, dans ses transformations ultérieures, l'ancienne forme du nominatif (vfr. *suer*) à côté de la forme oblique (vfr. *serour* — *sorórе*) Pour l'explication de ce fait, cf les observations du § 289 Rem. 2.

Remarque. — *Chalre chaure*, qui vient peut-être du nominatif latin *calor*, et que le vieux-français connaît à côté de *chalóur chaleur*, n'apparaît plus en fonction spéciale de nominatif, mais comme mot indépendant. D'après une autre opinion, *chalre* correspond au lat. vulg. *cálora*, qui aurait été assimilé à une forme *frigora*, qu'on ne retrouve d'ailleurs plus en gallo-roman.

3) Un certain nombre de noms propres féminins de personnes et de petits cours d'eau, et en outre quelques appellations générales de personnes forment en vieux français un oblique en *-áin* (après une palatale *-ien*), correspondant à un nomin. en *-e*, p. ex *Berte* — *Bertain*, *Alde* — *Aldain*, *Eve* — *Evain*, *Dive* (affluent de la Vienne) — *Divain*, *ante* (*amita*) — *antain*, *none* (*nonna*) — *nonain*, *pute* (*putida*) — *putain*, *Blanche* — *Blanchien*, *niece* (v. § 48 Rem.) — *niecien*. Présentent également la même flexion des noms de personnes désignant des héroines du Roman de Renart, comme *Pinte* (nom de la poule), et des personnifications de choses abstraites, comme *Guile* (mensonge). On n'a pas encore trouvé d'explication complètement satisfaisante de cette espèce de flexion qui se rencontre également en rhéto-roman, en franco-provençal et en provençal. Il semble qu'on doive admettre, comme base, un type latin vulgaire *-a*, *-áne*, formé à l'imitation de la flexion du masculin *-o*, *-óne* (v. 289, 2).

§ 289. Tandis que, d'après ce qui vient d'être exposé, la plupart des féminins avaient perdu la différence flexionnelle du nominatif et du cas oblique, dans les masculins, la distinction de ces deux cas par la flexion n'était pas seulement conservée, mais, en outre, était introduite dans un vaste domaine, là où elle n'existait pas

1) Le type principal pour la formation de la flexion des masculins fut la flexion des nombreux substantifs de la deuxième déclinaison du lat. vulg. en *-us*:

Sing. nom. lat. vulg. *murus*, vfr. *murs*
„ obl. „ „ *muru*, „ *mur*
Plur. nom „ „ *muri*, „ *mur*
„ obl. „ „ *muros*, „ *murs*

Les masculins de la deuxième déclinaison en *-er*, dont la flexion ne différait de celle des masculins en *-us* qu'au nom. sing , ne purent pas échapper à l'influence de ceux-ci. Déjà l'Append. de Probus connaît des formes analogiques en *-us*. Cf § 298 Pour *prestre*, v 2 b.

2) Les masculins de la troisième déclinaison du lat. vulg. formèrent.

a) au pluriel, sous l'influence des masculins de la deuxième déclinaison, dès l'époque prélittéraire du français, un nominatif sans *s* différent du cas oblique A *pedres, fredres, parenz, abez* etc. se substituèrent *pedre, fredre, parent, abet*, ou peut-être à une époque encore plus reculée, *patri, fratri, parenti, abbati* se substituèrent-ils à *patres, fratres, parentes, abbates*;

b) au singulier, les parisyllabiques en *-is* (*panis* etc.) subirent une transformation phonétique identique à ceux de la deuxième déclinaison en *-us*, les parisyllabiques en *-er* (*pater, frater*) une transformation phonétique identique à ceux de la deuxième déclinaison en *-er*, et ils eurent une destinée semblable.

Les imparisyllabiques qui ne désignent pas des personnes, ayant de bonne heure reformé leur nominatif singulier sur l'oblique, par l'adjonction d'*-is* ou d'*-s*, ont, à l'époque prélittéraire du français, coïncidé dans leurs transformations avec les masculins en *-us*. On forma, d'après les formes d'oblique *semblant* (*semulante*), *mont* (*monte*), *lion* (*leone*), *buef* (*bove*), *piet* (*pede*) etc., les nouveaux nominatifs *semblanz* (*semblant-s*), *monz, lions, bues, piez*, qui furent en partie précédés de formes de transition, comme *bovis, pedis, montis*, dans le latin vulgaire de la Gaule.

Les imparisyllabiques qui désignent des personnes: noms de personnes, noms de peuples, noms de parenté, noms de professions et de fonctions etc., ont continué à transformer la forme de nominatif singulier qu'ils avaient en latin à côté de celle de l'oblique. Exemples · *α*) avec accent fixe. nom.

sing *cuens* (*comes*) — obl *conte* (*comite*), nom. sing. *om* (*omo*, cl. *homo*) — obl *ome* (*omine*); β) avec accent mobile. nom. sing. *niés* (*népos*) — obl. *nevóut* (*nepóte*), nom. sing *énfes* (*énfas*, cl. *infans*) — obl. *enfánt* (*enfánte*), nom. sing. *ancéstre* (*antekéssor*) — obl. *ancessóur* (*antekessóre*), nom sing. *sire* (*senior*, cf § 10, 4 b Rem.) — obl. *seignóur* (*senióre*), nom. sing *emperédre* (*emperátor*, cf § 80, 2 Rem.) — obl. *emperedóur* (*emperatóre*), nom. sing. *compáing* (*compánio*) — obl. *compaignón* (*companióne*), nom. sing. *ber* (*baro*) — obl. *barón*, nom sing *ledre* (*latro*) — obl. *ladrón* (*latróne*) Présentent les mêmes transformations le nom de personne imparisyllabique de la 2. déclinaison latine *presbyter* (fr. nom sing. *prestre* — obl *proveidre*), ainsi qu'une série de noms de personnes (en majorité des noms propres) d'origine germanique, qui, à l'époque du lat vulg, ont échangé leurs désinences *-o*, *-on* contre *'o*, *-óne* d'après le modèle latin, p ex. nom. sing *Hue* (*Hugo*) — obl *Huón* (lat. vulg *Hugóne*, germ *Húgon*), et d'une façon analogue *Mile* — *Milón*, *Guen(e)le Guene* — *Guenelón* (germ *Wenilon*), *Name* — *Namon*, *Ote* — *Otón* (germ *Otton*), et en outre *Charles* — *Charlón* (à côté de *Charles* — *Charle*), *Piedres* (*Petrus*) — *Pedron* entre autres

Remarque 1. — L'*-e* final dans *Hue*, *Mile*, *Name*, *Ote*, entre autres, provient de l'assimilation de ces formes à des nominatifs, comme *Guenle*, dont l'*e* final avait dû se produire, conformément aux lois phonétiques (v. § 78, 2 b), après des groupes de consonnes difficiles à prononcer.

Remarque 2. — La persistance prolongée du nominatif latin (qui avait également reçu la fonction du vocatif, comme on l'a remarqué § 286) dans les noms de personnes a pour raison le fait que ces mots s'emploient, à cause de leur signification, très fréquemment comme sujets ou pour adresser la parole à quelqu'un

3) Les quelques masculins de la première déclinaison latine en *-a*, qui ont pénétré en français comme mots savants, p. ex. *profete* (lat. *propheta* et *prophetes*, gr. *προφήτης*), *ermite* (lat. *eremita*, gr. *ἐρημίτης*), *patriarche* (lat. *patriarcha* et *patriarches*, gr. *πατριάρχης*), montrent une certaine hésitation: tantôt ils présentent un *-s* au nom sing (p ex. *li patriarches* Pélerinage de Charlemagne 250), tantôt ils conservent leur flexion féminine, et quelquefois même sont accompag[illegible]

§ 290. Indéclinables Le groupe des substantifs masculins et féminins, qui se terminent en français par -*s* ou par -*z* (*ts*, *ds*), occupe une place spéciale Comme l'*s* final de ces mots se rencontrait nécessairement avec l *s* de la flexion casuelle, ils étaient indéclinables Exemples: *meis* (*mese*), *nes* (*nasu*), *vis* (*visu*), *vers* (*versu*), *sens* (*sensu*), *curs* (*corsu*), *urs* (*orsu*), *pais* (*payese*, v. § 152), *deis* (*descu*, v § 146), *Franceis* (*Frankescu*), *voiz* (*voke*, v. § 135), *pais* (*pake*, v. § 135 Rem), *croiz* (*croke*), *feiz* (*vike*, v. § 135), il faut y ajouter les neutres latins de la troisième déclinaison en -*us* qui ont passé dans les masculins (v. § 283), comme *cors* (*corpus*) *tens* (*tempus*), *lez* (*latus*), *piz* (*pectus*), de même *fonz* (neutr lat. vulg. *fondus*), *ers* (lat. vulg *ervus*), *fiens* (lat vulg *femus*), et en outre quelques substantifs, dont le mode de formation a sa source dans des formes casuelles figées et se terminant par -*s*, comme *los* (*laus*) et *cous* qui est d'origine obscure, et pour l'étymologie duquel on a proposé [*petra*] *cotis*.

2. La déclinaison des substantifs depuis le commencement du XII. siecle.

§ 291. La tendance à séparer la forme du nominatif de celle de l'oblique d'après le type *murs* — *mur* continue à s'exercer à cette époque, surtout dans les masculins, et se manifeste même dans le traitement des féminins. En même temps apparaît, dans une étendue toujours plus grande, la tendance opposée à supprimer complètement la flexion des deux cas par un échange de formes entre le nominatif et l'oblique Au XIV. siècle, la lutte en faveur de l'uniformité des cas fut terminée, phénomène dû en partie à l'assourdissement de l'*s* flexionnel devant un mot commençant par une consonne (v. § 277) Beaucoup plus tôt et plus vite que dans les dialectes français du continent, cette assimilation s'effectua en anglo-normand, où, dès le cours du XII siècle, la flexion nominale allait vers une chute complète

a) Feminins.

§ 292. Les féminins qui existaient dans la langue au commencement du XII siècle peuvent se diviser au point de vue de la grammaire française, en trois classes: 1) féminins avec accent fixe, qui se terminent par un *-e* atone au nominatif-oblique; 2) féminins avec accent fixe et accentuation oxytone; 3) féminins avec accent mobile.

§ 293. **I. classe**

Sing.	nom. *fille (filia)*		Plur.	nom. *filles*
	obl. *fille (filia)*			obl. *filles (filias)*.

Cf. § 288, 1. Les substantifs français, traités d'après ce type, correspondent: a) à des féminins de la première déclinaison du lat. vulg. de provenances diverses (v. § 284), p. ex. *corone, chose, espede, pulcelle, feme, arme, bataille, viande, joie, peire, pome; podéste, povérte, tempéste, süire (socra,* cl. *socrus); glace, face, rage, espice* (cf. § 48 Rem.); b) en nombre moindre à des féminins de la troisième déclinaison du lat. vulg., p. ex. *medre, puldre (polvere), force (forfike)*. Il faut y ajouter c) de nombreux mots d'emprunt qui, en partie, ne furent reçus que dans la deuxième période, comme, entre autres, *estude (studia), espace (spatia), imagene image, virgene virge, dedicace (dedicatio), generace (generatio), preface (prefacio)*.

Les féminins de cette classe persistent sans distinction de cas. Pour *prophete, poete*, et d'autres, cf. § 297.

§ 294. **II. classe**

Sing.	nom. *flóur*		Plur.	nom. *flóurs (flores)*
	obl. *flóur (flore)*			obl. *flóurs (flores)*

Cf. § 288, 2. Les substantifs français, qui appartiennent à cette classe, correspondent: a) à des féminins de la troisième déclinaison du lat. vulg. de provenances diverses (v. § 286), p. ex. *gent, part, mort, fin, raison, chancon, maison, vertut, santet, citet, nef, lei, colóur, onóur, feit (fede,* cl. *fidem), rien (rem); mer (mare,* cf. § 283, 1 Rem.), b) d'une façon isolée, à un féminin de la deuxième déclinaison du lat. vulg.: *main (manu)*.

Depuis le milieu du XII siècle environ, ces mots apparaissent, dans les textes français, ainsi d'une façon régulière dans Chrestien, avec un *-s* au nominatif singulier, lequel *s* provient d'une assimilation à la flexion des masculins (v. § 288, 2). Il faut remarquer que de nombreux substantifs étaient d[illegible] avoir produit une hésitation dans la flexion. C'est ainsi que *contez* (*comitatus*), *duchiez* (*ducatus*), *eveschiez* (*episcopatus*), *parentez*, qui étaient primitivement masculins d'après leur origine, sont devenus féminins grâce à l'analogie des substantifs en *-e* (lat. *-ate*), comme *cite*, *clarte*, tandis qu'au contraire *ae* (*aetate*), *erite* (*ereditate*), qui primitivement étaient féminins, se rencontrent également comme masculins.

Depuis le XIII. siècle, on rencontre de nouveau des nominatifs sans -s formés d'après l'oblique, lesquels subsistent exclusivement vers la fin du XIV. siècle.

Remarque. — A côté de *citet* existe le vfr. *cit*, qui peut être venu d'une forme **cite* = lat. vulg. *civ(i)ta* (v. § 286), employée comme proclitique. D'après une autre opinion, il correspond au lat. vulg. **civite*, pour lequel on renvoie au prov. *ciu* (*cue*), qui a la même signification.

§ 295. **III classe**

Sing.	nom. *suer* (*sóror*)		Plur.	nom. *seróurs* (*sorór es*)
	obl. *seróur* (*soróre*)			obl. *seróurs* (*sorór es*)

A cette classe appartiennent les féminins français, qui viennent d'imparisyllabiques latins à accent mobile, et qui présentent au singulier leur forme primitive de nominatif conservée en fonction de nominatif. Parmi les formations latines antérieures, *soror* seul entre en considération (v. § 288, 2). Il faut y ajouter ces nouvelles formations, dont l'origine a été expliquée d'une façon encore insuffisante et pour lesquelles on a supposé (v. § 288, 3) une flexion lat. vulg. *-a*, *-áne*:

Sing.	nom. *none* (*nonna*)	Plur.	nom. *nonains*
	obl. *nonain*		obl. *nonains*.

Plus tard *serour* a été peu à peu supplanté d'une façon complète par la forme du nominatif *suer*, qui était fréquemment employée, notamment en fonction de vocatif, et un nouveau nom. obl. plur. *suers* a été formé d'après le nom. obl. sing. *suer*. Un exemple ancien de *suer* employé comme oblique singulier se trouve déjà dans Rol. 294: *Ensur que tot si ai jo vostre soer* (: *poet*). On peut également voir en vieux français depuis le XII. siècle le phénomène contraire, à savoir le passage de la forme oblique au nominatif. On rencontre même, à côté de *serour*, *serour-s* en fonction de nominatif singulier avec l's analogique (v § 294) de la deuxième classe des féminins

Se comportent en général comme *suer*, dans leurs transformations ultérieures, les féminins en *-e*, *-ám* qui désignent des personnes. Il faut remarquer qu'à côté de *pute*, *nonne*, les formes primitivement obliques *putain*, *nonnain* se sont conservées en français moderne comme mots indépendants Les formations analogues, employées comme noms de cours d'eau, ont le plus souvent remplacé la forme du nominatif par la forme oblique.

b) Masculins.

§ 296. Les masculins du français antérieur peuvent également se diviser en trois classes d'après leur état flexionnel: 1) masculins parisyllabiques dont le nominatif singulier se distingue de l'oblique singulier par un -s flexionnel; 2) paroxytons masculins qui se terminent par *-e* au nominatif-oblique singulier; 3) masculins qui viennent d'imparisyllabiques latins à accent fixe ou mobile, et qui conservent. d'après § 289, 2b, leur forme primitive de nominatif en fonction de nominatif.

§ 297. I. classe

a) Sing. nom *murs* (*murus*) Plur nom. *mur* (*muri*)
obl. *mur* (*muru*) obl. *murs* (*muros*).

Avec *e* post-tonique:

b) Sing. nom. *damages* (**dammaticu-s*) Plur. nom. *damage*
obl *damage* obl. *damages*.

Les substantifs qui appartiennent à cette classe correspondent: 1) à des masculins de la deuxième déclinaison en *-us* (v. § 284), p ex *anz* (*annus*, cf page 69), *chans* (*campus*), *filz* (*filius*, cf. page 69), *sers* (*servus*), *destrier* (*dextrarius*); *chanz* (*cantus*), *fruiz* (*fructus*), *degrez* (*de-gradus*), *porz* (*portus*), *jurz* (*diornu-s*), *fers* (*ferru-s*), *ors* (*auru-s*), *chastels* (*castellu-s*), *cors* (*cornu-s*); — *puebles* (*populus*), *asnes* (*asinus*), *messages* (**messaticu-s*), *orages*, *edages* etc ; il faut y ajouter en outre des mots d'emprunt comme *diables angeles*, *arcevesques*, *adversaires*, *tabernacles*. 2) à des masculins de la troisième déclinaison lat. vulg. (v. § 284), qui se terminent en s au nominatif singulier et étaient primitivement parisyllabiques ou le sont devenus, d'après § 289, 2 b, par la création d'un nouveau nominatif singulier tiré de la forme oblique, p. ex. *pains* (*panis*), *chiens* (*canis*), *eirs* (*heres*) — *eir* (*ere* à la place du cl. *heredem*); *cuers* (*cor-s*), *laiz* (*lacte-s*); *dis* (*dies*); *reis*, *bues*, *piez*, *lions*, *semblanz*. 3) Aux substantifs de cette classe se sont également joints peu à peu les infinitifs substantifiés qui formaient d'abord leur nominatif singulier sans *s* flexionnel, p. ex *edrers* (*eterare*) Alexandre 38e (Ms. L), au contraire encore *li repentir* (: *morir*) Sermon Rimé 4 c. S'y rattachent en outre: 4) les masculins français en *-e* qui correspondent aux masculins de la première déclinaison latine en *-a*, comme *profete-s*, *ermite-s* (v. §§ 284, 289 3), et de plus quelques mots abstraits féminins qui, en prenant la place de mots concrets subissent en même temps un changement de genre, comme *espie-s*, *guaite-s*, *garde-s*.

Depuis le XIII siècle, — plus tôt dans les dialectes (notamment en anglo normand) —, la forme oblique commence, dans presque tous les substantifs en question, à supplanter la forme du nominatif employée plus rarement, phénomène qui a atteint son terme vers la fin du XIV siècle. La dépossession de l'oblique singulier par la forme du nominatif (vocatif), qui s'est produite dans quelques cas peu nombreux, comme *filz* (*fils*), *Loois*, *Jacques Jules*, *Georges*, *Gilles*, et dans quelques autres noms de personnes, s'explique par le § 289, 2, Rem 2

Remarque. — *Liz* (et plus récemment *lis*; *lilju*) qui, depuis le XII. siècle, se présente également sous cette forme comme oblique singulier, est dû à l'influence de l'oblique pluriel, très fréquemment employé dans l'expression *fleur de liz*

§ 298. **II classe**

Sing. nom *pedre* (*pater*) Plur nom. *pedre* (v § 289. 2)
obl. *pedre* (*patre*) obl. *pedres* (*patres*).

Les masculins de cette classe correspondent. 1) à des substantifs de la deuxième déclinaison du lat vulg. en *-er* avec accent fixe, p ex. *gendre* (*gener*), *maistre*, *parastre* (*patraster*), *vespre* (*vesper*), *cultre* (*colter*), *livre* (sav., cl. *liber*). 2) à des substantifs de la troisième déclinaison latine en *-er*, *-or* avec accent fixe, p. ex. *fredre* (*frater*), *ventre* (*venter*), *arbre* (*arbor*), *marbre* (*marmor*).

Comme on l'a remarqué § 289, 1, quelques-uns de ces mots commencèrent de très bonne heure à se rattacher par leur flexion aux masculins du type *murus* — *murs*. Cf. le nom. sing. *coltres* Pèlerinage de Charl. 285 et *vespres* réclamé par le mètre ib. 398. Pourtant la forme primitive de nominatif sans *s* se maintient longtemps à côté de ce nouveau nominatif, notamment dans les noms de personnes, et c'est la seule que Chrestien emploie, entre autres, dans *pere*, *frere*. Dans leurs transformations ultérieures, les masculins de cette classe subissent une destinée semblable à ceux de la première (v. § 297).

§ 299. III classe

a) Sing. nom. *empereḍre* (*emperator*) Plur. nom. *empereḍóur*
obl. *empereḍóur* (*emperatore*) obl. *empereḍóurs*.

b) Sing. nom. *om* (*ome*) Plur. nom. *ome*
obl. *ome* (*omine*) obl. *omes* (*omines*).

c) Avec -*s* flexionnel au nom. sing.:
Sing. nom. *cuens* (*comes*) Plur. nom. *conte*
obl. *conte* (*comite*) obl. *contes* (*comites*).

Pour le nominatif pluriel cf. § 289, 2. A cette classe appartiennent les masculins venant d'imparisyllabiques latins avec accent (a) mobile ou (b c) fixe, qui conservent dans le français antérieur leur forme primitive de nominatif en fonction de nominatif. Cf. exemples, § 289, 2 b.

Dans leurs transformations ultérieures, les masculins des groupes III a et III b, qui sont fléchis d'après le type *empereḍre* ou le type *om* et qui primitivement n'ont pas d'*s* au nominatif singulier, ont, sous l'influence de ceux du groupe III c et aussi de ceux de la I. classe (*murs*), pris parfois, au nominatif singulier, un *s* non organique. En anglo normand, des nominatifs de ce genre avec *s* apparaissent depuis la première moitié du XII. siècle. Dans ce même dialecte, on rencontre de bonne heure des formes analogiques, qui s'écartent du paradigme primitif, en d'autres cas encore soit que les formes de l'oblique singulier et pluriel soient passées aux nominatifs des deux nombres, soit que, plus rarement, le nominatif singulier ait exercé une influence analogique sur les autres formes du singulier et du pluriel, p. ex. nom. sing.: *quel baron* (à la place de *quels ber* Rol. d'Oxf 3164, *sun compaignon* (à la place de *ses compaing*) ib. 1160, *nostre empereur* (à la place de *emperere*) ib 1444, d'autre part obl. sing.. *mis nes* (à la place de *mon nevut*) ib. 838, *emperere* (à la place d'*empereur*) ib 1490, puis aussi nom. plur *emperere* et *empereres* (de même *empereurs* à la place d'*empereur*), *ancestre* et *ancestres* (à la place d'*ancessur*) etc. En francien le même développement analogique s'est effectué plus tard. Du reste, dans la plupart des cas, comme dans *empereur, neveu, conte, enfant, compagnon, larron* etc., les formes obliques ont remporté la victoire au singulier et au pluriel, tandis que dans les frm *ancêtre, traître, peintre, prêtre, chantre, pâtre* (à côté du savant *pasteur*), *gars* (à côté de *garçon*). *sire* (à côté de *seigneur*), *on* (à côté d'*homme*), le nominatif singulier (vocatif) s'est maintenu.

---

§ 300. La finale du radical des substantifs présente, en partie depuis le moment le plus éloigné de la période littéraire, une suite de modifications amenées par l'*s* suivant de la flexion Les transformations organiques ont donné ainsi comme résultat:

Sing. nom.	*cers* (*kervus*)	Plur nom	*cerf* (*kervi*)
obl	*cerf* (*kervu*)	obl.	*cers* (*kervos*)

ou·

Sing. nom.	*nef* (*nave*)	Plur. nom	*nes* (*naves*)
obl.	*nef* (*nave*)	obl	*nes* (*naves*)

D'une façon analogue, entre autres: *nes* — *nef* (*napu*), *cols cous* — *colp coup* (*colpu*), *bues* — *buef* (*bove*), *œus* — *œuf* (*ovu*), *sarcues* — *sarcuef* (*sarcöfau*), *tres* — *tref* (*trabe*), *cles* — *clef* (*clave*), *neis nois* — *neif noif* (*neve*), *baillis* — *baillif* (-*ivu*); *venz vens* — *vent* (*ventu*); *sas* — *sac* (*saccu*), *eschas* — *eschac* (germ *scac*), *enfers* — *enfern* (*infernu*), *hivers* — *hivern* (*ibernu*), *chars* — *charn* (*carne*), *cors* — *corn* (*cornu*); *chevaus* — *cheval* (*caballu*), *chapeaus* — *chapel* (*cappellu*), *manteaus* — *mantel* (*mantellu*), *cheveus* — *chevel* (*capillu*), *cieus* — *ciel* (*kẹlu*), *cous* — *col* (*collu*), *travauz* — *travail* (*trepalju*), *genouz* — *genouil* (*genoclu*), *soleuz* — *soleil* (*soleclu*), *conseuz* — *conseil* (*conselu*), *ieus* — *ueil* (*oclu*), *aieus* — *aieul* (*aviǫlu*, cf. § 191 Rem.).

A l'égard de cette double forme du radical la langue se comporte de façons différentes. 1) La forme du radical, qui s'est produite devant *s* flexionnel, est généralisée quand, par exemple, à la place d'*enfern*, *charn*, *corn*, *hivern*, *verm*, *jurn*, *furn*, *enfer*, *char*, *cor*, *hiver*, *ver*, *jur*, *fur* sont entrés en usage depuis le XII siècle ou quand *chapel*, *mantel*, *preel*, *chevel*, *col*, *chol*, *genoil*, *baillif* ont été supplantés postérieurement par *chapeau*, *manteau*, *pre-eau*, *cheveu*, *cou*, *chou*, *genou*, *bailli*. 2) La forme du radical, non modifiée par *s* flexionnel, est généralisée, p. ex.: *chiefs* (anglo-norm. *chefs* déjà dans Rol. d'Oxford 44), *flancs* (ib. 3158), *nefs*, *trefs*, *clefs*, *soleils*, *conseils*, *seuils* à côté de *chies*, *cles* etc.; dans les textes anglo-normands on trouve aussi, depuis le XII. siècle, *enferns* (Comp. 1718), *corns* (ib. 1216) etc. 3) La double forme du radical persiste. Il en est ainsi dans *cheval* — *chevaux*, *animal* — *animaus* et dans les autres substantifs en *-al*, à l'exception des mots savants introduits plus tard, et de plus dans *travail* — *travaus*, *vantail* — *vantaus* et quelques autres mots en *-ail*.

Remarque — Dans quelques substantifs l'usage de la langue a hésité jusque dans le français moderne entre les formes où la finale du radical est changée et celles où elle reste intacte. Cf. en fr. mod. *aieuls*, *ciels*, *œils*, *travails*, *ails*, avec distinction de sens, à côté d'*aieux* (pour l'orthographe *ux*, v. § 13 Rem.), *cieux*, *yeux*, *travaux*, *aulx*. Dans d'autres cas, comme *coqs*, *sacs*, l'analogie a été longtemps purement graphique, comme elle l'est aujourd'hui dans *bœu(f)s*, *œu(f)s*, *ner(f)s* etc. — Dans *sercueil*, *faudestueil* (v. § 11, 4), *chevrueil*, entre autres, la forme primitive a subi postérieurement, par suite d'une analogie de suffixe réelle ou apparente, des altérations, pour lesquelles il faut comparer la formation des mots.

B. Adjectif.

1. Déclinaison et flexion des genres.

§ 301. La grammaire latine distingue dans l'adjectif les genres masculin, féminin et neutre, et, suivant que la différence des genre [illegible] rence dans les formes ou n'est marquée par aucun signe distinctif, elle distingue des adjectifs (a) à trois, (b) à deux ou (c) à une seule désinence, p. ex.:

a) *clarus*, *clara*, *clarum*
tener, *tenera*, *tenerum*
b) *grandis*, *grandis*, *grande*
c) *vetus*, *vetus*, *vetus*.

Les trois genres de l'adjectif appartiennent et au latin vulgaire et au vieux français. Toutefois il faut faire observer que le neutre n'a conservé en français qu'un usage restreint au singulier (comme prédicat en relation avec un sujet impersonnel), p. ex. Cligès 3255 *et cole tant que tot est cler* (*claru*).

Le passage d'un adjectif d'une de ces classes dans une autre s'est produit dans quelques cas dès l'époque du latin vulgaire et du français primitif, et, sur une plus large étendue, dans le français postérieur. Cf. à ce sujet § 306.

§ 302. A la déclinaison des adjectifs dans le latin vulgaire et le français primitif s'appliquent les observations faites § 286 sqq. sur les flexions casuelles des substantifs:

1) Les formes féminines de l'adjectif en *-a* ont, d'une façon analogue aux substantifs féminins de la première déclinaison latine en *-a*, perdu de bonne heure toute flexion casuelle, par suite de la coïncidence phonétique des formes du nominatif et de l'oblique au singulier, et par suite du passage de la forme oblique au nominatif au pluriel, p. ex. nom. obl. sing. *bona* — nom. obl. pl. *bonas*.

2) Les formes masculines de l'adjectif, dont le nominatif singulier se termine en *-us* ont continué en français, comme les substantifs masculins de la deuxième déclinaison latine en *-us*, à développer leur nominatif et leur oblique tout en les maintenant dans leur fonction primitive, p. ex. sing. nom. *bons* (*bonus*), obl. *bon* (*bonu*) — pl. nom. *bon* (*boni*), obl. *bons* (*bonos*). S'appliquent aussi aux adjectifs de la deuxième déclinaison latine en *-er* les observations faites § 289, 1 sur les substantifs correspondants.

3) Les adjectifs latins de la troisième déclinaison, dont les genres masculin et féminin étaient uni-

formes, dans la langue littéraire le plus souvent, toujours dans la langue populaire, ont en gallo-roman créé, au nominatif des deux nombres, une forme différente pour le masculin et le féminin; puis, d'après le modèle des substantifs correspondants: a) au féminin singulier la forme de l'oblique a été transportée au nominatif qui fut ainsi formé sans *s* (fr *grant*); b) au masculin singulier, dans les parisyllabiques en *is*, le nominatif latin a continué à se transformer (fr. *granz*), dans les imparisyllabiques, le nominatif a été reformé d'après l'oblique par l'adjonction d'un *s* (fr. *vaillanz*): c) au féminin pluriel, la forme du nominatif, qui coïncide avec la forme oblique, a continué à se transformer (fr *granz, vaillanz*); d) au masculin pluriel, la forme du nominatif s'est formée sans *s* d'après la flexion des masculins de la deuxième déclinaison (fr *grant, vaillant*).

Remarque — Des adjectifs imparisyllabiques de la troisième déclinaison latine aucun (excepté les comparatifs traités § 309) n'a conservé en français, à côté de la forme oblique, la forme du nominatif dans sa fonction primitive

4) Les adjectifs, qui se terminent par une spirante, sont indéclinables au masculin, p. ex. *fals* (*falsus*), *bas* (*bassus*), *gros* (*grossus*), les adjectifs en *-óus* (*-osu*). *amuróus joióus* etc., et en *-eis* (*-escu* et *-ese*, cf. § 23): *franceis curteis* etc, en outre *tierz* (*tertius*, cf. § 195), *dolz* (v. § 137), *viaz* (*vivacius*), entre autres. Est particulièrement remarquable *viez* = lat. *vetus*, qui se rencontre exclusivement sous cette forme, également à l'oblique singulier et au nominatif-oblique pluriel

Remarque — La forme du neutre, excepté dans les comparatifs traités § 308 sq, coïncidait avec celle de l'oblique singulier du masculin.

§ 303. L'aperçu qui suit fait mieux comprendre la déclinaison des adjectifs au commencement du XII siècle. D'après la manière de rendre les genres au nominatif singulier, ils peuvent, au point de vue de la grammaire française, se diviser en deux classes. La première classe comprend les adjectifs qui se terminent au féminin par *-e* atone, la seconde, ceux qui se terminent au féminin par une consonne. Les représentants de la première classe se subdivisent en trois groupes, suivant que leur forme masculine correspond pour la formation et la flexion, aux substantifs masculins des types *murs*, *damages* ou *pedre*

I classe

a)

	Masc.	Fém.	Neutr.
Sing. nom.	*bons* (*bonus*)	*bone* (*bona*)	*bon* (*bonu*)
obl.	*bon* (*bonu*)	*bone* (*bona*)	
Plur. nom.	*bon* (*boni*)	*bones*	
obl.	*bons* (*bonos*)	*bones* (*bonas*)	

Les adjectifs qui appartiennent à ce groupe correspondent à des adjectifs du lat. vulg. en *us*, *-a*, *-u* dont la voyelle post-tonique est tombée au masculin, comme *clers* (*clarus*), *chiers* (*carus*), *fiers* (*ferus*), *bels* (*bellus*), *avers* (*avarus*), *amers* (*amarus*), *vis* (*vivus*), *seurs* (*securus*), *durs* (*durus*), *legiers* (*leviarius*), *mers* (*merus*), *pleins* (*plenus*), *freiz* (*frigdus*), *sainz* (*sanctus*), *vielz* (*veclus*), *vermelz* (*vermiclus*), *pareilz* (*pariclus*). Il faut y ajouter les participes parfaits passifs, comme *amez* (*amatus*), *venduz* (*vendutus*), *partiz* (*partitus*), *faiz* (*factus*), *oinz* (*onctus*). Pour *dolenz*, *comuns* etc. cf. § 306, 3 a pour les adjectifs à forme masculine indéclinable, § 302, a.

b)

	Masc.	Fém.	Neutr.
Sing. nom.	*tiedes* (*tepidus*)	*tiede* (*tepida*)	*tiede* (*tepidu*)
obl.	*tiede* (*tepidu*)	*tiede* (*tepida*)	
Plur. nom.	*tiede* (*tepidi*)	*tiedes* (*tepidas*)	
obl.	*tiedes* (*tepidos*)	*tiedes* (*tepidas*)	

Les adjectifs de ce groupe correspondent: 1) à des adjectifs du lat. vulg. en *-us*, *-a*, *-u*, dont la voyelle post-tonique a persisté dans les masculins à l'état d'*ẹ*, conformément aux lois phonétiques, comme *rades* (*rapidus*), *sades* (*sapidus*), *malades* (cf. § 122, 2 Rem.), *sages* (*sapius*), *ivres* (*ebrius*), 2) à des adjectifs du lat. vulg. de la troisième déclinaison en *-is*, dont la voyelle post-tonique est également restée comme voyelle d'appui, comme *tenves* (*tenuis*, et le fém. *tenve* = *tenue* d'après le § 302, 3) *fleibles* (*flebilis*). Il faut y ajouter: 3) des adjectifs verbaux, comme *lasches*, *quites*, *delivres* et de nombreux mots d'emprunt d'importation plus ou moins récente, comme *graisles* (cf. § 159 Rem.), *fraiies* (ib.), *avuegles* (ib.), *celestes*, *chastes*, *magnes* (*magnus*), *estranges* (cf. § 203 Rem.), et en outre les adjectifs en *-ables*, *-ibles* comme *amables* (*amabilis*), *visibles* (*visibilis*), et les superlatifs savants en *-ismes* (*-issimus*), comme *saintismes* (*sanctissimus*), *haltismes* (*altissimus*). Pour *larges* etc., v § 306, 3 b.

c)		Masc.	Fém.	Neutr.
Sing.	nom.	*tendre* (*tener*)	*tendre* (*tenera*)	*tendre* (*teneru*)
	obl.	*tendre* (*teneru*)	*tendre* (*tenera*)	
Plur.	nom.	*tendre* (*teneri*)	*tendres* (*teneras*)	
	obl.	*tendres* (*teneros*)	*tendres* (*teneras*).	

Les adjectifs de ce groupe correspondent aux adjectifs du lat. vulg. à trois genres en *-er*, dont la voyelle post-tonique a persisté au masculin à l'état d'*ę*, p. ex. *destre* (v. § 158 Rem.), *senestre* (*sinester*), *aspre* (*asper*), *altre* (*alter*). Appartient également à cette catégorie *pauvre*, dont l'étymon, *pauper*, était déjà passé à une époque reculée du latin dans les adjectifs à trois désinences.

II classe

		Masc.	Fém.	Neutr.
Sing.	nom.	*granz* (*grandis*)	*grant*	*grant* (*grande*)
	obl.	*grant* (*grande*)	*grant* (*grande*)	
Plur.	nom.	*grant*	*granz* (*grandes*)	
	obl.	*granz* (*grandes*)	*granz* (*grandes*)	

Appartiennent à ce groupe: a) des adjectifs français, qui viennent des adjectifs latins parisyllabiques de la troisième déclinaison et qui ne sont pas fléchis suivant I b. p. ex. *forz* (*fortis*), *gentils* (*gentilis*), *gries* (*gręvis*, cf. § 11, 1), *mortels* (*mortalis*), *crudels* (v. § 11, 3 b), ou avec le suffixe savant *-als* (*-alis*): *leials*, *reials* etc.; b) des adjectifs français, qui viennent des imparisyllabiques latins de la troisième déclinaison et des participes présents adjectivaux, p. ex. *presenz*, *vaill-anz*, *puiss-anz*, *luis-anz*, *ard-anz*, *trenchanz* etc.

Remarque. — Le gérondif, dont la forme coïncide avec le participe présent, n'est pas fléchi primitivement conformément au latin (*amant* = *amando*). Ce n'est que depuis le XV. siècle qu'il s'est confondu avec le participe. — Pour *dolz*, *comuns*, *dolenz*, entre autres, cf. § 306, 3 a.

§ 304. Les transformations ultérieures de la flexion casuelle sont également les mêmes dans les adjectifs que dans les substantifs. En conséquence, les adjectifs du groupe I c reçoivent, d'une façon transitoire, au nominatif singulier masculin, et ceux de la classe II au nominatif singulier féminin, un s. A la même époque que se produit la chute de la flexion des deux cas dans les substantifs, le même phénomène se manifeste dans les adjectifs. Vers la fin du XIV. siècle nous rencontrons l'oblique presque exclusivement à la place de l'ancien nominatif Pour la déclinaison des comparatifs organiques *graindre*, *meindre* etc., v. § 309.

§ 305. Les observations faites § 300 sur le substantif s'appliquent d'une façon générale au traitement de la finale du radical. Aux transformations (a) amenées par l'*s* flexionnel s'ajoute ici en de nombreux cas, (b) une différenciation causée par la différence des terminaisons masculines et féminines

a) *ses* — *sec* (*sęccu*), *vis* — *vif* (*vivu*), *nues* — *nuef* (*nǫvu*), *bries* — *brief* (*bręve*), *gries* — *grief* (*gręve*, v. § 11, 1), *sals saus* — *salf sauf* (*salvu*), *vielz vieus* — *vieil* (*vęclu*, v. § 25), *vermelz vermeus* — *vermeil* (*vermęclu*), *bels beaus* — *bel* (*bellu*), *nuveaus* — *nuvel* (*novellu*), *mous* — *mol* (*molle*). Plus tard l'assimilation s'est produite le plus souvent au bénéfice des formes qui n'avaient pas été modifiées par l'*s* flexionnel: *sec-s*, *vif-s*, *sauf-s*, *vermeil-s*, *pareil-s* etc. Présentent la généralisation de la forme qui s'était produite devant *s*: *beau*, *nouveau*, *fou*, *mou*, *vieux*, à côté desquels *bel*, *nouvel*, *fol*, *mol*, *vieil* existent, encore aujourd'hui, au singulier devant un mot commençant par une voyelle. Les nombreux adjectifs savants en *-al* (v § 52 Rem. 1) ont, la plupart, conservé, jusqu'aujourd'hui, leur double formation primitive, comme *oriental* — *orientaux*, *amical* — *amicaux*, ou se rencontrent, comme *final*, *fatal*, en français moderne exclusivement sous la forme non modifiée par s flexionnel

b) *blanc* (*blancu*) — *blanche* (*blanca*), *sec* (*seccu*) — *seche* (*secca*), *vif* (*vivu*) — *vive* (*viva*), *salf sauf* (*salvu*) — *salve sauve* (*salva*), *beaus* (*bellus*) — *bel* (*bellu*) — *belle* (*bella*), *vieus* (*veclus*) — *vieil* (*veclu*) — *vieille* (*vecla*) etc. Ici, quand la différence des genres n'a pas disparu grâce au passage de la forme d'un genre dans un autre, l'état primitif a le plus souvent persisté Dans des cas relativement peu nombreux, une réaction réciproque des genres les uns sur les autres a eu lieu, sans que, comme dans les cas cités § 306, il se fût produit un passage complet dans une autre classe de genres Cf., entre autres, *Franceise* au lieu de *Franceschc*

(*Frankisca*) d'après le masc. *Franceis* (*Frankescu*), *longue* au lieu de *longe* (*longa*) d'après le masc *lonc* (*longu*), *antie* au lieu d'*antive* (*antiku̯a*) d'après le masc. *anti* (*anticu*) et d'un autre côté *antif* au lieu d'*anti* (*anticu*) d'après le fém. *antive* (*antiku̯a*). *Juiue Juiwe Juive* d'après le masc *Jui* (*Judęu*) et ensuite *Juif* au lieu de *Juiu* d'après le fém. *Juive*.

§ 306. En ce qui concerne la distinction des genres, il faut remarquer ce qui suit:

1) Comme le neutre coïncidait dans sa forme avec l'oblique singulier masculin, le genre neutre n'a plus été exprimé dans l'adjectif, lorsqu'au masculin la forme oblique eut reçu la fonction du nominatif.

2) La chute de la flexion des deux cas eut pour conséquence de ne laisser qu'aux adjectifs du groupe I a une forme spéciale pour le masculin et le féminin, tandis que tous les autres furent réduits à une seule forme.

3) La modification analogique d'un groupe ou d'une classe de genres par un autre groupe ou une autre classe se produit dans un vaste domaine et dans des sens différents:

a) Il faut notamment remarquer que peu à peu tous les representants du type *grant* sont passés dans les nombreux adjectifs du groupe I a. Les débuts de cette transformation analogique remontent, comme on l'a noté § 301, à l'époque du latin vulgaire et à l'époque prélittéraire du français. Sont attestés par des exemples de l'époque du latin vulgaire *tristus -a* et *acrus, -a*. Se présentent, depuis le moment le plus éloigné où ils apparaissent en français, avec une désinence féminine spéciale *-e*. *comuns* — *comüne* (prov. *comuna*, d'où il faut conclure à l'existence en gallo-rom. d'une forme *communus, -a*, formée d'après *unus, -a*) *dolz* — *dolce* (prov. *dolsa, dousse*; peut-être **dolku̯a* en gallo-rom d'après une forme masculine **dolku̯us*), *fols* — *folle*, *mols* — *molle*, *-eis* (*-ēsis*, cl. *ensis*) — *-eise*: *curteis* — *curteise* (prov. *corteza*), *dolenz* — *dolente* (prov *dolenta*; formé d'après les adjectifs lat à fém. *-enta* — fr *ente*, comme *lente*, *gente*, *sanglente*). En d'autres cas, l'assimilation ne s'est accomplie qu'à l'époque littéraire du français, et, dans la langue écrite, le plus souvent elle ne le fut pas avant le XV. ou le XVI siècle Ainsi l'on trouve déjà une forme féminine *grande*, réclamée par l'assonance Vie d'Alexis 122e

Pèler. de Charlem. 788, et réclamée par le mètre Rol. 302, Pèler. de Ch 675, tandis que *grant* reste encore la forme usuelle jusqu'au XVI. siècle *Forte* est attesté depuis le XII. siècle, mais ne l'emporte dans la langue littéraire qu'au XV. siècle. *Verte* se trouve déjà régulièrement dans le ms. d'Oxford du Rol., et ib. 1569, à l'assonnance, mais ne se trouve, plus fréquemment, dans la langue littéraire qu'au XV. siècle. *Tele*, *quele* (formés par analogie sur *cle*, *cele* v. §§ 322. 330) se trouvent déjà fréquemment au XII. siècle, mais ils ne prédominent que depuis le XIV. siècle, et quand ils étaient employés comme attributs, ils n'avaient pas encore au XVI. siècle, complètement perdu leur mode de formation à une seule forme. *Brief* et *grief* présentent, dans le normand et l'anglo-normand du XII. et du XIII siècle, les nouvelles formes féminines *brieve*, *grieve*, lesquelles ne se trouvent cependant dans la langue littéraire que depuis le XV. siècle. De même les nouvelles formes féminines en *-e* ne sont devenues prépondérantes dans la langue littéraire qu'au XV siècle et en partie n'ont pénétré complèment qu'au XVI. siècle dans: *suef* (*suave*, fém. *sueve*), les adjectifs en *-el* (*-ale*), comme *mortel*, *naturel*, *charnel*; les adjectifs en *-al* (sav. *-alem*) comme *general*, *principal*, *especial*, *infernal*, *celestral*, *final*, *total*, les adjectifs en *-il*, comme *vil*, *gentil*, *sutil*; les participes adjectivaux en *-ant*, comme *vaillant*, *avenant*, *plaisant*, *vivant* (au contraire *luisante* se trouve déjà dans Rol. d'Oxf. 3512, *ardante* Comp. 301 et des formations analogues de bonne heure dans d'autres manuscrits et documents anglo-normands), les adjectifs en *-eur*, comme *meilleur*, *mineur*, *majeur*, *interieur*, *exterieur*. Des traces isolées de l'usage primitif se sont conservées jusqu'aujourd'hui dans des formes figées, p. ex. *grand'mère*, *grand'rue*, *grand'messe*. *grand'chambre*, et des noms propres comme *Grandmaison*, *Rochefort*, *Villefort*, des formations adverbiales (cf. § 311) comme *prudemment*, *constamment*, *diligemment* *eloquemment*, *patiemment* et jusque pendant le XVIII. siècle dans *lettres royaux*, *ordonnances royaux*.

b) Si de nombreux adjectifs à forme unique sont ainsi passés dans les adjectifs à forme double du groupe I a, d'un autre côté de nombreux adjectifs, qui appartenaient primitivement au groupe I [illegible] s I b, c et ont reformé la forme masculine d'après la forme féminine· ainsi on trouve déjà de bonne heure *large-s* au lieu de *lars* (*largus*, on trouve encore quelquefois en vfr. *larc* = *largu*), *juste-s* au lieu de *juz* (on trouve encore en vfr., mais sporadiquement, *justus*), *triste-s* au lieu de *triz* (en vfr. on trouve rarement *trist* = *trist*), vraisemblablement *cointe* au lieu de *coint* (*cognitu*, en vfr on trouve encore *accoint* à côté de *accointe*), d'après les formes féminines *large* (*larga*), *juste* (*justa*), *triste*, *trista* v a), *cointe*, puis *roide* (*regda*), *ferme* (*fęrma*), *louche* (*lǫsca*), *v(u)ide* (**vǫkita*), *chauve* (*calva*), entre autres, au lieu des formes antérieures *roit*, *ferm* *lois*, *vuit*, *chauf*.

Remarque — On peut mettre en doute que *flaist(r)e*, *moiste* appartiennent aux adjectifs nommés b. car la transformation proposée comme phonétiquement correcte au § 122, 2a, d'après laquelle ils viennent des formes masculines du lat. *flakkidu*, *mokkidu*, n'est pas généralement tenue pour exacte. Dans *vuide*, *d*, au lieu de *t* qui serait seul phonétiquement correct (v. § 122, 2b), provient peut-être de l'analogie de *voidier* (**vokitare*, v § 122, 2c) Les mots vfr. *tristes*, *justes* doivent, comme cela est sûrement le cas pour les mots du fim. *triste*, *juste*, à cause de l's qui se prononce devant une consonne, avoir subi une influence savante et par conséquent être jugés comme les mots *celestes*, *chastes*, entre autres, notés § 303, Ib — Des mots importés tard, comme *facile*, *mobile*, *difficile*, *docile*, *debile*, qui primitivement n'ont qu'une seule forme pour le masculin et le féminin, se rencontrent (par analogie avec les mots du fonds héréditaire en *-il*) d'une façon passagère avec une forme masculine sans *-e* *facil*, *mobil* etc. De même les formes masculines *malin*, *benin* s'expliquent comme des reformations dans les mots sav. *benigne*, *maligne*, primitivement uniformes en français. — En de rares cas, des adjectifs du groupe Ia ont été assimilés à des adjectifs de la classe II. Appartient à cette catégorie le fém. vfr *pareil* à côté de *pareille* (*parecla*); puis *turbulemment* au lieu de *turbulentement*, *violemment* au lieu de *violentement*, entre autres, tandis que dans *isnelment*, *durment*, *verment* à côté d'*isnelement*, *durement*, *verement*, il paraît y avoir une transformation organique amenée par *l*, *r*.

2. Comparaison.

§ 307. Pour marquer le degré plus haut ou le plus haut d'une qualité (comparatif et superlatif), le latin classique se servait d'une flexion spéciale, et, en quelques rares cas, d'une périphrase au moyen des adverbes *magis* (*plus*), *maxime* etc. C'est la [illegible] sant à la précision de l'expression (v § 286 pour la flexion casuelle), qui explique qu'en latin vulgaire ce dernier procédé soit devenu d'un usage de plus en plus fréquent, tandis que les anciennes formations organiques du comparatif tombèrent presqu'entièrement dans l'oubli. En français, la périphrase avec *plus* (lat *plus*) est la règle presque absolue

§ 308. Il n'y a que quelques comparatifs à flexion, qui se soient conservées en français dans leur fonction primitive:

a) Viennent de comparatifs latins, qui présentent le radical du positif fortement modifié ou sont formés d'une autre racine que le positif:

1) Nom. *maire* (*máyor*) — obl. *maiór* (*mayóre*).

2) Nom. *mendre* (et postérieurement *meindre*, *moindre* par l'analogie de *meins*, *moins*; *minor*) — obl. *menóur* (*menóre*): neutr. *meins*, *moins* (*minus*; v. § 258, 2 Rem.)

3) Nom. *mieldre* (*mę́lior*) — obl. *meillóur* (*melióre*); neutr. *mielz* (*mę́lius*).

4) Nom *pire* (*pę́yor*) — obl *peióur* (*peyóre*); neutr. *pis* (*pę́yus*).

Remarque. — *Plusour*, *plus-eur*, qui correspondent au comparatif redoublé du bas latin *pluriores* ont subi influence de *plus*.

b) Se rencontrent en outre en vieux français:

5) Nom. *graindre* (*grandior*) — obl *graignóur* (*grandióre*)

6) Nom. *joindre* (*jonior* avec *o* = *u*, issu de *jovenis*, cl. *juvenis*. cf. § 17 b Rem.) — obl. *joignóur*, et aussi nom *joenvre* (*jǫ́venior?*) — obl. *juveignóur*.

7) Nom *nualdre nuaudre* (*nogálior*) — obl. *nuaillóur*; neutr. *nualz*, *nuauz* (*nogálius*).

On trouve exclusivement à la forme qui vient de l'accusatif latin:

8) le nom. *halzóur*, *hauzóur* (*altióre*), qui a perdu de bonne heure sa signification comparative (ainsi déjà dans Roland 3698) et peut à son tour former un comparatif avec *plus*;

9) *forzóur* (*fortióre*),

10) *bellaisóur* (**bellatiore*),

11) *gencóur* (**gentiore*),

12) *sordeióur* (*sordeyóre*, cl. *sordidiorem*); neutr. *sordeis*, *sordois* (*sordeyus*, cl. *sordidius*).

Remarque. — Le comparatif neutre *ampleis*, *amplois* est dû à l'analogie de *sordeis* ou remonte à une forme du lat. vulg *ampleyus*, qui serait formée sur *sordeyus*. Une formation correspondante paraît exister dans *aineeis* (issu d'*ainz*, cf. § 195 Rem.).

§ **309.** La déclinaison des comparatifs latins qui ont continué à se transformer en français, est celle des substantifs de la III. classe. Ainsi p. ex au commencement du XII. siècle:

		Masc.	Fém.
Sing.	nom	*mieldre*	*mieldre*
	obl	*meillóur*	*meillóur*
Plur.	nom	*meillóur*	*meillóurs*
	obl	*meillóurs*	*meillóurs.*

L'assimilation entre les formes accentuées sur la racine et les formes accentuées sur la terminaison s'est produite en des sens divers Des formes comparatives données § 308 b), aucune ne subsiste aujourd'hui dans la langue écrite; de celles qui ont été mentionnées dans la subdivision a), *moindre* (*moins*), *meilleur* (*mieux*), *pire* (*pis*) se sont le plus purement conservées dans leur signification primitive. En outre, la langue actuelle connaît encore, dans un usage limité, *mineur*, *majeur*, modifiés par l'influence du latin classique, et *maire* usité exclusivement comme substantif. Pour *plus-eurs*, voyez aussi § 336.

§ **310.** Les formes de superlatifs latins conservées en vieux français sont: *pesmes* (on le trouve déjà dans Roland 56 avec le sens du positif, lat. *pessimus*), *pruismes* (*proximus*), *mermes* (*minimus*) et *maismes* (*maximus*), qui ne paraît exister que dans l'adverbe *maismement*. Il faut y ajouter quelques formations savantes qui viennent de superlatifs latins en *-issimus*, comme *altismes*, *fortismes*, *grandismes* (fragment de Jonas v. 15 *grantesmes?*), *saintismes*.

3. Formation des adverbes.

§ **311.** Les adverbes étaient formés, dans le latin populaire, par une périphrase au moyen de l'ablatif *mente* (de *mens*), auquel s'ajoutait l'adjectif à l'ablatif féminin, p. ex. lat. vulg.

mala mente au lieu du cl. *male*. En français, ce *mente* (= *ment*) s'est rattaché d'une façon inséparable à l'adjectif, p. ex. *malement*, *bonement*, *courtoisement*, *comunement*, *granment* et, depuis le milieu du XIV. siècle, *grandement*, *forment*, plus tard *fortement* etc. Cf. § 306.

§ 312. En outre, quelques formations adverbiales latines venant d'adjectifs se sont conservées, comme *bien* (*bene*), *mal* (cf. § 52 Rem 1), *loing* (*longe*).

§ 313. Quant à ce qui concerne les adverbes non tirés d'adjectifs, on peut faire observer que ceux, qui se terminent par un *-e* post-tonique, présentent le plus souvent deux et même trois formes, p ex. *óre* (*háora*), à côté de laquelle existent la forme abrégée *or*, qui s'explique par sa position atone (cf. § 10. 4 Rem.), et *ores*, auquel s'ajoute un *-s* adverbial dont l'origine n'est pas encore bien éclaircie Peut-être est-ce un *s* analogique d'après les adverbes, qui avaient, d'après le latin, un *s* final, comme *mais* (*magis*), d'où *onque mais* — *onques mais*. Comme autres exemples de doublets semblables, on peut citer: *onque* (*onqua*) — *onc* — *onques*, et en sens inverse *donc* (*domque*) — *donque* — *donques*. Pour *puis*, v. § 194.

C. Noms de Nombre.

1. Cardinaux.

§ 314. Les nombres cardinaux jusqu'à trois pouvaient se fléchir en vieux français comme en latin. Ils présentent la flexion des substantifs et des adjectifs et perdent, comme ceux-ci, leur flexion au XIV. siècle par le passage de la forme oblique au nominatif.

1) *üns* (*unus*) est fléchi comme un adjectif du type *bons*, *bone* (v. § 303).

		Masc.	Fém.
Sing.	nom.	*uns*	*une*
	obl.	*un*	*üne*
Plur.	nom.	*un*	*unes*
	obl.	*uns*	*unes*

2) A *duo* qui, comme *ambo*, conserve, encore dans le latin littéraire, la forme du duel, s'est substituée en latin vulgaire, par l'analogie des substantifs et adjectifs de la deuxième dé-

clinaison (nom. plur. *mun, bom* etc.), la forme *dui*. L'oblique est en lat vulg. *duos* (cl. *duos* et *duo*) Correspondent en vieux français:

Masc. nom. *dui*
obl. *dóus*, *deus*

A côté de *dui* on rencontre *doi* Fait fonction de féminin le nom. obl *dóus* — *deus*, dont la forme oblique primitive est également passée de bonne heure au nominatif Une forme féminine du vieux français *does* (nom. obl.), qui vient du lat. *duas*, s'est conservée dans les dialectes, mais ne paraît plus subsister en francien à l'époque littéraire

Remarque — La forme analogique *ambi* s'est substituée en latin vulgaire à *ambo*, comme le latin vulgaire *dui* à *duo* En vieux français la forme féminine correspondante *ambas* — *ambes* s'est conservée seule comme mot indépendant. Le plus souvent on trouve *ambi* joint à *dui* De là en vfr :

Nom. *andui* (et *andoi*) (*ambidui*)
Obl. *an(s)dóus* — (*ambosduos*) *an(s)deus*

Comme féminin on rencontre nom. obl. *an(s)dóus an(s)deus* et *ambe(s)dóus ambe(s)deus* et, par analogie, comme masculin, nom *ambe(s)dui* (*ambe(s)doi*), obl. *ambe(s)dóus ambe(s)deus*.

3) *Tres* fait fonction, en latin, de masculin et de féminin. En vieux français, il fut traité comme les adjectifs du type *grant* (v § 303) et, comme ceux-ci, a eu, d'une façon passagère, deux genres, en formant au masculin un nominatif pluriel analogique sans *-s*:

	Masc.	Fém.
Nom.	*trei, troi*	*treis, trois*
Obl.	*treis, trois*	*treis, trois.*

Le neutre, lat vulg. *tréa* (cl. *tria*), survit en vieux français comme substantif féminin dans *treie* (— *troie*)

§ 315. Les multiples de *vint* (v. § 15, 3) et de *cent* (*kentu*) présentent, pour le genre et la flexion, le traitement des adjectifs de la II classe:

	Masc.	Fém.
Nom.	*vint, cent*	*vinz, cenz*
Obl.	*vinz, cenz*	*vinz cenz.*

On trouve plus tard, avec transfert de la forme oblique au nominatif, le nom.-obl *vins, cens* (pour *s* v. § 279) également au masculin

§ 316. Les lat *mille* et *milia* se rencontrent en vieux français, avec persistance partielle de leur fonction primitive, sous les formes *mil* et *milie*, auquel se substitue *mile* par l'analogie de *mil*. On peut noter, depuis le XI. siècle, une confusion des formes du singulier et du pluriel, *mil* se trouvant d'abord également comme pluriel, et plus tard *mile* également comme singulier. Depuis le XIV. siècle, *mil* recule de plus en plus devant *mile*.

2. Ordinaux.

§ 317. Les ordinaux se comportent en genres et en cas comme la I. classe des adjectifs (v § 303). Exemples *li premiers* (*primarius*) — *la premiere*, *li seconz* (formation savante, cf. § 145 Rem , le mot populaire correspondant en vieux français est *altre autre*) — *la seconde*, *li terz tierz* (*tertius*, cf § 48 Rem., le mot français est indéclinable d'après § 302, 4) — *la terce tierce*, *li quarz* (*quartus*) — *la quarte* (*quarta*), *li quinz* (*quintus*) — *la quinte*, *li sistes* (*sixtus*) — *la siste*. *li sedmes* (*septimus*, v. § 123 Rem), *li dismes* (*decimus*) — *la disme*, et les ordinaux tirés des cardinaux avec le suffixe *-imes li huitimes*, *li nuevimes*, *li onzimes*, *li vintimes* etc

Remarque — *Dismes* pour *dimes* qui est la forme attendue (§ 158) est formé par analogie sur *dis* (§ 135, 2 Rem). Par analogie avec *dismes* et avec *sedmes*, *sis-mes*, *uit-mes*, *nuef-mes* ont été tirés des cardinaux correspondants. Le suffixe ordinal *-imes*, à côté duquel on trouve *-ismes* qui n'en diffère peut-être que graphiquement, n'est pas étymologiquement tout à fait éclairci D'après des explications récentes, il faudrait y voir la transformation phonétique du lat *-ęsimus* qu'on rencontre de *ondęsimus* à *sedęsimus* D'après les explications qu'on donne de *-iеme*, qu'on peut noter à côté de *-ime*, depuis le XII. siècle, tout d'abord dans les documents anglo-normands, et qui plus tard devint seul usité dans la langue littéraire, ce suffixe serait la transformation phonétiquement correcte d'*-ime*.

3 Multiplicatifs

§ 318. Les multiplicatifs du vieux français, *simple*, *duble*, *treble*, *quadruple*, *quintuple* etc , qui ne sont pas formés au moyen d une périphrase avec *feiz foiz*, n'appartiennent vraisemblablement pas tous à l'ancien fonds de la langue (pour *duble*, *treble* v § 110) Leur flexion est celle des adjectifs de la classe Ib, p. ex. masc. sing *trebles* — obl. *treble*, plur. nom. *treble* — obl. *trebles;* fém sing. et obl. *treble*, plur. nom. et obl. *trebles*.

4. Collectifs.

§ 319. Les collectifs formés avec le suffixe *-eine* (*ena*) — *-aine* ont la flexion de la première déclinaison des féminins (v. § 293), p. ex. sing. nom. obl. *quinzaine* (issu de *quinze*) — plur. nom. obl. *quinzaines*. de même *trentaine* (de *trente*), *quarantaine* (de *quarante*), *centaine* (de *cent*).

Miliers dérivé de *mil* suit la première déclinaison des masculins (v. § 297).

II. Pronoms.

§ 320. La flexion des pronoms se distingue de celle des noms par une plus grande richesse de formes; en effet, 1) la place qu'ils occupent dans la proposition (v § 10, 4) a amené, dans la plupart des cas, un développement double; 2) une forme spéciale pour le neutre s'est conservée dans une plus grande étendue que dans les noms (v. §§ 283 301); 3) des formes casuelles latines, en dehors du nom. et de l'acc. le datif et, avec un changement de fonction, le génitif pluriel ont encore en partie continué à se développer. Parmi les changements de fonctions, qu'éprouvent les pronoms dans leur évolution du latin en roman, il faut mentionner spécialement l'emploi du démonstratif *ille* comme pronom personnel non réfléchi de la 3 personne et comme article. Comme compensation, un nouveau démonstratif fut créé par la jonction d'*ille* avec *ecce*.

A. Pronoms personnels.

1. Pronom personnel de la 1. et de la 2. personne.

§ 321.

	I		II.	
	a) accentué	b) atone	a) accentue	b) atone
Sg. nom	*jo* (*ĝo*)	[*jo*] — *je*	*tu* (*tu*)	*tu* (*tu*)
obl.	*mei* (*me*) *moi*	*me* (*me*)	*tei* (*te*) — *toi*	*te* (*te*)
Plr nom.	*nus* (*nos*)	*nus* (*nos*)	*vus* (*vos*)	*vus* (*vos*)
obl.	[illegible]	[illegible]	[illegible]	[illegible] (*vos*).

1) Le nom. sing *jo* (le vfr présente également *io*, *jeo*, *joe*, *gie*, *jou* etc.) vient du lat vulg. *ẹ́o* (cl. *ego*), d'où est sorti *jo* etc., d'une manière qui n'est pas complètement éclaircie A côté de *jo* etc, on rencontre depuis le XII. siècle en position proclitique atone, la forme affaiblie *je* (*džẹ*). — Les formes toniques du pluriel *nus*, *vus* ont de bonne heure assimilé leurs voyelles à celles des formes atones, v. § 64 Rem.

2) Dans les transformations ultérieures des pronoms, les formes atones ont persisté Parmi les formes toniques, les nominatifs *jo*, *tu* ont été, peu à peu depuis le XII siècle, supplantés par les accusatifs *moi*, *toi*. Pour l'orthographe postérieure *nous*, *vous*, v § 219

Remarque. — Parmi les datifs, *nobis*, *vobis* n'ont laissé aucune trace en français; le lat vulg. *mi* (cl. *mihi*) et *ti* (*tibi*), formé vraisemblablement d'après le précédent, subsistent sous cette forme en wallon-picard et en lorrain. Peut-être *mi* dans les serments de Strassbourg correspond-il aussi au latin vulgaire *mi* = cl. *mihi*.

2 Pronom personnel de la 3. personne

§ 322. a) Forme tonique.

		Masc	Fém.	Neutr
Sing.	nom.	*il* (*ẹ́lli*)	*ele* (*ẹ́lla*)	*el* (*ẹllu*)
	dat	*lui* (*ẹllúi*)	*li* (*ẹllẹ́i*)	
	acc.	*lui* (*ẹllúi*)	*li* (*ẹllẹ́i*)	
Plur.	nom.	*il* (*ẹlli*)	*eles* (*ẹ́llas*)	
	dat.	*lóur* (*ẹllóru*)	*lóur* (*ẹllóru*)	
	acc	*els*, *eus* (*ẹllos*)	*eles* (*ẹllas*).	

1) Les formes lat vulg du nominatif singulier et du datif-accusatif singulier du masculin proviennent d'une assimilation aux formes correspondantes du pronom interrogatif *qui*, *cui* *Elli*, qui coincidait par la forme au nominatif pluriel, s'est, comme celui-ci, conformément aux lois phonétiques, transformé en *il* (v. § 43) et en *il'*; *ellui* a donné de même *lui* (v § 72). *il'*, qui représente le développement phonétiquement correct d'*ẹlli* vos, ne se rencontre plus en vieux français que dans les dialectes. L'aphérèse de la voyelle initiale dans la transformation d'*ẹllúi* en *lui* s'est produite grâce à l'influence des formes atones (cf § 10, 4a et b Rem). — L'accusatif latin

du masculin sing. *ęllu* (cl. *illum*) ne subsiste plus en français sous la forme tonique. D'une façon analogue à la transformation du pronom interrogatif (v § 334, 1), sa fonction a été de bonne heure confiée à la forme du datif

Lóur, d'où est sorti en francien, à partir du XII. siècle, *leur*, conformément aux lois phonétiques, vient du génitif latin vulgaire *ellóru* (cl *illorum*) avec un changement de fonction, forme qui, de bonne heure, est également passée au féminin L'aphérèse de la voyelle initiale s'explique, comme dans *lui*, par l'influence des formes atones.

2) Comme datif singulier féminin, on rencontre en latin *illae* (au lieu d'*illi*), d'où est sorti le lat. vulg *ellęi* par analogie avec *ellúi*. *Ellęi* est, conformément aux règles de la phonétique, devenu, à l'époque prélittéraire du français, avec aphérèse de la voyelle initiale comme au masculin (v. 1), **liei*, qui a donné, en francien, d'après le § 50, *li* (dans d'autres dialectes *lei* et *lie*) et qui, d'une façon analogue au masculin *lui*, a fait en outre fonction d'accusatif (**elle* = lat. *ĕlla*). — Le nominatif pluriel lat. vulg. *ellas* — fr. *eles* présente les transformations de la flexion nominale (v § 288).

3) A côté d'*ele*, *eles*, on rencontre *el*. *els*. et. à la place du nominatif pluriel masculin *il*, *ils* entre en usage depuis la fin du XIII. siècle. phénomènes, où l'on peut reconnaître l'action réciproque des formes féminines et masculines, et en outre pour *ils*, l'influence de la flexion nominale. Depuis environ la fin du XIII. siècle. les formes du nominatif des deux nombres ont été, au masculin, peu à peu supplantées par les formes obliques (*lui*, *eus*). tandis qu'au féminin singulier. sous l'influence du nominatif-accusatif pluriel, la forme du nominatif a seule persisté

4) A la place de la forme neutre *illud*. l'analogique *ellu* (*illum*) est entré en usage dans le lat. vulg. et a donné régulièrement en français *el*. Cet *el* se rencontre comme sujet d'un verbe impersonnel, mais il a été remplacé de bonne heure par la forme masculine *il*.

§ **323.** b) Formes atones.

		Masc.	Fém	Neutr
Sing.	nom.	[*il*]	[*ele*]	[*el*]
	dat	*li* (*illi*)	*li* (*illi*)	
	acc.	*lo* (*illu*), *le*	*la* (*illa*)	*lo* (*illu*), *le*
Plur.	nom.	[*il*]	[*eles*]	
	dat.	*lur* (*illoru*)	*lur* (*illǫru*)	
	acc.	*les* (*illos*)	*les* (*illas*).	

1) *Il*, *ele*, *el*, *il*, *eles* sont des formes primitivement toniques. Elles ont, comme sujets du verbe, subordonné peu à peu leur accent à celui du verbe, et elles se sont conservées jusqu'aujourd'hui dans cet emploi atone, à l'exception du neutre *el* (v § 322, 4). Pour *ils* au lieu d'*il*, v § 322, 3

2) La transformation phonétique des autres formes s'explique d'une manière incomplètement éclaircie par des raisons de phonetique syntactique Sont communs à toutes les formes le déplacement de l'accent sur la dernière syllabe, qui s'est produit à l'époque du latin vulgaire, et l'aphérèse de l'initiale atone L'affaiblissement d'*a* en *e* en français à la forme féminine *les* (**las*) a pu s'être produit, quand cette forme était enclitique et jointe à un mot frappé d'un accent principal ou secondaire, tandis qu'en position proclitique *a* a dû se conserver. Des deux formes *les* et *las*, c'est ensuite la première qui, dès l'époque prélittéraire, s'est généralisée. Au contraire *la* proclitique a, de bonne heure, en francien, pris la place de l'enclitique *le* (*la*) Les formes masculines *les* et *le* se sont produites, quand, en position enclitique, elles étaient jointes à des mots frappés d'un accent principal ou secondaire, dont la consonne finale formait avec *l* un groupe de consonnes, après lequel la voyelle atone devait persister à l'état d'*ę* (v. § 78, 2b), p. ex. *li reisle blasmet* *Lo* proclitique se rencontre dans les textes français jusqu'au commencement du XII. siècle. *Los* est déjà étranger aux documents les plus anciens.

Remarque — Au lieu de *la*, on rencontre, en wallon-picard *le* Cf § 327, 1 Rem et § 333 Rem.

3) Le lat vulg *illi* correspond, comme datif masculin et féminin au latin classique *illī* Depuis le XIII siècle, le datif

de la forme tonique, *lui*, a été chargé de la fonction de la forme française *li* atone, issue d'*elli*, qui ensuite a peu à peu disparu complètement de la langue littéraire. De même *leur* tonique a pris la place de *lur* atone.

§ 324. Comme pronom réfléchi de la troisième personne, le lat. *se* persiste; et suivant les lois phonétiques il a donné en fr., sous l'accent tonique. *sei* — *soi*, et en position atone, *sę*.

§ 325. 1) Quand ils sont proclitiques devant une voyelle initiale, les pronoms personnels atones, qui se terminent par une voyelle, peuvent perdre leur voyelle par élision ainsi notamment *me*, *te*, *se*, *lo*, *le*, *la*, moins généralement *jo*, *je*. *li*, qui perdent leur voyelle le plus souvent seulement devant *en*; *tu* exclusivement dans le dialecte picard, où *te* apparaît à la place de *tu*.

2) Quand ils sont enclitiques après une voyelle finale, *me*, *te*. *se*, *lo*, *le* et *les* atones subissent, notamment à l'époque antérieure du vieux français, la perte de leur voyelle; p. ex. *ne m* . Alexis 38c etc., Rol. 2029, *purquei t'* Alexis 27a, *ja t'* ib. 91c, *poro s'* Eulal. 18, *no s'* ib. 20, 21, *ne s'*: Alexis 28e, Rol. 2498 etc., Pèler de Charl. 193, *si l'* Jonas, Alexis 20e etc., Rol. 121 etc , Pèler de Charl. 786, 853, *que l'*· Jonas, Alexis 38a, Rol 1829, *si 's* (*si les*) Jonas, Rol 689 etc., Pèler. de Charl 420 etc., *nes* (*ne les*): Alexis 53e, 61e, Rol 690 etc ; après les substantifs également, p ex. *en terre l' metent* Alexis 118c. On rencontre, dans la deuxième moitié du XI. siècle, les formes primitives *me*, *te*, *se* à la place des formes abrégées (*si me* Alexis 98e, *ne se* Rol. 915, *si se* Rol. 1136), et depuis le XII. siècle, elles sont exclusivement employées; *le*, *les* ne sont usités au XII. siècle sous la forme abrégée qu'après un petit nombre de mots qui sont unis étroitement au verbe, et au XIII siècle, l'usage en est limité à *nel* (*nou*, *nu*). *sil*, *jel* (*jou*); *nes*, *sis*. *jes*. Depuis le commencement du XIV. siècle, ces formes disparaissent également.

B. Possessif.

1. Possessif de l'unité.

§ 326. a) Formes toniques.

		I	II	III
Masc. sing.	nom.	*miens*	*tuens*	*suens*
	obl.	*mien* (*męum*)	*tuen* (*toum*)	*suen* (*soum*)
plur	nom.	*mien*	*tuen*	*suen*
	obl.	*miens*	*tuens*	*suens*
Fém. sing	nom.	*mei* (*mea*)	*tóue* (*toa*)	*sóue* (*soa*)
	obl	*meie*	*tóue*	*sóue*
plur.	nom.	*meies*	*tóues*	*sóues*
	obl.	*meies*	*tóues*	*sóues*
Neutr sing		*mien*	*tuen*	*suen*.

Est généralement applicable à la flexion des possessifs toniques et à leurs transformations ultérieures ce qui a été dit en détail § 303a sur la déclinaison des adjectifs I. Il reste à remarquer que.

1) Le masculin a été reformé d'après l'oblique sing. Les formes de celui-ci ne sont pas complètement éclaircies dans leurs transformations en français. *Mien* paraît être issu du lat. *meum* en passant par **mieon* **mieen* *Tuen*, *suen* peuvent s'expliquer comme venant de *toum*, *soum* en passant par **toon* **soon*. — **tuon*. *suon*. — Depuis le XIII. siècle (plus tôt dans les dialectes), les formes de la 2. et de la 3. personne ont été assimilées à celles de la première et peu à peu supplantées par celles-ci. On forma *tien*, *sien* etc. d'après le modèle de *mien*

Remarque. — Le lat. *męus* se rencontre encore dans les Serments de Strasbourg à l'état de *meos* et, en picard, dans le fém *miue*, reformé d'après **mieus*. Le nom plur. lat *męi* a laissé une trace dans le fém. tonique du français de l'est *męie* (Traduction des sermons de Bernhard). V § 327 Rem.

2) Le fém. *meie*, qui correspond, d'après le § 39a, au lat vulg. *męa*, donne régulièrement (v. § 225) *moie*. *Toue* (v. § 64, 1), *soue* (v. ib.) sont, d'après le § 237, devenus *teue*, *seue*, à côté desquels on trouve *toie*, *soie*, formés d'après l'analogie de *moie*. Depuis la 2. moitié du XIII siècle, les formes du

français moderne *mienne, tienne, sienne,* formées par analogie sur le masculin, entrent en usage, et elles deviennent seules usuelles dans la langue littéraire depuis la fin du XIV. siècle

Remarque — Pour le picard *mue* et le français de l'est *meie*, v. la Remarque de la subdivision 1) A côté de *mue*, on trouve la forme analogique *sue* et, à côté de *meie*, les formes analogiques *teie, seie*. On n'a pas d'exemples de *tue* qui toutefois doit avoir existé

§ **327.** b) Formes atones

		I	II.	III.
Masc. sing.	nom.	*mes* (*mos*)	*tes* (*tos*)	*ses* (*sos*)
	obl.	*mon* (*mon*)	*ton* (*ton*)	*son* (*son*)
plur	nom.	*mi* (*mi*)	*ti*	*si*
	obl.	*mes* (*mos*)	*tes* (*tos*)	*ses* (*sos*)
Fém. sing	nom. obl.	*ma* (*ma*)	*ta* (*ta*)	*sa* (*sa*)
plur	nom. obl.	*mes* (*mos*)	*tes* (*tos*)	*ses* (*sos*).

1) Les formes du latin vulgaire, données dans l'exposé précédent, s'expliquent par l'absence de tonalité du pronom, ce qui fit reculer l'accent sur la finale, et par suite amena la chute de la voyelle de la première syllabe: *méa* — *miá* — *má*, *túa* — *tuá* — *tá*, *súa* — *suá* — *sa*, et vraisemblablement *méus* — *miós* — *mos*, *méum* — *mion* — *mon*, *méi* — *meí* — *mí*, *túi* — *tuí* — *ti* etc La transformation de *mos, tos, sos* et *mas, tas, sas* en *mes, tes, ses,* qui s'est produite dès l'époque prélittéraire du français, s'est accomplie d'une façon analogue à celle de *los, las* en *les* (v § 323, 2) Cf. §§ 15, 2 20, 4.

Remarque. — Les formes du français de l'ouest *mis, tis, sis,* au nominatif singulier masculin, viennent d'une assimilation aux formes correspondantes du nominatif pluriel. — *Men, ten, sen* (déjà dans Jonas), qui apparaissent en picard et dans une partie du domaine wallon, sont vraisemblablement sortis de *mon, ton, son*, par une transformation organique, tandis que *men* et *sen*, qui se rencontrent, celui-ci rarement (vie d'Alexis), dans les manuscrits anglo-normands, viennent d'une assimilation aux formes toniques — A la place de *ma, ta, sa*, on rencontre, en wallon-picard, *me, te, se*. Cf §§ 323, 2 Rem., 333 Rem. — Dans la Vie d'Alexis 83 b, *tui* étymologiquement tonique se trouve en position atone. Présentent le même changement de fonction dans les documents du français de l'est *mei, tui, sui*, à côté desquels on rencontre aussi les formes analogiques *tei sei* et *mui*. cette dernière rarement

2) En même temps que la flexion nominale, les nominatifs *mes, mi* etc tombent hors d'usage, tandis que les formes obliques en assument la fonction. — A la place de *ma, ta, sa,* dont l'*a* s'élide devant une voyelle, les formes masculines *mon, ton, son* apparaissent, dans la langue littéraire depuis le XIVe siècle (plus tôt dans les dialectes), devant une voyelle initiale Des traces de l'usage précédent se sont conservées dans le vfr *m'amour* et dans *ma mie* (c. à. d. *m'amie*).

2. Possessifs de la pluralite.

§ 328. a) Formes toniques.

	I.	II	III.
Masc. sing. nom.	*nostre* (*noster*)	*vostre* (*voster*)	*lour* (*illoru*)
obl	*nostre* (*nostru*)	*vostre* (*vostru*)	„
plur. nom.	*nostre* (*nostri*)	*vostre* (*vostri*)	
obl	*nostres* (*nostros*)	*vostres* (*vostros*)	„
Fém. sing nom. obl	*nostre* (*nostra*)	*vostre* (*vostra*)	„
plur. nom. obl	*nostres* (*nostras*)	*vostres* (*vostras*)	„

1) Le lat. vulg. *voster* (cl. *vester*) vient d'une assimilation à *noster* La déclinaison de *nostre* et de *vostre* est celle de la classe Ic des adjectifs Cf § 303c. — A côté des formes primitives de l'oblique pluriel masculin (isolément aussi du nominatif pluriel et du nominatif-oblique singulier) et du nominatif-oblique pluriel féminin, qui se sont développées sous l'accent syntactique, on rencontre en vieux français, dans la même fonction, les formes atones contractées (v. § 329). Ainsi déjà dans Rol. 2286 *Mien escientre! tu n'ies mie des noz!* Pèler. de Charl. 803 *veant [tres] tuz les voz*

2) Le génitif pluriel du démonstratif: (*e*)*lloru*, qui entra bientôt en usage également comme féminin, fut chargé en latin vulgaire, sur une grande étendue de territoire, de la fonction de possessif tonique de pluralité de la 3. personne Le français *lour* — *leur,* qui en est sorti, est resté invariable jusqu'à la fin du XIII. siècle, bien que son sens étymologique depuis longtemps déjà n'ait plus été senti Depuis cette époque, il prend au pluriel un s analogique Pour la chute de la voyelle initiale d'*illoru* cf. § 322, 1

§ **329.** b) Formes atones.

		I.	II.	III
Masc. sing.	nom	*nostre* (*noster*)	*vostre* (*voster*)	*lur* (*elloru*)
	obl	*nostre* (*nostru*)	*vostre* (*vostru*)	„
plur.	nom	*nostre* (*nostri*)	*vostre* (*vostri*)	„
	obl.	*noz* (*nostros*)	*voz* (*vostros*)	„
Fém sing	nom. obl	*nostre* (*nostra*)	*vostre* (*vostra*)	„
plur	nom. obl	*noz* (*nostras*)	*voz* (*vostras*)	„

1) Pour la flexion de *nostre*, *vostre*, cf § 328. *Noz*, *voz* sont des formes contractées de *nost(re)s*, *vost(re)s* en position atone. Pour le changement de *sts* en *ts* (*z*) et plus tard en *s* (*nos*, *vos*), cf. §§ 128 et 279. — A côté de *noz*, *voz*, on rencontre isolément dans des textes vieux français les formes toniques *nostres*, *vostres*. Quand la flexion nominale disparaît, *nos*, *vos* entrent en usage également comme nominatif pluriel masculin.

Remarque. — En wallon-picard, la forme contractée a également pénétré au singulier On formait dans ces dialectes (d'après la flexion nominale).

Nom. sing.	masc	*nos*		Fém.	*no*
Obl.	„	„	*no*	„	*no*
Nom plur		„	*no*	„	*nos*
Obl	„	„	*nos*	„	*nos*.

à côté desquels on trouve au fém. des exemples de *noe*, *noes*

2) *Lur* atone a été supplanté dans la langue littéraire par *leur* (v § 328).

C. Démonstratifs.

§ **330.** 1. (*i*)*cil* (*ekkelli*).

		Masc	Fém.	Neutr.
Sing.	nom.	(*i*)*cil*	(*i*)*cele*	(*i*)*cel*
	obl.	(*i*)*celui* (*i*)*cel*	(*i*)*celi* (*i*)*cele*	(*i*)*cel*
Plur.	nom.	(*i*)*cil*	(*i*)*celes*	
	obl	(*i*)*cels* — (*i*)*ceus*	(*i*)*celes*.	

1) Le démonstratif (*i*)*cil* se rencontre en vieux français employé en fonction adjectivale et substantivale. La limitation de son emploi à cette dernière fonction ne s'est produite que dans la période du français moderne. Les formes abrégées *cil* etc., dont la formation s'explique par l'emploi adjectival

du pronom, sont employées, en vieux français, indifféremment avec les formes primitives *icil* etc. Elles sont, depuis le moment le plus reculé de l'époque littéraire, de beaucoup les plus usitées. L'explication de l'*i* initial de la forme primitive présente des difficultés, si l'on compare les transformations d'*ekke* là où il apparaît comme mot indépendant (v. § 137).

2) Pour l'origine des différentes formes de flexions, cf. § 322 le pronom personnel tonique de la 3 personne. (*I*)*celui*, (*i*)*celi* sont étymologiquement des datifs et ne furent employés à l'origine que substantivement. Une forme *celour* (*ekkelóru*), correspondant à *lóur*, se rencontre en vieux français, mais d'une façon tout à fait isolée, tandis qu'à côté des formes de l'obl. sing. (*i*)*cel*, (*i*)*cele*, il n'existe aucune forme *el*, *ele* venant des accusatifs latins *illu*, *illa*. A côté d'(*i*)*cil* s'est formé (*i*)*cil'* (= *ekkélli* [voy]), qui a persisté dialectalement en vieux français (cf. *cily ecdre* Jonas). A côté de *cel*, on trouve le vfr. *ceu* (et aussi, sous l'influence de l'absence d'accent, *cu*, *ce*), qui représente la transformation régulière en position proconsonnantique.

3) Dans le cours de leurs transformations ultérieures, (*i*)*cel* a été peu à peu supplanté par (*i*)*celui* et, au contraire, (*i*)*celi* par (*i*)*celle*. Le nom. sing. et plur. (*i*)*cil*, à côté duquel on rencontre depuis le XIII. siècle (*i*)*cil-s* [(*i*)*cilz*, (*i*)*cieus*, (*i*)*cius*] modifié par l'influence de la flexion nominale, a été remplacé par les formes de l'obl. sing. (*i*)*celui* et de l'obl. plur. (*i*)*ceus*. *Cil* était encore en usage au XVI. siècle comme nominatif singulier, et il se rencontre fréquemment aussi comme oblique singulier, comme nominatif pluriel, il ne s'est plus conservé dans la période du français moderne.

Le neutre *cel* était déjà d'un usage très limité à l'époque la plus ancienne de la langue. Il fut supplanté par *ço* — *ce* (v. § 332).

§ 331. 2. (*i*)*cist* (*ekkisti*).

		Masc.	Fem.	Neutr.
Sing.	nom.	(*i*)*cist*	(*i*)*ceste*	(*i*)*cest*
	obl.	(*i*)*cestui* (*i*)*cest*	(*i*)*cesti* (*i*)*ceste*	(*i*)*cest*
Plur.	nom.	(*i*)*cist*	[(*i*)*cestes*], (*i*)*cez*	
	obl.	(*i*)*cez*	[(*i*)*cestes*], (*i*)*cez*.	

1) Sont applicables à l'explication de l'origine des formes du paradigme précédent les observations faites § 330 sur *cil.* Il est incertain si *qui* a exercé sur *ekkeste* une action directe ou par l'intermédiaire d'*elli*, *ekkelli.* Comme nominatif et comme oblique pluriel féminin, on rencontre de bonne heure presque exclusivement (*i*)*cez*, qui peut provenir d'une assimilation à la forme oblique du masculin, mais qui, d'après une autre opinion, représente une forme affaiblie issue de (*i*)*cestes*

2) Certains changements postérieurs sont en partie le résultat de transformations purement phonétiques. Tel est l'assourdissement d'*s* devant une consonne d'après le § 280, de *t* dans le groupe *ts* (transcrit *c, z*) d'après le § 279, de *t* final et d'*s* final devant un mot commençant par une consonne (*à ce jor* Epitre farcie pour le jour de St Estienne) d'après les §§ 275 et 277, changements, dont l'orthographe du vieux français ne rend compte qu'en partie. Par suite d'une mutation de fonction, la forme du nominatif masculin (*i*)*cist* a été, au XIV. siècle, supplantée au singulier et au pluriel par les formes obliques correspondantes *cest* (*cestui*) et *ces.* Des formes de l'obl. sing. (*i*)*cestui* et (*i*)*cest*, qui sont propres au masculin, et (*i*)*cesti*, (*i*)*ceste*, qui sont propres au féminin, (*i*)*cesti* a disparu de la langue littéraire au XIV. siècle, (*i*)*cestui* seulement au XVII

Remarque. — Le nom. sing *cist* s'est, en wallon-picard, transformé en *ciz cis* (*chiz, chis*), en passant par **cists* (**chists*). — *Iste* non renforcé ne s'est conservé que dans quelques rares cas en français, p ex. *d'ist di* Serment, *d'este terre* Alex. 41 c (ms. P), *d'este semaine* Yvain 1572 (ms F.) — De même *ipse* à l'exception des locutions stéréotypées *en es le pas* (v. § 11, 4), *en es lore* et de composés comme *neis* (*ne*(*c*) *ipsi*), *medesme* (v. § 336), n'a laissé que quelques traces isolées en vieux français, p. ex. *par esse la chariere* Comp. 1433. 2469.

§ **332.** 3. (*i*)*co* (*ekke oc*)

Le neutre du démonstratif latin *hic* s'est conservé dans la langue populaire, ordinairement en composition avec *ekke* = *ekke oc.* Ce dernier se rencontre en vieux français, avec la voyelle non diphthonguée de la forme atone, sous la forme (*i*)*co* (transcrit aussi *ceo*, *cio* etc.; dialectalement *cou*), à côté de laquelle apparaît, depuis le commencement du XII siècle, avec affaiblissement de la voyelle, *ce* atone

Remarque. — *çe*, non renforcé par *ekke*, s'est conservé dans certains dialectes français sous la forme *o*, avec la fonction de pronom neutre de la 3. personne. En outre, il se rencontre. a) sous la forme tonique, après les prépositions, dans *avuec avec* (v. § 245), *poruec*, *senuec*; b) sous la forme atone, comme particule affirmative, dans les locutions *o je*, *o tu*, *o il*, *o nus*, parmi lesquelles *oil* s est généralisée. — Pour les transformations phonétiques, cf. encore § 149.

D. Article.

§ 333.		Masc.	Fém
Sing.	nom	*li* (*elli*)	*la* (*ella*)
	obl	*lo* (*ello*), *le*	*la* (*ella*)
Plur.	nom.	*li* (*elli*)	*les* (*ellas*)
	obl	*les* (*ellos*)	*les* (*ellas*).

1) Le nom sing. masc. vient du lat. vulg *elli*, forme du démonstratif *elle* (cl. *ille*, v. § 322, 1) assimilée à *qui*. Le déplacement de l'accent sur la dernière syllabe et la chute de la voyelle initiale dans toutes les formes s'expliquent par des raisons de phonétique syntactique. Pour le traitement de la voyelle dans *lo* — *le*, *la* *les*, cf § 323, 2 les formes du pronom personnel atone de la 3. personne, qui ont la même étymologie

2) *Les* masculin et féminin, précédé de *de* ou de *a*, se fond avec ces mots et donne *des*, *as*. *Lo* (*le*), précédé de *de* ou de *a* et placé devant un mot commençant par une consonne, s'unit à eux et donne *del*, *al*, d'où sont sortis, après la vocalisation d'*l* proconsonnantique en *u* (v. § 281 sq.), *deu* (*dou*), *au*. La chute complète d'*l* dans les formes fr *des*, *as* paraît avoir sa raison dans la position proclitique de ces mots. C'est ainsi que s'explique *du* qui s'est substitué à *deu*. et auquel on peut comparer, *sur* qui remplace l'antérieur *seur* (*soper*), *prudhomme*, qui remplace *preudhomme* etc. Le frm. *aus* (*aux*) est une reformation du XIII. siècle, qui s'est produite sous l'influence d'*au*.

A la place d'*en le* ^{cons} et *en les*, on rencontre. dans les textes vieux français, *el* (d'où *eu* et *ou*) et *es*. En outre, là où *en* a de bonne heure donné *ãn*, il paraît s'être également produit un changement phonétique en *as*, *al* (*au*) qui, par conséquent coïncide avec le résultat des transformations d'*a les* et d' *à le* ^{cons} *Es* s'est conservé jusqu'aujourd'hui dans la langue littéraire dans quelques locutions stéréotypées comme *bachelier ès lettres*, *maître ès arts*

3) Devant les mots commençant par une voyelle, *lo* (*le*) et *la* perdent leur voyelle, p. ex. *l'ome*, *l'erbe*. Le nom. sing. *li* présente, en même position, une élision facultative de la voyelle, tandis qu'au nom. plur *li*, *i* ne s'élide pas.

4) A la même époque que la flexion nominale a disparu (v. § 291), les formes obliques *le*, *les* se sont substituées au nominatif sing. et plur. *li*.

Remarque. — On rencontre en wallon-picard *le* à la place de *la*, comme forme de l'article féminin. V. § 327 Rem. *me*, *te*, *se* à la place de *ma*, *ta*, *sa* et § 323, 2 Rem. *te* à la place de *la*, comme forme atone du pronom personnel de la 3. personne.

E. Relatifs et Interrogatifs.

§ 334. 1. *qui*

	Masc. et Fém.	Neutr. tonique	Neutr. atone
Nom.	*qui* (*qui*)	*queid* — *quoi*	*qued*
Obl.	*cui* (*cui*)		
	que (*que*, cl. *quen*)	*queid* — *quoi*	*qued.*

1) Parmi les formes qui précèdent, *que* masc. et fém. est usité exclusivement comme relatif. Quand aux formes du pronom neutre, elles viennent du lat. vulg *quid* = cl *quid* Au lat. *quae* la forme masculine *qui* s'était déjà substituée à l'époque du latin vulgaire, et dès lors la distinction entre le masculin et le féminin était tombée.

2) La forme primitive du datif, *cui*, dont la fonction s'était élargie d'une façon considérable en français, s'est, de bonne heure, à cause de la ressemblance phonétique, confondu avec *qui*, et il a été complètement supplanté par lui.

3) Dans le relatif, le génitif est également exprimé par l'adverbe de lieu *dont* (lat. vulg *donde* = *de unde*).

§ 335. 2 *quels* (*qualis*).

Le pronom adjectif *quels*, qui est à la fois relatif et interrogatif, présente la flexion des cas et des genres des adjectifs du type *granz* V §§ 303 et 306, 3. Quand il est employé substantivement, il est précédé de l'article, ainsi *li quels*, *le quel* etc. — Le corrélatif *tels* (*talis*) a les mêmes flexions de cas et de genres

F. Indéfinis.

§ 336. *Altre*, *nul* et *tel* possèdent, comme *il*, *icil*, *icist*, une forme oblique en *-ui*, *-i* *nului*, *altrui* etc. Pour le reste, les indéfinis, quand ils ne sont pas invariables, comme le neutre *el* (**alu*, cl. *aliud*), *alques* (*aliquod* + s adverbial), employé surtout adverbialement, et *on* (*homo*), qui ne se rencontre qu'au nominatif singulier, suivent la flexion des adjectifs

a) Sont, entre autres, fléchis comme les adjectifs de la classe I a (ils ne se présentent en partie qu'au pluriel à cause de leur signification)· *uns* (*unus*) et ses composés *alcuns* *uncuns* (*alicunus*), *chadun* (*catunu* = κατὰ *unu*), *chascuns* (*kescunus* = cl *quisque unus* + *catunu*), *nesuns* (*ne ipse unus*), *neguns* (*nec unus*), de plus *nuls* (*nullus*), *mainz* (gall **manti*) *tamainz tresmainz*, *tant* (*tanti*), *autant autretant*, *quant* (*quanti*) *auquant*. *Tut* (v. § 116 Rem) fait, au nom. plur., *tuit*, dont les transformations phonétiques, en partant de **totti*, ne sont pas suffisamment éclaircies. Depuis le XIII. siècle, *tout* puis la forme oblique *tous* se sont substitués à *tuit* *Mult* (*molti*) et *pǫu poi* (cf. § 145, 2) ne se rencontrent sous la forme adjectivale que dans la période la plus ancienne. Suit la classe I b des adjectifs *medesmes* (*metepsimus*); se rattachent à la classe I c le vieux français *chasque chesque*, qui est très rare (*kesque* = cl. *quisque*, formé d'après *chascun*), et *altre autre* (*alter*).

b) Sont fléchis comme les adjectifs de la classe II *tels* (*talis*), *itels autels autretels*, *quels* (*qualis*) et *plusóur pluseur*, qui se présente presque exclusivement au pluriel. Pour les formes féminines analogiques *tele*, *quele*, v. § 306, 3 a, pour *plusóur*, *pluseur* qui est resté sans distinction de genre en français moderne (*plusieurs*), § 308 a Rem.

Chapitre II

Conjugaison.

1. La conjugaison en latin vulgaire et dans la première période du vieux-français (jusqu'en 1100).

a) Perte de formes verbales latines. Les conjugaisons

§ 337. Perte de formes verbales latines. La tendance analytique de la langue populaire, qui, dans la déclinaison, a amené la tournure périphrastique des formes casuelles, se manifeste de même dans le domaine de la flexion verbale. Les changements, que nous considérons ici, remontent plus ou moins haut dans la période latine de la langue, et ils avaient, la plupart, atteint leur accomplissement à l'époque prélittéraire du français. Ont disparu:

1) Les formes passives synthétiques du latin classique, à l'exception du participe parfait. La jonction de ce dernier avec le verbe **essere* (cl. *esse*) a créé une compensation partielle de la flexion passive disparue.

Les déponents ont pris la forme active conformément à leur fonction.

2) Les formes actives disparues sont:

a) Le plus-que-parfait de l'indicatif. Il se rend par périphrase par *habere* (ou par **essere*) joint au participe parfait passif. Il s'est conservé, avec sa fonction étymologique ou avec une fonction nouvelle, dans une partie du domaine roman, ainsi notamment en espagnol, en portugais et en provençal. En français, il se rencontre isolément, avec la signification d'un simple prétérit dans les documents les plus anciens, p. ex. Eul. *furet* (*fuerat*) 18, *avret* (*hábuerat*) 2, *roveret* 22, *pouret* (*pótuerat*) 9, *voldret* (*vóluerat*) 21, Alex. *firet* (*fekerat*) 25 e.

b) Le futur et le conditionnel. Parmi les nombreuses périphrases qui s'y étaient substituées en bas latin c'est celle qui était formée de l'infinitif + *habeo* qui l'a emporté dans la plupart des dialectes romans et de même en français. De là le français *amer-ai* (*amare ayo*, v. § 348, 4 d) et, pour exprimer une action accomplie dans le futur (futur parfait), *avrai* (*abere ayo*) + *amet* (*amatu*). Le conditionnel est semblablement formé avec l'imparfait d'*habere*. Depuis le moment le plus reculé de l'époque littéraire du français, le verbe auxiliaire apparaît joint d'une façon inséparable à l'infinitif (*salvarai* Serments), de telle sorte que les futurs obtenus par périphrase prennent de nouveau le caractère de formations synthétiques. Une forme de futur latin a persisté dans le vieux français *ier* (*ẹro*), mais, à côté de celle-ci, les nouvelles formes *estrai*, *serai* furent de bonne heure en usage.

c) L'imparfait (cl. *amarem*) et le parfait (cl *amaverim*) du subjonctif. La fonction de ces deux temps passa en partie au plus-que-parfait du subjonctif (*amassem*), tandis que celui-ci, dans son sens primitif, était rendu par périphrase par *habuissem*, joint au participe parfait passif.

d) L'impératif, excepté la forme sans suffixe de la 2. pers. sing *aime* (*ama*), *tien* (*tẹne*), *quier* (*quẹre*), *fai* (*fac*) etc A la 2. pers. plur. *amate* etc s'est substituée la 2. pers plur. de l'indic prés D'une façon analogue, la 2. pers sing. indic prés se présente aussi avec la fonction impérative, p ex *oz* (*audis*) Alex. 14 a, *vas* (*vadis*, v. § 348, 4 b) ib. 11 b, *recreiz* Rol. d'Oxf 3892 Le subjonctif concourt avec l'indicatif pour remplacer l'impératif, et, dans *aiez*, *estre* et *saveir*, il est, à l'exclusion de toute autre forme, employé comme suppléant, même à la 2 pers sing., depuis le moment le plus ancien de l'époque littéraire du français.

e) Les deux supins (cl *amatum*, *amatu*), l'infinitif parfait (*amasse*), le participe futur (*amaturus*) et l'infinitif futur formé périphrastiquement en latin (*amaturus esse*)

Excepté quelques traces du plus-que-parfait de l'indicatif à l'époque la plus ancienne et excepté le futur *ẹro*, il ne s'est conservé en français, des formes actives du verbe latin, que: l'indicatif présent imparfait et parfait, le subjonctif présent et plus-que parfait, la 2 pers. sing de l'impératif, l'infinitif présent, le participe présent et le gérondif (à l'ablatif)

Remarque. — La tendance qu'avait la langue à substituer des périphrases à des flexions synthétiques, tendance qui repose sur un besoin de clarté, a été, dans le verbe comme dans le nom, favorisée par des phénomènes syntactiques, mais en première ligne par des phénomènes phonétiques. Ainsi *amare[m]*, *ama[ve]ro*, *ama[ve]ri[m]* ne seraient pas seulement devenus phonétiquement identiques entre eux, ils auraient encore coïncidé avec l'infinitif, *amarent* *ama[ve]rint* auraient phonétiquement concordé entre eux et avec *ama[ve]runt* Lorsque l'évolution postérieure du français eut en outre causé la chute des voyelles et des consonnes post-toniques dans les désinences personnelles, et fait par là coïncider phonétiquement de nombreuses formes verbales jusqu'alors distinctes, la langue trouva, dans la jonction du pronom personnel au verbe, le moyen de satisfaire à son besoin de clarté.

§ 338. Conjugaisons. 1) Parmi les verbes français, ceux qui se terminent à l'infinitif en *-er* (*-ier*) et en *-ir*, et correspondent aux verbes latins à voyelle caractéristique *a* (verbes en *A*; inf *-are*) ou *i* (verbes en *I*, inf. *-ire*) sont de beaucoup les plus nombreux Si l'on considère leur force numérique il convient de faire de la conjugaison en *A* (inf. fr. *-er*, *ier*, p ex. *amer*, *laissier*) la classe I et de la faire suivre immédiatement de la conjugaison en *I* (inf. fr *-ir*, p ex *servir*, *punir*) comme classe II. On a l'habitude, à l'exemple de Diez, de réunir les verbes de ces deux classes, en adoptant la terminologie de la grammaire allemande, sous la rubrique « verbes faibles », parce qu'on prend comme signe caractéristique de leur flexion ce fait, que leur parfait ne présente aucune forme accentuée sur la racine, mais exclusivement sur la terminaison.

a) Appartiennent à la classe I · 1) Les verbes français qui viennent de verbes lat vulg en *-are*. Ceux-ci correspondent: a) à des verbes lat. cl. en *-are*, comme *amare* — *amer*, *parare* — *parer*, *laxare* — *laissier*, b) à des verbes germaniques en *-an*, comme *addobare* (vangl *dubban*) — *aduber*, *attirare* (franc **tiran*) — *attirer*. Il faut y ajouter: c) un grand nombre de reformations lat. vulg, comme *caballicare* — *chevauchier*, *abbreviare* — *abregier*, gallolat *calefare* (cl *calefacere*) — *chaufer* 2) Des reformations françaises, comme *enveier* (de *veie*), *accoler* (de *col*), *finer* (de *fin*).

b) La classe II des verbes faibles se divise en deux groupes dont l'un (II a) forme son présent et son parfait avec le même radical, contenant la voyelle caractéristique *i*, et dont l'autre (II b) offre, aux temps présents, un radical, allongé par l'adjonction du suffixe inchoatif -(*i*)*sc*. L'allongement du radical ne s'est d'abord produit qu'au singulier et à la 3. personne du pluriel du présent, et il s'explique par la tendance de la langue, qui se présente également ailleurs (cf. § 15, 4), à soumettre toutes les formes d'un même temps à la même accentuation à la place de *fín(i)o*, *fínis*, *fínit*, *finímus*, *finítis*, *fín(i)unt*, sont entrés en usage, avec accentuation sur la terminaison à toutes les formes, *finésco*, *finéskis*, *fineskit*, *finímus*, *finítis*, *finéscunt*, auxquels se sont substitués, avec assimilation de la voyelle tonique, dans la Gaule septentrionale et dans d'autres parties du domaine roman, *finísco*, *finískis*, *finískit*, *finímus*, *finítis*, *finíscunt* Déjà à l'époque prélittéraire, l'allongement du radical est passé également, en français, à la 1 et à la 2 pers plur. du présent, à l'imparfait et au participe présent

Les verbes lat vulg. qui appartiennent à la classe II a correspondent: a) aux verbes du latin classique en -*ire*, comme *partire* — *partir*, *dormire* — *dormir*, *vestire* — *vestir*, *servire* — *servir*, *sentire* — *sentir*, *grọndire* — *grondir*, *glottire* — *glutir*, *ferire* — *ferir*, *audire* — *odir*, *salire* — *salir*, *bollire* — *bullir*, en outre *coperire* — *cuvrir*, *operire* (formé d'après *coperire*, cl. *aperire*) — *uvrir*, et le composé d'*ire* *exire* — *eissir*; b) à des verbes germaniques, comme **hatire* (*hatjan*) — *hadir*, **guerpire* (*werpan*) — *guerpir* Il faut y ajouter c) avec changement de conjugaison, un certain nombre de verbes latins primitivement en -*e*, où ce changement s'est produit à l'époque du latin vulgaire ou de bonne heure en roman, comme *falire* (cl. *fallere*) — *falir*, *fodire* (cl. *fodere*) — *fodir*, *vertire* (cl *vertere*) — *vertir*, *fogire* (cl *fugĕre*) — *fuir fuir*, *colligire* (cl *colligere*) — *coillir*, *offerire* (cl. *offerre*) — *offrir*, *sofferire* (cl. *sufferre*) — *suffrir*, *repenitire* (cl *poenitēre*) — *repentir*, *emplire* (cl *implēre*) — *emplir*, *gaudire* (cl *gaudēre*) — *jodir*.

Les verbes inchoatifs en *I* (classe II b) correspondent de même a) à des verbes du latin classique en -*ire*, comme *finire* — *fenir*, *nutrire* — *nurrir*, *putrire* — *purrir*, le composé d'*ne. perire — perir;* b) à des verbes germaniques, comme *honire* (franc **haunjan*) — *honir, causire* (franc **kausjan*) — *choisir, gehire* (vhtall. *iehan*) — *(re)gehir;* c) à des verbes du latin classique en *E*, p. ex. *florire* (cl *florēre*) — *flurir, potrire* (cl. *putrēre*) — *pudrir, copire* (cl *cupĕre*) — *cuvir.* On ne peut pas faire de division rigoureuse entre les verbes en *I*, qui ont un allongement inchoatif du radical, et ceux qui ne l'ont pas, parce que, dans la plupart de ces verbes, il existe une hésitation entre ces deux modes de formation, tantôt depuis l'époque du latin vulgaire, tantôt depuis l'époque française. Le nombre des verbes inchoatifs en *I* s'est accru, dans le cours des siècles bien au delà de celui des verbes non inchoatifs, par des transformations et de nombreuses dérivations, comme *rugir* (de *ruge*), *blanchir* (de *blanche*)

c) L'accentuation sur la terminaison, au parfait, caractérise, en outre, un petit nombre de verbes français, qui correspondent à des verbes du latin classique en *-ĕre.* Par leur mode de flexion ils peuvent, au point de vue de la grammaire romane, être désignés comme la III. c o n j u g a i s o n f a i b l e La formation de ce type s'est produite à l'époque du latin vulgaire de la manière suivante. par analogie avec *dẹdi*, des parfaits comme *réndidi, véndidi, pérdidi* ont été transformés, par voie de recomposition (cf. § 15 Rem), en *ren-dẹ́di, ven-dẹ́di, per-dẹ́di* Puis, comme *-dẹdi* était pris pour une terminaison du parfait, il passa, à un moment plus ou moins récent de sa transformation (v. § 342, 2), d'abord dans une série de verbes, dont le radical se terminait en *-nd*, comme *respondre, descendre, fendre, fondre, defendre, pendre*, puis également dans quelques autres, comme *abattre, rompre, suivre.*

2) Aux représentants des trois (ou, si l'on veut, des quatre) types de conjugaison donnés, s'oppose une petite minorité de « v e r b e s f o r t s » qui, à la 1. et à la 3 pers. du singulier et à la 3 du pluriel, forment leur parfait avec accentuation sur le radical. Ils se divisent en trois classes, suivant que la 1. pers sing. parf., en latin vulgaire, se termine en:

a) *-i*: *vidi, veni* et **teni* (cl. *tenui*), qui est formé par analogie. A côté de *veni, *teni*, la langue populaire connaît *tenui *venui* qui ont aussi laissé des traces en français Pour *feki*, v. b)

b) *-si*: *arsi, clausi, despesi, destruxi, duxi, excossi* (*excŭssi*), *escripsi* (cl. *scripsi*), *esparsi* (cl. *sparsi*), *luxi, masi* (cl. *mansi*), *misi, rasi, risi, tersi, torsi, traxi*; en outre *planxi, cinxi, jonxi, onxi* etc. Il faut y ajouter un certain nombre de parfaits lat. vulg. en *-si*, auxquels correspondent, en latin classique, des parfaits d'un autre mode de formation, p. ex. *presi* (cl. *prehendi*), *sesi* (cl. *sedi*), *oklisi* (cl. *occidi*), *solsi* (cl. *solvi*), *redempsi* (cl. *redemi*), *franxi* (cl. *fregi*), *lexi* (cl. *legi*), *quesi* (cl. *quaesivi*), *ponxi* (cl. *pupugi*), *morsi* (cl. *momordi*), *ad-tanxi* (cl. *tetigi*). *Feki* également a été, dès l'époque prélittéraire du français, assimilé aux parfaits de la classe en *-si*.

c) *-ui*: *abui, sapui, tacui; nocui, potui; debui, jecui* (cl. *jacui*), *lecuit* (cl. *licuit*); *valuit, caluit, volui, dolui, parui, tenui* (cf. a). Appartiennent en outre à cette catégorie *pavui* (cl. *pavi*), *crevui* (cl. *crevi*), *movui* (cl. *movi*), *cognovui* (cl. *cognovi*), *plovuit* (cl. *pluvit*), puis *rekepui* (cl. *recepi*), *bebui* (cl. *bibi*), *cadui* (cl. *cecidi*), *credui* (cl. *credidi*), *venui* (cf. a), *estetui* (cl. *steti*), auxquels il faut encore ajouter, à l'époque romane, quelques formations postérieures, comme *legui* (cf. b), *manui* (cf. b), entre autres.

Dans la formation des temps autres que le parfait, les verbes «forts» coïncident avec les «faibles». Ceux d'entre eux, qui correspondent à des verbes latins en *-ere*, ont pour l'infinitif seulement, un mode de formation spécial (fr. *-eir, -oir*, p. ex. *debēre — deveir devoir, abēre — aveir avoir*, après une palatale *-ir*, p. ex. *plakēre — plaisir, takēre — taisir*; cf. § 39, 1 b), tandis que, à toutes les autres formes non tirées du radical du parfait, ils coïncident avec les verbes faibles des classes II a et III.

Remarque. — L'aperçu donné 2, a—c montre que la langue populaire latine et la langue littéraire offrent des différences essentielles pour la formation des parfaits forts. La langue populaire présente notamment de fortes pertes dans les parfaits en *-i*. Certains types de parfaits encore connus au latin classique, par exemple les parfaits formés par redoublement, sont perdus totalement ou à peu près dans le latin populaire et en roman, leurs représentants s'étant rattachés à l'un des types donnés de verbes forts, ou ayant passé au mode de flexion faible. Viennent de la transformation savante de parfaits forts latins les parfaits faibles en *-i* du vieux français *sursesqui* (cl. *surrexi*), *benesqui* (cl. *benedixi*), *vesquí* (cl *vixi*), en outre *venquí* tiré du présent, et *nasquí*, formé d'après *vesquí* D'après une autre explication, *nasquí* représente une réformation faite sur la 2. pers sing , à la place d'une forme analogique antérieure **ndscųi*.

3) Le fr. *estre*, qui vient du lat vulg. **ęssere* (v § 344. 1), et le fr. *aller* étymologiquement inexpliqué, occupent une place spéciale, parce que, dans leur flexion, des formes de radicaux différents ont été réunies. La conjugaison du verbe substantif était formée, déjà en latin, des racines *ES* et *FU* Il s'y ajoute encore en latin populaire des formes du verbe *estare* (cl. *stare*), auquel sont empruntés les participes (*estatu* — *estet*, *estante* — *estant*). *Aller* tire ses formes du présent accentuées sur la racine de *vadere*, et son futur d'*ire*.

b) Desinences.

§ 339. Présent de l'indicatif. 1) Les 1., 2 et 3 personnes du singulier et la 3. personne du pluriel présentent la transformation conforme aux lois phonétiques L'*o* de la 1. pers sing. est, par suite, ou tombé en français, ou (après certains groupes de consonnes, cf. § 78, 2b) resté à l'état d'*ę*, p ex. *amo* — *aim ain*, **parto* (cl. *partio*, cf § 348 2b) — *part*, *salio* — *sail*, *vendo* — *vent*, au contraire: *entro* — *entrę*, *semulo* — *semble*, *cambįo* — *change*, **copero* — *cuevre*. A la 2. pers. sing., au latin *-as* correspond le français *-es*, au latin *-is -es* le français *-s*, ou en certains cas *-es*, p ex. *amas* — *aimes*, *partis* — *parz* (pour *z*, v § 121), *audis* — *oz*. *dormis* — *dors*, *vedes* — *veiz*; *coperis* — *cuevres*. A la 3. pers. sing., le lat. *-at* donne de même régulièrement *-et*, le lat. *-it -et* donne *-t*, ou en certains cas *-et*, p ex. *amat* — *aimet*, *partit* — *part*, *audit* — *ot*, *dormit* — *dort*, *vedet* — *veit*, *coperit* — *cuevręt*. A la 3 pers plur., les désinences lat *-ant*, *-ent*, *-unt* ont donné uniformément en français *-ent*, p. ex. *amant* — *aiment*, *vedent* — *veident*, *vendunt* — *vendent*.

Remarque. — La transformation de *dicunt* — *dient*. et de **facunt* — *faunt font* à côté de *plakent* — *plaisent*, *lukent* — *luisent* montre qu'au temps, où *k* intervocalique est tombé devant *-u*, *-unt* était encore différent d'*-ent*. — Les 1., 2. et 3 pers sing et la 3. pers. plur du verbe substantif lat. vulg. *so* (cf. § 22 Rem ; cl. *sum*), *ęs*, *ęst*, *sont* (cl. *sunt*) ont donné, en vieux français, *sui*, *ies es* (v. § 10, 4 a), *est*, *sont* Cf § 348. 4d.

2) Les formes, primitivement accentuées sur la racine, de la 1. et de la 2. personne pluriel des verbes de la 3 conjugaison latine ont été, comme on l'a admis § 15, 4, accentuées, dès l'époque du latin vulgaire, sur la voyelle pénultième, par analogie avec la 1 et la 2 pers plur. des verbes des autres conjugaisons: *perdímus*, *perdítis* au lieu de *pérdimus*, *pérditis*

Les désinences lat vulg. de la 1. pers. plur. *-amus*, *-emus*, *-imus*, frappées d'un accent primaire ou secondaire, devaient donner en français, conformément aux lois phonétiques, *-ains* (*-amus*, excepté après une palatale), *-iens* (Palat *-amus*), *-eins* (*-emus*, excepté après une palatale), *-ins* (*-imus* et Palat *-emus*) A ces formations s'est substitué, depuis le moment le plus reculé de l'époque littéraire, *-oms* *-ons* qui vient d'une assimilation à la forme de la 1 pers. plur. prés indicat. de l'auxiliaire *estre*, qui est très usité: *soms* — *sons* (lat. vulg. *somus*).

La 2. personne du pluriel du présent (également de l'impératif, v § 337, 2d), qui, en vieux français, devait se terminer, dans les différentes conjugaisons, en *-ez* (*-atis*, excepté après une palatale), *-iez* (Palat *-atis*), *-eiz* (*-etis*, excepté après une palatale), *-iz* (*-itis* et Palat *-etis*), a, dans la plupart des dialectes, pris de bonne heure, à toutes les conjugaisons, la désinence *-ez* (*-iez*) de la 1. conjugaison (grâce à l'influence exercée également à la même époque par la 2. pers plur prés indic d'*estre*: *estis* — **ez ?*)

Remarque 1. — Les verbes *dikere* et *facere* ont, peut-être à cause de la fréquence de leur emploi, conservé, à la 1. et à la 2 pers plur. prés., leur accentuation primitive sur la racine les formes lat *fákimus dikimus* ayant persisté, en vieux français, à l'état de *faimes dimes*, *fákitis díkitis* jusqu'aujourd'hui, à l'état de *faites dites* De ces formes, *faimes* et *dimes* se sont transformées conformément aux lois phonétiques, tandis que *faites*, *dites*, à la place desquelles on attend **faiz*, **diz*, doivent le maintien de leur voyelle posttonique à l'action de *faimes* et de *dimes* Cf § 78 Rem. 2. *Traites*, qu'on rencontre isolément pour *traéz* dans les textes vieux français de l'époque la plus récente, paraît être une reformation d'après *faites*.

Remarque 2 — Les formations comme *col-chons* (v § 348, 3a, *collocamus*), *naj-ons* (*narigamus*), *ney-ons* (*negamus*), *pley-ons* (*plecamus*), si la consonne terminant le radical n'a pas été assimilée, à l'époque prélittéraire, à celle de la 2 et de la

3. pers. sing. et plur., font voir que la pénétration de la désinence *-ons* est plus récente que le changement de $^{cons}k^a$ et $^{cons}g^a$ en *tš dž* et que le changement de $^{v}k^a$ $^{v}g^a$, en *y*. Dans *oram* Eulal. 26 il faut voir, s'il ne s'agit pas simplement d'une formation savante, une dernière trace de la formation antérieure de la 1. pers. plur.

Remarque 3. — A côté de *soms*, on rencontre, rarement en vieux français, *esmes* qui vient du gallo-roman *esmus*, formé par analogie d'après *estis*. *Esmes*, de son côté, rend explicable le fr. *estes* qui tient lieu de la forme régulière **ez*. Est due peut-être aussi à l'influence de *esmes* la forme *somes* à côté de *sons*, qui s'est, dans le francien, conservée exclusivement, et sous l'influence de laquelle *-omes* s'est substitué à *-ons* comme désinence de la 1. pers. plur. des autres verbes, notamment au nord et au nord-est du domaine.

Remarque 4. — A côté de la forme analogique *-ez*, on rencontre dans la 2. période du vieux français, comme désinence de la 2. pers. plur. prés. indic. la forme organique *-eiz*, et *-oiz -ois* qui en est sorti, sporadiquement en anglo-normand et en picard et d'une façon générale dans les documents du français de l'est. Ceux-ci présentent aussi *-iz*. Comme exemples anciens de la forme analogique *-ez* on trouve: Alex. 110 *atendez (: recorder)*, ib. 63 *querez (: recovrer)*, *creez (: e)* Rol. 692, *savez (: e)* ib. 363.

§ 340. Le présent du subjonctif. 1) Les trois personnes du singulier et la 3. personne du pluriel présentent, comme à l'indicatif, les désinences latines transformées régulièrement dès le français le plus ancien. D'où. *ame* (cl. *amem*) — *aim ain*, *semule* (cl. *sĭmulem*) — *semble*, *venda* (cl. *vendam*) — *vende*; *ames* — *aims*, *semules* — *sembles*, *vendas* — *vendes*, *amet* — *aint*, *semulet* — *semblet*, *vendat* — *vendet*, *ament* — *aiment*, *semulent* — *semblent*, *vendant* — *vendent*. — *Degnet* Eulalie et *raneiet* ib., à la place desquels on attend *deint* (*dĕgnet*), *raneit* (*renĕget*), sont des exemples dialectaux anciens d'un transfert de formes, qui s'est également accomplie plus tard en francien (cf. § 353).

2) A la 1. pers. du pluriel, on ne trouve plus les désinences françaises *-eins* et *-ains*, qui correspondraient, conformément aux lois phonétiques, aux désinences latines *-emus* et *-amus*. A leur place s'est substitué de bonne heure en francien *-ons* (v. § 339 à l'indicatif) et dans les dialectes

du français de l'est *-iens*, qui représente la transformation régulière en français du lat. vulg *-ịamus* (et *-iamus -eamus*) dans *seiens* (*seamus*), *aiens* (*ayamus*, cf. § 348, 4d), *faciens* (*fakịamus*) etc.

A la 2. pers. du pluriel, la désinence *-ez* = lat. *-atis*, ou *-iez* (Palat *-atis*) s'est en francien et dans la plupart des dialectes, de bonne heure généralisée aux dépens d'*-eiz* = lat. *-ētis*.

Remarque — Le présent du subjonctif du verbe *estre* se conjugue en lat vulg de la façon suivante: *sea* (cf l'optatif présent du latin archaïque *siem*, et *sim*), *seas*, *seat*, *seámus seátis*, *seant* et conformément à ces formes, nous trouvons, dans le français de la première période *seie seies*, **seiet seit*, *seiens*, *seiez*, *seient*. N'a pas encore été expliqué *seit* (lat. vulg *set* = cl. *sit*, à côté de *seat*?) auquel s'est rattaché de bonne heure *ait* pour *aiet* (*ayat*, cl *habeat*, v. 348, 4d), qui lui est apparenté par la fonction. Remarquez encore *voist* et *puist* au lieu de *voiset* (§ 361), *puisset* (§ 426).

§ 341. A l'imparfait de l'indicatif, aux désinences du latin classique *-abam*, *-iebam*, *-ebam* correspondent en latin populaire *-aba*, *-i(b)a*, *-e(b)a*. La première suivit en francien à l'état d'*-oe*, des autres formations, *-ea* s'y est maintenu à l'état d'*-eie* qui, depuis le moment le plus reculé de l'époque littéraire, est en français la désinence presque exclusive des verbes de la II et de la III conjugaison (même après une palatale: *dis-eie*, *fais-eie*, v § 39, 1b Rem). Le lat vulg *-ea*, qui attend encore une explication complètement satisfaisante, est, d'après l'opinion commune, entré d'abord, par différenciation phonétique (v. § 103, 2 page 67), dans les verbes qui ont une labiale au radical, comme *abéa* (*habebam*), *debéa* (*debebam*), *vivéa* (*vivebam*), *bebéa* (*bibebam*), puis de là il s'est généralisé. — La 2. pers singul. se termine, dans le francien de la première période, en *-oes*, *-eies*, la 3. pers. plur en *-oent*, *-eient*. — La 3. pers. singul. se termine de bonne heure en *-ot*, *-eit*, à côté de laquelle la forme antérieure *-eiet* (*-éat*) se trouve attestée dans *doc-eiet*, *penteiet*, *saveiet* et *aveiet* (orthographié *aueist*) du fragment de Jonas, et apparaît encore certifiée par l'assonance dans *esteiet* Rol. 979.

La 1 et la 2. pers. plur. de l'imparfait de l'indicatif de toutes les conjugaisons se terminent en *-iens*, *-iez*, où l'on peut reconnaître les formes françaises, qui correspondent organiquement à *-eámus*, *-eátis* et à *-iámus*, *-iátis* du lat. vulg.

Remarque. — Le francien *-oe* est issu d'une façon incomplètement éclaircie, d'*-aba* en passant par *-aue*, *oue*, dont la dernière représente à l'époque littéraire la forme normande. Les dialectes français de l'est connaissent *-eve*, à côté de laquelle on rencontre aussi, mais sur une petite étendue, *-ive* = lat *-iba* loin dans la 2. période du vieux français — La chute d'*e* post-tonique à la 3. personne du singulier (*-ot*, *-eit*) doit être rapportée à l'action de la forme subjonctive correspondante du même temps (v. § 343) plutôt qu'à l'action de *seit* (v. § 340 Rem.), comme on l'a admis *Eret* (*erat*) présente encore une forme secondaire *ert*

§ **342.** Parfait de l'indicatif 1) Les verbes faibles de la I. et de la II. conjugaison avaient, dans le latin populaire, à toutes les formes du paradigme, l'accent sur la voyelle thématique, après laquelle le *v* de la désinence s'est assourdi (comme en partie en latin classique), ou s'est, d'après le § 26, vocalisé en *u*.

-ái — *-íi*, *-í*
-ásti — *-ísti*
-áut — *-íut*
-ámus — *-ímus*
-ástis — *-ístis*
-árunt — *-írunt*.

En français, à la 1 pers. singul *-ai*, *i* sont les formes correspondantes régulières. La 2 pers. singul présente les désinences *-as*, *-is*, *t* étant tombé, en dehors de la voyelle post-tonique (v § 78, 3), par assimilation à la 2. pers. singul. des autres temps. A la 3. pers. singul., *-at*, *-it*, avec la voyelle de la 2. pers. sing., se sont substituées à l'époque prélittéraire aux désinences du lat. vulg. *-aut*, *iut* Pour *-t* v. § 124 Rem. La 1. et la 2. pers. du pluriel se terminent en *-ames*, *-imes*, *-astes*, *-istes*, la voyelle atone de la désinence s'étant ici, conformément aux lois phonétiques conservée à l'état d'*ẹ*, et. en outre, *a* tonique libre dans *-ames* ne s'étant pas changé en *ai* (v § 53), grâce à l'influence de la voyelle de la 2. pers. du pluriel. Les désinences de la 3. pers. plur. se sont, conformément aux lois phonétiques, transformées en *-erent* (*-ierent* après une palatale), *-irent*

2) Les parfaits en *-dẹdi* ont dû, dans le français prélittéraire, développer en partie les mêmes désinences que les verbes faibles de la conjugaison en *I*, ce qui a eu pour conséquence que, peu à peu, ils se confondirent complètement avec ceux-ci. La 1. pers. singul. *perdẹdi* a probablement donné d'abord *perdẹi* (avec chute dissimilatrice du deuxième *d*, d'après le § 103, page 67), puis **perdiei* et ensuite en francien (v. § 50), *perdi*. La 2. pers. singul. *pèrd(e)désti* a, par le changement organique d'*e* tonique en *i* (v. § 43), par la chute d'*i* final (§ 78, 2a) et par la perte non organique du *t* devenu final (v. 1), donné *perdis*. La 3. pers. singul. lat. vulg. *perdẹdit* et la 3. plur. *perdẹderunt* donnent, conformément aux lois phonétiques (§ 46), *perdiet* et *perdiedrent*, à côté desquelles on rencontre de bonne heure les formes analogiques en *-it*, *-irent*. — La 1. et la 2. pers. plur. (lat. vulg. *perdẹdimus?*, *perd(e)déstis*) ne sont attestées en français qu'à une époque tardive. Elles présentent les désinences *-imes*, *-istes*, qui s'expliquent par l'influence de la 2. pers. sing. du parfait des mêmes verbes et par l'influence de la 1. et de la 2. pers. plur. du parfait des verbes en *I*.

3) Au parfait des verbes forts, la 1. pers. plur. est en latin vulgaire accentuée sur la désinence, en conformité avec la 2. pers. plur.; la 3. pers. plur. est généralement accentuée sur le radical: p. ex. *mísi*, *meséstí*, *mísit*, *mesémus*, *meséstis*, *míserunt*. Dans leur transformation ultérieure en vieux français, conformément au développement des désinences correspondantes des verbes faibles (v. 1 et 2), la 2. pers. singul. a pris un *-s* au lieu d'*-st* qui serait la désinence régulière, la 1. et la 2. pers. plur. ont pris *-mes*, *-tes* au lieu de *-ms*, *-(s)ts*. La voyelle tonique des désinences, à la 2. pers. sing., à la 1. et à la 2. pers. plur., est, dans les parfaits en *-i* et en *-si*, depuis le moment le plus reculé de l'époque littéraire, *i* qui, à la 2. pers. sing. représente la transformation organique d'après le § 43, puis de là a été transporté aux 1. et 2. pers. plur.: *vedésti* — *vẹdís*, *meséstí* — *mesís* et de là *vedímes*, *vedístes*, *mesímes*, *mesístes*. — Les parfaits en *-ui* (excepté *voil*) ont, comme voyelle tonique des formes faibles, au lieu de l'*i* (*e*) un *u* depuis le moment le plus reculé de l'époque littéraire,

p. ex. 2. pers. sing. *deus* (*debuisti*), 1. pers. plur. *deumes*, 2. pers. plur. *deustes*; et d'une façon analogue *oüs oumes oustes*, *valus valumes valustes* etc. Cf. § 349, 3

Remarque. — L'*u* des désinences toniques des parfaits en *-ui* paraît être dû à l'influence du parfait du v. *estre*. Ce dernier se conjugue, en vieux français, en *fui fus fut fumes fustes furent* et vraisemblablement vient, avec passage de l'*u* de la 1. pers. sing. aux autres formes, d'un paradigme lat. vulg. *fui fosti fot fomus fostis forunt*. — Les parfaits en *-ui-* dont le radical ne se termine pas par une liquide ou une nasale présentent en wallon un mode de formation plus primitif, *i* se rencontrant dans ces parfaits de même que dans les parfaits en *-i* et en *-si* comme voyelle tonique de la désinence, p. ex. *debuisti* — *dewis* et par analogie *debuimus* — *dewimes*, *debuistis* — *dewistes*.

§ 343. Le subjonctif imparfait qui, conformément au mode de formation du plus-que-parfait du subjonctif qui en est la base, présente le radical faible du parfait, se termine en latin vulgaire:

1) à la I. conjugaison faible: en *-ásse*, *-ásses*, *-ásset*, *-assémus*, *-assétis*, *-ássent*;

2) à la II conjugaison faible: en *-ísse*, *-ísses*, *-ísset*, *-íssimus*, *-issítis*, *-íssent*;

3) dans les verbes de la classe en *dedi* et dans ceux qui ont la flexion forte, en *-ésse*, *-ésses*, *-ésset*, *-essémus*, *-essétis*, *-éssent*.

En français, les représentants du type 3 ont été de bonne heure, à l'exception des verbes forts de la classe en *-ui*, assimilés au type 2, sous l'influence de la 2. pers. sing. du parfait (v. § 342, 2 et 3). Le type 1 a subi une assimilation partielle au type 2, en ce sens qu'*a*, à la 1 et à la 2 pers. du pluriel, a été remplacé par la voyelle thématique des verbes en *I*. Les verbes de la classe en *-ui* ont, comme aux formes faibles du parfait et avec les restrictions faites à leur sujet § 342, 3 Rem., pris *u* comme voyelle tonique de la désinence. Pour les autres personnes, à la 3 pers. singul., *-asset*, *-isset* du lat. vulg. sont devenues régulièrement *-ast*, *-ist*, à la 3. pers. plur. *-assent*, *-issent* ont persisté. A la 1 pers. singul., *-asse*, *-isse*, qui ne sont pas organiques, se sont substituées aux formes régulières *-as*, *-is*, probablement par assimilation aux formes de la 1 pers. sing. du subjonctif présent qui se terminent en *-e* (v. § 340), tandis qu'il peut paraître incertain, si, à la 2. pers. singul (*-asses, -isses*), c'est pour des raisons phonétiques ou pour des raisons morphologiques que l'*e* a persisté. L'identité primitive du subjonctif présent et du subjonctif imparfait aux désinences *-es -ent* de la 2. pers. sing. et de la 3. pers plur. a pu favoriser, à la 1 pers singul., l'assimilation des formes, qui, ensuite, a atteint la 1 et la 2 pers. pluriel et, quelquefois aussi (dans les dialectes?), la 3. pers sing. (*perdesse* Eulal. 17, *auuisset* ib 28 à côté d'*amast* ib. 10). — En francien les désinences sont donc, d'après ce qui précède:

-asse	*-isse*	*-usse*
-asses	*-isses*	*-usses*
-ast	*-ist*	*-ust*
	-issons	*-ussons*
	-isseiz	*-usseiz*
	(*-issez*)	(*-ussez*)
-assent	*-issent*	*-ussent*

Remarque — Dans les dialectes, notamment au sud-est et au sud-ouest du domaine de la langue, il s'est formé sur une large étendue, principalement sous l'influence de la 1. pers. plur., des formes accentuées sur la terminaison en *-ánt*, *-ónt*, *-ént*, à la 3. pers. plur du subjonctif imparfait. Aux autres temps on rencontre rarement la 3. pers. plur. accentuée sur la terminaison.

§ 344. L'infinitif présent et les futurs

1) Aux terminaisons de l'infinitif du latin littéraire *-āre*, *-īre*, *-ēre*, *-ˊere* correspondent en lat. vulg. *-áre*, *-íre*, *-ére*, *-ˊęre*. A la place d'*esse*, *posse*, *velle*, *ferre* pénètrent dans la langue populaire les reformations analogiques *éssęre*, *potére*, *volére* et (*of-*, *sof-*)*ferire*. Dans leurs transformations ultérieures, le lat. vulg. *are* a donné, conformément aux lois phonétiques, le fr. *-er*, et après une palatale *-ier*; le lat. vulg *-ire* le fr *-ir*; le lat. vulg. *-ere* le fr *-eir*, et après une palatale *-ir*, le lat vulg *-ˊęre* le fr. *-ˊre*. Exemples. *amáre* — *amer*, *tractare* — *traitier*, *partire* — *partir*, *punire* — *punir*; *vedére* — *vedeir*, *plakére* — *plaisir*, *takére* — *taisir*, *yakére* — *gesir*, *lekére* (cl. *licére*) — *leisir*; *pérdere* — *perdre*, *ponere* — *pondre*, *vivere* — *vivre*, *solvere* — *soldre* *planuere* — *plaindre* *essere* — *estre*

2) Dès l'époque du latin vulgaire, une confusion s'est produite dans les terminaisons infinitives en des cas assez nombreux, p. ex. *-ére* (cl. *-ēre*) pour *´-ẹre* (cl. *´-ĭre*) dans *sapére* (fr. *saveir;* cl. *sapĕre*), *cadére* (fr. *chedeir;* cl. *cadĕre*), plus fréquemment *´-ẹre* pour *-ére* dans *ridẹre* (fr. *rịdre;* cl. *ridēre*), *respóndẹre* (fr. *respondre*; cl. *respondēre*) etc., et, même en latin littéraire, dans *térgĕre* (cf le fr *terdre*) à côté de *tergēre*, *fúlgĕre* à côté de *fulgēre* etc.; en outre *-íre* pour *-ére* dans *florire* (fr. *flurir;* cl. *florēre*) *tenire* (fr. *tenir,* cl. *tenēre*); *-ire* pour *´ẹre* dans *fugire* (fr. *fuir,* cl. *fŭgere*) etc.

Remarque. — Souvent l'hésitation entre une forme analogique, qui est plus récente, et une forme organique, antérieure continue à se manifester à l'époque, où les langues romanes s'étaient formées, ou bien encore il se produit des phénomènes d'analogie dans le cours de l'évolution particulière de chaque langue. C'est ainsi que des formations comme *recevoir* à côté de *reçoivre* (v. § 39, 1b Rem.; *recípere*), *decevoir* à côté de *deçoivre*, *plaire taire nuire luire* à côté de *plaisir taisir nuisir luisir*, *querir* à côté de *querre* (*quaerere*), *suivir* à côté de *suivre* (**sequere*), et d'autres appartiennent au vieux français, et la plupart probablement à une époque assez récente du vieux français seulement.

3) Quand l'infinitif est employé avec le présent ou l'imparfait d'*abére* pour exprimer la notion de futur ou de conditionnel (v § 337. 2b), l'accent tonique principal se déplace sur le verbe auxiliaire, tandis que la syllabe initiale de l'infinitif reçoit un accent secondaire. La transformation phonétique des terminaisons infinitives dans ces composés est soumise, en vieux français, aux lois exposées au § 80 de la phonétique, lois d'après lesquelles, parmi les voyelles contrefinales, *a* seul persiste, tandis que les voyelles contrefinales autres que *a* sont syncopées, excepté quand elles sont entourées de certaines consonnes, d'où l'on a régulièrement. *àmare áyo* (v. § 348, 4d) — *amerai*, *dèbere áyo* — *devrai*, *abere áyo* — *avrai*, *pèrdere áyo* — *perdrai*, *vènire áyo* — *vendrai*, **mòrire áyo* — *murrai*. Pour la chute ultérieure et régulière de l'*e* issu d'*a* dans quelques cas spéciaux, comme *donerai* — *donrai dorrai*, *menerai* — *menrai merrai*, en outre *durerai* — *durrai*, *jurerai* — *jurrai* entre autres, cf § 80 Rem. et § 266 Rem.

Le futur et le conditionnel des verbes faibles de la classe en -*i* présentent un traitement remarquable, en ce sens que, dans la plupart des cas, leur *i* contre-final, sous l'influence de l'infinitif et des autres formes qui ont l'*i* de la désinence accentué, ou n'a pas disparu ou s'est de nouveau rétabli, p. ex. *mentir-ai*, *partir-ai*, *sentir-ai*, *dormir-ai*, *vestir-ai*, *sortir-ai*, *punir-ai*, *nudrir-ai*, *perir-ai*, *furnir-ai*. A côté d'eux, on trouve la formation organique dans les futurs *ferrai* (*fèrire áyo*), *saldrai saudrai* (*sàlire áyo*), *odrai* (*aùdire áyo*) dans les dialectes *partrai* (*pàrtire áyo*) entre autres, lesquels appartiennent pour la plupart aux verbes non inchoatifs (classe IIa). Présentent de même la syncope de la voyelle contre-finale les verbes *hair* (**hatire*; fut *harrai*) et *guarir* (**guarire*, fut *guarrai*), qui viennent du germanique, et un certain nombre de verbes d'origine latine, comme *coillir* (cl. *collìgere*; fut. *coildrai*), *falir* (cl. *fallere*; fut *faldrai faudrai*), *fuir* (cl. *fugère*; fut. *fuirai*), *gesir* (cl. *jacēre*; fut *gerrai*), qui n'appartenaient pas originairement à la conjugaison en -*i*, et qui ne sont entrés dans les verbes en -*i* qu'à l'époque du latin vulgaire ou du roman. Ont développé dans la syllabe contre-tonique un *ẹ* sous l'influence des consonnes avoisinantes les futurs *cuvrerai cuverrai* (*còperire áyo*), *uvrerai uverrai* (*òperire áyo*), et les futurs *offrerai offerrai* (v. 1), *suffrerai sufferrai* (v. 1), qui viennent de verbes n'appartenant pas primitivement à la conjugaison en -*i*.

4) Les formes de l'indicatif présent ou de l'imparfait d'*aveir*, qui font fonction de désinences flexionnelles au futur et au conditionnel (v. § 337. 2b), présentent, au singulier et à la 3. personne du pluriel du futur, le mode de formation habituel du verbe auxiliaire (cf. § 348): *amer-ai*, *amer-as*, *amer-at*, *amer-ont*. Au contraire, la 1. et la 2. pers. plur. du présent (*avons*, *aveiz*), et toutes les formes de l'imparfait (*aveie*, *aveies*, *aveit* etc.) perdent en composition la syllabe initiale *av-* (*amer-ons*, *amer-eiz*; *amer-eie*, *amer-eies* etc.), ce qu'il faudrait peut-être rapporter moins à des causes purement mécaniques (v. § 10, 4 Rem.) qu'à une tendance analogique. Il faut en outre remarquer que, à la 2. personne pluriel du futur, -*eiz* (-*oiz*) s'est maintenu longtemps, tandis qu'au présent d'*aveir*, d'après le § 339, 2, -*ez* s'y est de bonne heure substitué.

§ 345 Au participe présent, la désinence *-ant* des verbes de la I. conjugaison faible, qui correspond régulièrement au lat. vulg. *-ante*, est, dès l'époque prélittéraire du français, passée dans tous les autres verbes. D'après *chant-ant* (*cantante*) etc ont été formés *sed-ant* (*sedente*), *ved-ant* (*vedente*), *plais-ant* (*plakente*) etc Cf. § 11, 3 b Comme *plaisant* le montre, la permutation de la désinence est d'une date plus récente que le changement de *k* intervocalique devant *e* tonique en *iz* (v § 135). Pour la flexion des genres et des cas, cf. § 303 II. classe des adjectifs.

§ 346. Les participes passés se divisent, comme les parfaits, en deux classes. Les représentants de la première classe sont accentués sur la désinence (c à d sont faibles) et se terminent en latin vulgaire, à l'oblique singulier masculin, en *-átu*, en *-ítu* ou en *-útu* (les participes latins en *-étus* ne persistent pas en roman). Les représentants de la deuxième classe sont accentués sur le radical (c à. d. sont forts) et se terminent en latin vulgaire, à l'oblique singulier masculin, en *´tu*, *´su*. Les transformations ultérieures de toutes ces désinences en français se sont produites conformément aux lois phonétiques: 1) *-átu* — *ét*, après une palatale *-iet*, p ex *amatu* — *amet*, *tractatu* — *traitiet*; *-ítu* — *-it*, p. ex. *dormitu* — *dormit*, *punitu* — *punit*; *-útu* — *-ut*, p. ex *vendutu* — *vendut*, *debutu* — *deiut* 2) *´ cons tu* — *-t*, p. ex. *factu* — *fait*, *junctu* — *joint*, *escriptu* — *escrit*, *copertu* — *cuvert*, *collectu* — *colleit*, voy *tu* — *-t*. *natu* — *net*, *estatu* — *estet*; *´su* — *-s*, p. ex. *okkisu* — *occis* *masu* (cl. *mansum*) — *mes*, *clausu* — *clos*. *arsu* — *ars*. Pour la flexion des genres et des cas cf. § 303 classe Ia des adjectifs, pour le radical § 350

En ce qui concerne la répartition des types indiqués, *-átu* (vfr. *-et*, *-iet*) et *-ítu* (vfr. *-it*) du lat. vulg. représentent, en tant que moyens de formation des participes des conjugaisons en *A* et en *I*, généralement les désinences correspondantes du latin littéraire. Les participes en *-útu* qui, dans le latin littéraire, ne sont formés que de verbes en *-uere*, comme *imbuere*, *tribuere*, *minuere*, *suere*, *exuere*, *abluere*, et en outre *volvere* et *solvere*, ont considérablement aggrandi leur domaine en latin vulgaire et en français, notamment aux dépens des participes en *-tu*, qui sont accentués sur le radical et plus rarement aux dépens de ceux en *-su*. La transformation a probablement commencé par les verbes forts de la classe en *-ui* et, de là, fut généralisée. On forma, d'après les parfaits *debui, abui, placui, sapui, tacui, tenui, bebui* (v. § 338, 2c), *-kepui* (v. § 338, 2c) etc., les participes *debutu* (fr. *deut*), *abutu* (fr. *eut*), *placutu* (fr. *pleut*), *saputu* (fr. *seut*), *tacutu* (fr. *teut*), *tenutu* (fr. *tenut*), *bebutu* (fr. *beut*), *-keputu* (fr. *-ceut*) etc.; vinrent ensuite *vedutu* (cl. *visu*) et les participes de la 3. conjugaison faible (v. § 338, 1c), comme *vendutu* (fr. *vendut*; lat. cl. *venditum*), *perdutu* (fr. *perdut*, lat. cl. *perditum*), *rendutu* (fr. *rendut*; lat. cl. *redditum*) *defendutu* (fr. *defendut*, lat. cl. *defensum*), *respondutu* (fr. *respondut*, lat. cl. *responsum*). En plusieurs cas, comme dans les formes du vfr. *vestu, feru, repentu, consentu* à côté de *vesti, feri* etc., on a également formé des participes en *-u* dans des verbes appartenant à la conjugaison en *-i*.

c) Le radical.

§ 347. La transformation du radical présente, comme celle des désinences, à côté de phénomènes organiques, de nombreux phénomènes associatifs, en ce sens que, d'une part, les représentants de différents groupes de verbes exercent les uns sur les autres une influence réciproque pour la formation de leurs formes radicales, et que, de l'autre, des différences, qui existaient de tout temps dans un même verbe ou qui se sont produites plus tard par suite de transformations organiques, sont réduites par assimilation.

§ 348. Le radical du présent et les formes radicales identiques de l'imparfait, des parfaits faibles etc.

1) La voyelle du radical, suivant que celui-ci porte l'accent tonique ou est atone, a dû subir, en de nombreux cas, conformement aux lois phonétiques, des transformations différentes, qui ont causé soit le changement (a), soit la chute (b) de la voyelle. Exemples:

a) *lávas: lavátis — léves: levéz,*
ámas: amátis — áimes: améz,
lévas: levátis — liéves: levéz,
prétias: pretiátis — príses: preisíéz,

ténes: tenétis — tiéns: ten-éz,
débes: debétis — deis: dev-éz,
próbas: probátis — pruéves: pruvéz,
plóras plorátis — plóures: pluréz.
b) *adjútas: adjutátis — aiudes. aidiez,*
paráulas: paraulátis — paroles. parlez,
mandúcas: manducátis — manjues (cf 3a): *mangiez.*

A part quelques exceptions, la différenciation ainsi produite fut de nouveau réduite par l'action de l'analogie. Et, comme aux neuf formes accentuées sur le radical (à savoir les 1. 2. 3. pers. du singul. et la 3. pers. du plur. du présent de l'indicatif et du subjonctif, et la 2 pers. singul. de l'impératif) s'oppose un nombre beaucoup plus grand de formes accentuées sur la désinence au présent (1. et 2. pers. plur.), à l'imparfait, au parfait faible etc, c'est, dans la plupart des cas, la voyelle de ces dernières formes qui a été transportée partout La plupart des reformations, dont il s'agit ici ne datent pas d'avant le commencement du XII siècle. Sont plus anciens: *vals valt valent, sals salt, chalt,* pour *vels* (*váles*) *velt* (*válet*) *velent* (*valent*), *sels* (*salis*) *selt* (*salit*), *chielt* (*calet*), parmi lesqueles il n'y a que *chielt* qui se rencontre encore quelquefois à l'époque littéraire. Ici l'*e* ou l'*ie* antérieures n'ont pas pu offrir une grande capacité de résistance, parce qu'elles ne représentent la transformation organique que d'une partie des formes accentuées sur le radical, les formes avec voyelle thématique *sálio, sáliunt, sália, sálias* etc. présentant, d'après les §§ 54 et 200, un développement spécial. Cette explication s'applique également en partie aux formes *as* (*abes*) *at* (*abet*) qui se rencontrent, depuis le moment le plus reculé de l'époque littéraire, à l'exclusion de toute autre, pour lesquelles il faut cependant comparer aussi § 10, 4a. Provient en outre d'une assimilation ancienne *ei* tonique dans les formes *ceil, ceilent, receif, receit, receivent, receivre* (Leod 57 *recivre*), *deceivre* etc, appartenant à des verbes français qui correspondent aux verbes du lat. valg. *kelare* (cl *celare*) et *-kepere* (cl. *cĭpere*), ici, en effet, après une palatale, l'*i* qui, d'aprés le § 39, 1b, devait en français donner avec *ei* la monophtonque *i,* en passant par *iei,* ne s'est par produit par suite de l'action des form [illegible] formes analogiques, accentuées sur la désinence, de *lire* (*lisons* etc.), *issir* à côté d'*eissir* (*exire*), et de quelques autres, appartiennent déjà à la première période du vieux français.

2) Voyelle thématique. Les verbes latins en *-ere*, *-ire* et, partiellement, ceux en *-ęre* ont primitivement, à la 1. pers. singul. du présent de l'indicatif et à toutes les formes du présent du subjonctif, et les verbes en *'ęre* et en *ire*, en outre, à la 3. pers. plur. du présent de l'indicatif et au participe présent, la voyelle thématique *i* (cl. *i* et *e*) entre le radical et la désinence. Dans un certain nombre de cas, (a) elle s'est maintenue en français en se transformant, plus souvent, (b) à l'époque du latin vulgaire ou, plus récemment, à l'époque du roman, elle a disparu sous l'influence des verbes ou des formes verbales sans voyelle thématique. Exemples:

a) *faki̯o* — *faz*, *faki̯a* — *face*, *plaki̯o* — *plaz*, *plaki̯a* — *place*; *taki̯o* — *taz*, *taki̯a* — *tace*; *sa(p)i̯o* (cf. 4d) — *sai*, *sapi̯a* — *sache*; *a(b)i̯o* (v. 4d) — *ai*, *a(b)i̯a* — *aie*; *de(b)i̯o* (v. 4d) — *dei*, *de(b)i̯a* — *deie*, *auyo* (cl. *audio*) — *oi*, *auya* — *oie*; *veyo* (cl. *vĭdeo*) — *vei*, *veya* — *veie*; *mani̯o* — *maing*, *mani̯a* — *maigne*; *vęni̯o* — *ving* (v. § 50), *vęni̯a* — *viegne*, *tęni̯o* — *ting*, *tęni̯a* — *tiegne*; *vali̯o* — *vail*, *vali̯a* — *vaille*; *sali̯o* — *sail*, *sali̯unt* — *saillent*, *sali̯a* — *saille*; *dǫli̯o* — *duel*, *dǫli̯a* — *duelle*; *cali̯at* — *chaillet*; *mǫri̯o* — *muir* (v. § 62), *mǫ́ri̯a* — *muire*.

b) *parto* (cl. *partio*) — *part*, *partunt* — *partent*, *parta* — *parte*; *sento* (cl. *sentio*) — *sent*, *sentunt* — *sentent*, *senta* — *sente*, *dormo* (cl. *dormio*) — *dorm*, *dormunt* — *dorment*, *dorma* — *dorme*, *dormente* — *dorm-ant*; *servo* (cl. *servio*) — *serf*, *servunt* — *servent*, *serva* — *serve*, *servente* — *serv-ant* à côté de *serjant* (*servi̯-ente*); *mǫvo* (cl. *moveo*) — *muef*, *mǫva* — *mueve*, *rekipo* (cl. *recipio*) — *receif* (v. 1), *rekipunt* — *receivent*, *rekipa* — *receive*, *rekipente* — *recev-ant* etc. Le passage d'une catégorie à une autre s'est produit de bonne heure, d'une manière encore plus étendue, à la 3. pers. plur. du présent de l'indicatif et au participe présent, p. ex. *facunt fakente* (à côté de *faki̯o*, *faki̯a*) — *font* (v. 4e) *fais-ant*, *morunt morente* (à côté de *mori̯o mori̯a*) — *muerent mur-ant*; *sapunt* (à côté de *sayo saya* v. [illegible] côté de *sapiente* — *sach-ant; audunt audente* (à côté d'*auyo, auya*) — *odent od-ant*

c) La palatalisation de la consonne finale du radical, s'est assez fréquemment aussi, généralisée. C'est ainsi qu'on trouve déjà en lat. vulg. *volio* (cl. *volo*), *volia* etc., puis en vfr. *fail* (*fallo*), *faille faillir, saillir, toil toille* (au lieu de *tolle*), (*as*)*soil* (au lieu de *solt*) (*as*)*soille, uiant voillant vaillant veiant* au lieu d'*avant* (Ps. d'Oxf. 37, 15, Ps. de Camb. ib.) *vulant valant vedant* etc., et en picard *promech querch deffench porch* au lieu de *promet, quier, deffent, port* etc. Il est impossible de fixer exactement la date de ces reformations pour chacun de ces cas. Plusieurs peuvent n'appartenir qu'à une époque assez récente du vieux français.

Remarque. — L'explication des formes picardes *mench, sench, serch, consench* etc. et celle des formes *menz, senz, consenz* etc., qui leur correspondent ailleurs, présente des difficultés particulières, parce qu'on ne peut pas constater avec certitude si, dans la finale de ces formations, c'est la voyelle thématique primitive des formes *mentio sentio* etc. (lesquelles en ce cas auraient subsisté à côté des formes du lat. vulg. *mento, sento*), qui a poursuivi son développement, ou si nous sommes en présence d'une transformation analogique plus récente des formes issues de **mento*, **sento*.

3) La consonne finale du radical. La phonétique n'a pas encore jeté une lumière suffisante sur la différenciation des consonnes finales du radical, différenciation provoquée par l'accent ou par les sons avoisinants, pour que l'on puisse reconnaître avec sûreté, en chaque cas, jusqu'à quel point l'analogie a pu troubler le développement organique. Parmi les phénomènes à considérer, on peut faire ressortir les suivants :

a) D'après le § 122, 2 et le § 143 de la phonétique, les groupes secondaires ^{cons} *t* et ^{cons} k^1 ont, en se transformant régulièrement, donné, suivant la place de l'accent, *t*, *tš* (*ch*) ou *d*, *dž* (*g*, *j*), p. ex. :

lat. vul.	*dóbitas*	*dobitátis*	*víndicas*	*vendicátis*
fr.	*dútes*	**dudéz*	**venches*	*vengiez*

Cette mutation de consonnes a été de bonne heure réduite à nouveau, parce qu'une assimilation s'est produite, soit d'après les formes [illegible] soit d'après les formes accentuées sur la désinence, d'où *duter*, *dutons*, *dutez*, *accuter* à côté de *accuder* (*adcobitáre*), *vanter* au lieu de *vander (*vanitáre*), *espleitier* (*explekitare*) à côté de *plaidier* (*plakitare*), *chevauchier* au lieu de *chevangier (*caballicare*), *culchier* (*collocare*) à côté de *chargier* (*carricare*), et au contraire *accudes* à côté d'*accutes*, *vénges* au lieu de *venches (*vendicas*), *targes* au lieu de *tarches (*tardicas*) etc.

Conformément aux lois phonétiques, (*n*)*d* et (*n*)*dž* alternent en vieux-français à la fin du radical dans la conjugaison du verbe *mangier* (*manducare*), p. ex. *mandúcas* — *mandues, manducátis* — *mangiéz*. La finale *dž* y fut de bonne heure généralisée aux dépens de *d*, de telle sorte que le prés. ind. donne: *manju, manjues, manjuet, manjons, mangiez, manjuent*.

b) Les radicaux, qui se terminent par une palatale, offrent un intérêt particulier, parce que, suivant la nature de la voyelle qui suit, la transformation organique était différente dans le système de formes d'un même verbe: p. ex. *fengo* (cl. *fingo*) — fenc (§ 147), *fengit* (cl. *fingit*) — *feint* (§ 163), *fengat* — fenget (§ 141), *fengéa* (cl. *fingebam*) — *fegnéie*, *pasco* — *pais* (§ 146), *paskit* — *paist* (§ 136), *pascat* — paschet (§ 142); *puniscó* — *punis* (§ 146), *puniskit* — *punist* (§ 136), *puniscat* — punischet (§ 142), *duco* — *dui* (? v. § 145, 2), *dukis* — duiz; *dukit* — *duist* (§ 135, 3), *ducat* — duet (§ 140, 2), *dukéa* (cl. *ducebam*) — *duis-eie* (§ 135, 1); *prẹco* — *pri* (§ 145, 2), *prẹcat* — *priet* (§ 140, 1), *prẹket* — prist (§ 135, 3); *exsuco* — *essui* (? v. § 145, 2), *exsucat* — *essuet* (§ 140, 2), *exsuket* — essuist (§ 135, 3); *cerco* — cerc (§ 147), *cercat* — *cerchet* (§ 142), *cerket* — cerst (§ 137). De nombreux cas identiques ou analogues pourraient être ajoutés aux précédents. Autant que les formes que nous fournissent les textes les plus anciens permettent de tirer une conclusion, dans la plupart des verbes dont il s'agit ici, la différenciation phonétique a été de bonne heure réduite par des phénomènes associatifs. C'est ainsi qu'apparaissent dans le dialecte francien *feing* au lieu de fenc, *feignet* au lieu de fenget, *paisset* au lieu de paschet, *punisset* au lieu de punischet, *duis* au lieu de duiz, *düit* (v. § 135, 3 Rem.) au lieu de duist, *duiet* (plus tard *duise*) au lieu de duet, *prit* au lieu de prist, *cerchet* au lieu de cerst etc. Il faut de plus remarquer que, dans *feing*, de même dans *plaing*, *joing* entre autres, et dans les formes correspondantes du subjonctif: *feigne*, *plaigne*, *joigne* etc., en dehors de la consonne, la voyelle du radical, qui la précède, a également subi une transformation analogique à laquelle étaient aussi soumises les formes accentuées sur la désinence du présent et de l'imparfait (*plaignons*, *plaigniez*, *joigneie* etc.).

Remarque. — Dans les dialectes, on peut encore trouver, dans les textes ou dans les manuscrits de la 2. période du vieux-français, quelques-unes des formes, qui sont mises en relief, plus haut, par des caractères espacés, et dont on ne trouve plus d'exemples dans la langue littéraire. C'est ainsi qu'on rencontre (*es*)*cerst* Ps. d'Oxf. 108, 10 et, avec transformation partielle, *culzt* (au lieu de *culzet* = *cóllòket*, cf § 137) Rol d'Oxf. 2682, *chevalzt* (au lieu de *chevalzet* = *cabállìket* cf ib.) Rol d'Oxf 2109 entre autres. On rencontre en outre, sur une plus large étendue, *menjust menjuce*, *menjucent* pour les formes strictement régulières **manduist* (*mandúket*), **manduisent* (*mandúkent*); puis *fenge* (*finga*) *ponge* (*ponga*), *sorge* (*sorga*) etc., et les subjonctifs, qui en sont sortis probablement par analogie et se présentent en partie isolément même dans des textes franciens *prenge*, *crenge*, *tienge*, *vienge*, *tolge*, *querge*, *curge* (tous dans le Ps. d'Oxf.), *muerge* (Rol d'Oxf.), *dunge*, *alge*, *parolge* (Ps. d'Oxf.), *retuinge* (Ps de Cambr.) etc.

4) Cas particuliers. Quelques verbes présentent, dans la formation du présent, une transformation qui s'écarte de la transformation habituelle, et pour laquelle on n'a pas encore trouvé d'explication suffisante. Appartiennent à cette catégorie: a) la forme de la 1. pers. sing. prés. ind. *puis* (cl. *possum*) qui vient, comme les formes du prov. *posc puesc*, d'une forme gallo-latine **posco*. Les autres formes de l'indicatif ont été tirées du radical *pot-*: *puez* (*pǫ́tes*), *puet* (*pǫ́tet*), *pod-óns*, *pod-éz*, *puedent* (*pǫ́tent*). Le subjonctif présent donne *puisse*, *puisses* etc. Paraissent provenir de l'analogie de *puis*, *puisse*: *muis* (2 pers. sing *mueves*, 3 pers. sing. *muevet* etc., cf § 140. 2 Rem.), *muisse*; *pruis* (2. pers sing *prueves*, 3. pers. sing *pruevet* etc.; *prǫbo*), *pruisse*: *truis* (2 pers. sing. *trueves*, 3 pers. sing. *truevet* etc.; **trǫpo*), *truisse*.

b) On a ramené au lat. vulg. *va*(*d*)*o* + *is*, *va*(*d*)*is*, *va*(*d*)*it*, *va*(*d*)*unt* les formes du présent du vieux-français *vois*, *vais*, *vait*, *vont*, en supposant que, à cause de l'usage fréquent de ce verbe (cf. § 10, 4 Rem.), le *d* intervocalique était déjà tombé à l'époque du latin vulgaire, et que les voyelles, qui se trouvaient ainsi en hiatus, s'étaient fondues en diphthongues. L'*is* de la 1. pers. sing. peut provenir de l'assimilation de cette forme à *pois* (**posco*), *connois* (*cognosco*), *nais* (*nasco*) etc. Plus tard, à la place de *vais, vait*, les reformations *vas* (V. d'Alex. L., ce n'est probablement que par hasard qu'on ne peut signaler l'antérieur *vais* à une époque ancienne de la langue), *va(t)* (V. d'Alex. L. 2d, 65c à côté de *vait*, ib. 2e etc.), se sont produites peut-être sous l'influence d'*as*, *at* (v. § 348, 1). — Peut provenir d'une assimilation à **vao* le lat. vulg. **estao* (cl. *sto*) qui, d'une façon analogue à la formation *vois* issue de *vao + is*, apparaît en vieux-français sous la forme *estois*. Les formes régulières *estés* (*estas*), *esté* (*estat*), qui ne sont signalées qu'isolément dans les mss. de la 2. période, ont été éliminées par les formes analogiques *estas, esta*. Remarquez aussi *estait*, Ps. de Camb. 118, 19 et ailleurs. On trouve, comme 3. pers. du pluriel, *estont* (*estant*) qui, en dehors de l'influence de *sont* (v. § 55 Rem.), a pu subir celle de *vont*. Le subjonctif présent présente, d'une façon analogue à la 1. pers. sing. de l'indicatif, les formes *estoise*, *estoises* etc., à côté desquelles on rencontre *estace*, assimilée à *face* (*fakia*). Pour expliquer *doins* (cf. § 11, 5; on trouve aussi *doing*, 2. pers. sing. *donnes*, 3. pers. sing. *donnet* etc.), le subj. *doinse* (on trouve aussi *doigne*, *donge*, 3. pers. sing. *doinst* et *doint*), il faut supposer une forme du vfr. **dois* (lat. vulg. *dao + is*; cl. *do*), correspondant à *vois, estois*.

c) *Facunt* (v. § 348, 2b) a donné, en passant par *faunt*, avec chute ancienne de la muette intervocalique comme dans *vadunt* (v. § 348, 4d), le fr. *font* (*feent* dans les dialectes, fragm. de Jonas), tandis que les formes *fa(k)is, fa(k)it, fa(k)imus, fa(k)itis*, que l'on donne comme premier degré des 2. et 3. pers. du sing. et des 1. et 2. pers. plur. du vfr. *fais, fait* (v. §§ 135, 3 Rem., 348, 3b), *faimes* (v. § 339, 2 Rem.), *faites* (v. ib.), paraissent moins sûres. *Ont*, qui vient de la forme analogique du lat. vulg. **abunt* — *aunt* (cf. prov. *aun*), peut se comparer à *font, vont*.

d) Les formes de la 1. pers. sing. prés. indic. *abio*, *debio*, *sapio*, ont, probablement en vertu de leur emploi fréquent, donné de bonne heure, par la chute de la labiale dans les groupes *bį*, *pį* (v § 191 sq.), qui n'est pas usuelle ailleurs, **ayo*, **deyo*, **sayo* et ensuite en français *ai*, *dei*, *sai* Au subjonctif présent correspondent les fr. *aie* (2. pers. sing. *aies*, 3 pers sing *ait* etc), *deie* (2. pers. sing. *deies*, 3 pers. sing *deict* etc), qu'on rencontre à côté de *deive* (lat. vulg. *deba*, v 2b) et de *sache* (*sapįa*). D'après une autre explication, ce n'est qu'avec *abįo* — *ayo* — *ai* qu'on se trouve en présence d'une transformation organique, tandis que *dei*, *sai* proviennent d'une assimilation ultérieure Les formes du vfr. *soi sui* sont issues du lat vulg. *so* (cf § 22 Rem 1, cl *sum*), sous l'influence d'*ai* et de *fui*

§ 349. Les parfaits forts. 1) Les parfaits en -*i*. Les parfaits lat vulg. *vidi*, *veni*, **teni* (v. § 388, 2a) présentent, dans la syllabe du radical, depuis le moment le plus reculé de l'époque littéraire du français, une permutation de l'*i* tonique avec *e* protonique Cette transformation est régulière dans le paradigme *vit* (*vidi*) *vedís* (*vidésti*) *vít* (*vidit*) *vedímes* (*vidémus*) *vedístes* (*vidéstis*) *vidrent* (*víderunt*), parce qu'ici *i* est resté invariable sous l'accent principal d'après le § 36, et que, dans la syllabe protonique, d'après le § 86 Rem., il s'est différencié en *e* sous l'influence de l'*i* de la désinence. Dans le parfait du vfr. *vin* (*véni*) *venís* (*venésti*) *vint* (*venit*) *venímes* (*venémus*) *venístes* (*venéstis*) *vindrent* (*vénerunt*) et dans les formes correspondantes *tin tenís tint* etc., il n'y a que l'*e* protonique et l'*i* tonique de la 1. pers sing (v. § 43), qui présentent la transformation organique, tandis que l'*i* tonique de la 3. pers sing. et celui de la 3. pers plur (*vint vindrent*, *tint tindrent*) viennent de la 1 pers. sing.

2) Subissent, en ce qui concerne le vocalisme, le même traitement que les parfaits en -*i*, les parfaits en -*si*, dont la voyelle du radical est en lat. vulg. *i* ou *e*, comme *misi*, *risi*, *oklksi*, *escripsi*, *présì*, *sési*, *quési*. De là sont issues organiquement en vfr. les formes *mis mesís mist mesímes mesístes misdrent* et, avec *i* analogique à la 3. pers sing. et à la 3 pers plur, *pris presís prist presímes presístes prisdrent* Se sont ultérieurement rattachées à ces formes *fis* (*feki*) *fesís fist fesímes fesístes firent* au lieu des formes organiques **fiz* (v. § 135, 2) *feisis* (v § 135, 1) **feist* (v. § 135, 3) **feismes* **feisistes* **feirent* (v. § 158), et *lis* (*leksi*) *lesís list* . *despis* (*despeksi*) *despesís*

despist . . . au lieu de *lis* (§ 50) **leissis* (§ 158) *list*, *despis* **despeissis despist* . . Dans les formes accentuées sur la désinence des deux parfaits cités en dernier lieu, outre la voyelle du radical, la consonne, qui la suit, a subi également des modifications analogiques, en ce sens que l'*s* sonore s'est substituée à l'*s* sourde = lat. *ks* (v. § 158) Cette permutation assimilatrice de la spirante sourde avec la sonore correspondante se rencontre dans les formes accentuées sur la désinence des autres parfaits en *si*, dans lesquels *k* précédait, comme finale du radical, la désinence *-si*, p ex. *desís* (*diksesti*), *traisís* (*traksesti*), *duisís* (*duksesti*), *destruisís* (*destruksesti*). A la 3. pers. plur accentuée sur le radical, *misi*, *prisi* etc. ont été au contraire modifiés par *diksi*, *duksi* etc., les formes primitives *misdrent*, *prisdrent* (cf § 130) ayant été transformées en *mistrent*, *pristrent* d'après *distrent*, *duistrent*, *plainstrent* etc. (v. ib). A la place de *firent* (*fekerunt*) avec un *r* = *kr* conforme aux lois phonétiques, on rencontre *fisdrent fistrent* formés par analogie d'après *misdrent*, *distrent* etc, tandis que, à *misdrent*, *fisdrent* etc., l'usage a substitué *mirent*, *dirent*, modifiés par *firent*, *virent*

3) Les parfaits en *-ui* se divisent en deux groupes, suivant que le radical se termine, a) par une explosive ou une spirante, b) par une liquide (ou une nasale)

a) Dans le premier cas, la consonne finale du radical s'assimile à l'*u* de la désinence, lequel a ensuite exercé une influence sur la transformation de la voyelle précédente du radical Suivant que cette dernière est, dans la forme primitive du lat. vulg , *a*, *e* (*e*, *ę*) ou *o* (*o ǫ*), on peut distinguer trois types, auxquels ont, selon toute vraisemblance, correspondu organiquement, dans le francien le plus ancien, les séries de formes suivantes

type **habui**:	*ói*	*oüs*	*óut*	*oümes*	*oüstes*	*óurent*
type **dębui**:	*dúi*	*deüs*	*dút*	*deümes*	*deüstes*	*dúrent*
type **nǫkui**:	*núi*	*noüs*	*nút*	*noümes*	*noüstes*	*núrent.*

Dans les formes accentuées sur la désinence, *e* se substitue à *o* de la racine et, réciproquement, *o* se substitue à *e* de la racine (*eus eumes eustes* et *dous doumes doustes*). en quoi il faut voir le résultat de phénomènes associatifs plutôt que celui d'une transformation purement phonétique. Dans les formes accentuées sur le radical de la 3. pers sing. et de la 3. pers. plur. des parfaits fléchis d'après le type *habui*, *o* s'est substitué à *ou*, sous l'influence de la 1 pers. sing Pour les désinences, cf § 342, 3

b) Les parfaits en *-ui*, dont le radical se termine par une liquide, à l'exception de *volui*, présentent, depuis le moment le plus reculé de l'époque littéraire du français, les formes primitivement accentuées sur le radical modifiées par analogie d'après les formes primitivement accentuées sur la désinence (v. § 342, 3):

valúi valús valút valūmes valústes valūrent

Au contraire, le parfait vfr de *voleir* seul offre encore un mode de formation primitif:

vóil et *vól volís vólt volímes volístes vóldrent.*

A côté de ces formes on rencontre, surtout à la 2. pers. sing., à la 1. et à la 2. pers plur. qui sont accentuées sur la désinence, plus rarement à la 1., à la 3. pers. sing et à la 3. pers plur. qui sont accentuées sur le radical, les formes *vols volsis volst volsimes volsistes volstrent*, formées par analogie sur les parfaits en *-si*

Remarque. — Pour les verbes *venir* et *tenir*, on n'a pu retrouver de formes en *-ui* à l'époque du vieux-français qu'en wallon et en lorrain, p ex *tinuet* Job. 335, 26, *continuet* Ezech. 12, *tinut* (*tenuit*) Mousk 17954, et en lorrain *tenuit* Bernh 85, 2, *teniuent* ib 152, 20. — Dans tous les cas traités au paragraphe 349, l'imparfait du subjonctif présente les mêmes transformations que les formes accentuées sur la désinence de l'indicatif parfait.

§ 350. Les participes forts. Cf. § 346 Le radical a, également ici, subi des modifications analogiques, à des époques différentes et dans des sens différents. Ont été formés d'après le présent, dès l'époque du latin vulgaire, *fenctu* (cf *fictum*) — *feint*, *estrenctu* — *estreint*, *franctu* — *fraint* (on trouve à côté de cette forme *frait* — *fractu*), *penctu* — *peint*. *attenctu* — *atteint*, entre autres. Sont dus à l'influence du radical accentué du parfait, qui s'est exercée à l'époque romane, les participes vfr. *dit* (au lieu de *deit* = lat. vulg. *dectu*, cl *dĭctu*) à côté de (*bene*)*ḍeit* (*benedĭctus*), *pris* (au lieu de *preis* = lat vulg *presu* cl *prehensum*) *mis* (au lieu de *mes* = lat vulg *messu*, cl *missum*). *duit* (au lieu de *doit* = lat. vulg. *doctu*, cl *dŭctum*), auxquels il faut ajouter *quis*, *sis*, reformés sur le parfait d'après *mis pris* A côté de *seüt eüt*, *teüt*, *pleüt*, dans lesquels il faut voir, d'après le § 87, 2, la transformation régulière de *saputu*, *abutu*, *tacutu*, *placutu*, on a formé de bonne heure *sout*, *out*, *tout*, *plout*, d'après les formes accentuées sur la désinence du parfait des mêmes verbes (v. § 349, 3), et d'après les participes forts avec *o* à la racine, comme *nout*, *mout*, qui appartiennent à la classe des parfaits du type *nocui*. De même les formes analogiques *dout bout* se sont substituées à *deut* (*debutu*), *beut* (*bebutu*) etc. et, en sens contraire, *coneut*, *neut*, *meut* se sont substituées à *conout*, *nout*, *mout* etc

2. La conjugaison depuis le commencement du XII. siècle.

I Les verbes faibles.

I classe

§ 351. Cf. § 338, 1 a Cette classe reçoit, dans la 2. période du vieux français, un accroissement considérable grâce à de nombreuses dérivations et, notamment vers la fin de l'époque du vieux français, par l'entrée de mots empruntés au latin classique, comme *affliger* (cl *affligĕre*), *posseder* (cl. *possidēre*), *consumer* (cl. *consumĕre*), *opprimer* (cl. *opprimĕre*), *fluer* (cl. *fluĕre*)

§ 352. Prés ind. *chant* (*canto*) *entre* (*intro*)
chantes (*cantas*)
chantet (*cantat*)
chantons
chantez (*cantatis*) *traitiez* (*tractatis*)
chantent (*cantant*)

Cf. § 339. A la 1. pers. singul., peu à peu tous les verbes de cette classe ont, par l'action analogique de la 2 et de la 3. pers. sing. et des formes de la 1. pers sing qui possèdent un *e* final organique, comme *entre*, *membre*, *tremble*, pris la désinence -*e*, p. ex. *chante aporte*, *pleure*, et, avec modification analogique de la consonne finale du radical, *aime* (au lieu d'*ain*), *lieve* (pour *lief*), *mande* (pour *mant* = *mando*), *cerche* (pour **cerc* = *cerco*, v. § 348, 3). En anglo-normand, on rencontre des formes analogiques dès le XII. siècle; dans la langue littéraire, on les rencontre assez souvent dans la 2. moitié du XIII. et, presque à l'exclusion de toute autre, depuis la 2. moitié du XIV. Les formes primitives avec finale vocalique (*pri* etc.) se rencontrent jusque pendant le XVII. siècle. — A la 3. pers. sing., la dentale finale isolée a, d'après le § 274, complètement disparu dans la 1. moitié du XII. siècle. — A la 2. pers. plur., *s* s'est substituée à *z* final, d'après le § 279, dans la langue littéraire depuis le XIII. siècle, et *e* s'est, d'après le § 243, substitué à *ie*, en vertu d'une transformation organique ou analogique.

Remarque. — On rencontre isolément, au XIII et au XIV. siècle, à la 1. pers. sing., *-z* et *-s* non organiques (p. ex. *los*, *ainz*), qui proviennent d'une assimilation à des formes comme *doins* (v. § 348, 4), *avanz* (*abantịo*) — *avans* (v. § 274), *comenz* (**comentịo*) — *comens* avec spirante finale conforme aux règles phonétiques.

§ 353. Prés. Subj.

chant (*cante*)	*entre* (*entre*)
chanz (*cantes*)	*entres* (*entres*)
chant (*cantet*)	*entret* (*entret*)
chantons	
chanteiz, *-ez*	
chantent (*cantent*).	

Cf. § 340. Aux trois pers. du sing., les désinences *-e*, *-es*, *-e(t)* du type *entre* ont, également sous l'influence du subjonctif présent des autres conjugaisons, peu à peu pénétré dans tous les verbes de la I. conjugaison. Les formations avec *-e* non organique se rencontrent très tôt dans les dialectes. Dans la langue littéraire, elles sont prédominantes depuis environ la 2. moitié du XIII siècle et elles ont, au XV. siècle, à part quelques expressions stéréotypées comme *dieu vous gard*, éliminé complètement les formes primitives. Quant aux consonnes finales du radical les reformations ont partout subi l'influence des formes du pluriel, p. ex. *aime aimes aime*, *grieve grieves grieve* à la place d'*ain ains aint*, *grief gries griet*. — A la 1. pers. plur., à côté de la désinence *-ons*, on voit, également dans la langue littéraire, apparaître *-iens* (v § 340, 2). C'est de la fusion de ces deux désinences qu'est issu le fim *-ions* qui, depuis le commencement du XIV. siècle, se rencontre fréquemment dans les textes franciens et devient d'un usage exclusif dans le cours du XVI. siècle. — A la 2. pers. plur., *-iez* a pris à la même époque la place d'*-ez*.

§ 354. Imparf indic. *chantoe* (*cantaba*)
chantoes (*cantabas*)
chantot (*cantabat*)
chantiiens
chantiiez
chantoent (*cantabant*)

Cf. § 341. Aux désinences *-oe*. *-oes*, *-ot*, *-oent* se sont substituées, au XII. siècle, *-eie*. *-eies*, *-eit*, *-eient*, de sorte que l'imparfait des verbes de la I. conjugaison, qui avait suivi, dans la formation de la 1. et de la 2. pers plur., dès l'époque prélittéraire, l'imparfait des verbes de la II. et de la III. conjugaison, coincida dès lors avec celui-ci à toutes les formes. Pour ses transformations ultérieures v. § 365.

§ 355. Parf. indic. *chantai* (*cantai*)
chantas (*cantasti*)
chantat
chantames
chantastes (*cantastis*)
chanterent (*cantarunt*) *traitierent* (*tractarunt*).

Cf. § 342, 1. Pour le *t* final de la 3. pers. sing, v. § 124 Rem — Par analogie (analogie le plus souvent purement graphique) d'après la 2 pers. plur., dont l'*s* devant *t* s'est assourdi, d'après le § 280, au XIII. siècle, la 1 pers plur. présente la désinence *-asmes*. — A la 3. pers. plur., *erent* a, d'apres le § 243, pris également, depuis la fin du XIII. siècle, la place d'*-ierent*.

Remarque. — Dans les dialectes, notamment dans ceux de l'ouest et en wallon, on voit apparaître la désinence *-arent*, dont l'*a* provient d'une analogie d'après la voyelle tonique de la désinence des autres formes du paradigme

§ 356. Subjonctif imparfait.
chantasse (*cantasse*)
chantasses (*cantasses*)
chantast (*cantasset*)
chantissons
chantisseiz, *-ez*
chantassent (*cantassent*).

Cf. § 343. Les trois personnes du singulier et la 3. du pluriel ont poursuivi leurs transformations conformément aux règles phonétiques. — Les 1. et 2. personnes du pluriel échangent, comme au subjonctif présent, les désinences *-ons* et *-ez* contre *-ions* et *-iez*. La voyelle caractéristique *i* des deux formes fut, au XVI. siècle, de nouveau éliminée par *a*.

§ 357. Fut.:	*chanterai*	Condit.:	*chantereie*
	chanteras		*chantereies*
	chanterat		*chantereit*
	chanterons		*chanteriiens*
	chantereiz, *-ez*		*chanteriiez*
	chanteront		*chantereient*.

Cf. §§ 337, 2b et 344, 3. A la 2. pers. plur. du futur I, la désinence *-eiz* et les désinences *-oiz*, *-oi*(*s*) et *-ę*(*s*), qui en sont issues régulièrement d'après le § 225 (pour *-ę*(*s*) v. ib. Rem.), n'ont été complètement éliminées dans la langue littéraire par la forme analogique *-e*(*s*) qu'à l'époque du français moderne. — Sont applicables aux transformations ultérieures des désinences du conditionnel les observations, qui sont faites § 365 sur l'imparfait des verbes de la II. et de la III. conjugaison.

§ 358. Impératif: *chante* (*canta*)
chantons
chantez (*cantatis*).

Cf. § 337, 2d.

§ 359. Infinitif: *chanter* (*cantare*), *traitier* (*tractare*).
Cf. § 344, 1, et, pour *-er*, qui apparaît postérieurement à la place d'*-ier*, § 243.

§ 360. Participes:

Prés *chantant* (*cantante*)

Parf. *chantet* (*cantatu*), *traitiet* (*tractatu*).

Cf. §§ 345. 346, et, pour *-e* à la place d'*-ie* § 243.

§ 361. Verbes irréguliers 1) aller (v § 338, 3). — Fut. 1. *irai* (*ire áyo*) — Condit 1. *ireie* — Prés. indic 1. *vois* (§ 348, 4 b). 2 *vais vas* (ib.), 3 *vait va* (ib.). 4. *alons*. 5. *alez*, 6. *vont* (§ 348, 4 b). — Prés. subj 1 *voise*, 2. *voises*. 3 *voiset*, et *voist*, 4. *aillons*. 5. *ailliez*, 6. *voisent*. — Imp 1 *aloe*. — Impér. *va vas* (§ 337 d). — Part. prés *alant* — Parf. 1. *alai*. — Subj. imparf. 1. *alasse*. — Part parf *alet*

A la 1 pers. sing. prés indic., à *vois* s'est substitué *vais*, qui est plus récent et provient vraisemblablement de l'action analogique des formes de la 2 et de la 3 pers sing. Aux trois personnes du singulier et à la 3 personne du pluriel prés. subj., *voise, voises* etc. ont été éliminés, sous l'influence de la 1. et de la 2. pers plur, par *aille, ailles, aille, aillent*. Dans la langue littéraire, ces reformations ne sont devenues d'un usage exclusif qu'à l'époque du français moderne. Quant aux dialectes, on rencontre *alge(t)* (cf. § 348, 3 b Rem.) déjà dans la V d'Alex. 111 d, dans Rol. d'Oxf 187, dans le Ps. d'Oxf 38, 18, et *aillent* dans St. Bernh. 526

2) doner (*donare*) — Fut. 1 *donerai donrai dorrai* (§ 80 Rem, § 266 Rem. 1). — Condit 1. *donereie* etc. — Prés. ind. 1. *doins* (§ 348, 4 d), 2. *dones*, 3 *donet*. 4 *donons*, 5. *donez*, 6. *donent*. — Prés. subj 1. *doinse* (§ 348, 4 b). 3. *doinst*. — Imparf. 1. *donoe*. — Part. prés. *donant*. — Parf. 1. *donai* — Subj. imparf. 1. *donasse*. — Part. parf. *donet*.

Pour la 1. pers. prés. ind et du prés. subj, on rencontre encore: *doing, dogne, doint* etc, dans lesquels il faut voir des déviations dialectales. Dans la langue littéraire *donne* devient tard d'un usage exclusif. *Pruis, prüisse* (§ 348, 4) *truis, truisse* (ib) y sont aussi éliminés par *preuve, treuve*, et *prouve, trouve*

II classe.

a) Forme simple

§ 362. Cf. § 338, 1 b. Les représentants de ce type ont été à peine accrus; au contraire ils ont subi de pertes nombreuses par l'envahissement toujours croissant de la flexion inchoative. Appartiennent aux verbes, qui, sans être primitivement inchoatifs, dénotent, en vieux français, une tendance progressive à prendre la flexion inchoative, ou qui sont peu à peu passés complètement dans la classe inchoative, *juir*, *partir*, *vertir*, *glutir* et leurs composés, en outre *hair*, *guerpir* etc.

§ 363. Prés. indic :

1) *part (*parto)*	2) *sail (salịo)*	3) *cuevre (*cọpero)*
parz (partis)	*sals (salis), saus*	*cuevres (cọperis)*
part (partit)	*salt (salit), saut*	*cuevret (cọperit)*
partons	*salons*	*cuvrons*
partez	*salez*	*cuvrez*
*partent (*partunt)*	*saillent (salịunt)*	*cuevrent (*cọperunt)*

Cf. §§ 339 et 348, 2

1) Les verbes, conjugués d'après le type *partir*, prennent, depuis le XIII siècle, à la 1. personne du singulier, un *-s*, qui provient d'une assimilation aux verbes inchoatifs et qui est devenu obligatoire à l'époque du français moderne.

2) *Salir* présente au singulier, à l'époque postérieure du vieux français, avec la généralisation de la forme du radical *sail* (v. § 348, 2), les désinences *-e*, *-es*, *e* (*saille*, *sailles*, *saille*), qu'il faut rapporter surtout à l'influence du présent singulier des verbes fléchis d'après le type 3 (*cuvrir*) et des verbes de la I. classe. Présente encore une transformation analogue, en dehors des composés de *salir*, le verbe *coillir*, dont les trois personnes du singulier du présent indic. *cueil* (au lieu de **colc*), *cuelz* (*quieus*), *cuelt* (*quieut*) se sont transformées en *cueille*, *cueilles*, *cueille*. *Fail* (v. § 348, 2) *faus faut* et *boil* (v. § 348, 2) *bous bout* deviennent avec assimilation de la 1. pers. sing. à la 2 et à la 3 pers. sing. *faus faus faut bous bous bout*. A la place d'*oi* (*auḍyo*, cl. *audio*), *oz os* (*audis*), *ot* (*audit*), on rencontre, à l'époque postérieure, à la 1. pers. sing., *ois* avec *s* analogique et, à la 2. et à la

3. pers. sing. *oịs*, *oịt* avec la voyelle assimilée à celle de la 1. pers. sing.

3) Comme *cuvrir*, les verbes *uvrir*, *sufrir*, *ofrir* forment les trois personnes du singulier avec un *e* d'appui régulier, grâce à quoi les présents de ces verbes sont devenus conformes à ceux des verbes de la 1. conjugaison (v § 352).

§ **364.** Prés. subj.:

1)	2)	3)
parte (**parta*)	*saille* (*salịa*)	*cueire* (**cọpera*)
partes (**partas*)	*sailles* (*salịas*)	*cuevres* (**cọperas*)
partet (**partat*)	*saillet* (*salịat*)	*cuevret* (**cọperat*)
partons	*saillиens* (*salịamus*)	*cuirons*
partez (**partatis*)	*sailliez* (*salịatis*)	*cuvrez* (**cọperatis*)
partent (*partant*)	*saillent* (*salịant*)	*cuevrent* (**cọperant*).

Cf. § 340. A la 1. pers plur., la fusion d'*-ons* et d'*-iens* a donné *-ions* A la 2 pers. plur., *-ez* est éliminé par *-iez* (cf. § 353, verbes de la 1. classe). Les désinences des trois personnes du singulier et de la 3. pers plur ont poursuivi leurs transformations conformément aux lois phonétiques.

§ **365.** Imparf. indic · *parteie* (*part'a*)
parteies
parteit
partiienz
partiiez
parteient

D'une façon analogue *saillеie*, *cuvreie* etc. — Cf. § 341 — Dans les désinences des trois personnes du singulier et de la 3. pers plur., *ei* s'est, depuis le XII. siècle, transformé régulièrement en *ọi* — *oẹ́* (transcrit *oi*) et en *ẹ* (transcrit *e*, *ai*). Ce dernier son, qui se rencontre à l'état sporadique depuis le XIII. siècle dans les désinences de l'imparfait, l'a emporté dans la langue littéraire au cours de la période du français moderne. L'*e* post-tonique de la 1. et de la 2. pers. sing. et de la 3. pers. plur commence, vers la fin du XIV. siècle (plus tôt dans les dialectes), à perdre peu à peu sa valeur syllabique (cf § 265) et à disparaître complètement. A la 1. et à la 2 pers. sing., il est, d'après le modèle de la 3. pers. sing., rejeté même graphiquement, tandis que, à la 3. pers. plur., l'orthographe *-oint* n'apparaît que rarement et d'une façon passagère à côté d'*oient*. L'*s* final de la 2. pers. sing., qui n'est plus prononcé, depuis le XIII. siècle, que devant une voyelle pénètre également à la 1. pers. sing., phénomène dont les textes de l'époque postérieure du vieux français offrent quelques exemples isolés. A la 1 pers. plur., *-ons* se substitue à *-iens* sous l'influence du présent Les désinences *-iiens* (*-iions*), *-iiez*, dissyllabiques conformément à leur origine *-e|amus*, *-e|atis* (*-i'amus*, *-i atis*; cf § 341), sont, de bonne heure, traitées également comme monosyllabiques, par assimilation aux désinences *-iens* (*-ions*), *-iez* du subjonctif, qui sont issues d'*-iamus*, *-iatis* et en conséquence sont primitivement monosyllabiques.

§ 366. Parf indic.. *parti*
partis
partit
partimes
partistes
partirent.

De même *sali* (*sailli*), *curri* etc. — Cf. § 342, 1 — La 1. personne du singulier a pris, comme au présent de l'indicatif (v. § 363) et à l'imparfait (v. § 365), un *-s* analogique qui n'est devenu obligatoire qu'à l'époque du français moderne, sous l'influence des grammairiens. Ce sont les parfaits en *-si* (v § 349, 2), qui, en ce cas, ont servi de modèle. — A la 1. pers. plur, *-ismes* s'est substitué à *-imes*. Cf. § 355 *-asmes*.

§ 367. Subjonctif imparfait:
partisse
partisses
partist
partissons
partisseiz, *-ez*
partissent.

De même *salisse* (*sailisse*) *currisse* etc. — Cf § 343 — A la 1. et à la 2. pers plur, les désinences *-ons*, *-ez* ont permuté avec *-ions*, *-iez*, comme dans les verbes de la 1. classe (v. § 356). Les autres désinences présentent les transformations organiques régulières

§ 368. Fut.:	1) *partirai*	2) *saldrai*	3) *cuvrerai*
	partiras	*saldras*	*cuvreras*
	partirat	*saldrat*	*cuvrerat*
	partirons	*saldrons*	*cuvrerons*
	partireiz, -ez	*saldreiz, -ez*	*cuvrereiz, -ez*
	partiront	*saldront*	*cuvreront.*
Condit.:	1) *partireie*	2) *saldreie*	3) *cuvrereie*
	partireies	*saldreies*	*cuvrereies*
	partireit	*saldreit*	*cuvrereit*
	partiriiens	*saldriiens*	*cuvreriiens*
	partiriiez	*saldriiez*	*cuvreriiez*
	partireient	*saldreient*	*cuvrereient.*

Cf. §§ 337, 2b et 344, 3, et pour les transformations postérieures des désinences § 357. En ce qui concerne le traitement de la voyelle post-tonique, la langue en est restée longtemps au point indiqué § 344, 3, jusqu'à ce que peu à peu (en partie à l'époque du français moderne seulement) l'usage actuel soit survenu. C'est d'après cela que les futurs du type 1 ont conservé leur *i* non-organique et que ceux du type 3 (*cuvrerai, uvrerai offrerai, suffrerai*) ont échangé contre *i* l'*e* d'appui, qui s'était développé régulièrement après une muette suivie d'une liquide. Parmi les formes du type 2, *furai* a persisté dans la langue littéraire. *Saldrai, coildrai* et les composés de *coildrai* ont été, avec généralisation des formes du radical *sail* et *cueil* (v. § 363 prés. indic.) transformées en *saillerai* et *cueillerai*. Tous les autres futurs de ce type, quand ils n'ont pas disparu de la langue écrite, sont, comme *bouillirai, assaillirai*, passés au type *partirai*.

§ 369. Impérat. 2 pers. sing. 1) *part* (*parti*) 2) *sal* 3) *cuevre*

Cf. § 337, 2d. Depuis le XIII. siècle, on rencontre, à côté de *part, parz* — *pars* avec *s* analogique, de telle sorte que la 2. pers. sing. de l'impératif présente en français moderne la même transformation que la 1. pers. sing du présent de l'indicatif. Cela est également vrai des autres verbes de cette classe, et de là sont issues depuis la fin de l'époque du vieux français, *saille, cueille*, tandis que *cuevre, uevre offre, souffre* conservent intacte leur désinence primitive et transformée organiquement.

§ **370.** Infinitif. *partir* (*partire*), *salir* (*salire*) — *saillir*, *cuvrir* (*coperire*) — Cf. § 344. — Du futur, dont la parenté de formes avec l'infinitif a été sentie longtemps dans la plupart des verbes français, ont été tirées des formes secondaires analogiques pour un certain nombre d'infinitifs de cette classe, p. ex. *istre* à la place d'*issir* d'après *istrai*, *ferre* à la place de *ferir* d'après *ferrai* *saudre* d'après *saudrai*, *faudre* d'après *faudrai*, *cuverre* *oferre* d'après *cuverrai* *oferrai*

§ **371.** Participes.

Prés.: *part-ant*, *saill-ant*, *cuvrant*. Cf. § 345.

Parf: *partit*, fém. *partide*; *vestut*, fém. *vestude*. Cf. § 346. *Cuvrir* forme, comme en latin, son part. parf. selon le mode de formation des verbes forts: *cuvert* (*copertu*), fém *cuverte*, de même *uvert* et, d'après ceux-ci, *ofert* (lat vulg. *offertu*), *sufert* (lat. vulg. *soffertu*). Comme part parf de *coillir*, on rencontre encore, à côté de la forme plus récente *coilli*, une forme organique antérieure *colloit* (*collectu*), fém. *colloite*, qui est devenue, en français, de même que *beneoit* (*benedectu*), *maleoit* et *tolloit* (déjà en lat. vulg. *tollectu*), le point de départ de quelques reformations comme *cheoit* (de *cheoir*; *cadére*), *seoit* (de *seoir*; *sedére*)

b) Forme renforcée.

§ **372.** Cf. § 338, 1 b Comme les verbes faibles de la 1. classe, les verbes inchoatifs en *-i* ont été enrichis en français par des dérivations Passent également dans cette catégorie de nombreux mots empruntés au latin classique qui n'ont été introduits, en partie, qu'à la fin de l'époque du vieux français ou au commencement de celle du français moderne, comme *mugir* (plus anciennement *muir* et *muire*; *mugire*), *subir* (*subire*), *transir* (*transire*), *gemir* (plus anciennement *gembre* et *geindre*, qui est dû à une analogie; *gemere*). *agir* (cl. *agere*), *applaudir* (cl. *applaudere*), *regir* (cl *regere*), *abolir* (cl. *abolere*) etc. Pour l'extension de la flexion inchoative à des verbes en *-i*, qui, primitivement, étaient formés en français sans le suffixe inchoatif, v. § 362, et pour *maudire*, *beneir*, § 390.

§ 373.

Prés. ind.:	*fenis*	Prés. subj.	*fenisse*
	fenis		*fenisses*
	fenist		*fenisset*
	fenissons		*fenissons*
	fenissez		*fenissez*
	fenissent		*fenissent.*
Imp. ind.:	*fenisseie*	Part. prés.:	*fenissant*
	fenisseies		
	fenisseit		
	fenissiiens		
	fenissiiez		
	fenisseient.		

Cf. § 348, 2 b. Les transformations postérieures des désinences, dans les formes avec ou sans allongement du radical, sont les mêmes que dans les verbes en *-i* non inchoatifs du type *partir*, excepté que la 1. pers. sing. prés. indicat, qui, dans ceux-ci, prend un *-s* analogique, se termine déjà en *-s* dans les verbes inchoatifs.

III. classe.

Cette classe est la moins étendue. Elle est formée d'environ vingt verbes, qui ont la flexion forte en latin classique. Cf. § 338, 1 c

§ 374.

Prés. indic.:	*rent* (*rendo*)	Prés. subj.:	*rende* (*renda*)
	renz (*rendis*)		*rendes* (*rendas*)
	rent (*rendit*)		*rendet* (*rendat*)
	rendons		*rendons*
	rendez		*rendez* (*rendatis*)
	rendent (*rendunt*)		*rendent* (*rendant*).

Cf. §§ 339 et 340. Ces deux séries de formes coincident avec les formes correspondantes de *partir* (v. §§ 363 et 364), et ont été ultérieurement transformées d'une façon identique à celles-ci. L'orthographe du français moderne *rend-s*, *rend*, au singul. de l'ind., se rencontre fréquemment depuis le XV. siècle, mais sporadiquement plus tôt.

§ **375.** Imp. ind.: *rendeie*
rendeies
rendeit
rendiiens
rendiiez
rendeient.

Cf. § 341. Pour les transformations postérieures, v. § 365 les formes identiques de l'imparfait de l'indicatif de *partir*.

§ **376.** Parf. ind.: *rendi (rendẹi)*
rendis (rendẹsti)
rendiet (rendẹdit)
rendimes
rendistes
rendiedrent (rendẹderunt).

Cf. § 342, 2. Le parfait, après que, depuis environ le commencement du XIII. siècle, *ie* eût été éliminé par *i* dans les désinences de la 3. pers. sing. et de la 3. pers. plur., coincida complètement avec celui des verbes en *-i* (v. § 366), dont il partagea la destinée dans ses transformations ultérieures.

§ **377.** Subjonctif imparfait:
rendisse
rendisses
rendist
rendissons
rendisseiz, -ez
rendissent.

Cf. § 343. Par analogie avec l'indicatif parfait, on rencontre parfois *ie* au lieu d'*i* à la désinence. Ps. Oxf. 105, 23, 26 *deperdiest*, Gorm. 307 *perdiest* amené par l'assonance, ib. 371 *tenquiest*. Les transformations postérieures sont celles du paradigme identique des verbes en *-i* (v. § 367).

§ **378.** Fut.: *rendrai* | Condit.: *rendreie*
rendras | *rendreies*
rendrat | *rendreit*
rendrons | *rendriiens*
rendreiz, -ez | *rendriiez*
rendront | *rendreient*

Cf. §§ 337, 2b et 344, 3, et, pour les transformations postérieures des désinences, § 365.

§ 379. Impératif. 2. pers. sing. *rent* (*rende*).

Cf. § 387, 2d, et, pour les transformations postérieures, § 369 *part* et § 374 le frm *rend-s*

§ 380. Infinitif: *rendre* Cf. § 344

§ 381. Les participes.

Prés.: *rend-ant* Cf § 345.

Part.. *rendut* Cf. § 346. Dans les verbes *vivre*, *veintre* (*venkere*, v. § 163), *naistre* (*naskere*, v § 163), dont le parfait, d'après le § 338, 2 Rem., donne *vesqui*, *venqui*, *nasqui*, on rencontre les part parf *vescut*, *vencut*, *nascut* (on trouve aussi *net*, v. § 346). *Suivre* présente à l'inf. la forme secondaire *suivir* (§ 344 Rem.) et, d'une façon analogue, au part. parf., *suivi* à côté de *seu*.

II. Les verbes forts.

Cf. les §§ 338. 342, 3. 346 349. 350 et, pour les temps non formés avec le radical du parfait, § 338.

I classe

§ 382. Parf ind. 1) *vit* (*vídi*) 2) *vin* (*veni*)

1)	2)
vit (*vídi*)	*vin* (*veni*)
vedis (*vidésti*)	*venis* (*venésti*)
vit (*vídit*)	*vint* (*vénit*)
vedímes (*vidémus*)	*venímes* (*venémus*)
vedístes (*vidéstis*)	*venistes* (*venéstis*)
vidrent (*víderunt*)	*víndrent* (*vénerunt*).

Cf. les §§ 338, 2a 342, 3 349, 1. La 1. pers. sing. prend plus tard un *s* d'après la forme correspondante des parfaits en *-is* (v. § 386): *vis*, *vins*, *tins*. — Parmi les formes accentuées sur la désinence, *vedis*, *vedimes*, *vedistes* sont, d'après le § 271, 2, devenues, au XIV. siècle, conformément aux lois phonétiques, *vis*, *vimes*, *vistes* avec perte de la voyelle de la syllabe protonique. *Venis*, *venimes*, *venistes* et *tenis*, *tenimes*, *tenistes* ont donné, depuis le XV. siècle, *vins*, *vinmes*, *vintes* etc. du franç mod., qui ont été formées par analogie sur les formes accentuées sur le radical

§ **383.** Subjonctif parfait:

1) *vedisse* (*vidésse*)	2) *venisse* (*venésse*)
vedisses	*venisses*
vedist	*venist*
vedissons	*venissons*
vedisseiz, -*ez*	*venisseiz*, -*ez*
vedissent	*venissent*

Cf. §§ 343. 349, 1. Le transformations postérieures de ce temps sont celles des formes accentuées sur la désinence du parf. ind. (v. § 382): *visse, visses, vist; vinse, vinses, vinst* etc. Pour les désinences personnelles, cf. § 367 *partisse.*

§ **384.** vedeir (*vedére*). — Fut 1. *vedrai* (*vèdere áyo*). — Condit 1. *vedreie.* — Prés. ind. 1. *vei* (*veyo*), 2 *veiz* (*vedes*), 3. *veit* (*vedet*), 4. *ved-ons*, 5. *ved-ez*, 6. *veident* (*vedent*) — Prés. subj. 1. *veie* (*veya*). — Imparf. 1 *vedeie.* — Impér. *veit* (*vede*) — Part prés *ved-ant.* — Parf. 1 *vi.* — Subj. parf. *vedisse.* — Part. parf. *vedut.*

Pour *veiant*, v. § 348, 2c On ne rencontre fréquemment que depuis le XV. siècle des exemples de l'assimilation de la voyelle atone du radical à la voyelle tonique (*voions, voiez*), modification analogique assimilation qui s'est accomplie partout dans la langue littéraire, excepté au futur (frm. *verrai, verrais;* pourtant *prévoirai, pourvoirai*). Cf. § 348. 1.

§ **385.** venir (*venire*) — Fut. 1. *vendrai* (*vènire áyo*). — Condit. 1. *vendreie* — Prés. ind. 1 *ving* (*venio*, v § 50), 2 *viens* (*venis*), 3. *vient* (*venit*), 4. *ven-ons*, 5. *ven-ez*, 6 *vienent* (*vénunt* au lieu de *veniunt;* v § 348, 2b). — Prés. subj. 1. *viegne* (*venia*). — Imparf 1. *veneie.* — Impér. *vien.* — Part prés *ven-ant* — Parf 1 *vin.* — Subj parf. 1. *venisse.* — Part parf. *venüt* (v. § 346)

Vers la fin de l'époque du vieux français (sporadiquement plus tôt), la forme du radical *vien-* de la 2. et de la 3. pers sing. et de la 3. pers. plur. du présent de l'indicatif, avec voyelle diphthonguée et *n* dental, est passée à la 1 pers. sing. du présent de l'indicatif, aux formes accentuées sur le radical du présent du subjonctif, au futur et au conditionnel. *viens, vienne, viennes; viendrai* etc. Cf § 348, 1.

Tenir coincide, pour la formation et l'évolution ultérieure des formes, avec *venir*

Remarque. — A la place du subj prés. *viegne* etc., on rencontre dans les dialectes, sur une grande étendue, *veigne* (*vegne*) etc., il n'est pas établi si cette forme provient d'une assimilation aux formes accentuées sur la désinence *veignons*, *veigniez*, ou si elle représente la transformation organique de la forme latine correspondante. Cf aussi § 348, 1b Rem

II. classe

§ 386. Parf ind.

1) *pris* (*prési*)	2) *duis* (*dúksi*)
presis (*presésti*)	*duisis* (*duksésti*)
prist (*présit*)	*duist* (*dúksit*)
presimes (*presémus*)	*duisimes* (*duksémus*)
presistes (*preséstis*)	*duisistes* (*dukséstis*)
pristrent (*préserunt*)	*duistrent* (*dúkserunt*)

3) *plains* (*plánksi*)
plainsis (*planksésti*)
plainst (*plánksit*)
plainsimes (*planksémus*)
plainsistes (*plankséstis*)
plainstrent (*plánkserunt*).

Cf les §§ 338, 2b. 342, 3. 349, 2. Si l'on considère leurs transformations postérieures dans la langue littéraire, on peut grouper les parfaits forts de cette classe de la façon suivante

1) *pris* (lat. vulg. *prési*). *mis* (*mísi*), *dis* (*díxi*), *ris* (*rísi*). *sis* (*sési*), *quis* (*quési*). *fis* (v § 349, 2) présentent, à la 1. et à la 3. pers. sing., les transformations régulières, et, aux formes accentuées sur la désinences et à la 3 pers plur., de bonne heure des modifications analogiques, dues à l'action du parfait de *veder*, qui leur ressemble phonétiquement.

pris. prëis, *prist*, *preimes*, *preistes*, *prirent* etc

Remarque. — Cf les §§ 382. 387, et pour la 3. pers. plur. également le § 349, 2 — On a cherché à expliquer, en considérant l'époque très ancienne à laquelle s'est produite l'apparition des formes *feissent* (Leodegar, v § 387), et *feis*, la chute de l'*s* comme un phénomène de dissimilation (v. § 103, page 67) — La persistance de l'*s* intervocalique dans tous les verbes dont on vient de parler, même à l'époque postérieure du vieux français. est une caractéristique du dialecte picard.

2) *duis* (*duxi*), *luis* (*luxi*) et leurs composés, les composés de *-struis* (*struxi*) comme *destruis*, *construis*, et *cuis* (*coxi*) ont tiré, depuis le XIII siècle, des formes accentuées sur la désinence un parfait faible, sur le modèle des verbes en *-i* (§ 366)

duisis duisis duisit duisimes duisistes duisirent

On rencontre sporadiquement dans d'autres verbes les reformations dont il est question ici, p ex. *escrisis, lisis.*

3) *plains* (*planxi*), *ceins* (*cinxi*), *joins* (*jonxi*) et les autres parfaits des verbes en *-aindre*, *-eindre*, *-oindre*, qui sont formés d'une façon analogue, sont, vers la fin de l'époque du vieux français, éliminés par des reformations tirées du radical faible du présent:

plaignis, plaignis, plaignit, plaignimes, plaignistes, plaignirent

Cf. § 348, 3 b. Eurent le même sort les parfaits *escris* (*escripsi*), *tors* (*torsi*), *mors* (*morsi*), à la place desquels sont entrés en usage *escrivis*, *tordis*, *mordis*. — Le vfr. *securre* (parf. *secus*) est passé dans les verbes de la 1. conjugaison; d'où le frm. *secouer*, parf. *secouai* etc.

4) Un très grand nombre de parfaits de la classe en *-si* ont disparu de la langue littéraire, les verbes auxquels ils appartiennent étant tombés dans l'oubli, ou leur parfait étant sorti de l'usage, sans que cette perte ait été pour cela compensée par une des reformations ou des transformations indiquées. Appartiennent à cette catégorie *ars* (*arsi*), *clos* (*clausi*), *despis* (*despexi*), *espars* (*esparsi*), *mes* (*masi*), *res* (*rasi*), *ters* (*tersi*), *trais* (*traxi*), *occis* (*occisi*), *raens* (*redempsi*).

Remarque. — Pour quelques verbes, qui hésitent en vieux français, aux formes du parfait, entre la formation en *-si* et celle en *-ui*, cf. § 404 Rem.

§ 387. Subjonctif imparfait:

1) *presisse* (*presesse*)	2) *duisisse* (*duxesse*)	3) *plainsisse* (*planxęsse*)
presisses	*duisisses*	*plainsisses*
presist	*duisist*	*plainsist*
presissons	*duisissons*	*plainsissons*
presisseiz, *-ez*	*duisisseiz*, *-ez*	*plainsisseiz* *-ez*
presissent	*duisissent*	*plainsissent.*

Cf §§ 343. 349, 2. Leurs transformations postérieures sont celles des formes accentuées sur la désinence du parf. ind (v. § 386): *prisse, duisisse, plaingnisse* etc Pour les désinences personnelles, cf. § 367 *partisse.*

§ **388.** ardeir (*ardere*). — Fut. 1. *ardrai.* — Condit. 1. *ardreie* — Prés. ind. 3. *art* (*ardet*), 4. *ard-ons*, 5. *ard-ez*, 6. *ardent* (*ardent*). — Prés. subj. 1 *arge* (*ardia*) et *arde* (**arda*, v. § 348, 2). — Imparf 1. *ardeie* — Impér. *art* (*arde*) — Part. prés *ard-ant.* — Parf. 1. *ars* (*arsi*), 2. *arsis*, 3. *arst.* — Subj. imparf. *arsisse.* — Part parf. *ars* (*arsu*).

Pour l'ind. parf. et le subj. imparf., v. §§ 386, 4. 387.

§ **389.** crembre (v. § 11, 5). — Fut *crendrei.* — Condit. *crendreie.* — Prés. ind. 1. *criem*, 2. *criens*, 3. *crient*, 4. *crem-ons*, 5. *crem-ez*, 6. *criement.* — Prés. subj. 1. *crieme* — Imparf. 1 *cremeie.* — Part. prés. *crem-ant* — Parf. 1. *crens*, 2. *crensis*, 3. *crenst* — Subj. imparf. 1. *crensisse.* — Part parf. *crent*

A la place de *crembre*, *crens*, *crenst* etc, on rencontre, d'après les formes du présent accentuées sur le radical, *criembre*, *criens*, *crienst.* Finalement le verbe s'est identifié, à toutes les formes, aux verbes en *-emdre*, *-aindre*. Infin. *creindre*, *craindre*, Fut. *creindrai*, *craindrai*; prés. ind. 1. *crein-s*, *crain-s*, 4. *creignons*, *craignons*; prés subj. *creigne* etc. V. § 397. Pour *crenge*, v. § 348. 3b Rem. Ont subi le même traitement que *crembre*, *gembre* (*gémere*, cl *gemere*) et *prembre* (*prémere*)

§ **390.** dire (*dikere*) — Fut. 1. *dirai.* — Condit. 1. *direie.* — Prés. ind. 1. *di* (§§ 145, 2. 348, 3b), 2. *dis* (§ 348, 3b), 3 *dit* (§§ 348, 3b. 135, 3 Rem.), 4. *dimes* (§ 339 Rem. 1), 5 *dites* (ib) 6. *dient* (*dicunt*) — Prés subj. *die* (*dica*). — Imparf. 1 *dis-eie* (§§ 39, 1 Rem, 341). — Impér. *di* (*dic*). — Part prés. *dis-ant* (§ 345). — Parf 1. *dis* (*dixi*), 2. *desis* (§ 349, 2), 3 *dist* (*dixit*) etc. — Subj imparf. *desisse.* — Part. parf *dit* (§ 350)

A côté de *dimes* s'est formée, depuis le XII. siècle, avec le radical *dis-* de l'imparfait et du participe présent, la forme *disons*, accentuée sur la désinence En outre le radical *dis-* a pé[illegible] et au prés subj. (*dise*, *dises* etc.), mais il n'est devenu, en ce cas, d'un usage exclusif dans la langue écrite qu'à l'époque du français moderne. Les dialectes connaissent également *disez* au lieu de *dites*, et de même la langue écrite les composés *contredisez*, et *prédisez* à côté de *redites*. Cf. § 419 *lire*.

A subi de bonne heure l'action de la flexion inchoative le verbe à demi savant *benedir* (pour une forme plus ancienne **benedire*), qui, depuis le XII. siècle, à côté des formes primitives, en présente d'autres formées avec allongement du radical (*beneisset*, *beneissez* etc.) et qui a pénétré complètement, en français moderne, dans les verbes inchoatifs. Pour le parf. *benesquí*, v. § 338, 2 Rem., pour le part. parf. *benedeit*, § 350. Depuis le XIV. siècle, *escondire* et *maudir*, ce dernier probablement sous l'influence de *beneir* (on trouve aussi l'inf. *maleir*), offrent également des formes avec allongement inchoatif du radical.

Pour l'ind. parf. et le subj. imparf., v. §§ 386, 1. 387.

§ 391. duire (*dukere*). — Fut. 1. *duirai*. — Condit. 1. *duireie*. — Prés. ind. 1. *dui* (§§ 145, 2. 348, 3 b), 2. *duis* (§ 348, 3 b). — Imparf. 1 *duis-eie* (§§ 39, 1 b Rem., 341) — Part. prés. *duis-ant* (§ 345) — Parf. 1. *duis*, 2. *duisis* (§ 349, 2), 3. *duist*. — Subj. imparf. *duisisse*. — Part. parf. *duit* (§ 350).

On rencontre depuis le XIII. siècle, avec transfert du radical *duis-* à la 3. pers. plur. prés. indic. et au prés. subj., les formes du frm. *duisent*, *duise* etc. Pour le parfait, cf. § 386, 2, pour le subj. prés., § 387. — Sont fléchis de même estruire (**strugere*, formé d'après le parf. *struk-si*) et les composés *destruire* etc.

§ 392. escrivre (*escribere*). — Fut. *escrivrai*. — Condit. *escrivreie*. — Prés. ind. 1. *escrif* (*escribo*), 2. *escris* (*escribis*), 3. *escrit* (*escribit*), 4. *escriv-ons*, 5. *escriv-ez*, 6. *escrivent* (*escribunt*). — Prés. subj. 1 *escrive* (*escriba*). — Imparf. 1 *escriveie*. — Impér. *escrif* — Part. prés. *escriv-ant*. — Parf. 1. *escris* (*escripsi*), 2. *escresis*, 3. *escrist*. — Subj. imparf. *escresisse*. — Part. parf. *escrit* (*escriptu*; v. § 350).

L'infinitif *escrivre* (v. § 109, Rem.) a été transformé en *escrire*, d'après *lire*, *dire*. Il faut y ajouter le futur *escrirai*, et le conditionnel *escrireie*. — Pour l'ind. parf. et le subj. imparf., cf. les §§ 3[illegible]

§ **393.** faire (*fakere*). — Fut. *ferai*. — Condit *fereie*. — Prés. ind. 1. *faz* (*fakjo*, v. §§ 198. 348, 2a), 2 *fais* (§§ 348, 3b. 348, 3c). 3 *fait* (ib. et § 135, 3 Rem.), 4. *faimes* (§ 339 Rem. 1), 5. *faites* (ib.), 6. *font* (§ 348, 4c). — Prés. subj 1 *face* (§ 198) — Imparf. 1. *fais-eie* (§§ 39, 1b Rem.. 341). Impér. *fai* (*fac*; v. § 149). — Part. prés. *fais-ant* § 348, 2b). — Parf (v. § 349, 2) 1. *fis*, 2. *fesis*, 3. *fist*, 4 *fesimes*, 5 *fesistes*, 6. *firent* — Subj. imp. *fesisse* (§ 349 Rem) — Part. parf. *fait* (*factu*).

L'*e* du radical, dont l'existence est attestée de bonne heure dans *ferai* (V. d'Alex 31e) et dans *fereie* (Jonas) etc., pouvait, en position contre-finale (p ex *jò ferái*, *jò feréie*), sortir d'*ai* (+ *r*) et d'*a*, de telle sorte qu'il reste douteux, si c'est *fairai* (*fakere ayo*) ou, comme on l'a admis, *farai* (*fare ayo*) qui est la forme primitive. D'après une autre explication, *e* dans *ferai* provient d'une dissimilation, et celui de *feras*, *ferat*, *fereie* etc. d'une modification analogique de ces formes d'après *ferai*.

A l'indicatif présent, se substituent à 1 *faz* et à 4 *faimes* les formes *faiz fais* et *faisons*, qui sont formées d'après *fais*. *fait*, *fais-eie* etc. Ph. de Thaun Comp 588 fait déjà rimer *faisum: tresbuchum* et ib. 1661 *guerpissum* Pour les transformations postérieures de l'ind. parfait et du subj imparf., v. §§ 386, 1. 387.

§ **394.** maneir (*manére*). — Fut. 1. *mandrai*. — Condit 1 *mandreie* — Prés. indic 1. *maing* (*manjo*. § 348. 2a), 2. *mains* (*manes*), 3. *maint* (*manet*). 4. *man-ons*, 5. *man-ez*, 6 *mainent* (*manent*) — Prés. subj *maigne* (*manja*. § 348, 2a). — Imparf. 1. *maneie*. — Impér. *main* (*mane*). — Part. prés. *man-ant*. — Parf. 1. *mes* (*masi*). 2. *masis*, 3. *mest* — Subj. impaif. *masisse*. — Part parf *mes* (*masu*).

A *maneir*, *mandrai*, *mandreie* l'usage substitue, en francien et dans les dialectes français de l'ouest, les formations *maindre*, *maindrai* etc, qui ont subi l'action des formes accentuées sur la désinence et des verbes en *-aindre* Cette influence se manifeste également au parfait (*mains*) et au subj. imparf (*mainsisse*)

Au parfait et au subjonctif imparfait, l'*a* du radical des formes accentuées sur la désinence a subi de bonne heure l'influence analogique de l'*e* tonique correspondant des formes accentuées sur le radical: *mesis, mesimes, mesistes, mesisse* etc. Cf §§ 386, 4. 387.

§ 395. m e t r e (*mettere*). — Fut. 1. *metrai* — Condit. 1 *metreie* — Prés. ind. 1. *met* (*metto*), 2. *mez* (*mettis*), 3. *met* (*mettit*), 4. *met-ons*, 5. *met-ez*, 6 *mettent* (*mettunt*). — Prés. subj. 1. *mete* (*metta*). — Imparf *meteie*. — Impérat *met* (*mette*). — Part. prés. *met-ant*. — Parf. indic. 1. *mis* (*misi*), 2. *mesis*, 3. *mist*, 4. *mesimes*, 5. *mesistes*, 6. *misdrent* (v. § 349, 2). — Subj. imparf. 1. *mesisse*. — Part. parf. *mis* (v. § 350)

Pour l'ind. parf. et le subj. imparf., cf. les §§ 386, 1. 387.

§ 396. o c i d r e (*okkidere*) — Fut. *ocidrai*. — Condit. *ocidreie*. — Prés ind 1. *ocit* (*okkido*), 2 *ociz* (*okkidis*), 3 *ocit* (*okkidit*), 4. *ocid-ons*, 5. *ocid-ez*, 6. *ocident* (*okkidunt*). — Prés subj. *ocide* (*okkida*). — Imparf. *ocideie*. — Impérat. *ocit* (*okkide*). — Part. prés. *ocid-ant*. — Parf. indic. 1. *ocis* (*okkisi*), 2. *ocesis*, 3. *ocist*. — Subj. imparf *ocesisse*. — Part. parf. *ocis* (*okkisu*).

Pour l'ind. parf. et le subj. imparf., cf. les §§ 386, 4. 387.

§ 397. p l a i n d r e (*planycre*, v. § 163). — Fut. *plaindrai*. — Condit. *plaindreie*. — Prés. ind. 1. *plaing* (v. § 348, 3 b), 2. *plains*, 3. *plaint*, 4. *plaign-ons*, 5. *plaign-iez*, 6. *plaignent*. — Prés. subj. 1 *plaigne* (v. § 348, 3 b). — Imparf. 1. *plaigneie* (v. § 348 3 b). — Impérat. *plaing* — Part. prés. *plaign-ant*. — Parf 1. *plains* (*planxi*), 2. *plainsis*, 3. *plainst*. — Subj imparf *plainsisse* — Part. parf *plaint* (*planctu*).

On trouve le *d* secondaire de l'infinitif et du futur transporté aux autres formes (*plaindoient, plaindez, complaindant* etc.), notamment dans les textes f r a n ç a i s d u n o r d et d e l' e s t. Pour les transformations postérieures de l'ind. parfait et du subj. imparfait. v. §§ 386. 4. 387. Ont la même flexion tous les verbes en *-aindre -eindre, -oindre* comme *fraindre* (pour le part parf. cf. § 350), *attaindre, feindre, peindre, ceindre, destreindre* (pour le part. imparf cf. § 350), *esteindre, teindre, joindre, oindre*

§ 398. p r e n d r e (*prendere*) — Fut 1 *prendrai*. — Condit. 1 *prendreie*. — Prés. ind 1. *pren*, 2 *prens*, 3 *prent*.

4 *pren-ons*, 5 *pren-ez*, 6. *prenent*. — Prés. subj 1. *preigne*. — Imparf. *preneie*. — Impérat. *pren*. — Part. prés *pren-ant*. — Parf 1. *pris*. — Subj imparf 1. *presisse*. — Part. parf. *pris* (v. § 350).

La chute du *d* étymologique, qui s'est produite de bonne heure, excepté dans les dialectes français du nord, aux trois pers. plur. prés. ind., à l'imparfait et au participe présent, n'a pas reçu d'explication complètement satisfaisante A la 1. pers sing du prés. ind., on rencontre, sur une large étendue, *preing praing*, qui pourrait, comme les formes du subjonctif présent *preigne*, *praigne* etc., provenir d'une modification analogique d'après les formes correspondantes des verbes en *-eindre*, *-aindre* (v. § 397) Le subj. prés. *prenne*, qui a été reformé d'après l'indicatif n'appartient qu'à la fin de l'époque du vieux français. Cf. encore § 348, 3b Rem — Pour le parf. et le subj imparf, cf §§ 386, 1. 387.

§ 399. querre (*quęrere*) — Fut. *querrai*. — Condit. *querreie*. — Prés ind 1. *quier* (*quęro*), 2. *quiers* (*quęris*), 3. *quiert* (*quęrit*), 4 *quer-ons*, 5. *quer-ez*, 6. *quierent* (*quęrunt*. — Prés. subj 1 *quiere* (*quęra*). — Imparf. 1 *quereie* — Impérat *quier* (*quęre*) — Part. prés *quer-ant* — Parf. 1 *quis*, 2 *quesis*, 3. *quist*. — Subj. imparf 1. *quesisse*. — Part. imparf. *quis* (v § 350)

La forme de l'infinitif *querre* est peu à peu éliminée, dans la langue littéraire, par la reformation *querir* créée sous l'influence de *tenir* etc. Cf. § 344 Rem , pour *querge* § 348, 3b Rem., et, pour l'ind parf et le subj. imparf §§ 386, 1 387

§ 400. ridre (v § 344, 2). — Fut 1 1 *ridrai* — Condit. 1. *ridreie*. — Prés. ind. *rit* (**rido*. v. § 348, 2b), *riz* (*rides*), 3. *rit* (*ridet*), 4 *rid-ons*, 5. *rid-ez*, 6 *rident* (*rident*). — Prés subj. 1 *ride* (**rida*) — Imparf. 1. *rideie* — Impérat. *rit* (*ride*) — Part prés. *rid-ant* — Parf. 1. *ris*, 2. *resis*, 3 *rist*. — Subj imparf. *resisse*. — Part part *ris*

Cf pour l'ind. parf. et le subj. imparf §§ 386, 1. 387. Le part parf. *ris* a été assimilé (en frm. *ri*) après la chute de l's devant cons aux participes des verbes faibles en *-i*.

§ 401. sedeir (*sedēre*) — Fut 1 *sedrei*. — Condit 1. *sedreie*. — Prés. ind. 1 *siet* (**sędo?*), 2. *siez* (*sędes*), 3. *siet* (*sędet*), 4 *sed-ons*, 5. *sed-ez*, 6. *siedent* (*sędent*). — Prés subj. 1. *siede* (**sęda*) — Imparf. 1. *sedeie*. — Impérat. *siet* (*sęde*). — Part prés. *sed-ant* — Parf 1 *sis* (*sesi*), 2. *sesis*, 3. *sist* — Subj. imparf *sesisse*. — Part. parf. *sis* (v. § 350).

Cf pour l'ind. parf. et le subj. imparf. §§ 386, 1. 387.

§ 402. soldre (*solvere*) — Fut. 1 *soldrai*. — Condit. 1. *soldreie*. — Prés ind 1. *sueil*, 3. *suelt*, 4. *sul-ons*, 5 *sul-ez*, 6. *suelent*. — Prés. subj 1 *soille sueille* (?) — Imparf 1 *solveie*. — Parf. prés *solv-ant*. — Parf. 1. *sols* (**solsi*). 2. *solsist*, 3. *solst*. — Subj imparf *solsisse* — Part parf. *solt* (**soltu*), *sols* (**solsu*).

Les formes *sueil*, *suelt*, *sulons*, *sulez*, *suelent*, *soille*, à côté desquelles on rencontre, rarement à l'époque du vieux français, la forme régulière *asolve* (Dial. Anim XXXIII, 5) etc, proviennent d'une assimilation aux formes correspondantes de *moldre* et de *valeir*. Le parfait du frm. *résolus* est une reformation d'après le part. parf. *résolu* (*resolutu*).

§ 403. traire (**tragere*, formé comme **strugere*, v. § 391). — Fut. 1 *trairai* — Condit 1. *traireie* — Prés. ind. 1 *trai* (**trago*), 2. *trais*, 3 *trait*, 4 *trai-ons*. 5. *trai-iez* *tra-ez* (v. § 339, 2 Rem 1), 6. *traient*. — Prés. subj. 1 *traie* (**trago*) — Imparf 1 *trai-eie*. — Impérat. *trai*. — Part prés. *trai-ant*. — Parf 1. *trais*, 2. *traisis*, 3 *traist* — Subj. imparf *traisisse*. — Part. parf *trait* (*tractu*).

A la 1 pers sing. prés. ind, on rencontre, à côté de *trai*, *traz* formé par analogie d'après *faz*, *plaz*. Pour le futur *trerai*, et le conditionnel *trereie* etc., cf. § 393 *faire*. — Pour l'ind. parf. et le subj imparf., v. §§ 386, 4. 387.

III classe

§ 404. Part. ind

1) *ǫi* (*ábụi*)	2) *dui* (*débụi*)	3) *núi* (*nǫ́kụi*)
oüs	*deüs*	*noüs*
ǫ́ut (*ábụit*)	*dút* (*débụit*)	*nút* (*nǫ́kụit*)
oümes	*deümes*	*noümes*
oüstes	*deüstes*	*noüstes*
ǫ́urent (*ábuerunt*)	*dúrent* (*débụerunt*)	*núrent* (*nǫ́kụerunt*)

4) *vóil vol* (*vólui*)	5) *valúi*
vulis (*voluísti*)	*valús*
volt (*vóluit*)	*valút*
vulímes	*valúmes*
vulístes	*valústes*
vóldrent (*vóluerunt*)	*valúrent*

Cf. §§ 338, 2c. 342, 3. 349, 3. Les parfaits en -*ui* du vieux français, se partagent dans les cinq types indiqués de la manière suivante :

1) *ploi* (*placui*), *soi* (*sapui*), *toi* (*tacui*), *poi* (*pavui*).

2) *crui* (*credui*), *crui* (*crevui*), *bui* (*bebui*), *recui* (*rekepui*), *lut* (*lekuit*), *jui* (*jecui*), *estui* (*estetui*).

4) *mui* (*movui*, cf. § 69 Rem.), *conui* (*cognovui*, v. ib.), *plut* (*plóvuit*), *estut* (d'*estoveir* = **estopére*).

5) *curui* (inf. *curre*), *dului* (inf. *duleir*), *molui* (inf. *moldre*), *murui* (inf. *murir*), *parüi* (inf. *pareir*).

Voil, dont le mode de formation se trouvait déjà isolé dans la première période du vieux français (v. § 349, 3b), est peu à peu passé au groupe *valui*. En outre, pour les transformations postérieures de la langue écrite, il faut remarquer que la voyelle protonique des formes accentuées sur la désinence des parfaits des types *oi*, *dui* et *mui* devient muette régulièrement au XIVe siècle, que les formes accentuées sur le radical du type *oi* ont subi une influence analogique des formes de ce type accentuées sur la désinence, et que tous les parfaits en -*ui* ont commencé, vers la fin de l'époque du vieux français, à échanger, d'après les parfaits en -*si*, à la 1. pers. sing., -*ui* contre -*us*.

Remarque. — Présente également en francien les formes de parfait du type I le verbe *pooir* (**potere*): *poi*, *pous* etc., à côté desquelles on rencontre dans les dialectes une conjugaison *poi*, *pois*, *pot*, *poimes*, *poistes*, *porent*. *Voil* offre encore des formes d'après la classe en -*si* (v. § 349, 3b). Présentent de même une hésitation entre les formes en -*si* et celles en -*ui*, entre autres les parfaits de *lire* (Parf. 1. pers. sing. *lui* et *lis*; v. § 338, 2c), *chaloir* (*calere*, 3. pers. sing. parf. *chalut* et *chalst*). Dans les textes français de l'est, on rencontre *manui*, *semonui* (*submonui*), *reponui* au lieu des parfaits en -*si*, *mes* (*masi*) *semons*, *repons* qui sont usités ailleurs. *Chadeir* (*cadere*) forme, en lorrain et dans le francien postérieur, son parfait d'après la classe en *-ui* (3. pers. sing. *cheut* 3 pers. plur. *cheurent*), tandis qu'ailleurs il présente les formes faibles en *-i*. Le verbe *toldre* (lat *tollere;* on trouve aussi l'inf. *tolir*) offre quelquefois, en dehors des formes faibles habituelles en *-i*, des formations en *-si* et en *-ui* (*tolurent* Rose II, 356). Pour *venir*. *tenir*, v. § 349, 3 Rem.

§ **405.** Subjonctif imparfait:

1) *ousse*	2) *deüsse*	3) *noüsse*
ousses	*deüsses*	*nousses*
oust	*deust*	*noust*
oussons	*deussons*	*noussons*
ousseiz, -ez	*deusseiz, -ez*	*nousseiz, -ez*
oussent	*deussent*	*noussent*

4) *vulisse*	5) *valusse*
vulisses	*valusses*
vulist	*valust*
vulissons	*valussons*
vulisseiz, -ez	*valusseiz, -ez*
vulissent	*valussent.*

Cf §§ 343 349, 3. Leurs transformations postérieures sont celles des formes du parfait accentuées sur la désinence. Pour les désinences personnelles, cf. § 367 *partisse*.

§ **406.** aveir (*abére*). — Fut. 1. *avrai*, 2. *avras*, 3. *avrat*, 4. *avrons* 5. *avrez*, 6. *avront* — Condit. 1. *avreie* — Prés. ind. *ai* (v. § 348, 4 d), 2. *as* (v § 348, 1), 3. *at* (ib.), 4 *av-ons*, 5 *av-ez*, 6. *ont* (v § 348, 4 c). — Prés. subj. 1. *aie* (v. § 348, 4 d). 2 *aies*, 3. *ait* (§ 340 Rem.). — Imparf. 1. *aveie* (v. § 341). — Impérat. *aies* (v § 337, 2 d) — Part. prés *av-ant*, *ayant* (v § 348, 2 c). — Part ind. 1 *oi*, 2. *eus*, 3. *ot*. — Subj. imparf. 1. *eusse* — Part. parf *eut* (v. § 350)

Dans les formes du futur, à *avr-* s'est substitué, à l'époque de transition de l'ancien français au français moderne, *-aur-* (*aurai* etc.) qui, ici comme dans le frm. *saurai* pour *savrai* (v. § 427), attend encore une explication satisfaisante. Pour l'ind parf. et le subj. imparf, v. § 404 sq.

§ **407.** beivre (*bebere*). — Fut. 1. *beivrai*. — Condit. 1. *beivreie*. — Prés. ind. 1 *beif* (*bibo*), 2 *beis* (*bibis*), 3. *beit* (*bibit*). 4. *bev-ons*. 5. *bev-ez*. 6. *beivent* (*bebunt*). — Prés. subj.

1. *beive* (*bíba*). — Imparf. 1. *beveie* (v. § 341) — Impérat. *beif* (*bíbe*). — Part. prés. *bev-ant* — Parf. 1. *bui* 2. *beus*, 3. *bút*. — Subj. imparf. 1. *beusse*. — Part. parf. *beut* (v. § 350).

Pour l'ind. parf. et le subj. imparf., v. § 404 sq.

L'infinitif *beivre* — *boivre* (v. § 109 Rem.) a été transformé, d'après *croire*, en *boire*. A cet infinitif correspondent le futur *boirai*, et le conditionnel *boirais*, du français moderne, et qu'on ne rencontre qu'à une époque tardive. Cf. § 392 *escrire*. — Depuis le XIV siècle, on rencontre, dans les formes accentuées sur la désinence, à la place d'*e* protonique, un *u* (*buvons*, *buvez*, *buvrai* etc.), qu'il faut rapporter à l'action des consonnes labiales environnantes (v. § 84 Rem.), peut-être aussi sous l'influence de l'*ú* du parfait.

§ **408.** chaḍeir (§§ 87, 2 Rem. 344, 2). — Fut. 1. *charrai* (*càdere áyo*). — Condit. 1. *charreie* — Prés. ind. 3. *chiet* (*cadit*), 6 *chieḍent* (*cadunt*). — Prés. subj. 1. *chieḍe* (*cada*). — Imparf. 1. *chedeie*. — Part. prés. *ched-ant* — Parf. (v. § 404 Rem.) 3. *cheut*, 6. *cheurent*. — Subj. imparf. 1. *cheusse*. — Part. parf. *chedut* (cf. § 346).

Pour l'ind. parf. et le subj. imparf., v. § 404 sq.

§ **409.** conoistre (*connǫ́skere*). — Fut. 1. *conoistrai* — Condit. 1. *conoistreie*. — Prés. ind. 1. *conois* (*connosco*), 2 *conois* (*connǫskis*), 3 *conoist* (*connoskit*), 4. *conoiss-ons*, 5. *conoiss-iez*, 6. *conoissent* — Prés. subj. *conoisse* (v. § 348, 3 b). — Imparf. 1. *conoiss-eie* — Parf. 1. *conui*, 2. *coneus*, 3. *conut*. — Subj. imparf. *coneusse*. — Part. parf. *coneut* (cf. § 346).

Pour l'ind. parf. et le subj. imparf., v. § 404 sq.

§ **410.** creidre (*credere*). — Fut. 1. *creḍrai*. — Condit. 1. *credreie* — Prés. ind. 1. *creit* (*credo*). 2. *creiz* (*credis*), 3. *creit* (*credit*). 4 *cred-ons*, 5. *cred-ez*, 6. *creiḍent* (*credunt*) — Prés. subj. 1. *creiḍe*. — Imparf. 1 *credeie*. — Impérat. *creit* (*crede*). — Part. prés. *cred-ant*. — Parf. 1. *crui*, 2. *creus*, 3. *crut*. — Subj. imparf. *credusse*. — Part. parf. *credut* (cf. § 346).

Pour l'ind. parf. et le subj. imparf., v. § 404 sq.

§ **411.** creistre (*creskere*). — Fut. 1 *creistrai*. — Condit. 1 *creistreie*. — Prés. ind. 1. *creis* (*cresko*), 2. *creis* (*creskis*), 3 *creist* (*creskit*), 4. *creiss ons*, 5 *creiss-iez*, 6 *creissent* (*crescunt*). — Prés. subj. *creisse* (v § 348, 3 b) — Imparf. 1. *creisseie* — Part. prés. *creiss-ant*. — Parf 1. *crui*, 2. *creus*, 3 *crut*. — Subj impaif. *creusse* — Part. parf *creut* (cf. § 346).

Pour l'ind. parf et le subj impaif., v. § 404 sq

§ **412.** c u r r e (*córrere*) — Fut. 1. *currai*. — Condit. 1 *curreie* — Prés. ind 1. *cur* (*corro*), 2. *curs* (*corris*), 3. *curt* (*corrit*), 4. *curr-ons*, 5 *curr-ez*, 6. *current* (*corrunt*). — Prés. subj. 1. *curre* (*corra*). — Part. prés *curr-ant*. — Parf 1 *currui*. — Subj. impaif. 1. *curusse*. — Part. parf *currut* (v. § 346)

Aux formes du présent accentuées sur le radical, on rencontre fréquemment dans les textes de la deuxième période, au lieu d'*ou* (*u*), le son *ue eu*, phénomène qui fait supposer une influence des formes correspondantes de *murir*· *cuere queure*, *cuerent queurent*, et d'après ces formes, quelquefois aussi un infinitif *queure* à côté de *courre* et de l'infinitif reformé *courir* (v. § 344, 2 Rem.) Pour *curge*, cf. § 348, 3b Rem. Pour l'inf parf. et le subj imparf., v § 404 sq.

§ **413.** d e v e i r (*debére*). — Fut. 1. *devrai* — Condit. 1. *devreie* — Prés. ind. 1. *dei* (v § 348, 4 d), 2. *deis*, 3 *deit*, 4 *dev-ons*, 5. *dev-ez*, 6 *deivent* — Prés. subj 1 *deie* et *deive* (v. § 348, 4 d) — Imparf. 1. *deveie* (v. § 341). — Part prés *dev-ant*. — Parf. 1. *dui*, 2. *deus*, 3 *dut*. — Subj imparf. 1 *deusse*. — Part. parf *deut* (v § 346)

Pour l'ind part. et le subj. imparf , v § 404 sq. Comme 3. pers. plur. du prés. ind., on rencontre, dans des textes récents, au lieu de *doivent*, la forme analogique *doient*, et dans les d i a l e c t e s d e l e s t, également la 1. pers. plur *doiens*.

§ **414.** d u l e i r (*dolére*) — Fut. 1. *duldrai*. — Condit. 1 *duldreie*. — Prés. ind 1. *ducil* (v § 348, 2), 2. *duels* (*doles*). 3. *duelt* (*dolet*), 4. *dul-ons*, 5. *dul-ez*, 6 *duelent* (*dolent*). — Prés. subj. 1 *dueille* (v § 348, 2). — Imparf. 1 *duleie*. — Part prés. *dul-ant*. — Part 1. *dului*. — Subj impaif. *dulusse*. — Part parf. *dulut* Pour l'ind. parf. et le subj imparf , v. § 404 sq. — *Suleir* (*solere*) présente la même flexion.

§ 415. ester (*estare*). — Fut. 1 *esterai*. — Condit. 1. *estereie*. — Prés. ind. 1. *estois* (v § 348, 4 d), 2 *estes* (ib.), 3. *este* (ib.), 4 *est-ons*, 5 *estez* (*estatis*), 6 *estont* (v § 348, 4 b). — Prés. subj. 1 *estoise* (v. § 348, 4 b). — Imparf. 1 *esteie*. — Part. prés. *estant* (*estante*; cf. § 417). — Parf. 1 *estui*, 2 *esteus*, 3. *estut* — Subj. imparf. *esteusse*. — Part. parf. *estet* (*estatu*; cf. § 417).

Pour l'ind. parf. et le subj. imparf., v. § 404 sq.

§ 416. estuveir (**estopére*). — Fut. 1. *esturat* — Condit. 3. *estureit*. — Prés. ind. 3. *estuet*. — Prés. subj. 3 *estuisset*, *estuist*. — Imparf. 3. *estuveit*. — Parf. 3. *estut* — Subj. imparf. 3. *esteust*

Pour l'ind. parf. et le subj. imparf., v. § 404 sq.

§ 417. estre (v. § 344, 1). — Fut a) 1. *ier* (§§ 337, 2 b. 338, 3), 2. *iers* (*eris*), 3. *iert* (*erit*), 4. *iermes* (*erimus*, v. § 78 Rem. 2), 6 *ierent* (*erunt*). b) 1. *serai* (*[es]sere ayo*), 2. *seras* etc. c) 1 *estrai* (*èssere ayo*), 2 *estras* etc. — Condit. 1. *sereie*, 2. *sereies* etc. et 1. *estreie*, 2. *estreies* etc. — Prés. ind. 1. *sui* (v. § 348 4 d), 2 *ies es* (v. § 10, 4 a), 3. *est*, 4. *soms somes* (v. § 339 Rem. 3), 5. *estes* (ib.), 6. *sont* (*sunt*). — Prés subj. *seie* (v. § 340 Rem.). — Imparf. a) 1. *ere* (*era*) et *iere*, 2. *eres ieres*, 3. *eret ieret* (v. § 341 Rem.), 4 *eriens*, 6. *erent ierent* b) 1. *esteie*, 2. *esteies* etc — Impérat. 2. *seies* (§ 337, 2 d) — Part. prés. *estant* (§ 338, 3). — Parf. 1 *fui*, 2 *fus*, 3 *fut* etc. (v. § 342 Rem.). — Subj. imparf. 1. *fusse*. — Part. parf *estet* (§ 338, 3)

Des trois formes de futur, *serai* etc ont seule persisté. L'aphérèse de la voyelle initiale s'explique par l'influence des formes *sui*, *soms*, *sont*, *seie* etc., qui commençaient originairement par un *s*, ou par l'influence des formes latines dont elles sont sorties.

La 1. pers sing. du prés. ind. a pris un *s* final (*suis*), qui provient en première ligne d'une action analogique de *püis* (v. § 348, 4 a et cf. §§ 361. 1. 373). A la 2. pers sing, *ies* a été éliminé par *es*, à la 1. pers. plur. *soms sons* par *somes*.

Le second imparf. *esteie* ne doit pas être dérivé d'*ester*, mais il faut plutôt l'expliquer comme une formation analogique tirée de l'inf. *estre*, d'après des verbes comme *mettre* — *meteie*, *batre* — *bateie* C'est cet imparfait qui a éliminé *iere ere* dans la langue écrite depuis environ le XIV. siècle *Ere*, à côté d'*iere*, s'explique, d'après le § 10, 4a, comme étant une forme atone par position D'après une autre explication, cette forme provient de l'influence d'anciens plus-que-parfaits de verbes de la I. conjugaison: **amere* = *ama[ve]ra* etc. (Cf. § 337. 2a.)

§ 418. g e s i r (*yakére*. v. §§ 39, 1b et 90). — Fut. 1. *gerrai*. — Condit. 1 *gerreie*. — Prés. ind. 1. **jaz* (*yákịs*), 2. *gis* (v §§ 56, 2 et 348, 3b), 3. *gist* (v. §§ 56 2 et 135, 3), 4. *ges-ons*, 5. *ges-iez*, 6. *gisent* (*yákent*). — Imparf. 1 *geseie*. — Part. prés. *ges-ant*. — Parf. 1 *jui*, 2 *jeus*, 3 *jut*. — Subj imparf. *jeússe* — Part parf *geut*.

Le radical *-gis-* de la 2. et de la 3 pers. sing et de la 3. pers. plur. du prés. ind. a été généralisé. De là fut *girai*, condit. *giroie*, prés. ind. 1 pers. sing. *gis*. prés. subj. 1. *gise*, 2 *gises* etc. (à la place de **jace*, **jaces* etc.), imparf. *gisoie*, part. prés. *gisant* On rencontre également un infin. *gire*. Pour l'ind. parf. et le subj. imparf. v. § 404 sq.

§ 419. l i r e (*lẹ́yere*, cl. *lĭgere*). — Fut. 1. *lirai*. — Condit. 1. *lireie*. — Prés. ind. 1. *li* (*lẹgo*, v. § 50), 2. *lis*, 3 *lit*, 4. *lis-ons*, 5. *lis-ez* 6 *lisent*. — Prés. subj. 1. *lise*. — Imparf. 1. *lis-eie*. — Part. prés. *lis-ant*. — Parf. 1. *lui* et *lis*. — Subj imparf. 1. *leusse* et *lesisse* — Part. parf *leut* (§§ 346. 350).

L's du radical des 1 et 2 pers plur. prés., du participe présent et de l'imparfait est rapporté, avec peu de vraisemblance, à l'influence de l'allemand *lesan*. D'après une autre explication, il faudrait y voir une influence de *dire* qui lui ressemble et par le sens et par la forme, en vertu de laquelle l'imparfait de *lire* aurait été transformé d'abord d'après celui de *dire* puis le radical analogique *lis-* de l'imparfait généralisé de bonne heure Pour la v o y e l l e du radical, cf § 348, 1. et, pour l'ind. parf et le subj. imparf § 404 sq.

§ 420. m u r i r (**morire*). — Fut. 1. *murrai* — Condit 1. *murreie*. — Prés. ind. 1. *muir* (*mọ́rio*; v. § 348 2a), 2 *muers*, 3 *muert*, 4 *mur-ons*, 5. *mur-ez* 6. *muerent* (v. § 348, 2b) — Prés. subj. [illegible] § 348 2 [illegible] — Imparf. [illegible] —

Part prés. *mur-ant.* — Parf. 1. *murui.* — Subj. imparf. 1. *murusse.* — Part. parf *mort* (v § 20, 4).

La forme de la 1 pers. sing prés. ind. et celles du prés. subj *muir*, *müire* etc. ont été transformées, sous l'influence des 2. et 3. pers sing. et de la 3 pers. plur prés. ind., en *muer-s*, *muere* etc Pour *muerge*, v. § 348, 3 b Rem., et pour l'ind parf et le subj. imparf., § 404 sq.

§ **421.** muveir (*movēre*). — Fut. 1. *muvrai.* — Condit 1. *muvreie.* — Prés. ind 1. *muef* (v. § 348, 2 b), 2. *mues* (*mọves*), 3. *muet* (*mọvet*), 4 *muv-ons*, 5 *muv-ez*, 6 *muevent* (*mọvent*) — Prés subj 1 *mueve* (v. § 348, 2 b), 2. *mueves*, 3. *muevet.* — Imparf. 1. *muveie* — Part prés. *muv-ant.* — Parf. 1 *mui*, 2. *meus*, 3. *mut.* — Subj imparf. 1 *meüsse* — Part. parf *meüt* (§§ 346. 350).

Présente la même flexion pluveir (**plọvēre*), dont on ne rencontre toutefois que les formes des 3. pers. sing et plur Pour l'ind parf. et le subj. imparf., v. § 404 sq

§ **422.** nuisir (*nocēre*). — Fut I 1 *nuirai* — Fut. II 1 *nuireie* — Prés ind. 1. *nuis*, 2. *nuis* (v § 348, 3 b), 3 *nuist.* 4. *nuis-ons*, 5. *nuis-iez*, 6. *nuisent.* — Prés. subj. 1. *nuise.* — Imparf. 1. *nuis-eie* (v. § 341). — Part. prés. *nuis-ant.* — Parf. 1 *nui*, 2. *neus*, 3. *nut.* — Subj. imparf. *neusse* — Part. parf. *neut* (§§ 346. 350).

La 1. pers. sing. prés. ind. *nuis* et les formes du prés. subj. *nuise*, *nuises* etc. sont des reformations à l'aide du radical *nuis-*, qui remplacent *noz*, *noce* etc., dont on n'a pas d'exemple — Pour *nuire*, au lieu de *nuisir*, v. § 344, 2 Rem. D'après l'infinitif analogique *nuire*, a été reformé un part parf. *nuit*, d'où *nui* est issu, en français moderne, sous l'influence des participes des verbes en *-i.* Pour l'inf. parf. et le subj. imparf., cf § 404 sq.

§ **423.** pareir (*parēre*). — Fut. 1. *parrai.* — Condit. 1. *parreie* — Prés ind. 1. **pair* (*pario*). 2. *pers* (*pares*), 3. *pert* (*paret*), 4 *par-ons*, 5. *par-ez*, 6. *perent* (*parent*). — Prés. subj 1. *paire* (*pariu*). — Imparf 1 *pareie.* — Part prés. *par-ant.* — Parf. 1 *parui.* — Subj. imparf. 1. *parusse.* — Part parf. *parut.*

La 1. pers. sing. du prés. ind. **pair* et du subj prés *paire* etc. ont été transformées en *per-s*, *pere* etc., par assimilation à la 2. et à la 3. pers sing. et à la 3. pers. plur. prés indic.

§ **424.** plaisir (*plakēre;* v. § 344, 2 Rem.). — Fut. 1. *plairai*. — Condit. 1. *plaireie*. — Prés. ind. 1. *plaz* (*plakịo*), 2. *plais* (v. § 348, 3 b), 3. *plaist* (v. § 153, 3), 4. *plais-ons*, 5. *plais-iez* 6. *plaisent* (*plakent*). — Prés subj. 1. *place* (*plakịa*). — Imparf. 1 *plais-eie* (v. § 341). — Part prés *plais-ant* (v. § 345). — Parf. ind. 1 *ploi*. — Subj. imparf. 1. *pleusse*. — Part. parf. *pleut* (v. § 346).

A côté de *plaisir*, on rencontre l'infinitif *plaire* (v. § 344 Rem.), dans lequel il faut peut-être voir une reformation d'après le futur *plairai* Les formes *plaz*, *place* etc de la 1 pers sing. prés. indic. et prés. subj ont été peu à peu remplacées par des formations analogiques avec le radical *plais-*: *plaise*, *plaises*, *plaiset* (Ps. d'Oxf XXXIX, 18) etc Pour l'ind. parf. et le subj. impaif, v § 404 sq.

§ **425.** pluveir v. *muveir*.

§ **426.** podeir (**potere*). — Fut. 1. *pudrai*. — Condit 1 *pudreie* — Indic prés. 1. *puis* (cf. § 348. 4 a). — Subj. prés. *puisse* (ib.). — Imparf 1. *pudeie* — Part prés. *pudant*. — Parf. 1 *poi*. — Subj. imparf *podusse*. — Part. parf. *poḍut* (§ 346).

Le *v*, qui termine le radical dans les formes du frm. *pouvoir*, *pouvons*, *pouvez* etc., provient de l'assimilation de ces formes à *mouvoir*, *mouvons*, *mouvez* etc. Dans les dialectes français de l'est, on rencontre à leur place, depuis le XIII. siècle, *poulons*, *poulez*, *puelent* etc., qui dénotent l'influence des formes correspondantes de *vouloir* — *Peux*, qu'on trouve ultérieurement dans le français littéraire à côté de *puis*, doit être rapporté à une action analogique de la 2. et de la 3 pers sing et de la 3 pers plur du prés indic. Les grammairiens du XVII. siècle forment également *peure*, *peuves* etc. au lieu de *puisse*, *puisses* Pour l'ind parf. et le subj. imparf., v. § 404 sq.

§ 427. receivre (v. § 39, 1 b Rem.). — Fut. 1. *recevrai* — Condit. 1. *recevreie.* — Prés. ind. 1 *receif* (v. §§ 348, 2 b. 348, 1), 2 *receis*, 3 *receit*, 4. *recev-ons*, 5. *recev-ez*, 6. *receivent* (v. §§ 348, 2 b. 348, 1) — Prés. subj. 1. *receive* (v. §§ 348, 2 b. 348, 1). — Imparf. 1 *receveie.* — Part. prés. *recev-ant.* — Parf. 1 *receu*, 2 *receus*, 3. *receut.* — Subj. imparf. *receusse.* — Part. parf. *receut* (v. § 346)

La forme de l'infinitif *receivre* — *recoivre* a été, dans la langue écrite, éliminée par *recevoir*, formé d'après *devoir* Cf. § 341, 2 Rem. Ont été traités de même les autres verbes français, comme *deceivre*, *perceivre*, qui proviennent de composés du lat. *capere*. *Menteveir* (*mente habere*) se rattache également à ces verbes, en ce sens qu'un infinitif *mentoivre* a été reformé d'après *-çoivre* Pour l'inf. parf. et le subj. imparf., v. § 404 sq.

§ 428. saveir (*sapére*, v. § 344, 2). — Fut. 1. *savrai* — Condit. 1. *savreie.* — Prés. ind. 1. *sai* (v. § 348, 4 d), 2. *ses* (*sapis*), 3. *set* (*sapit*), 4. *sav-ons*, 5 *sav-ez*, 6. *sev-ent* (§ 348, 2 b) — Impérat. *saches* (v. § 337, 2 d). — Part. prés. *sach-ant* (v. § 348, 2 b). — Parf. 1. *soi*, 2 *seus*, 3 *sot* — Subj. imparf. 1. *seusse* — Part. parf. *seut* (v. § 346).

Présentent une assimilation graphique les formes du frm. de la 2. et de la 3. pers. sing. prés. ind.: *sais*, *sait* qu'on rencontre dans la langue littéraire, depuis environ le XV. siècle, à la place de *ses*, *set* (Rol. d'Oxf. 308) Pour le futur récent *saurai* etc., au lieu de *savrai*. v. § 406 *aurai*.

§ 429. valeir (*valére*). — Fut. 1. *vaudrai.* — Condit. 1. *vaudreie.* — Prés. ind. 1. *vail* (§ 348, 2 a), 2 *vals*, (§ 348, 1), 3. *valt* (ib.), 4 *val-ons*, 5. *val-ez*, 6. *valent* (v. § 348, 1). — Prés. subj. *vaille* (v. § 348, 2 a). — Imparf. *valeie.* — Part. prés. *val-ant*, *vaill-ant* (v. § 348, 2 c). — Parf. 1. *valui.* — Subj. imparf. 1 *valusse* — Part. part. *valut* (§ 346)

Pour l'ind. part. et le subj. imparf., v. § 404 sq.

Présente la même flexion le verbe impersonnel *chaleir* (*calére*). dont on ne rencontre naturellement que la 3 pers. sing. Pour la 3 pers. sing. prés. ind. *chielt*, v. § 348, 1.

§ 430. vuleir (*volere*). — Fut. 1. *voldrai.* — Condit. 1. *voldreie* — Prés. ind. 1. *vueil* (§ 348, 2 c), 2. *vuels*,

3. *vuelt*, 4 *vul-ons*, 5. *vul-ez*, 6. *vuelent*. — Prés. subj. *vueille* (§ 348, 2 e). — Imparf 1. *vuleie* — Part. prés. *vul-ant* et *voill-ant* (§ 348, 2 e). — Parf. 1. *voil vol vos*, 2 *vulis volsis*, 3. *volt volst* — Subj. imparf *vulisse volsisse* — Part. parf. *vulut* (§ 346).

La 2. et la 3. pers. sing. prés. *vuels*, *vuelt* se sont, d'après le § 245, transformées, dans la langue littéraire, en *veus*, *veut*, en passant par *vueus*, *vueut*. Par analogie à ces formes, la 1. pers. sing. *vueil* a été transformée en *veu-s* (*veux*). Pour l'ind. parf. et le subj. imparf, v. § 401 sq.

Appendice.

Bibliographie.

Abreviations. A & A = Ausgaben und Abhandlungen aus dem Gebiet der romanischen Philologie — AGIt = Archivio glottologico italiano — Altfrz Bibl = Altfranzösische Bibliothek — ALLG = Archiv für lateinische Lexikographie und Grammatik — ASNS = Archiv für das Studium der neueren Sprachen und Litteraturen

FSt = Französische Studien

GFR = Giornale di Filologia Romanza — GG = Grobers Grundriss der romanischen Philologie — GGA = Götting Gelehrte Anzeigen

LBlGRPh = Litteraturblatt für germanische und romanische Philologie

Miscell = Miscellanea di Filologia e linguistica In memoria di Napoleone Caix e Ugo Angelo Canello

RF = Romanische Forschungen — RLR Revue des langues romanes — RPh = Revue de philologie — Rom = Romania — RSt = Romanische Studien

StFR = Studi di filologia romanza

ZFSL = Zeitschrift für französische Sprache und Litteratur — ZRPh = Zeitschrift für romanische Philologie — ZVgls = Zeitschrift für vergleichende Sprachforschung

WSt = Wiener Studien

Traités généraux

Diez, Fr Grammatik der romanischen Sprachen 5 Edit Bonn 1882 [traduit en français p A Brachet, A Morel-Fatio et G Paris 3 vol Paris 1874—1876], Meyer-Lubke, W, Grammatik der romanischen Sprachen Leipzig I (1890) Lautlehre, II (1894) Formenlehre, III (1900) Syntax [traduit en français t I par E Rabiet Paris 1890, t. II par A et G. Doutrepont. Paris 1895]

Horning, A Grammaire de l'ancien français [dans: La langue et la littérature françaises depuis le IXième siècle jusqu'au XIVième siecle Paris 1887 Pages 1—62], Suchier, H, Die französische und provenzalische Sprache und ihre Mundarten [dans GG I 1888) S 561—668 — Traduit en français par P Monet Paris 1891], Bourciez, E. Précis de phonétique française, ou Exposé des lois qui régissent la transformation des mots latins en français, Paris 1889, Darmesteter, A Cours de grammaire historique de la langue française Paris 1891—1896 (publie par les soins de E Muret et de L Sudre) [traduit en anglais p A Hartog London 1899] Suchier, H, Altfranzosische Grammatik Teil I Die Schriftsprache. Lieferung 1 Die betonten Vokale Halle 1893, Brunot, F, Histoire de la langue française [dans Histoire de la langue et de la littérature française des origines à 1900 publiée sous la direction de L. Petit de Julleville. Paris 1896 sq cf G Paris, Journal des Savants 1897, P 342—355, 396—613, 659—675] — Nyrop, Kr, Grammaire historique de la langue française I Copenhague 1899

Introduction

§ 1. Neumann, F, Die romanische Philologie Ein Grundrifs [dans. Schmids Encyklopadie, Leipzig 1886], Grober, G, Grundrifs der romanischen Philologie, Strasbourg 1888, Korting, G, Handbuch der romanischen Philologie (remaniement abrégé de l' „Encyklopadie und Methodologie der romanischen Philologie"), Leipzig 1896 — § 2. 1) Corssen, W, Uber Aussprache Vokalismus und Betonung der lateinischen Sprache. 2 édition revue, Leipzig 1868—1870 Seelmann, E, Die Aussprache des Latein nach physiologisch-historischen Grundsatzen, Heilbronn 1885, Stolz, Fr., Histor Grammatik der latein. Sprache, Leipzig 1894, Lindsay, The latin language, an historical account of latin sounds, stems and flexions, Oxford 1894 [traduit en allemand par H Nohl, Leipzig 1897], 2) Paris, G, Romani, Romania [dans. Rom I (1872), P 1—22], Jung, J, Die romanischen Landschaften des romischen Reichs, Innsbruck 1881 Budinsky, A, Die Ausbreitung der lateinischen Sprache uber Italien und die Provinzen des romischen Reichs, Berlin 1881, Mommsen, Th, Romische Geschichte V, Berlin 1885 Fustel de Coulanges, Histoire des institutions politiques de l'ancienne France I La Gaule romaine Rev p C Jullian Paris 1891, Grober, G, Sprachquellen und Wortquellen des lateinischen Worterbuches [dans ALLG (1884), P 35—67]; Meyer(-Lubke), W, Die lateinische Sprache in den romanischen Landern [dans GG I (1888), P 351—382], Gorra E, Lingue neolatine Milan 1894; cf aussi la bibliographie du ch II (cf. § 15) — Remarque Grammatici latini ex recensione H Keilii 7 Vol et un supplement Anecdota helvetica ed H. Hagen, Lipsiae 1857—1880; Corpus glossariorum latinorum a G Loewe incohatum ed G Goetz. T II—V und VI, 1 Thesaurus glossariorum emendatorum confecit G Goetz I, 1), Lipsiae 1888—1899; Corpus inscriptionum latinarum consilio et auctoritate academiae litterarum regiae borussicae editum Berolini 1863 sq Voyez entre autres T I (1863) Inscriptiones latinae antiquissimae ed Th Mommsen, T V (1872—1877) Inscriptiones Galliae cisalpinae latinae ed Th Mommsen, T XII (1888) Inscriptiones Galliae narbonensis latinae ed O Hirschfeld, T XIII Inscriptiones trium Galliarum et Germaniarum latinae ed O Hirschfeld et C Zangenmeister I, 1 (1899) Inscriptiones Aquitaniae et Lugdunensis ed O Hirschfeld. Inscriptions chrétiennes de la Gaule antérieures au VIIIe siècle réunies et annotées p E Le Blant 2 Vol Paris 1856—1865 Nouveau recueil des inscript chrét de la Gaule antér au VIIIe s par E Le Blant, Paris 1892, Diplomata chartae, leges aliaque instrumenta ad res gallo francicas spectantia prius collecta a de Brequigny et La Porte du Theil, nunc ed J M Pardessus I—II, Paris 1843—1849, Formulae Merowingici et Karolini aevi ed K Zeumer [dans Monumenta German histor, Legum Sect V, 1882] Pour plus de renseignements voyez Oesterley, H, Wegweiser durch die Litteratur der Urkundensammlungen 2 Vol Berlin 1885 sq et G Monod, Bibliographie de l'Histoire de France, Paris 1888 — Grober, G Vulgarlateinische Substrate romanischer Worter [dans ALLG I (1884), S 204 ff] Franz W, Die romanischen Elemente im Althochdeutschen Dissertation de Strasbourg 1883 Pogatscher, A, Zur Lautlehre der griechischen lateinischen und romanischen Lehnworte im Altenglischen, Strasbourg 1888. Loth J Les mots latins dans les langues brittoniques (gallois, armoricain cornique) Phonétique et commentaire avec une introduction sur la romanisation de l'île de Bretagne Paris 1892 Cf H Schuchardt LBlGRPh 1893, Colonnes 94—105 — § 3, Remarque Grober, G, Die romanischen Sprachen Ihre Einteilung und aufsere Geschichte [dans GG I, S 415 ff] — § 4. 5 Schuchardt,

H, ZRPh IV (1880) P 124-155, Ascoli, G J., Lettere glottologiche [dans Rivista di filol e d istruzione classica X (1882), P 13 sq = Sprachwissenschaftl Br (v § 17) P 13 sq Cf Rom XI, P 130 sq]. Thurneysen, R Keltoromanisches Die keltischen Etymologieen im etymologischen Worterbuch der romanischen Sprachen von F Diez, Halle 1884 Windisch, E, Keltische Sprache [dans. GG I (1888), P 283—312], Holder, A, Altkeltischer Wortschatz I T, A -H, II T en préparation, Paris, G bascauda [dans Rom XXI (1892), P 400—406], Mackel, E, Die germanischen Elemente in der franzosischen und provenzalischen Sprache, Heilbronn 1887 [dans FSt VI, 1], Kornmesser, E, Die französischen Ortsnamen germanischer Abkunft I partie Die Ortsgattungsnamen Dissert de Strasbourg 1888, Kluge, F, Romanen und Germanen in ihren Wechselbeziehungen [dans GG I (1888), P. 383—397] Goldschmidt M, Allerlei Beitrage zu einem germano-romanischen Worterbuche [dans Abhandlungen, Herrn Prof Dr Adolf Tobler dargebracht, Halle 1895 P 164—167], Braune, Th, Neue Beitrage zur Kenntnis einiger roman Worter deutscher Herkunft [dans ZRPh XX (1896), P 348—369, ib XXI 1897), P 213—224, ib. XXII, P. 197 sq]. Weise, O, Die griechischen Worter im Latein, Leipzig 1882 Gabel-Weise, Zur Latinisierung griechischer Worter [dans ALLG VIII (1893) P. 339—368] — § 6 Suchier, H., GG I 1888, P 561—571, Sébillot, P La langue bretonne Limite et statistique [dans Revue d'ethnographie V (1886, P 1-29] Behrens D, Franzosische Elemente im Englischen [dans Pauls Grundrifs der german Phil 2 Edit I P 950—989] Bramer, K, Nationalitat und Sprache im Konigreiche Belgien, Stuttgart 1887 [Forsch zur deutschen Landes- und Volkskunde II, 2]· Kurth, G, La frontière linguistique en Belgique et dans le nord de la France I II Bruxelles 1895 sq This, C, Die deutsch-franzosische Sprachgrenze in Elsafs und Lothringen [dans Beitrage zur Lander- und Volkerkunde von Elsafs-Lothringen I (1887) V (1888)]; Witte, H, Das deutsche Sprachgebiet Lothringens und seine Wandelungen von der Feststellung der Sprachgrenze bis zum Ausgang des 16. Jahrhunderts, Stuttgart 1894 [dans Forschungen zur deutschen Landes- und Volkskunde VIII, 6], de Tourtoulon et Bringuier. Rapport sur la limite geographique de la langue d oc et de la langue d'oil [dans. Archives des missions scientifiques et littéraires, 3e série, t III, voyez aussi Meyer, P Rom VI (1877), P 630-633], Thomas, A, Rapport sur une mission philologique dans le département de la Creuse [dans Archives des missions scientifiques, 3e série, V (1878), P 423—455], Ascoli, G J, Schizzi franco-provenzali [dans AGIt III (1878), P 61—120] — § 7 Stengel Edm La cancun de Saint Alexis und einige kleinere altfranzosische Gedichte des 11 und 12 Jahrh 2ième fascicule lexique Voyez aussi Appendice I Abrégé des assonances et des rimes Appendice II Abrégé des classes de mots et de formes, Marbourg 1882 [dans A & A I], Koschwitz, Ed Kommentar zu den altesten franzosischen Sprachdenkmalern I Eide, Eulalia, Jonas, Hohes Lied, Stephan [dans· Altfr Bibl X (1886)] **Normand et Anglo-normand.** Der Computus des Philipp von Thaun, mit einer Einleitung uber die Sprache des Autors herausgegb von E Mall, Strasbourg 1873, Koschwitz Ed, Uberlieferung und Sprache der chanson du voyage de Charlemagne à Jerusalem et Constantinople Heilbronn 1876. Suchier H, Uber die Matthaus Paris zugeschriebene Vie de Seint Auban, Halle 1876 Meister, J H Die Flexion im Oxforder Psalter Halle 1877 (cf Ed Koschwitz, ZRPh III (1878), P 450—459), Rambeau, Ad, Die als echt nachweisbaren Assonanzen des Oxf Textes der Ch de Roland, Halle 1878, Reimpredigt publié p H Suchier, Einleitung [dans Bibliotheca normannica I (1879)] Fichte, E, Die Flexion im Cambridger Psalter, Halle 1879 Harseim, F, Vokalismus und Konsonantismus im Oxforder Psalter [dans. RSt IV (1880), P 273—327], Uhlemann, E,

Uber die anglo-normannische Vie de Seint Auban [dans: RSt IV (1880) P. 543 sq.]. Merwart, K., Die Verbalflexion in den Quatre Livres des Rois. Fünfter Jahresbericht der K. K. Realschule in der Leopoldstadt in Wien 1880. Vising, J., Etude sur le dialecte anglo-normand du XIIe siècle. Dissertat. d'Upsal 1882. Schumann, W., Vokalismus und Konsonantismus des Cambridger Psalters [dans FSt IV (1884)]. Orthographia Gallica, ältester Traktat über französische Aussprache und Orthographie, publié par Sturzinger, J., [Altfrz. Bibl. VIII (1884)]. Hammer, W., Die Sprache der anglonorm. Brandanlegende [dans ZRPh IX (1885), P. 75—115]. Schlosser, P. Die Lautverhältnisse der Quatre Livres des Rois, Dissertat. de Bonn 1886. Pohl, Th., Untersuchung der Reime in Maistre Wace's Roman de Rou et des Ducs de Normandie [dans. RF II (1886), P. 321—350, 543—631]; Huber, K., Über die Sprache des Roman du Mont Saint-Michel von Guillaume de Saint Pair [dans ASNS LXXVI (1886) P. 113—204, 315—334]. Busch, E., Laut- und Formenlehre der anglo-normannischen Sprache des XIV. Jahrhund., Dissertat. de Grifswald 1887. Burgass, E., Darstellung des Dialekts im XIII. sel. in den Départements Seine Inférieure und Eure (Haute Normandie) auf Grund von Urkunden, unter gleichzeitiger Vergleichung mit dem heutigen Patois, Dissertat. de Halle 1889. Eggert, B., Entwickelung der normannischen Mundart im Département de la Manche [dans ZRPh XIII (1889), P. 359—403]. Kuppers, A., Uber die Volkssprache des 13. Jahrhunderts in Calvados und Orne, mit Hinzuziehung des heute dort gebräuchlichen Patois, Dissertat. de Halle 1889. **Dialectes de Beauvais**: Œuvres poétiques de Philippe de Remi Sire de Beaumanoir p. p. H. Suchier, Paris 1884 [Soc. des anc. textes fr.]. Auberee, Altfranzösisches Fablel. Avec une introduction et des remarques, publié par G. Ebeling, Halle 1895. Krause, G., Zur Mundart des Departements Oise [dans ZFSL XVIII (1896), P. 58—84]. Meraugis von Portlesguez, Altfranz. Abenteuerroman von Raoul von Houdenc, publié par M. Friedwagner, Halle 1897. **Picard et wallon**: Li dis dou vrai aniel, publié par Ad. Tobler, 1. Edit. Leipzig 1871, 2. Edit. 1884. Suchier, H., Die Mundart des Leodegarliedes [dans ZRPh II (1878), P. 255—302]. Aucassin und Nicolete, publié par H. Suchier, 1. Edit. Paderborn 1878, 4. Edit. 1899. Neumann, F., Zur Laut- und Flexionslehre des Altfranzösischen. Hauptsächlich aus pikardischen Urkunden von Vermandois, Heilbronn 1878. Cloetta, W., Poème moral [dans RF III (1887), P. 1—268, voyez aussi Rom. XVI, P. 118—128 et ib. XVII, P. 306—315]. Wilmotte, M., Etudes de dialectologie wallonne [dans Rom. XVII (1888), P. 542—590, ib. XVIII (1889), P. 209—232]. Zwei altfranzösische Dichtungen. La chastelaine de Saint Gille. Du chevalier au barisel. Réédité avec introductions remarques, glossaire par O. Schultz-Gora. Halle 1899. **Lorrain, Bourguignon, Champenois.** Lothringischer Psalter des XIV. Jahrh. (Bibl. Mazarine No. 798), altfrz. Übersetzung des XIV. Jahrh., mit einer grammatischen Einleitung, enthaltend die Grundzüge der Grammatik des altlothring. Dialekts, und einem Glossar publié pour la première fois par F. Apfelstedt [Altfrz. Bibl. IV (1881)]. Lyoner Yzopet. Altfranz. Übersetzung des XIII. Jahrhund. in der Mundart der Franche Comté, publié par W. Foerster [Altfranz. Bibl. V (1882)]. Corssen, Fr. Lautlehre der altfrz. Übersetzung der Predigten Gregors über Ezechiel. Dissertat. de Bonn 1883. Cliges von Christian von Troyes publié par W. Foerster. Einleitung. Halle 1884. Goerlich, E., Der burgundische Dialekt im 13. und 14. Jahrh. [dans FSt VII (1889)]. Buschbruck, K., Die altfranzösischen Predigten des heiligen Bernhard von Clairvaux [dans RF IX (1896), P. 662—743]. **Dialectes de l'ouest.** Auler, Fr. M., Der Dialekt der Provinzen Orléanais und Perche im 13. Jahrh., Dissertat. de Strasbourg, Bonn 1888. — Tendering, F., Laut- und Formenlehre des poitevinischen Katharinenlebens [dans: ASNS LXVII (1882),

P 269—318], Goerlich, E, Die südwestlichen Dialekte der Langue d'oil: Poitou, Aunis, Saintonge u. Angoumois [dans FSt III (1882)]. — Goerlich, E, Die nordwestlichen Dialekte der Langue d'oil Bretagne, Anjou Maine, Touraine [dans FSt V (1886)], Cloetta, W, Le mystère de l'époux [dans Rom. XXII (1893), P 177—229] — Remarque Meyer, P, Rom IV (1875), P 293, V, P 504, Ascoli, G J, P Meyer e il Franco-Provenzale [dans AGIt II (1876), P 385—395], Paris, G, Les parlers de France [dans Revue des patois gallo-romans II (1888), P 162—175], de Tourtoulon, RLR XXXIV (1890), P 130—175; Horning A, Über Dialektgrenzen im Romanischen [dans ZRPh XVII (1893), P 160e jusqu'à 187, cf Rom XXII (1893, P 604 sq] — § 8 Paris, G, La vie de Saint Alexis, Paris 1872, Introduction, Lücking, G, Die ältesten französischen Mundarten Berlin 1877 (voyez aussi Paris, G, Rom VII (1878) P 111—140 Neumann, F, ZRPh II (1878), P 152—160) Suchier, H GG I (1888) P 572 et Bibliotheca Normannica III introduction, Paris G, Observations grammaticales [dans Extraits de la Chanson de Roland, 5 Edit Paris 1896, P 1- 62] — Metzke, E, Der Dialekt von Ile-de-France im XIII und XIV Jahrhundert [dans ASNS LXIV (1880) LXV (1881)], Rohr, R, Der Vokalismus des Franzischen im 13 Jahrhundert, Dissertat de Halle 1888, Schulze, A Der Konsonantismus des Franzischen im 13 Jahrhundert, Dissertat de Halle 1890

I. Partie. Phonétique.

Chap I Considérations préliminaires

§ 10 Paul, H, Prinzipien der Sprachgeschichte, 3. Edit Halle 1898 Delbrück, B, Einleitung in das Sprachstudium 3 Edit, Leipzig 1893 von der Gabelentz, G, Die Sprachwissenschaft, ihre Aufgaben, Methoden und bisherigen Ergebnisse, Leipzig 1891 Wallensköld, A, Zur Klärung der Lautgesetzfrage [dans Abhandlungen, Prof Tobler dargebracht, Halle 1895 P 288—305] 4) Neumann, F, Über einige Satzdoppelformen in der franzos Sprache [dans ZRPh VIII (1884), P 242—274 363—412 cf. aussi Paris, G Rom XIV (1885), P 157—158 Schwan, E, ZRPh XII (1888), P 192—219, Paris, G, Rom. XVII (1888), P 624 Mort, H GGA 1889, P 19 sq], Jeanjaquet, J Recherches sur l'origine de la conjonction „que" et des formes romanes équivalentes Dissert de Zurich 1894 (cf Paris, G, Rom XXV, P 343 Körting G, ZFSL XX² P 69 sq) Rydberg, G, Zur Geschichte des franzos (II 2 . Die vorlitterarische Entwicklung der frz Monosyllaba Upsaal 1898 Remarque Cf déjà Diez F, Altromanische Sprachdenkmale, P 12 *sendra*. — § 11, 3 a) Buchegger, H, Über die Präfixe in den romanischen Sprachen, Dissertat d' Heidelberg 1890, 3 b) Cohn, G, Die Suffixwandlungen im Vulgärlatein und im vorlitterarischen Französisch nach ihren Spuren im Neufranzösischen Halle 1881; cf aussi Schwan, E, ZFSL XIII, P 192 sq, pour *venin* v Thomas, A, Rom XXV (1895) P 88 4) Fass, C, Beiträge zur französischen Volksetymologie [dans RF III (1887)] Pour *pentecoste* cf Paris, G, Rom X, P 58 Rem 2, Foerster, W, Cliges P LVII, pour *aguille* Gröber G Miscell P 39, Ebeling G, Auberee, P. 138 sq, pour *orteil* Tobler, Ad, Miscell P 74 5) Caix, N, Voci nate della fusione di due temi [dans ZRPh I (1877), P 421—428] Pour *craindre* cf Ascoli, G J, AGIt XI (1890), P 439—446· pour *orteil* und *glaive* Ascoli ib X (1887), P 260 sq; pour *chascun* Meyer, P Rom II (1873), P 80 sq et Cornu, J, ib IV (1875), P 453 sq, pour *grandia* Meyer(-Lübke), W ZRPh X, P 172 — § 12. Canello U A, Lingua e dialetto [dans GFR I (1878), P. 2 sq], Flaschel, H, Die gelehrten Wörter in der

Chanson de Roland, Dissertat de Gœttingue 1882, Keesebitter, O., Die christlichen Wörter in der Entwickelung des Französischen [dans ASNS 77 (1887), P. 320—352], Berger, H., Die Lehnwörter in der französ. Sprache ältester Zeit, Leipzig 1899 — § 13 2) Pour *ch* cf. Schuchardt, Rom. III (1874), P. 282 sq. 4) Tobler, Ad., Vom französ. Versbau³, P. 35; Feist, A., ə = *us* in altfranzösischen Handschriften [dans ZRPh X (1886), P. 284 sq., cf. Rom. XVI, P. 155] Lincke, C., Die Accente im Oxforder und im Cambridger Psalter, sowie in anderen altfranzösischen Handschriften, Dissertat d'Erlangen 1886 Stengel, E., ZFSL XII (1890), P. 263 sq.

Ch. II Les principales différences entre la phonétique du latin vulgaire et celle du latin littéraire

Schuchardt, H., Der Vokalismus des Vulgärlateins, Leipzig 1866—1869, 3 Vol., Gröber, G., Vulgärlateinische Substrate romanischer Wörter [dans ALLG I (1884) — VII (1892)], Bonnet, M., Le latin de Grégoire de Tours, Paris 1890, Foerster, W., Die Appendix Probi [dans WSt XIV (1892), P. 278—322], Ullmann, K., Die Appendix Probi [dans RF VII (1893), P. 145—262], Foerster, W., ib. P. 227 sq., Kluge, F., Vulgärlateinische Auslaute auf Grund der ältesten lat. Lehnworte im Romanischen [dans ZRPh XVII (1893), P. 559—561], Haag, O., Die Latinität Fredegars [dans RF X (1899), P. 835—932], cf. aussi la bibliographie du § 2 — § 15 Seelmann, E., Aussprache des Lateins, P. 15—64. 1) Havet, L., Rom. VI (1877), P. 433—436, Neumann, F., ZRPh XX (1896), P. 519 sq., 2) Mirisch, M., Geschichte des Suffixes *-olus* in den romanischen Sprachen mit besonderer Berücksichtigung des Vulgär- und Mittellateins, Dissertat. Bonn 1882, Neumann, F., LBlGRPh 1882, P. 469 et ZRPh XIV (1890), P. 547 sq., Schwan, E., ZFSL XIII² (1891), P. 201, 3) Rydberg, G., Viginti, triginta ou vigínti trigínta [dans Mélanges de phil. romane dédiés à C. Wahlund, P. 337—352, cf. Paris, G., Rom. XXVI, P. 107 sq.] — § 16 Foerster, W., Bestimmung der lateinischen Quantität aus dem Romanischen [dans Rheinisches Museum f. Phil., N. F. XXXIII (1878), P. 291—299, 639—640], ten Brink, B., Dauer und Klang, Strasbourg 1878, Boehmer, E., Klang nicht Dauer [dans RSt III (1878), P. 351—366, 609—616, ib. IV (1880), P. 336—348], Suchier, H., ZRPh III (1879), P. 135—143, Gröber, G., ib. P. 146—148, Storm, J., Beretning om forhandlingerne på det første nordiske filologmøde, ed. Wimmer, Kopenhague 1879, P. 157—191, Schuchardt, H., ZRPh IV (1880), P. 140 sq., Seelmann, E., Aussprache, P. 65 sq., Meyer(-Lübke), W., GG I (1888), P. 360; Marx, A., Hülfsbüchlein für die Aussprache der lat. Vokale in positionslangen Silben, 2. Edit., Berlin 1889, Gröber, G., Commentationes Wölfflinianae, Lipsiae 1891, P. 178—182, cf. aussi § 35 — § 17 Cf. Ascoli, G. J., Sprachwissenschaftl. Briefe, Abrégé par B. Güterbock, Leipzig 1887, P. VI sq. Gröber, G., ALLG VII (1892), P. 61 sq. b) Rem. Paris, G., Rom. X (1881), P. 52 Rem. 6, pour *noptias* ib. P. 397 sq. — § 18. Meyer-Lübke, W., ZFSL XV², P. 86 Rem. — § 19 Meyer(-Lübke), W., ZRPh VIII (1884), P. 205 sq., GG I, P. 361 — § 20 Seelmann, E., Die Ausspr. d. Lat. P. 93 sq., Meyer(-Lübke), W., ZVglS XXX (1890), P. 335—345; Thurneysen, R., ib. P. 497—503, pour *prendre* cf. Gröber, G., ALLG IV (1887), P. 448 sq., Suchier, H., Commentationes Wölfflinianae, Lipsiae 1891, P. 69 sq. (cf. Rom. XXI, P. 141), Poyen-Bellisle, René de, The laws of hiatus-*i* in gallic popular latin, Chicago 11 P. 8°, 4) Schuchardt, H., Vokalismus des Vulgärlateins II, P. 464 sq. Neue-Wagner, Formenlehre der lat. Spr. II³, P. 371 — § 21 et 22. Gröber, G., Verstummung des *h*, *m* und positionslange Silbe im Lateinischen [dans Commentationes Wölfflinianae, Lipsiae 1891, P. 169—182] Paris, G., La prononciation de *h* en Latin [dans Rom XI (1882) P 399] — § 25. Ascoli, G J Sprachwissenschaftl Briefe (v § 17) P 177 sq Grober, G, ALLG V (1888) P 129 sq Grober, G. ALLG I (1884), P 544, 546 548, 549 — § 26. Parodi, E G, Del passaggio di *v* in *b* e di certe perturbazioni delle leggi fonetiche nel latino volgare [dans Rom XXVII (1898), P 177—240]. Meyer(-Lubke) W, GG I, P 362 — § 27 2) Ascoli, G J Lettere glottologiche [dans Rivista di Fil e d'istruzione class X (1882), P 12 sq - Sprachw Br (v § 17), P 12 sq]; 3) Paris G, Annuaire de l'école pratique des hautes études pour 1893, P 7—37 Schuchardt, H LBlGRPh 1893 Colonnes 360—363 Paris G Comptes rendus de l'Académie des Inscript et Belles Lettres XXI (1893), P 81—94, Guarnerio, P E, Supplementi periodici all' AGIt IV (1897) P 21—50. — § 29 et 30 et § 5

Chap. III Les sons du latin vulgaire et leurs transformations dans le vieux-français

I Vocalisme

A Voyelles toniques

§ 32. Darmesteter A, Rom V (1876), P 140 sq Schuchardt H., ZRPh IV (1880), P 141 sq , Schwan und Pringsheim, Der französische Accent [dans ASNS 85 (1890), P 203 sq] — § 33 Paris, G Rom X (1881), P 36, Hale, W G Syllabification in Roman Speech [dans Harvard Studies in Classical Philology VII (1896), P 249—271] Matzke, J E, The question of free and checked vowels in Gallic popular latin [dans Publications of the Modern Language Association of America XIII P. 1—41] — § 35 1) Schuchardt, H Vokalismus des Vulgarlateins II 1867) P 328 sq Havet, L, Rom VI (1877), P 321 sq , Schuchardt, H, ZRPh II (1878), P 187 sq , IV (1880), P 140—142 Suchier H ib II (1878), P 292 sq , Horning, A, ZRPh XI (1887), P. 411 sq ; Storm, J Forhandl paa det (3 —)4 nord filologmøde, Kobenhavn 1893, P XXXIV—XLVII; Gorra, E, Dell' epentesi di iato nelle lingue romanze [dans StFR VI (1893) P 465—599], Rom XXIII (1894) P 594—601, 621—622 Mackel, E Rom Vokaldehnung in betonter freier Silbe [dans ZRPh XX (1896), P 514—519], cf aussi § 16 et pour les transformations d' *a* tonique libre § 52 sq . 2) Cornu J, Rom VII (1878), P 360 Foerster W, ZRPh III (1879), P 481—517, 625—627 Schuchardt ib IV (1880), P 113 - 123, Cornu, J Rom X (1881), P 216 sq , Neumann, F ZRPh VIII (1884) P. 259 sq Schwan E, ib. XII (1888), P 192 sq , 3) et 4) Ulbrich Uber die vokalisierten Konsonanten des Altfranzos [dans ZRPh. II (1878) P 521—538, cf Rom VIII, P 296] Waldner, Die Quellen des parasitischen *i* im Altfranz [dans ASNS 78 (1887) P 421—456], 5) Engelmann, Uber die Entstehung der Nasalvokale im Altfranzosischen, Dissertat de Halle 1882 Koschwitz E, ZFSL XIV² (1892), P 128 sq Suchier, H Altfrz Gramm, I, 1, P 61 sq Uschakoff, J, Zur Frage von den nasalierten Vokalen im Altfranzosischen, Helsingfors 1897 (cf Herzog, E, ZRPh XXII, P 536—542). Berghold, K Uber die Entstehung der Nasalvokale im Altfranzos Dissertat, Leipzig 1898 Klahn, W, Uber die Entwickelung des lateinischen primaren und secundaren *mn* im Franzosischen Dissertat Kiel 1898 P 53—66 — § 39 2) Ascoli, G J, AGIt III (1878) P 72 Rem 2; Cornu, J, Rom. VII (1878). P 356 sq — § 41 Brekke, K, *ẹ* (= *ē*, *ĭ*) latin en ancien français et en mayorquin [dans Rom XVII (1888), P 89—95]. cf § 52 Rem 1. Remarque, pour *meisme* cf Paris G, Observations (v § 8) 18 — § 42 Remarque Meyer P, *an* et *en* toniques [dans Mémoires de la Soc de

Linguist. de Paris I (1868) P. 244 sq.], Haase, H, Das Verhalten der pikardischen und wallonischen Denkmäler des Mittelalters in Bezug auf *a* und *e* vor gedecktem *n*, Dissertat, Halle 1880, Horning, A, Die Schicksale von *en* + Kons und *an* + Kons im Ostfranzösischen [dans ZRPh XI (1887), P. 542—550, cf. Rom XVII 623]. — § 43. Cf § 35, 2 — § 45, Remarque. Pour *mile tiule* v. Suchier H, Altfranzösische Grammatik I, 1, P 55 — § 46. Havet, L, La prononciation de *ie* en français [dans Rom VI (1877), P 323 sq.] Schuchardt, H, ZRPh II (1878), P 187 sq, cf. aussi § 52, 2) — § 48. Cf § 41 et 52 Remarque 1; Remarque, pour *niece* et *piece* cf Gröber, G, Miscell, P 46 sq — § 49. Rem V § 42 Rem — § 50. Thomsen, V, *e* + *i* en français [dans Rom V (1876), P 64—75], Schulzke P. Betontes *ĕ* + *i* und *ŏ* + *i* in der normannischen Mundart, Dissertat, Halle 1879, Horning, A, ZRPh XIV (1890), P. 376 sq — § 51. Cf § 155 — § 52. Schuchardt, H, ZRPh IV (1880), P 144. Koschwitz, E, Kommentar zu den ältesten französischen Sprachdenkmälern, Heilbronn 1886, P 11 sq — § 52. Pour la prononciation de l *e* cf. Böhmer, E, RSt I (1875), P 599, Koschwitz, E, Überlieferung und Sprache der Chanson du voyage de Charlemagne, Heilbronn 1876, P 21, Lücking, G, Die ältesten franz Mundarten, Berlin 1877, P 91, Paris, G, Rom VII (1878), P 122 sq. Suchier, H, ZRPh III (1879), P 137 sq, id Altfranzös. Gramm § 17 sq, Edström, A E Studier öfver uppkomsten och utvecklingen af fornfranskans *e* ljud i betonad stafvelse I Akademisk afhandling, Upsaal 1883 (cf. Vising, J, LBlGRPh 1883, Colonne 469 sq) 1b) Vising, J., ZRPh VI (1882), P 372—385, cf aussi § 46 Rem 1. Nathan, N, Das lateinische Suffix *-alis* im Französischen, Dissertat Strafsburg 1886 Rem 2 Ascoli, G J, Archivio glott III (1878), P 61 sq, ib VIII (1882—1885), P 99 sq. Philipon E, Romania XVI (1887) P 263—277, Morf, H, ib P 278—285, Gauchat, L, ib XXVII (1898), P 270—286 — § 53 1b) v § 52 1b) — § 56 2) Ascoli, G. J, AGlt III (1878), P 72 Rom VII 1878, P. 354, 368, ib XI (1882) P 604 Rem. 1, Mussafia, Ad, Zs f. d Realschulw, XIV, P 72, Rem, pour *-arius* cf Zimmermann, Geschichte des Suffixes *-arius* in den romanischen Sprachen, Dissertat d'Heidelberg 1895, Korting, G, ZFSL XVII[1] (1895), P 197 – 236, Morf II, ASNS 94 (1895) P 345 - 350, Staaff, E, Le suffixe *-arius* dans les langues romanes, Dissertat d Upsaal 1896, Marchot, P ZRPh XXI (1897), P 296—300 — § 58 sq Foerster, W, Schicksale des lat *ŏ* im Französischen [dans RSt III (1879), P. 174—192], Strauch, M, Lateinisches *ŏ* in der normannischen Mundart, Dissertat de Halle 1881, Ortenblad, O, Étude sur le développement des voyelles labiales toniques du latin dans le vieux français du XIIe siècle I Disseit d Upsaal 1885 — § 58. Matzke, J E, Über die Aussprache des altfranzösischen *ue* von lateinischem *ŏ* [dans ZRPh XX (1896), P 1—14] — § 62. Cf § 50 — § 63, Rem Pour *lieu* v Meyer(-Lübke) W, ZRPh XI (1887), P. 539, Paris G, Rom XVII (1888) P 622 sq, Foerster W, ZRPh XIII (1889), P 543—545 Suchier, H, Altfrz Gramm I 1 (1893), P 57, Matzke, J E, ZRPh XX (1896), P 13 et Mod Language Notes VII (1892), P 65—69 — § 64 sq Boehmer, E, RSt III (1878) P 597—602 Paris, G, Rom X (1881), P 36—62 (cf Neumann, F, LBlGRPh III colonne 466 sq), Schreiber, A, Der geschlossene *o*-Laut im Altfranzösischen, Dissertat de Strasbourg 1888 — § 68 Cf. § 226 sq Au lieu d *ostgu* lisez *ustiu* et cf. Gröber G, ALLG VI (1889) P 149 — § 73 Pour *oie* cf l opinion différente de Gröber ALLG III (1886), P 139 sq

B Voyelles post-toniques.

Lindström, E, Anmärkningar till de obetonade vokalernas bortfall i n[illegible] Vising,

J, LBlGRPh XIV (1893), P 288 sq), Shepard W P A contribution to the history of the unaccented vowels in Old French, Dissertat de Heidelberg 1897, P 3—56 Staaff, E, RPh XI (1897), P 199 sq — § 76 Meyer(-Lubke), W, ZRPh VIII (1884), P 205 sq, Horning, A, ib XV (1891), P 493—503 Schuchardt H, Sitzungsber der Kais Akad d Wissensch in Wien, Phil-histor Cl Bd 138 (1898), P 29 sq. — § 78 Foerster, W ZRPh III (1879) P 183 sq, Meyer(-Lübke), W., ib XII (1888), P 526 sq, Mussafia, Ad, Zs f d Realschulw XIV, P 77 Rydberg, G, Zur Geschichte des französischen ə, Upsaal I 1896, II 1897, II² 1898

C Voyelles protoniques

§ 79. Meyer-Lubke, W, ZFSL XV² (1893), P 87 sq — § 80. Darmesteter, A, Phonétique française La protonique non initiale, non en position [dans Romania V (1876) et Reliques scientifiques . . . II, P 95—199], Mussafia, Ad, Zs f d österr. Gymn 1894, P 51 Rem 2; Shepard, W P, A contribution to the history of the unaccented vowels in Old French, Dissertat d'Heidelberg 1897 P 56 sq, Staaff, E RPh XI (1897), P 203 sq, Rem Paris, G Rom XVIII (1889) P. 551 (*oirison* etc); Koschwitz, E, ZRPh II (1878), P 481 sq, Meyer-Lubke, W, LBlGRPh XII (1891), P 303 (*larrecin*), Paris, G, Rom XVIII (1889), P 521 (on y trouve une explication différente de *maledeit beneit*), Thomas, A Rom XXI (1892), P. 7 sq — § 81 sq Ellenbeck, J Die Vortonvokale in französischen Texten bis zum Ende des 12 Jahrhunderts, Dissertat, Strasbourg 1884 — § 81, Rem Gejer, P A, Sur quelques cas de labialisation en français [dans Rec de mem phil presentés à M Gaston Paris par ses élèves suédois, Stockholm 1889, P 21 sq], cf Rom XIX (1890), P 123 sq, pour *roignon* v. Horning, A, ZRPh XXI (1897), P 459 — § 87, Rem Paris, G, Rom XIX (1890), P. 124 sq, Neumann, F, ZRPh XIV (1890), P 556 sq, Mussafia, Ad, Rom XXIV (1895), P 436, pour *noel* v Todd, H A, Modern language notes VI (1891), colonne 169 sq — § 88, Rem. Pour *gehne* v Meyer-Lubke, W, ZFSL XX² (1898), P 66 — § 89, Rem Paris, G, Rom XIX, P 123 — § 90, Rem Cf Paris G, Rom XVIII (1889), P. 587 — § 91 sq Cf Staaf, E RPh XI (1897) P 216 sq — § 93 Rem Foerster, W, ZRPh XIII (1889), P. 535 sq, Paris, G, Rom. XIX (1890), P. 353 — § 96 v § 93, Rem

II Consonnantisme

§ 103, 2 b) Karsten, G, Zur Geschichte der altfranzösischen Konsonantenverbindungen Dissertat, Fribourg 1884, Gutheim F, Über Konsonanten-Assimilation im Französischen, Dissertat de Berne, Heidelberg 1891, Horning, A, Du *z* dans les mots mouillés en langue d'oïl [dans RSt IV (1880), P 627 sq cf Grober, G, ZRPh VI (1882) P 486—491]; Faulde, O, Über Gemination im Altfranzösischen [dans ZRPh IV (1880), P 542—570], Eickershoff, E Über die Verdoppelung der Konsonanten im Altnormannischen [dans ASNS LXXV (1886), P. 113—146, 285—336], Wolfflin, E, Die Dissimilation der littera canina [dans ALLG IV (1887), P 1—13], Grammont, M, La dissimilation consonantique dans les langues indo-européennes et dans les langues romanes, Dijon 1897 (cf. G. Paris, Journal des Sav Février 1898) 3) Kaufmann P Die Geschichte des konsonantischen Auslauts im Französischen, Dissertat, Fribourg 1886 Cf aussi § 10, 4 — § 104 Rem 1. Holthausen, F, Franz *fois* und *fresaie* [dans ZRPh X (1886) P 292 sq] — § 105 et 106. 1) Pour *travail* cf Meyer P, Rom. XVII (1888), P 421 sq 2) Neumann, F, ZRPh VIII (1884), P 396 sq., Nordfelt, A, Quelques remarques sur les consonnes labiales finales, Stockholm 1894 (cf Rom XXIV [1895], P 488) Meyer-Lubke W, ZFSL XX² (1898), P 69 sq — § 107 Neumann Fr, Zs f rom Phil. VIII (1884), P. 382 Rem, Ascoli, G J Miscell P 444 Paris, G, Rom XV (1886) P 462 — § 109, Rem. Cf Mussafia, Ad Zs f d Realschulwesen XIV, P. 257 sq Zs f d östern Gymn. 1894, P 53. Rem. — § 110, Rem Pour *sifilo* cf Havet, L Mots romans tirés de dialectes italiques [dans Bulletin de la Société de linguistique de Paris Nr 14 (1875)] Ascoli, Miscell. P. 425 sq, AGIt X (1886—88), P 1 sq — § 111 Pour *nas* v Paris G Extr de la Chans de Rol. 18 — § 116 Suchier, H Reimpredigt (v § 7), P XIX sq; Roeth, C. Über den Ausfall des intervokalen *d* im Normannischen, Dissertat, Halle 1882, Kluge, Fr, et Baist, G Altfranzös *dh* (*đ* in altenglischen und altdeutschen Lehnworten [dans ZRPh XX (1896), P 322 sq] Remarque Pour *t* v. Gröber G, ZRPh II (1878), P 459. Varnhagen, H ZRPh X (1886), P 296 sq Gröber, G ib XIII (1889), P 545 sq, Paris, G, Rom XVI (1887), P 155 sq, ib XVIII (1889), P 328 sq; Karsten, G, Modern Language Notes II (1887), P 169—177, pour *tut* cf Karsten, G, Konsonantenverbindungen (v. § 103, 2b) P. 24 sq — § 119, Rem Paris, G, Rom XXVIII (1899), P 145 — § 120, Rem Pour *-ame* v Cohn l c (v § 11), P 267 sq — § 122, 2 Cf Neumann, F, ZRPh XIV (1890), P 559 sq — § 124 Suchier, H Reimpredigt (v. § 7), P XIX sq — § 128 sq Koeritz, W, Das s vor Konsonant im Französischen, Dissertat. de Strasbourg 1886, v à ce sujet Paris, G Rom XV (1886) P 614—623 — § 130, Rem Pour *Oise* cf Gröber, G, ALLG IV (1886), P 270 sq — § 133 Joret Ch, Du C dans les langues romanes, Paris 1874 cf Darmesteter, A., Rom. III (1874) P 379—398, Varnhagen, H, Das altnormannische C [dans ZRPh III (1879) P 161—177], Buhle, W, Das C im Lambspringer Alexius, Oxforder Roland und Londoner Brandan, Dissertat de Greifswald 1881, Lenz R, Zur Physiologie und Geschichte der Palatalen, Dissertat de Bonn 1887 [se trouve aussi dans ZVglS N F IX (1888), P 1—59] — § 134 sq Siemt, O, Über lateinisches *c* vor *e* und *i* im Pikardischen, Dissertat Halle 1881 Horning, A, Zur Geschichte des lateinischen *c* vor *e* und *i* im Romanischen, Halle 1883 Paris G, Rom XV (1886), P 446 cf aussi § 27 3 — § 135 Cf Horning Ad LBlGRPh XVIII (1897) Colonne 230 sq, Rem 2 Stengel, E, Zur Zeitbestimmung des Schwundes von *c* und *t* im Nordwestromanischen [dans ZRPh I (1877), P 106 sq], Suchier, H, GG I, P 610, Mussafia, Ad, Zs f. d Realschulw XIV, P 260, Neumann, F, ZRPh XIV (1890) P 550 sq pour **ciaccu* v Gröber, G, ALLG V (1888), P 455 — § 137, Rem Ascoli, G J AGIt IX (1886), P 103 Rem., Ascoli, G J, Sprachwissenschaftliche Briefe (v § 17), P 198, Rem 2 Bos, A Rom XIX (1890), P 300, Meyer-Lubke, W ZRPh XV (1891), P 275 — § 139 Beetz K, C und Ch vor lateinischem A in altfranzösischen Texten Dissertat de Strasbourg 1887; Groen, J, C vor a im Französischen, Dissertat de Strasbourg 1888, Meyer, P, *c* et *g* suivis d'*a* en provençal Étude de géographie linguistique [dans Rom XXIV (1895), P 529—575] Cf aussi A Thomas et H Teulié, Bullet de la soc. des parlers de la Fr. I (1895—1897), P 221—275 — § 140. Meyer-(Lubke), W ZRPh XI (1887), P. 538—541; Paris, G, Rom XVII (1888), P 622 sq pour *dunc, voier* v aussi Foerster, W, ZRPh III (1879) P. 259 sq — § 143 Neumann, F, ZRPh XIV (1890), P 559 sq Remarque Pour *grammaire* etc v. Tobler, Ad, Rom II (1873) P 241 sq Paris, G, ib. VI (1877), P 129 sq. Havet, L, ib P 254 sq Mussafia, Ad, Zs f österreichische Gymn XXVIII (1877), P 203; Nigra, C., Rom. XXVI (1897), P 562 — § 145 2) Neumann, F., ZRPh VIII (1884) P 385 sq Meyer(-Lubke) W ib IX (1885),

P 143 sq Mussafia, Ad, Zs f d Realschulw XIV, P 265 sq — § 146 Wallenskold, A, Mélanges de phil rom dédiés à Carl Wahlund, 1896, P 145—161. Paris, G, Rom XXVI (1897), P 130, Meyer-Lubke, W, ZFSL XX² (1898), P 67 — § 148. 2) Andersson, H, Zum Schwund der nachtonigen Vokale im Französischen [dans Språkvetenskapliga sällskapets i Upsala förhandlingar Sept 1891 à Maj 1894, P. 32 sq], pour juge v § 137 Rem — § 151, Rem Pour cume etc. cf. aussi la bibliographie du § 143 Rem — § 152. Cf Meyer-Lubke, W., ZFSL XX² (1898), P 67 — § 153, Rem Pour jusque v. Tobler, Ad, ASNS 94 (1895), P. 462 Pour ajudet etc cf Foerster, W, ZFSL XX² (1898), P 113 sq — § 155. Meyer(-Lubke), W, ZRPh IX (1887) P 538—542 D'après l'opinion de Schwan dans la 1. et la 2 édition de sa grammaire, la palatale, dans ku intervocalique, est devenue y—i, et la spirante bilabiale w a donné la dentolabiale v Cf. aussi Brand, J, Studien zur Geschichte von inlautendem qu in Nordfrankreich, im besonderen zur Lautgeschichte von nfrz suivre und eau, Munster 1897 — § 158. Ascoli, G. J, AGIt (1873), P 82 sq. Thomsen V, Mém de la soc de ling III, P 110 sq Ulbrich, O, ZRPh II (1878) P 522 sq, Schuchardt, H., ib IV (1880), P. 146 sq; Horning, Ad, Gesse, jaue [dans ZRPh XIX (1895), P 70—76] Remarque Pour eque, meque et Meyer-Lubke, W, Rom. Gramm I, P 198 — § 159 sq Mussafia, Ad, Zs f d Realschulw XIV, P 262 sq — § 163. Koschwitz, Ed, Kommentar (v § 7), P 72 sq. — § 164 Neumann, F, LBlGRPh VI (1885), Colonne 244 Rem. Meyer-Lubke, W., Rom. Gramm II P 19 — § 165—170. Euren S F. Exemples de l'i adventice dans des mots français [dans Recueil de mémoires philologiques presenté à monsieur Gaston Paris . par ses élèves suédois , Stockholm, 1889] cf. Paris, G Rom. XIX, P 119 sq — § 168. Rem Behrens, D, Uber reciproke Metathese im Romanischen, Greifswald 1888 P 2 sq — § 173, Rem Meyer-Lubke, W ZFSL XX² (1898), P 68 — § 174. Voelkel, P, Sur le changement de l'l en u Programme du Collège Royal Francais, Berlin 1888, Paris, G, Rom XVII (1888), P 428 Rem, Haas, J, Zur Geschichte des l vor folgendem Konsonanten im Nordfranzosischen Dissertat de Fribourg 1889 — § 186 Rem Pour espingle v Grober, G, ALLG V (1888), P 477 — § 190, Rem Rydberg, G. Zur Geschichte des französischen ə, P 209 sq —, § 192 sq Mussafia, Ad, Rom XVIII (1889), P 529—550. Paris, G, ib 550—552 — § 192, Rem Schuchardt H, Romanische Etymologieen I (Sitzungsber d Kais Ak. d Wissensch in Wien Phil-hist Klasse Bd 138 (1898)) — § 193. Muret E., Rom XIX (1890), P. 592, Horning, Ad, ZRPh XVIII (1894), P 232—242 — § 195, Rem Pour ainz v. Thomas, A, Rom. XIV (1885), P. 572, Grober, G, ZRPh X (1886), P 171 — § 200 Matzke, J E. Dialektische Eigentumlichkeiten in der Entwickelung des mouillierten l im Altfranzosischen [dans Publications of the Mod. Language Association V, 2] — § 217 Neumann, F, Miscell P 167 sq

Chap. IV Les sons en vieux-français et leurs transformations ultérieures

§ 211 Pour peu v. Suchier, H, Altfrz. Gramm. I, 1, P 83 — § 220 sq Marchot, P, Sur u long latin [dans Solution de quelques difficultés de la phonetique française, Dissertat. Lausanne 1893] — § 223 Foerster, W, Cliges P LIX sq, Marchot P, Evolution de ai [l c]. — § 225—229. Rossmann, Ph, RF I (1883), P 145—178 Paris, G, Rom XI, P. 604—609, Araujo, F, Rev de phil. franc. et prov V (1891), P. 96 sq — § 225. Weigelt, R, Französisches oi aus ei auf Grund lateinischer Urkunden des zwolften Jahrhunderts, Dissertat Halle

1887 [dans ZRPh XI (1887), P 85—106] Remarque. ZFSL XII (1890), P 82 — § 243. Vising, J, Über französisches *ie* für lat *a* [dans ZRPh VI (1882) P 372—385] Rem 2 Horning, Ad, Wandel von *-iée* zu *-ie* [dans ZRPh XIV (1890), P 383 sq] — § 245. Matzke, J. E, ZRPh XX (1896) P 1—14 — § 249. Paris G Rom X (1881), P 53 sq, XI (1882), P 605; cf. aussi la bibliographie du § 35, 5 — § 257 Foerster, W, Cliges P LXI sq Suchier, H Altfranz Gramm I (1893) P 70 sq Marchot, P., Nasalation de *ai* [dans Solution de quelques difficultés de la phonétique française, Dissertat, Lausanne 1893], Matzke, J E, Publ of the Mod Lang Association of America IX (1894), P 451—462 — § 264 sq Tobler, Ad, Vom französischen Versbau alter und neuer Zeit, 3 Edit, Leipzig 1894. — § 266. Rem. Cf Neumann, F, LBlGRPh III (1882), P 467, Rem — § 267, 268, 271. Winderlich, C., Die Tilgung des romanischen Hiatus durch Kontraktion im Französischen, Dissertat de Breslau 1885 Hossner, M, Zur Geschichte der unbetonten Vokale im Alt- und Neufranzösischen, Dissertat, Fribourg 1886 — § 270 Staaft, E, Quelques remarques sur le passage d'*eu* atone à *u* en français [dans Mélanges de phil rom dédiés à Carl Wahlund 1896, P 243—254, cf Paris, G, Rom XXVI (1897), P 105 sq] — § 271. 3) Pour *traître* v Sheldon, Etymological notes [dans Studies and notes in philology and literature Published under the direction of the modern language departments of Harvard University, Boston 1892], et Paris, G, Rom XXII (1893), P 617 — § 277 Lucking, G, Der konsonantische Auslaut des Französischen nach Th Beza Progr, Berlin 1874, Andersson H, Quelques remarques sur l'amuïssement de l *r* final en français [dans: Recueil de mémoires philologiques présenté à monsieur Gaston Paris par ses élèves suédois, Stockholm 1889], Paris, G., Rom XIX (1890) P 118 sq, Stork, M A., Über französisches *r* im Auslaut, Dissertat, Heidelberg 1891, Andersson H, Altération et chute de l'*r* en français [dans: Nyfilologiska sällskapets i Stockholm publikation 1898 P 149—170] J Vising et H Anderson Rom XXVIII (1899), P 579—597 — § 280. V § 131 sq — § 281 sq v. § 174

II. Partie. Morphologie.

Neue-Wagner, Formenlehre der lateinischen Sprache 3., édit complètement remaniée, Berlin 1892 sq

Chap. I Déclinaison.

I. Noms

Bücheler, Franz Grundriss der lateinischen Deklination, 2 édit, Leipzig 1879 (traduit en français par Havet Paris 1875), de Jubainville, A, Déclinaison latine en Gaule à l'époque mérovingienne, Paris 1872 (cf Schuchardt, H ZVglS XXII, P 153 sq), Sittl, K, Der Untergang der lateinischen Deklination [dans ALLG II (1885, P. 555—580], Lindström, A, L'analogie dans la déclinaison des substantifs latins en Gaule Dissertation, Upsaal, I 1897, II 1898 (cf Staaff, E, LBlGRPh XVIII, Colonne 408—411, et Herzog, E. ZFSL XX², P 241—245), Koerting, G, Formenlehre der franzos Sprache II Der Formenbau des franzos Nomens, Paderborn 1898 — § 283 Koschwitz, Ed ZRPh II (1878), P 486 sq, Meyer(-Lubke), W, Die Schicksale des lateinischen Neutrums im Romanischen, Halle 1883 Appel, E De genere neutro intereunte in lingua latina, Erlangen 1883 Suchier, H, ALLG [illegible] § 281 [illegible] etc. cf

Schwan, ZRPh XI (1888), P 552, Bourciez, Observ sur les noms de la 3e décl lat [Annales d l fac d Lettres de Bordeaux 1884, 22] § 286 Sundstedt, G, Sur le cas fondamental de la déclinaison romane [dans Mélanges de philologie romane dédiés à Carl Wahlund 1896, P. 315—334] 1) Clairin, Du génitif latin et de la préposition *de*, Paris 1881 (cf LBlGRPh III Nr 4), Koschwitz, E, Der Vokativ in den altesten franzosischen Sprachdenkmalern [dans RSt III (1878) P 493—500], Bever, A, Die Flexion des Vokativs im Altfranzosischen und Provenzalischen [dans ZRPh VII (1883), P. 23 sq] Bourciez De praepositione *ad* casuali in latinitate aevi merovingici, Thèse présentée à Paris 1886 — § 287 sq von Lebinski, C, Die Deklination der Substantiva in der oil-Sprache I Bis auf Crestiens de Troies, Dissertat de Breslau 1878. Schneider, B, Die Flexion des Substantivs in den altesten metrischen Denkmalern des Franzosischen und im Charlemagne, Dissertat. Marburg 1883 — § 288. 2) Tobler, Ad., GGA 1872, P 879, Foerster, W Cligés LXXV Rem, Suchier, H, Reimpredigt P XXXIV Schwan, Ed, Zur Flexion der Feminina der lat III Deklination im Altfranzosischen [dans ZRPh XI (1888), P 551—553], Paris, G, Rom XVII (1888), P 623 3) Thomas, A. Rom. XXII (1893 P 489—503 Paris, G, ib XXIII (1894), P 321—348 — § 294 Armbruster, K, Geschlechtswandel im Franzosischen, Dissertat d Heidelberg 1888; cf ZFSL XI (1889), P 155 sq, Remarque Pour *ot* v Thomas, A, Romania XXVI (1897), P. 418 sq — § 290 Pour *couz* (*queux*) cf. Horning, Ad, ZRPh XVIII (1894), P 233 — § 295 et 299. Horning, A, Zur altfranzosischen und altprovenzalischen Deklination [dans ZRPh VI (1882), P 439—445] — § 301 sq Eichelmann, L. Uber Flexion und attrib Stellung des Adjektivs in den altesten franzosischen Sprachdenkmälern bis zum Rolandsliede einschliefslich, Dissertat de Marbourg 1879. Mussafia Ad, LBlGRPh I (1880), Colonne 375 — § 305 b) Suchier, H, *Juif* [dans ZRPh VI (1882) P 438 sq] — § 306 Nyrop, Kr, Adjektivernes Konsbøjning i de Romanske Sprog, Copenhague 1886, Paris, G, Romania XV (1886), P 437 sq, Plathe, P, Entwickelungsgeschichte der einformigen Adjektive im Franzosischen (du XI au XVI siècle), Dissertat, Gripswald 1886, Tobler, Ad, Besonderheiten in der Bildung neufranzosischer Adverbia auf *-ment* [dans Vermischte Beitr zur franzos. Gramm I (1886), P 77—84] — § 307 sq Wolfflin, Ed, Lateinische und romanische Komparation, Erlangen 1879, ALLG I (1884), P 93—101 — § 308 Hammesfahr, A, Zur Komparation im Altfranzosischen, Dissertat de Strasbourg 1881 Thomas, A, Rom XXII (1893), P 527 sq, Remarque Schuchardt, H., ZRPh XV (1891), P 237—240 — § 314 sq Knosel, K, Uber altfranzosische Zahlworter, Dissertat, Gottingen 1883, cf Tobler, Ad, LBlGRPh V (1884), Colonnes 190—192 — § 317. Marchot, P., La numération ordinale en ancien français [dans ZRPh XXI (1897), P 102—111] Staaff E Le suffixe *-ime*, *-ième* en français [dans Nyfilologiska sallskapets i Stockholm publikation 1898 P 103—132]

II Pronoms.

Gefsner E, Zur Lehre vom franzosischen Pronomen, Progr Berlin I (1873) II (1874) d'Ovidio, F. Ricerche sui pronomi personali e possessivi neolatini [dans Arch glott ital IX (1886), P 25—101] — § 321 sq Behschnitt, M, Das franzosische Personalpronomen bis zum Anfang des XII Jahrhunderts, Dissertat d Heidelberg 1887 — § 321 Rudenick, G Lateinisches *ego* im Altfranzosischen Dissertat, Halle 1885 — § 322. Tobler, Ad ZRPh III (1879), P 159 Thomas, A, *lui* et *lei* [dans Rom XII (1883), P 332—334] Meyer(-Lubke), W, ZRPh X (1886), P 174 Darmesteter A Le demonstratif *ille* et le relatif *qui* en roman [dans Mélanges Renier, Paris 1886, P 145—157], Paris, G, Le pronom neutre de la 3e personne en français [dans Rom XXIII (1894), P 161 sq], Rydberg, G, Zur Geschichte des französischen ə, P. 245 sq. — § 323 2) Mussafia, Ad, Enclisi o proclisi del pronome personale atono qual oggetto [dans Rom XXVII (1898), P 145 sq] — § 325 1) Tobler, Ad, Vom französ Versbau³, P. 56 sq 2) Gengnagel, K., Die Kürzung der Pronomina hinter vokalischem Auslaut im Altfranzösischen, Dissertat, Halle 1882, Tobler, Ad, Vom franzos Versbau³, P 33 sq. — § 327 sq Geyer, P, Beitrage zur Kenntnis des gallischen Lateins [dans ALLG II (1885), P. 34-41] Dittmer, W, Die Pronomina possessiva im Altfranzosischen, Dissertat, Gripswald 1888 — § 326 Foerster, W, Das altfrz Pron poss abs tem [dans ZRPh II (1878), P 91—95]; Koschwitz E, Kommentar zu den altesten französischen Sprachdenkmalern I P 7 (*meon*), 60 (*tuon, suon*) — § 327. 2) Herzog E, Die vorvokalischen Formen *mon, ton, son* beim Femininum [dans ZRPh XX (1896), P 84 sq] — § 330 sq Rydberg, G, Zur Geschichte des französischen ə, P 283 sq. — § 330. Ganzlin, K, Die Pronomina demonstrativa im Altfranzosischen, Dissertat, Gripswald 1888 pour le Neutr. *cel* v Paris, G, Rom XXIII (1894), P. 173 — § 332. Paris, G., Rom XXIII (1894), P 174 sq — § 333 Rem Paris, G, Rom VI (1876), P 617—619, Neumann, F, Zur Laut- und Flexionslehre des Altfrz. P 118 sq — § 334 sq Geijer, P. A, Historisk ofverblick af latinets *qui* och *qualis* fortsatta som relativ pronomina i de romanska spraken, Upsaal 1897 Cf Rom XXVII (1898) P 175. — Rydberg, G, Zur Geschichte des französischen ə, P 327 sq — § 336 2) Ascoli fim *chêne, chaque* [dans AGIt XI (1890), P 425], pour *chascun* cf. § 11, 5

Chap II Conjugaison

Freund, H, Uber die Verbalflexion der altesten französischen Sprachdenkmaler bis zum Rolandslied einschliefslich, Dissertat, Marbourg 1878 Chabaneau, C, Histoire et théorie de la conjugaison française Nouvelle édition, revue et augmentée, Paris 1879 (cf Foerster, W, ZFSL I (1879) P 80 sq). Thurneysen, R Das Verbum *etre* und die französische Konjugation, Jenenser Habilitationsschrift 1882 (cf Thomas, A, Rom XII, P 365 sq); Korting, G, Formenlehre der französischen Sprache I Der Formenbau des französischen Verbums, Paderborn 1893 — § 337. Foth, K., Die Verschiebung der lateinischen Tempora in den romanischen Sprachen [dans RSt II (1877), P 243—336] Thielmann, Ph, *Habere* mit dem Part Perf Pass [dans ALLG II (1885), P 372—423, 509—549] Thielmann, Ph *Habere* mit dem Infinitiv und die Entstehung des romanischen Futurums [ib. II (1885), P 48—89, 157—202], Englaender D, Der Imperativ im Altfranzosischen, Dissertat de Breslau 1889. Korting, G, Das lateinische Passivum und der passive Ausdruck im Französischen [dans ZFSL XVIII (1896), P 115-130]. — § 338. 1 b) Mussafia, A, Uber die Prasensbildung im Romanischen, Wien 1883 [v aussi Sitzungsber der phil-hist Kl der Kais Akad. d. Wissensch CIV], Schuchardt H, LBlGRPh 1884, colonne 61 sq, Risop, A, Studien zur Geschichte der französischen Konjugation auf *-ir*, Halle 1891; 1 c) Wolterstorff, H, Das Perfekt der zweiten schwachen Konjugation im Altfranzosischen Dissertat, Halle 1882, cf Mussafia, A, LBlGRPh III (1882), colonne 230 sq — § 339 sq Meyer, P, Les troisièmes personnes du pluriel en provençal [dans Rom. IX (1880) P 192 sq], Lorentz, A Die erste Person Pluralis des Verbums im Altfranzosischen, Dissertat, Strasbourg 1886, Behrens, A, Die Endung der zweiten Pluralis des altfranzosischen Verbums, Dissertat, Gripswald

1890 — § 339 Lindquist, Gr, Quelques observations sur le développement des désinences du présent de l'indicatif de la première conjugaison latine dans les langues romanes Dissertat, Upsaal 1898 (cf Staaff, E, ZFSL XXI P. 33 sq), Meyer-Lubke W, La première personne du pluriel en français [dans Rom XXI (1892), P 337—351] Paris, G, ib P 351-360, Thurneysen, R, et Baist, G, *Somes soms som* [dans ZRPh XVIII (1894), P 276] Settegast, Die Bildung der 1 Pl Pr Ind im Galloromanischen, vorzuglich im Französischen [dans ZRPh XIX (1895), P. 266 sq cf Rom XXIV P. 608] Pour la 2 Pers Plur cf Baist, G, *tolsistis* [dans RF X (1899), P. 295 sq] — § 341 On trouve une autre explication de la terminaison de l'imparfait *-ea* dans Grober, ALLG I (1884), P 223, pour *oe* v. Paris, G., Rom XXI (1892) P 283, Rem, Ebeling, G, Auberee P 133 sq § 342 Caix, N, Sul perfetto debole romanzo [dans GFR I (1878), P 229 sq], d'Ovidio, F, Ancora del perfetto debole [ib II. P 63—65], Meyer, P, Rom IX (1880), P 160 sq; Meyer(-Lubke), W, Beitrage zur romanischen Laut- und Formenlehre II zum schwachen Perfektum [dans ZRPh IX (1885), P 223—267], ZFSL X² (1888), P 279 Solmsen, F, Studien zur lat. Lautgeschichte, Strasbourg 1894, P 175 sq, Schuchardt, H Rom = vulgarl *-ai* (1 P S Perf) [dans ZRPh XXI (1897), P. 228 sq.] — § 343, 2 (v § 338 1, c.) Remarque v Foerster, W., Erec und Enide, Rem sur le vers 1449 Soderhjelm, W, Uber Accentverschiebung in der dritten Pluralis im Altfranzösischen Helsingfors, 1895 [dans. Ofversigt af Finska Vet. Soc. Forhandlingar, XXXVII fascicule] Cf Rom. XXIV (1895), P 492; Risop, A, Kritischer Jahresbericht uber die Fortschritte d rom Phil IV, I 216 sq — § 344 2) Brohan, J, Die Futurbildung im Altfranzösischen, Dissertat, Gripswald 1889 Ulrich, J Die formelle Entwickelung des Participium Praeteriti in den romanischen Sprachen, Dissertat de Zurich 1879 — § 345. Baist G, RF X (1899), P 896 sq — § 348 1) Behrens, D, Unorganische Lautvertretung innerhalb der formalen Entwickelung des französischen Verbalstammes [dans FSt III (1882), 6e fascicule]; Mussafia, A., Francese *vals, valt, valent sals salt, chielt, chalt* [dans Rom XXIV (1895), P 433—436] 2) et 3) Risop, A Die analogische Wirksamkeit in der Entwickelung der frz Konjugation dans ZRPh VII (1883, P 45—65, cf ZFSL V (1883), P 65—80]; Kriste, Fr Historische Untersuchung uber den Konjunktiv Praesentis im Altfranzösischen (excepte la conjugaison lat en A Gripswald 1890 Kirsch W, Zur Geschichte des konsonantischen Stammauslauts im Präsens und den davon abgeleiteten Zeiten im Altfranzösischen, Dissertat. d Heidelberg, Darmstadt 1897, 4) Paris, G, Rom VIII (1879), P. 299, Meyer, P, Rom IX (1880), P 193 sq, Thomas, A, Rom XII (1883), P 365 Meyer(-Lubke), W, ZRPh IX (1885), P 145 sq; Muret, E, Sur quelques formes analogiques du verbe français [dans Études romanes dédiées à Gaston Paris, Paris 1891, P 465 sq] Paris G, Rom XXII (1893), P 155 sq, 571. — § 349 2) Mussafia Ad, *Fecerunt* in francese [dans Rom XXVII (1898), P. 290 sq]. 3) Suchier, H, Die Mundart des Leodegarliedes [dans ZRPh II (1878), P 255-302] — § 350 cf 346 — § 352 Pour l *e* non organique de la 1 pers sing cf Uschakoff, J, Zur Erklarung einiger französischer Verbalformen [dans Mémoires de la Société néophilologique à Helsingfors I (1893), P 131 sq, cf Romania XXII (1893), P. 567 sq] Lindquist, Gr Quelques observ (v § 339) — Pour la chute du *t* à la 3 Pers. Sing cf Ad Tobler, Vom französischen Versbau³, P 63 sq — § 353. Willenberg, G Historische Untersuchung uber den Konjunktiv Praesentis der ersten schwachen Konjugation im Französischen [dans RSt III (1878), P 373—452]; Uschakoff, J, l c (v. § 352) — § 363 Horning Ad, L s à la première personne du singulier en français [dans RSt V (1880) P. 701—715], cf

schwa

Rom X (1881), P 307 — **§ 371** Mussafia, Ad, Zu den Part Perf auf *-ect* und *-est* [ZRPh III (1879), P 267–270], Foerster, W, Die altfranzosischen Participia Perfecti auf *-eit* (*-oit*) [ZRPh III (1879), P 305 sq]: — **§ 386.** Czischke L, Die Perfektbildung der starken Verba der *si*-Klasse im Französischen (XI—XVI siècle), Dissertat, Greifswald 1888, Thomas, A, Anc fr̨ç *feis* = *fesis* etc [dans Rom XXVIII (1899), P. 113 sq] — **§ 390.** A côté de *bene(d)ir*, on rencontre une forme plus récente *beneistre*, qui est due à l'influence de la sibilisation de *k* dans *dikere*, d'où le futur *beneistrai* — **391.** Au contraire on rencontre en vieux-français, *duiez conduient* etc avec passage du radical *dui-* dans ces formes, où le développement organique devrait amener *duis-* — **§ 393.** Rydberg, G, Le développement de *facere* dans les langues romanes, Paris 1893, Paris, G, Rom XXII (1893), P. 569—574 — **404** sq Trommlitz, Die französischen *ui*-Perfecta aufser *poi* (potui) bis zum 13 Jahrhundert einschliefslich, Programm, Stralsund 1895 (cf Risop, A, Kritischer Jahresber IV, I 212 sq.), cf. § 349, 3 — **§ 416.** Tobler, Ad, ZVglS XXIII (1877), P. 421 sq — **§ 417.** Pour le futur cf Neumann, F, ZRPh XIV (1890), P 581. — **§ 426.** Pour *poulons* etc cf Risop, A, Studien (v. § 338 1, b) P. 124 Rem.

Index
des mots vieux français*).

*) Les mots sont écrits approximativement d'après l'orthographe de la 2e moitié du XIIIe siècle. Les formes des *noms* sont données à l'obl sing., celles des *adjectifs* à l'obl sing masculin, celles des *verbes* à l'infinitif. Les chiffres désignent les paragraphes et leurs subdivisions. R signifie remarque. Les nombres écrits en caractères *gras* désignent les paragraphes dans lesquels toutes les formes d'un verbe sont rassemblées.

CPSIA information can be obtained at www.ICGtesting.com
Printed in the USA
LVOW111717200812

295145LV00015B/135/P